Friedemann Otterbach

Johann Sebastian Bach
Leben und Werk

Mit 101 Notenbeispielen
und 22 Abbildungen

Philipp Reclam jun. Stuttgart

CIP-Kurztitelaufnahme der Deutschen Bibliothek

Otterbach, Friedemann:
Johann Sebastian Bach: Leben u. Werk / Friedemann Otterbach. –
Stuttgart: Reclam, 1982.
ISBN 3-15-010310-X

Gesamtherstellung: Reclam, Ditzingen
Noten: Barbara Schaper, Würzburg-Oberdürrbach
Umschlaggestaltung: Hanns Lohrer, Stuttgart
Printed in Germany 1982
ISBN 3-15-010310-X

»Nach einer Aufführung der Bach'schen Matthäus-Passion hört man von allen Seiten ›Wunderschön‹ sagen [...]. Das Werk verdient wohl ein verständigeres Anerkennen, als dieses wohlfeile bei viel Geringerem angebrachte Lobwort ›Wunderschön‹.«

Moritz Hauptmann
1842–68 Kantor der Thomasschule Leipzig

Inhalt

Dritter Teil: Die Werke

Anhang

Erster Teil

Bachs Leben

Herkunft und Jugend (1685–1703)

»*Vitus Bach*, ein Weißbecker in Ungern, hat [...] der lutherischen Religion halben aus Ungern entweichen müßen. Ist dannenhero [...] in Teütschland gezogen; und da er in Thüringen genugsame Sicherheit vor die lutherische Religion gefunden, hat er sich in Wechmar, nahe bei Gotha niedergelaßen, und seine Beckers Profession fortgetrieben. Er hat sein meistes Vergnügen an einem Cythringen gehabt, welches er auch mit in die Mühle genommen, und unter währendem Mahlen darauf gespielet. (Es muß doch hübsch zusammen geklungen haben! [...]) Und dieses ist gleichsam der Anfang zur Music bey seinen Nachkommen gewesen.«[1]

Mit diesen Sätzen beginnt eine wahrscheinlich von Johann Sebastian Bach verfaßte und von seinem Sohn Carl Philipp Emanuel ergänzte Familienchronik zum *Ursprung der musicalisch-Bachischen Familie*. Anders als der im 16. Jahrhundert lebende, vermutlich aus Wechmar stammende und vor der Gegenreformation geflüchtete Vitus (Veit) Bach (gest. 1619) übten dessen Nachfahren und Verwandte die Musik häufig im Hauptberuf aus, viele als Stadt- und Ratsmusiker. Im 17. Jahrhundert war die Stadtmusik in Erfurt so sehr mit Mitgliedern der Bach-Familie besetzt, daß man die Kapelle schlichtweg »die Bache« nannte. Noch Johann Sebastians Vater Johann Ambrosius (1645–95) arbeitete in Erfurt und Eisenach hauptsächlich als Stadtmusiker. War Veit, der Weißbäcker aus »Ungern«, ein Handwerksmann gewesen, so trifft dies in gewisser Weise auch für Johann Ambrosius zu. Denn einem Stadtmusiker wurde das Ansehen eines Handwerkers entgegengebracht. Er hatte einen ähnlichen Sozialstatus inne wie ein Uhrmacher, Zimmermann oder Schreiner. Johann Sebastian Bach entstammte einer Familie, die dem Milieu des stadtbürgerlichen Handwerks nahestand.

Die Handwerker schieden sich deutlich von den anderen Bevölkerungsgruppen in jener Zeit, den Adligen, Klerikern, Patriziern und Bauern. Sie entwickelten – zumal sie sich in Genossenschaften, den Zünften, zusammenschlossen – spezifische Verhaltensweisen und eine eigene Standeskultur.[2] Zunftordnungen legten die berufliche Laufbahn vom Lehrling über den Gesellen bis zum Meister fest. Vorschriften regelten den Preis und die Qualität der Waren sowie das Einkommen der Zunftgenossen.

Auch die Stadtmusiker organisierten sich in Verbänden, die den Zünften ähnlich waren. Ihre Ausbildung und berufliche Karriere entsprach ungefähr der eines Handwerkers. Der Lehrling übte fünf bis sechs Jahre lang eine meist recht harte Lehrzeit aus. Als Geselle tat er dann Dienst für einen Meister, oder er ging auf Wanderschaft. Schließlich bewarb er sich in einem Probespiel um eine frei gewordene Meister-Stelle. Der fertige Stadtmusiker – er wurde auch Stadtpfeifer oder Ratsmusiker genannt – spielte bei Hochzeiten und privaten Geselligkeiten auf, bei städtischen Festen und Festzügen, zu Ratszusammenkünften und bei Fürstenbesuchen. Er half bei Veranstaltungen der

Schul- und Kirchenchöre aus, in Residenzstädten außerdem in der Hofkapelle, und manchmal war er noch Türmer und Hausmann. Es war in der Tat ein vielseitiger Beruf.

Das am Handwerk orientierte Zunftwesen der Musik bildete sich gegen Ende des Mittelalters heraus. Damals hatten sich fahrende Spielleute, vagabundierende Musikanten, zusammengeschlossen, um ihrem Status der Ehr- und Rechtlosigkeit – man hatte ihnen unbeschadet an Gut und Leben gehen können – ein Ende zu bereiten. An die Zunftgenossen wurden deshalb moralisch strenge Forderungen gestellt. Den 1653 bestätigten Statuten der sächsischen Kunstpfeifer zufolge sollten die Lehrjungen »nicht allein von ehrlicher Geburt seyn, sondern auch für sich selbsten nichts verbrochen haben«.[3] Im Jahre 1691 galt bezüglich eines Zunftbruders der Hamburger »Grün-Musikanten«, daß er, wie in der *Hamburger Grünrolle* festgelegt, »für einen züchtigen ehrbaren Menschen angesehen und aestimiret werden könne, alles Scheltens, Fluchens, Schwerens, garstigen Redens, unnützen groben Zotten und Geckereyen sich gäntzlich enthalten solle«.[4]

Die Stadtmusiker und in Zünften organisierten Musikanten setzten sich so von den weiterhin ständisch nicht organisierten Bettelmusikanten ab, den »Bier-Fiedlern«, »Gottlosen Spielleuten«, »Teuffels-Musicanten«, »Schalmey-Pfeiffern, insonderheit den Kerlen, so die Bähren herumb führen«,[5] eben den rechtlosen und als moralisch minderwertiges Gesindel Betrachteten, deren wirtschaftliche Not so groß war, wie ihre Position in der Gesellschaft geringgeachtet wurde. Diese »Bier-Fiedler« gehörten der untersten sozialen Schicht an. Sie standen sowohl innerhalb der Musikerberufe als auch gesamtgesellschaftlich sozusagen am Fuße der Leiter.

Einer dritten ›Klasse‹, der musikalischen Oberschicht, die noch vorgestellt werden soll, gehörte im 18. Jahrhundert Johann Sebastian Bach an. Er arbeitete als Organist, Kantor und Hofkapellmeister, nie jedoch, wie sein Vater, als Stadtmusiker. Johann Sebastian Bach war, modern und ein wenig salopp formuliert, ein gesellschaftlicher Aufsteiger.

Eisenach

Von seinem Elternhaus konnte Johann Sebastian Bach in seiner beruflichen Laufbahn direkt kaum beeinflußt worden sein: Als jüngstes von drei Kindern des Johann Ambrosius Bach und seiner Ehefrau, einer geborenen Lämmerhirt, am 21. März 1685 in Eisenach geboren, starb ihm die Mutter schon neun Jahre nach seiner Geburt; der Tod des Vaters, der sich wieder verheiratet hatte, folgte bald darauf am 24. Februar 1695. Trotzdem wurde der junge Johann Sebastian von seinem Vater sicherlich mit den Anfangsgründen der Musik vertraut gemacht. Musikalisch offenbar recht vielseitig und auch stimmlich begabt, hatte Johann Ambrosius zwei Musiklehrlinge und zwei -gesellen in sein Haus aufgenommen. Als Meister hatte er dafür Sorge zu tragen, daß sie möglichst viele Instrumente beherrschten, und gewiß zog er sie auch, wie üblich, zu musikalischen Verpflichtungen in der Stadt hinzu. Doch nicht nur zu Hause kam Johann Sebastian mit der Musik in Berührung. Darüber hinaus machte er vielleicht schon durch seinen Onkel Johann Christoph, einen Vetter seines Vaters, der an der Eisenacher Georgenkirche Organist war, Bekanntschaft mit den Tasteninstrumenten. Allerdings ist dies nur eine Vermutung.

Bezeugt ist dagegen Bachs Besuch der lutherischen Lateinschule in Eisenach für die Jahre 1693 bis 1695. Ungefähr zweihundert Jahre zuvor zählte schon Martin Luther zu den Schülern dieser Lehranstalt. Die Klasse, die Johann Sebastian besuchte, hatte zeitweise mehr als achtzig Schüler – eine Klassenstärke, die durchaus üblich war. Zunächst sang er in dem der Schule angeschlossenen Kurrendechor gegen Naturalien und Geldgaben auf der Straße hauptsächlich einstimmige Choräle. Später gehörte er dem »Chorus symphoniacus« an. Diesem wurden die schwierigeren Stücke aufgetragen, vor allem die in der Kirche zu singenden Motetten und Kantaten.

Ohrdruf

Als Zehnjähriger, nach seines Vaters Tod, zog Johann Sebastian zusammen mit dem Bruder Johann Jakob ins nahe gelegene Ohrdruf, einen Nachbarort des Wechmar, in dem sich seinerzeit Veit Bach niedergelassen hatte. Der älteste Bruder Johann Christoph hatte 1690 das Organistenamt der Ohrdrufer St.-Michaelis-Kirche übernommen und später in dem kleinen Ort geheiratet. Nun konnte er die beiden verwaisten Brüder bei sich aufnehmen.

Bevor Johann Christoph Bach nach Ohrdruf kam, war er drei Jahre lang bei Johann Pachelbel, damals Organist in Erfurt, in die Lehre gegangen. Johann Sebastian wurde so sicherlich mit der Orgelkunst des Nürnberger Komponisten vertraut. Doch ist wiederum nicht bekannt, daß er eine systematische musikalische Ausbildung erfahren hätte. Zwar weiß man, daß er im Schulchor sang, und sicher erwarb er auf der Schule Elementarkenntnisse in der Musiklehre, doch ein planmäßiger, länger dauernder Instrumental- oder Kompositionsunterricht ist nicht nachzuweisen. Bach hat sich, so müssen wir annehmen, in seiner Kunst vor allem eigenständig, autodidaktisch vervollkommnet, wobei ihm der Bruder geholfen haben mag – wie es überhaupt prägend gewesen sein muß, in eine Familie hineingeboren zu werden, zu deren täglich Brot die Musik gehörte. Denn unter den Nachkommen des Veit Bach waren beinahe siebzig Berufsmusiker. Viele von ihnen unterrichteten ihre Verwandten in der Musik, so daß das Musikleben des mitteldeutsch-fränkischen Gebietes in hohen Graden von der Familie Bach bestimmt wurde.

Auch in Ohrdruf besuchte Johann Sebastian eine evangelische Lateinschule (1696–1700). 1696 gehörte er derselben Klasse an wie sein Bruder Johann Jakob, der bald nach Eisenach zurückkehrte, Stadtpfeifer wurde und die letzten sechzehn Jahre seines Lebens, 1706–22, Flötist am schwedischen Hof in Stockholm war. Mit einem Mitschüler, Georg Erdmann aus Leina, der später kaiserlich-russischer Hofrat und russischer Regierungsvertreter in Danzig wurde, ergab sich eine Freundschaft, die das ganze Leben lang anhalten sollte. Bach zählte zu den besten Schülern des ›Lyceum illustre‹. Mit elf Jahren war er Primus der Klasse. Mit vierzehn überholte er die sonst Fünfzehn- bis Siebzehnjährigen und stand an der fünften Stelle, und er verließ die Schule schließlich als Zweitbester mit der Primarreife.

Das namhafte Ohrdrufer Lyzeum wurde orthodox lutherisch geführt. Im Unterricht wurde vor allem das *Compendium locorum theologicorum* (1610) des Wittenberger Theologieprofessors Hutter benutzt, ein katechetisches Lehrbuch, das in Anlehnung an Melanchthon die Glaubenslehre, in Fragen und Antworten aufgeteilt, in 34 »Loci«

gliederte, so daß die theologische Dogmatik, präzise formuliert, leicht zu erlernen war. Auf einer Lateinschule lernten die Schüler den Katechismus und den Psalter, das Evangelium und die Epistel auswendig. Sie übten sich in den Grundlagen der lateinischen und griechischen Sprache, außerdem wurden Mathematik, Logik und Rhetorik gelehrt.
Eine besondere Rolle spielte die Musik. Von dreißig Schulstunden in der Woche fielen auf dieses Fach in der Prima und Sekunda je fünf Stunden, in der Tertia und Quarta je vier. Der Schulchor sang während des Gottesdienstes in der Kirche, bei Hochzeiten, Beerdigungen und vielen anderen Anlässen. Durch das Singen in der Kurrende trugen die Schüler zu ihrem Lebensunterhalt bei.
Als Sohn eines Stadt- und Ratsmusikers erst einmal in einen bürgerlich-weltlichen Lebensbereich hineingeboren, lernte Johann Sebastian in Ohrdruf dann die Welt der evangelisch-lutherischen Kirche und die Berufsaufgaben eines Organisten kennen. Und dieses Leben im Umkreis der Stadtkirche scheint ihn so stark beeindruckt zu haben, daß es ausschlaggebend wurde für seinen Lebensweg, auf dem er einen großen Teil seiner Arbeitskraft in den Dienst der Kirche stellte. Insofern unterscheidet Johann Sebastian sich von seinem Bruder Johann Jakob, der schon nach einem Jahr in Ohrdruf die Stadtpfeiferlehre beim Nachfolger des Vaters antrat und dann als Garde-»Hautboist« in schwedische Dienste trat.

Lüneburg

Bald wurde es in dem Haushalt in Ohrdruf zu eng. Johann Christophs Frau hatte zwei (vielleicht drei) weitere Kinder bekommen, so daß für Johann Sebastian kein Platz mehr blieb. Zusammen mit Georg Erdmann zog er im Jahre 1700, fünfzehnjährig, nach Lüneburg. Dort besuchte er das Michaelis-Gymnasium. Wahrscheinlich wies den beiden Freunden der Ohrdrufer Kantor Elias Herda (Herder) den Weg, denn er stammte wie Erdmann aus Leina und kannte den Lüneburger Kantor Braun, dem er die beiden für den Chor der Michaelisschule als gute Musikanten empfohlen haben mag.
Auch das Lüneburger Michaelis-Gymnasium wurde lutherisch geführt; im Religionsunterricht arbeiteten die Lehrer ebenfalls mit Leonhard Hutters Lehrbuch. Bach blieb also in der Einflußsphäre der lutherischen Kirche. Man nahm ihn als Freischüler des Lüneburger Michaelisklosters auf. Für seine musikalische Entwicklung war es von Bedeutung, daß er, zusammen mit Erdmann, den Diskantisten, d. h. dem Sopran, des Mettenchores zugeteilt wurde. Dieser Chor war gewissermaßen der Elitechor der Schulkantorei. Die Freischüler, die darin sangen, waren meistens Halb- oder Vollwaisen aus Familien von Pastoren, Lehrern, Organisten, Kantoren und Beamten, »armer Leute Kinder [. . .] so nichts zu leben aber gute Stimmen zum Diskant [hatten], damit sie der Kirche dienlich wären«.[6]
Schon in der Frühe gegen 7 Uhr mußten die Mettenschüler – es waren ungefähr fünfzehn – in der Mette singen. Abends taten sie es in der Vesper. Sie führten den Gesang der musikalisch wenig vorgebildeten adligen Schüler an, die die dem Gymnasium angeschlossene Ritterakademie besuchten. Die Chorknaben erhielten dafür vom Kloster freie Unterkunft in gemeinsamen Stuben, freie Verpflegung, kostenlosen Unterricht auf dem Gymnasium, ein monatliches Mettengeld und im Winter Brennholz sowie Talglicht. Sofern sie den wohlhabenden Adelssöhnen als Famuli zugestellt

wurden, erwarben sich einige ältere Michaelisschüler zusätzliche Vergünstigungen; sie hatten den Edelleuten die Schuhe zu putzen, den Tisch zu decken, Besorgungen beim Schneider oder Schuster zu machen usw. Die Ungleichheit der Stände haben diese Jungen schon in frühen Jahren am eigenen Leib erfahren.

Für die Zeit selbstverständlich war eine strenge, unbedingten Gehorsam fordernde Schulordnung. Als ›beispielhaft‹ kann dafür die Verteilung der Gelder, die die Schüler mit ihrem Gesang verdienten, gelten: »Wir wünschen, daß jeder Sänger mit dem Anteil zufrieden ist, den das Urteil von Rektor und Kantor entsprechend seiner Stimme und Singfertigkeit für ihn beschlossen hat. Andernfalls wird er einfach vom Geldempfang ausgeschlossen.«[7]

Die für die Michaelisschule und die zweite Lüneburger Lehranstalt, die Johannisschule, bestehende, schon 1655 revidierte und erweiterte Chorordnung hob auf die Frömmigkeit und den Fleiß der Schüler ab. Chorsänger sollten nur solche Schüler sein, »die den Lehrern durch hervorragende Frömmigkeit, Bescheidenheit, Gehorsam und Fleiß genau bekannt sind. Die unbescheidenen nämlich, die unzüchtigen und trägen, halten wir [...] für unwürdig.« Es sollten »allerorten nur heilige, fromme und züchtige Lieder gesungen werden und soll jeder zu solchem Singen gottesfürchtigen Sinn mitbringen. Daher sollen die abgedroschenen Lieder der Possenreißer sowie die unzüchtigen und unsittlichen oder zur Verunglimpfung einer Person gedichteten Gassenhauer den Zöglingen der Schulen untersagt sein, und zwar so nachdrücklich, daß sie sich weder durch Geschenke noch durch Bitten oder Befehl anderer zum Singen solcher Lieder verleiten lassen.«[8]

Eine Verordnung wurde notwendig, wonach »solche, die nach dem Umsingen in Schänken oder bei anderen Zusammenkünften außerhalb ihrer Wohnung angetroffen werden, [...] sofort aus der Kantorei ausgeschlossen werden«. An einer anderen Stelle heißt es: »Deshalb befehlen wir jedem einzelnen Chorsänger, sich alles unpassenden lauten Rufens, Lachens, Hin- und Herlaufens, Lärmens und sonstiger harmoniestörender Betätigungen [während des Singens] zu enthalten.«[9]

Einen Einblick in die Atmosphäre des Schullebens bietet auch eine Episode aus dem Jahre 1711 (Bach war im Schuljahr 1702/03 ausgeschieden): Die Kurrendesänger der beiden Lüneburger Lehranstalten wachten eifersüchtig darüber, daß kein anderer Chor in einer Straße sang, in der er nicht ›zugelassen‹ war – schließlich ging es um den Lebensunterhalt der Schüler. In diesem Jahr nun trafen in der Grapengießergasse die zwei Schulchöre aufeinander. Es folgte eine »allgemeine Prügelei mit Stöcken und Degen. Der Bürger Monicke wird vor Schreck krank und kriegt starkes Fieber mit Frieren, aber der Grobschmied Soltau tritt mit einem glühenden Eisen unter die Schüler und treibt sie so auseinander.«[10] Offensichtlich hatten sich diese Schüler nicht an ihre Chorordnung gehalten. 1655 war darin festgelegt worden: »Auch geben wir den Chorsängern der Johannisschule folgende Anweisung: Wenn sie bemerken, daß die Michaelisschüler in einer Straße singen, sollen sie diese nicht betreten, um so einen Zusammenstoß zu vermeiden. Die gleiche Anweisung gilt auch für die Michaelisschüler. Es soll nämlich jede Gelegenheit zu einem Zusammenstoß unterbunden werden.«[11] »Daher sollen die Angehörigen der einen Schule, wenn sie Mitgliedern der anderen begegnen, sittsam grüßend vorbeigehen und sie nicht durch häßliche Namen und kränkende Gebärden herausfordern.«[12]

Auch die Edelleute der Ritterakademie scheinen den Chorschülern gegenüber nicht mit

»häßlichen Namen und kränkenden Gebärden« gegeizt zu haben. 1709 wäre es in ebenderselben Grapengießergasse beinahe zu einer Schlägerei zwischen »Monsieurs« der Ritterakademie und Johannissängern gekommen. Bei Gericht traf die Beschwerde ein, »daß gestrigen Tages, wie die Chor Schüler in der Grapengießer Straßen vor des Lübecker Boten Hause gesungen, zwei junge Edelleute, nämlich Mons[ieur] Hasbergen der Ältere und Mons[ieur] Grothe von der Ritterschule des Closters S. Michaelis nebst dem Praefecto selbigen Chores mitten durch das singende Johann Chor gegangen und daß vorgedachter Mons[ieur] Haßbergen die Schüler Christian Loosen und Heinrich Räher schimpflich angeredet: ›Du Hunds etc., Du Canalle, kannste vor Cavallieren nicht den Huth abnehmen?‹ und hätte zugleich den Degen biß auff die Hälffte geblößet, auch gedreuet, woferne einer würde ein Worth sprechen, so solten sie sehen, was ihnen wiederfahren solte«.[13]
In Ohrdruf und Lüneburg scheint Johann Sebastian genügend gelernt zu haben, um nun in den Musikerberuf einzutreten. Offensichtlich wollte er zunächst im Bereich der Kirche bleiben, denn 1702 bewarb er sich um die frei gewordene Organistenstelle an St. Jacobi in Sangerhausen. Ihm wurde jedoch Johann Augustin Kobelius vorgezogen, ein vom Herzog Johann Georg von Sachsen-Weißenfels empfohlenes Mitglied der Hofkapelle in Weißenfels. So fand Bach seine erste Anstellung nicht in Sangerhausen; er kam zunächst nach Weimar.

Weimar I

»Nescio, wodurch er [Johann Sebastian Bach] von Lüneburg nach Weimar gekommen«,[14] schrieb Carl Philipp Emanuel Bach am 13. Januar 1775 über seinen Vater an Johann Nikolaus Forkel, der seine Biographie über Johann Sebastian Bach vorbereitete. Die genauen Details der Anstellung sind noch heute unbekannt. Auf jeden Fall zog Bach im Jahre 1703, achtzehnjährig, an den Hof von Weimar. Er wurde Mitglied der Privatkapelle des mitregierenden Herzogs Johann Ernst von Sachsen-Weimar und in den Rechnungsbüchern als Lakai geführt. Demnach stand er auf dem Sozialniveau eines herrschaftlichen Dieners, ein Status, der bei Hofmusikern üblich war (noch Joseph Haydn hatte ihn inne).
Welches Instrument Bach in Weimar hauptsächlich spielte, welche musikalischen Verpflichtungen es für ihn gab, ist ebenfalls nicht bekannt. Wahrscheinlich hatte er Gelegenheit, seine Kenntnisse der Ensemblemusik zu vertiefen, vertrat aber wohl auch den gealterten Hoforganisten Effler (gest. 1711). Und gewiß hat er Paul von Westhoff kennengelernt, den bedeutenden Vertreter der deutschen Tradition des Violinspiels. Konzertreisen hatten Westhoff durch ganz Europa geführt, ehe er Geiger in der Weimarer Kapelle wurde. Er soll das doppel- und mehrgriffige Solospiel sehr virtuos gehandhabt haben. Vielleicht sah Bach ihm davon etwas ab. Die äußerst schwierigen *Sonaten und Partiten für Violine solo* (BWV 1001–1006) könnten von Westhoff inspiriert sein.
Allerdings erscheint der Wechsel aus dem kirchlich-kantoralen Milieu Lüneburgs in die weltliche Hofgesellschaft in Bachs Lebenslauf wie ein kurzer Umweg, er blieb nur ein halbes Jahr in Weimar (später sollte er für längere Zeit zurückkehren). Vorerst führte der Weg wieder zu einer Stadtkirche.

Organist (1703–1717)

Arnstadt

Die erste Anstellung von längerer Dauer fand Johann Sebastian Bach in der gräflichen Residenzstadt Arnstadt, einer damals knapp 4000 Einwohner zählenden Ortschaft in Thüringen. Nachdem er die von dem Mühlhauser Orgelbauer Johann Friedrich Wender neu erbaute Orgel der Arnstädter Bonifaziuskirche (Neue Kirche) abgenommen hatte – das Instrument war »von denenjenigen, so es beschlagen und probiret haben ihrem Bericht nach tüchtig [und] gut [...] befunden worden«[15] –, wurde der Achtzehnjährige am 9. August 1703 als Organist dieser Kirche angestellt.

Bachs Bestallungsurkunde ist von »Gräfflich Schwarzburgischen Verordneten« und dem Konsistorium, der obersten kirchlichen Verwaltungsbehörde, ausgestellt. Sein oberster Dienstherr war der »Gnädigste Graff und Herr Herr Anthon Günther, der vier Graffen des Reiches Graff zu Schwarzburg und Hohnstein, Herr zu Arnstadt [usw.]«. »Höchstgedacht Ihro HochGräfflichen Gnaden« verpflichtete sich Bach »zuförderst [...] treü, Hold und gewärtig [zu] seyn«. Als Besoldung erhielt er zur »Ergetzlichkeit« jährlich »Funffzig Gülden und vor die Kost und wohnung dreysig thlr. [Taler]«.[16] Für die Ausbezahlung des erstgenannten Betrages war je zur Hälfte der Stadtrat von Arnstadt und das Konsistorium zuständig; die 30 Taler für den Lebensunterhalt und die Wohnung empfing er von den Vorstehern des städtischen Hospitals. Somit unterstand der Organist einer Stadtkirche nicht nur der kirchlichen, sondern auch einer weltlichen Gewalt. Das Beispiel läßt die enge Verflechtung von Kirche, Stadt und ›Staat‹ erkennen. Allerdings hatte sich Bach bei konkreten Dienstangelegenheiten hauptsächlich mit der Kirchenbehörde auseinanderzusetzen. So mußte er sich bei Unstimmigkeiten im Amt vor dem Hohen Konsistorium verantworten, die Verhöre führte dessen Vorstand, der Superintendent Gottfried Olearius.

Die moralische Reglementierung, die Bach als Schüler erfahren hatte, setzte sich im Beruf fort. Ebenso ist in dem Arnstädter Bestallungsbrief die Anpassung an die Vorstellungen und Wünsche der »Hohen Obrigkeit« expressis verbis festgelegt: »Ihr [habt] Euch denn auch sonsten in Eurem Leben und wandel der Gottesfurcht, Nüchterkeit und verträglichkeit zubefleißigen, böser Gesellschafft und Abhaltung Eures beruffs Euch gäntzlich zu enthalten, und übrigens in allen, wie einem Ehrliebenden Diener und Organisten gegen Gott, die Hohe Obrigkeit und vorgesetzten, gebühret, treulich zuverhalten.« Hauptsächlich aber sollte sich Bach in seinem Amt fleißig und treu erweisen, sich nicht »in andere Händel und verrichtungen [...] mengen« und zudem die Orgel »gebührend tractiren« und auf sie »gute Acht haben«. Ohne Wissen des Superintendenten durfte er niemand sonst auf dem Werk spielen lassen. Würden Reparaturen nötig, so solle er davon Meldung machen.[17]

»An denen Sonn- und Fest- auch andern zum öffentlichen Gottes dienst bestimbten Tagen« mußte sich Bach, wie in der Bestallungsurkunde weiter vermerkt ist, zu rechter Zeit »in obbesagter Neüen Kirchen [...] einfinden«.[18] Dabei hatte er vor allem die Choräle der Gemeinde zu begleiten. Diese aber war mit seinem Spiel nicht einverstanden, wie sich zeigte. Die ganz dem Gottesdienst untergeordnete traditionelle Funktion der Orgel scheint Bach aufgewertet zu haben, indem er auf ihr regelrecht ›konzertierte‹.

Was störte, war folglich, daß er »bißhero etwas gar zu lang gespiehlet«. Bach fiel daraufhin – aus Trotz? – in ein anderes Extrem. Nun bemängelte man, er »hätte es zu kurtz gemachet«.[19]

Neben dem Orgelspiel wurden ihm weitere Aufgaben abverlangt. Da die Neue Kirche keinen Kantor hatte, sollte Bach die Übungen des Chores der Lateinschule, der sonntags im Gottesdienst sang, beaufsichtigen. Davon war in dem Bestallungsbrief nicht die Rede. Folglich weigerte er sich, dem Ansinnen des Konsistoriums nachzukommen. Dies führte zu Auseinandersetzungen, in deren Verlauf ihm vorgehalten wurde, wenn er es nicht als Schande erachte, »bey der Kirchen zu seyn, vnd die Besoldung zu nehmen, müste er sich auch nicht schähmen mit den Schühlern so darzu bestellet so lange biß ein anderes verordnet, zu musiciren«.[20] Die Kirchenbehörde forderte, »er müste alles mit musiciren helffen«.[21]

Nach Ansicht seiner Vorgesetzten erfüllte Bach die von ihm geforderten Dienstleistungen also nicht immer im vollen Maße. Den Reglementierungen kam er nicht in allen Fällen so nach, wie es sein sollte. Das offizielle Berufsethos, das von den Untergebenen strengen Gehorsam forderte, widersprach nicht selten seinen eigenen Vorstellungen vom Berufsleben, wie sie sich in der alltäglichen Arbeit zeigten. Zwangsläufig waren Reibereien zwischen ihm und den Vorgesetzten die Folge. Dies lassen auch Vorhaltungen der Kirchenbehörde erkennen, denenzufolge Bach in der Kirche eine »frembde Jungfer« habe musizieren lassen. (Daß es Bachs Kusine und spätere Ehefrau Maria Barbara war, wie oft vermutet wird, ist freilich nicht erwiesen; ebensogut könnte es deren ältere Schwester Barbara Catharina gewesen sein, von der gleich die Rede sein wird.) Frauen sollten in der Kirchenmusik nicht mitwirken. Was es damit auf sich hatte, wußte ein Zeitgenosse, der Hamburger Musikdirektor Johann Mattheson, mit Humor zu berichten: Ihm sei geraten worden, die Sängerinnen, wenn er sie verbotenerweise schon mitmachen lassen wolle, so zu stellen, daß man sie nicht sehe. Schließlich hätte man sie aber nicht genug anschauen und hören wollen ...[22]

Doch geriet Bach nicht nur mit seinen Vorgesetzten in Streitigkeiten. Wie eine Protokollniederschrift vom 21. Februar 1706 vermerkt, wollte er sich auch mit den Schülern des Chores »nicht comportiren«.[23] Im Jahr 1705 wird sogar von einer handgreiflichen Auseinandersetzung berichtet (die vom Konsistorium aufgenommenen Protokolle der Beteiligten und einer Zeugin sind widersprüchlich; wie der Vorfall sich wirklich zutrug, ist im einzelnen nicht mehr genau feststellbar):[24] Bach hatte wohl einen Schüler namens Geyersbach – er spielte das Fagott – einen »Zippel Fagottisten« genannt, worauf dieser sich in seiner Ehre gekränkt gefühlt und Bach, dessen Version zufolge, verprügelt habe, als er später, eine Pfeife rauchend, auf dem Weg zu seiner Wohnung war. »Worumb er ihn geschimpfet hette?« soll Geyersbach gerufen haben. Er habe »ihn gar nicht geschimpfet, und könte es ihm auch niemand beweisen«, sei Bachs Antwort gewesen. Geyersbach habe sich damit nicht zufriedengegeben. Wenn er nicht ihn gescholten habe, so doch sein Fagott. Und »wer seine Sachen schimpfte, der schimpfte auch ihn«. Darauf habe Geyersbach mit einem Prügel dreingeschlagen, Bach den Degen gezogen. Daß tatsächlich Geyersbach mit der Schlägerei angefangen habe, könne Bach, wie er zu Protokoll gab, »mit seiner Baßen der *Bachin* beweißen, wann nur sonsten dero Zeugnuß alß einer Weibsperson sufficient erkannt würde«. Barbara Catharina Bach bestätigte denn auch, Geyersbach habe Bach »ins gesicht geschlagen, Bach aber den Degen gezogen, ihm aber nichts darmit gethan [...] referentin aber Bachen an der Hand genommen und ihn mit fort zu gehen erinnert«. Das Konsistorium, dem die Angelegenheit vorgetragen wurde, war der Auffassung, Bach hätte es unterlassen sollen, Geyersbach einen »Zippel fagotisten« zu nennen. Fazit: Aus solchen Schmähungen resultierten »nachmahls dergleichen Verdrießlichkeiten«.

Schwächen in der Amtsführung Bachs, Mängel seines Charakters werden an diesen Beispielen erkennbar. Indessen neigt die Bach-Literatur dazu, sie zu beschönigen. So will man es einem lernwilligen ›Genie‹, das derart ›große Musik‹ hervorbrachte, wie Bach es tat, auch nachsehen, daß der für einen Monat bewilligte Urlaub ungefragt auf ein Vierteljahr ausgedehnt wurde. Dies tat Bach, als er von Arnstadt aus zu Fuß nach Lübeck aufbrach, um bei Dietrich Buxtehude »ein vnd anderes in seiner Kunst zu begreiffen«.[25] Zwar vertrat ihn in Arnstadt ein Kollege, doch vernachlässigte Bach zweifellos seine beruflichen Verpflichtungen. Eine Kündigung wäre ohne weiteres gerechtfertigt gewesen.

Um Bachs Verhalten richtig einzuordnen, soll auch ein Blick auf andere Organisten geworfen werden. Denn eigenwillige Erscheinungen waren in der Organistenzunft so selten nicht, und öfter waren die Gemeinden mit dem Spiel ihrer Kirchenbediensteten nicht zufrieden. Schon 1606 spottete Elias Herlitz in seinem *Musicomastix*, einer *Comoedia von dem Music Feinde*, die Organisten spielten »auf der Orgel in den Weihnachten, was man auf Ostern soll betrachten [...]. Kein Stück sie recht studieren wollen, wenn sie des Sonntags schlagen sollen.«[26] Und zu Bachs Zeit, im Jahr 1731, stellte Johann Mattheson die Frage: »[...] und wenn unser Jüngling kein Organist geworden wäre, was hätte er denn werden sollen? kein redlich Handwerck hat er gelernet; zum Arbeiten hat er weder Kräffte, noch Lust; seht, wie blaß er aussieht! und das liebe Latein hat auch nicht mit ihm fortgewollt, [...] aber zum Organisten ist er endlich noch gut genug, [...] dazu nimmt er vieleicht unsre Nichte, unsre Wase, unsre Haushälterinn, unsre etc. zur Frau. [...] Daher haben wir denn solcher saubern Organisten hin und wieder die Menge, welche dem Amt Schande, und selbiges fast in die höchste Verachtung bringen, daß auch offt der beste Künstler und Componist mit darunter leiden muß, weil die Leute dencken: Ein Organist sey ein Organist, der eine wie der andre, sie seyn ja Collegen. Musicanten über einem Hauffen.«[27] Noch Leopold Mozart schrieb in einem Brief vom 29. Juni 1788 an seinen Sohn Wolfgang Amadeus über den Organisten Michael Haydn: »Haydn spielte die Orgel so erschröcklich, daß wir alle erschraken. Es war aber nur ein kleiner Rausch, der Kopf und die Hände konnten sich garnicht miteinander vergleichen.«[28]

Die Eigenwilligkeiten und Nachlässigkeiten mancher Organisten lassen sich sicherlich auch durch den vehementen Druck erklären, den die Vorgesetzten auf ihr Amt ausübten und der auf ihrer Seite einen gewissen Gegendruck erzeugte. Darüber hinaus mußte sich der Organist oft mit einem bescheidenen Lohn zufriedengeben. Nicht selten war er daher gezwungen, nebenher als Küster oder Lehrer zu arbeiten oder zum Tanz aufzuspielen. So bat 1704 der Organist in Frankenau (Hessen) um die Erlaubnis, Schnaps brennen zu dürfen; anderenfalls müßte er zu sehr am Hungertuche nagen. Unter solchen Voraussetzungen war ein allzu großer Arbeitseifer kaum zu erwarten. Indessen kann bei Bach kaum eine mangelnde Lebensgrundlage der Grund für säumig ausgeführte Verpflichtungen gewesen sein. Seine Anstellung an der Neuen Kirche warf genug ab, um damit den Lebensunterhalt zu bestreiten.

Wie erwähnt, verdiente er 50 Gulden und erhielt 30 Taler für Wohnung und Kost, insgesamt also ungefähr 85 Gulden. Der Betrag ist demjenigen vergleichbar, den 1696 der Organist der Hofkirche in Eisenberg (Thüringen) erhielt; es waren 45 Gulden, zusätzlich Kost. Doch hatte der Organist dort ein Jahr zuvor beinahe das Doppelte, nämlich 94 Gulden, verdient. In Teuchern (Thüringen) dagegen bekam der Organist der Stadtkirche 1705 wiederum 44 Gulden und 20 Groschen. Indessen saßen die wirklich gutsituierten Organisten nicht in kleineren Ortschaften wie Arnstadt, sondern in den Pfarreien der großen Städte.

Einer solchen Pfarrei gehörte zum Beispiel die Jacobikirche in Hamburg an. Hier Organist zu sein, war sehr begehrt. Nachdem er später an der Kirche in Mühlhausen weitere Erfahrungen gesammelt und eine gewisse Reputation erlangt hatte, zudem als Hofkapellmeister von Köthen auf einen umfassenderen und angeseheneren Tätigkeitsbereich als in Arnstadt verweisen konnte, fühlte sich Bach, fünfunddreißigjährig, für dieses Amt offenbar geeignet. Denn nach dem Tod des bisherigen Organisten und Schreibers von St. Jacobi, Heinrich Friese, am 12. September 1720, bewarb sich Bach von Köthen aus um dessen Nachfolge. Seine Bewerbung gibt interessante Einblicke in die Gepflogenheiten bei der Vergabe vakanter Organisten-Stellen, speziell auch in die finanziellen Verhältnisse mancher Organisten in Großstädten; darum sei ein Exkurs von Arnstadt nach Hamburg gestattet.[29]

An dem Hamburger Amt zeigten sich acht Bewerber interessiert. Sie alle sollten am 28. November 1720 zu einem Probespiel erscheinen, bei dem der Pastor der Kirche, Erdmann Neumeister, sowie Abgeordnete des Kirchspiels, »LeichnambsGeschworne« (»Geschworene in sterbe- und begräbnissachen«) und Mitglieder des Gemeindevorstands zugegen waren. Das »Judicium«, der Richtspruch, sollte ursprünglich von dem Kantor der Jacobikirche und drei Organisten aus Hamburg, darunter der berühmte Johann Adam Reinken, gefällt werden. Doch nahmen dann auch weitere Hamburger Organisten daran teil. Die Reihenfolge der Probanden wurde durch das Los bestimmt. Jeder von ihnen mußte über den Hymnus *O Lux beata Trinitas*, ein Thema zu einer Fuge und den Choral *Helft mir Gottes Güte preisen* improvisieren.

Wie man sich die Prozedur des Probespiels ungefähr vorzustellen hat, wird aus einem Bericht Matthesons erkennbar, der ja in Hamburg tätig war. Ihm zufolge sollten die Kandidaten bei der am 24. Oktober 1725, also fünf Jahre später abgehaltenen Organisten-Probe »an der Hamburgischen Dom-Kirche« zunächst »aus freiem Sinn kurtz [...] präludiren; doch nichts studiertes, welches man gleich hören wird«. Dann mußten sie auf zwei Manualen und dem Pedal »in einer reinen dreistimmigen Harmonie« den Choral *Herr Jesu Christ, du höchstes Gut* spielen. Anschließend wurde ihnen, geringfügig geändert, das Thema aus Bachs *Orgelfuge g-Moll* (BWV 542) zusammen mit einer demselben Werk entnommenen Gegenstimme, einem »Gegensatz«, zur Improvisation vorgelegt. »Zum sichtbaren Zeugniß ihrer Compositions-Wissenschafft« sollten diese den Kandidaten zum »Stegereiff« vorgelegten Aufgaben »innerhalb zweer Tage, nach gespielter Probe, schrifftlich ausgearbeitet« werden. Die Probe selbst wurde dann fortgesetzt, indem die Organisten die Arie eines Sängers begleiteten, wobei ihnen die Singstimme zusammen mit dem Generalbaß vorgelegt wurde. Den Abschluß bildete die Improvisation über ein Chaconne-Thema; dabei war das »volle Werck« der Orgel »zu gebrauchen«. Alles, so Mattheson, sei »in einem andächtigen, eingezogenen, gründlichen und nachdrücklichen Styl, ohne clavicymbalisches Hacken und Dreschen« so zu spielen, »daß es bey jedem nicht über eine halbe Stunde währet«.[30]

Ob sich die am 28. November 1720 in St. Jacobi abgehaltene Organisten-Probe im Detail so zutrug, muß dahingestellt bleiben. Doch verdient es erwähnt zu werden, daß zu dem Probespiel nur vier Kandidaten erschienen. Einer blieb unentschuldigt fern, zwei sagten ab, und Bach war verhindert, weil er, wie es heißt, am 23. November »nach seinen Fürsten [in Köthen hatte] reisen müssen«. Die endgültige Wahl des Organisten war ursprünglich auf den 12. Dezember festgesetzt. Doch wurde sie auf Veranlassung von Johannes Luttas, eines Mitglieds des Gemeindevorstands, aufgeschoben, bis dieser »von Herrn *Johanne Sebastian Bach*, CapellMeister zu *Cöthen* ein Schreiben empfangen hätte«. Das Schreiben sei dann auch eingegangen. Doch sagte Bach darin offenbar ab, denn seine Bewerbung wurde danach nicht mehr berücksichtigt. Am 19. Dezember schritt man denn »in Gottes Nahmen zur Wahl«, und der Pastor sowie zwei »Kirchspiel Herren«, zwei »Herren LeichnambsGeschworne« und zwei Mitglieder des Gemeindevorstands entschieden sich mehrheitlich für einen gewissen Johann Joachim Heitmann als neuen »Organisten und Schreiber der Kirchen St: Jacobi«.[31]

Die Stellenbesetzung hatte ein Nachspiel. Denn der umworbene Posten wurde regelrecht verkauft. Heitmann bezahlte nach seiner Wahl 4000 Courant-Mark an die Kirchenkasse. Derjenige, der dafür das Geld besaß, konnte sich in das Amt des Organisten und Schreibers von St. Jacobi also einkaufen. Allerdings wurde dieses Geschäft anfänglich verschleiert. Man tat so, als ob der Organist nach erfolgter Wahl sich freiwillig erkenntlich zeigen dürfe. Das Protokollbuch von St. Jacobi berichtet über eine am 21. November 1720 stattgefundene Sitzung: »Es fünden sich viele Uhrsachen, den Verkauff eines Organisten Dienstes nicht einzuführen [...]. Wann aber nach geschehener Wahl, der Erwehlte aus freyen Willen eine Erkäntlichkeit erzeigen wolte, könte solche [...] der Kirchen zum Besten angenommen, in den Büchern notiret, und wo es nötig seyn möchte wieder verwand werden.«[32]

Der »erwehlte« Heitmann scheint der Sohn eines reichen Handwerkers gewesen zu sein, so daß es ihm wohl nicht allzu schwer fiel, sich »erkäntlich« zu zeigen. Wenigstens berichtet Mattheson 1728 in *Des Musicalischen Patrioten Neun und Dreißigste Betrachtung*, in der er auf zahlreiche Mißstände bei der Besetzung kirchenmusikalischer Ämter hinwies, von der Hamburger Stellenbesetzung des Jahres 1720 wie folgt: »Es meldete sich aber auch zugleich, nebst andern untüchtigen Gesellen, eines wolhabenden Handwercks-Mannes Sohn an, der besser mit Thalern, als mit Fingern, praeludiren kunnte, und demselben fiel der Dienst zu, wie man leicht erachten kann: unangesehen sich fast jedermann darüber ärgerte.«[33] »Das heißt: Männer [...] mit Aemtern, nicht aber: Aemter mit Männern versehen«, schrieb Mattheson drei Jahre später in einem anderen Zusammenhang bezüglich der Besetzung von Organisten-Ämtern generell.[34]

Tatsächlich wurde die Wahl Heitmanns zum öffentlichen Ärgernis. Auch Pastor Neumeister mißbilligte den Verkauf des Organistenamtes. Kurz danach, in der Weihnachtszeit, hielt der »beredte Haupt-Prediger«, wie Mattheson im *Musicalischen Patrioten* weiter berichtet, eine Predigt über »das Evangelium von der Engel-Music bey der Geburt Christi«. Neumeister soll sie mit den Worten geschlossen haben: »Er glaube gantz gewiß, wenn auch einer von den Bethlemitischen Engeln vom Himmel käme, der göttlich spielte, und wollte Organist zu St. J[acobi] werden, hätte aber kein Geld, so mögte er nur wieder davon fliegen.« Zu dieser auf seine engsten Mitarbeiter abzielen-

den Polemik hatte den Pastor, Mattheson zufolge, »der jüngste Vorfall, wegen des abgewiesenen Künstlers, eine Gelegenheit an die Hand« gegeben.[35]
Mit diesem abgewiesenen Künstler meinte Mattheson offensichtlich Bach. Denn ihn nahm er als einzigen von den »untüchtigen Gesellen« aus, die sich um das Organistenamt beworben hätten. Ja, er hielt ihn sogar für besonders fähig. In seinen Augen war Bach, wie er in derselben Schrift schrieb, ein »grosser Virtuose, der [...] eines jeden Bewunderung, seiner Fertigkeit halber, an sich zog«. Allerdings irrte sich der Kapellmeister, wenn er meinte, die Hamburger hätten Bach »abgewiesen«.[36] Denn offensichtlich war Bach es selbst, der seine Bewerbung zurückzog. Doch warum tat er dies? Unter Berücksichtigung von Matthesons Bericht und Neumeisters Vergleich mit den ›unvermögenden‹ Engeln drängt sich die Vermutung auf, daß Bach sich an der dem zukünftigen Organisten nahegelegten finanziellen »Erkäntlichkeit« stieß. Ihr konnte oder wollte er offenbar nicht nachkommen. Tatsächlich datiert Bachs Meinungsumschwung, die Bewerbung betreffend, auf die Tage nach dem 21. November, er änderte seinen Willen also zu einem Zeitpunkt, der unmittelbar auf die Sitzung folgte, in der über den Verkauf der Stelle verhandelt worden war. Alles deutet darauf hin, daß Bach sich wegen der zu leistenden Summe noch einmal Bedenkzeit erbat, um seine negative Entscheidung schließlich in dem genannten Schreiben an Johannes Luttas mitzuteilen. Darum offenbar »flog« Bach – auch er spielte »göttlich« – »wieder davon«.
Der unter dem Deckmantel der Freiwilligkeit erfolgte Verkauf des Organistendienstes brachte in Hamburg also allerhand Aufregung mit sich. Trotzdem machte man ihn – gegen den Einspruch Neumeisters –, als Heitmann 1727 gestorben war, unmißverständlich zur Bedingung der neuerlichen Stellenbesetzung; diesmal wurde der Anschein der Freiwilligkeit aufgegeben. Freilich ist darauf hinzuweisen, daß es sich nicht um Einzelfälle handelte. Dem Ämterverkauf vergleichbar ist etwa die Tatsache, daß die Zünfte neuen Mitgliedern quasi eine Aufnahmegebühr abverlangten. So wurde im Artikel 5 der Rostocker *Spielleute Rulle* aus dem Jahr 1600 zur »gewinnung und freimachung« einer Spielmanns-Stelle gefordert: »Zwanzig gulden und zwo Tonnen bier so es ein fremder, eines Meisters Sohne aber allhie soll geben zehn gulden und zwo Tonnen bier.«[37] In Hamburg selbst teilte man die städtischen Dienste seit 1712 in folgende drei Abteilungen ein:[38]

(1) Ohne Bezahlung zu vergebende Dienste, zum Beispiel bei Lehrern, Stadtbibliothekaren, Ratsmusikern und Ratstrompetern.
(2) Dienste, die für eine an die Kämmerei oder eine andere Kasse zu entrichtende Anerkennungsgebühr verliehen wurden.
(3) Dienste, die nach öffentlicher Bekanntmachung demjenigen zuerteilt wurden, der am meisten Geld bot. Ein Ratskuchenbäcker konnte auf diese Weise seine Niederlassung erwerben.

Der Verkauf städtischer Dienste war von den Hamburger Bürgern seit der zweiten Hälfte des 17. Jahrhunderts vehement gefordert worden. Und auch die Kirchenbehörde mußte sich unter diesen Umständen gewissermaßen dem Trend der Zeit anpassen. Denn es wäre nicht ohne weiteres einsehbar gewesen, daß etwa ein Kämmereischreiber eine Gebühr entrichtete, wogegen der Organist von St. Jacobi, der zugleich ja auch Schreiber war, davon verschont blieb.
Gerade dies nun, die Tatsache, daß Heitmann wie schon Friese sowohl als Organist wie

auch als Kirchschreiber angestellt war, ist aufschlußreich. Es läßt sich daraus folgern, daß in Hamburg der soziale Status eines Organisten dem eines Schreibers ungefähr entsprochen haben muß. Indessen rangierten die Organisten in der Stettiner *Hochzeits- und Kleiderordnung* aus den Jahren 1631 und 1671 in der – höheren – Gruppe der Lehrer, Kaufleute, Brauer und Notare.[39] An der ersten Stelle standen dort »Bürgermeister und Rat, wie auch Doctores und Licentiati«, an zweiter Stelle schon die »Magistri, Kaufleute, Brauer, Notarii, Organisten«. Es schlossen sich »alle Handwerker« an. An der vierten und letzten Stelle wurde der »gemeine Stand als Fischer« und »Fuhrleute« aufgeführt. War der Organist den Handwerkern hier vorgeordnet, so rechnete man ihn in der 1705 von der Stadt Braunschweig »publicirten Kleider-Ordnung«[40] zu den »vornehmsten Künstlern und Handwerckern«. Er stand im Rang eines Buchdruckers, Friseurs, Goldschmieds, Uhrmachers, Kunstmalers oder Bildhauers. Sein Ansehen entsprach also in Braunschweig dem eines gehobenen Handwerkers. Mattheson verglich den »Rang« des Organisten generell mit dem des Küsters, wobei letzterer »einen grossen Streich voraus« sei. Denn es dürfe »bey Leibe kein Organist einen solchen Kragen [...] tragen« wie dieser. »Warum nicht? Weil er kein Academicus ist oder vielmehr, weil er kaum lesen und schreiben kan.«[41]

Die Dokumente lassen erkennen, daß der gesellschaftliche Rang, die soziale Geltung eines Organisten von Ort zu Ort wechselten. Das Sozialniveau eines Berufs war nicht in starre Grenzen gewiesen, es war beweglich. Doch kann festgehalten werden, daß der gesellschaftliche Status des Organisten demjenigen eines Schreibers oder gehobenen Handwerkers, eventuell auch eines Notars oder Lehrers, zumindest benachbart war. Sofern der Beruf des Organisten, wie der Braunschweiger »Kleider-Ordnung« zu entnehmen ist, dem Handwerkerstand in etwa gleichkam, scheint Bachs Sozialniveau zu Beginn seiner beruflichen Laufbahn – als er Organist war – von dem seines Vaters nicht allzu verschieden gewesen zu sein. Denn auch Johann Ambrosius Bach war ja als Stadtmusiker dem Stand des Handwerks verbunden.

Mühlhausen

Am 15. Dezember 1706 starb der Organist der Blasiuskirche in Mühlhausen, Johann Georg Ahle, ein renommierter Musiker, der diese Stelle seit 1673 innegehabt hatte. Nun suchten die Mühlhausener nach einem Nachfolger. Sie luden Johann Sebastian Bach auf den 24. April 1707, einen Ostersonntag, zum Probespiel ein. Ob er andere Mitbewerber hatte und wie die Prozedur der Probe verlief, ist nicht bekannt, doch war sie für ihn erfolgreich. Denn eineinhalb Monate später, am 14. Juni, erschien er wieder, nun, um mit Abgeordneten des Kirchspiels über seine Anstellung zu verhandeln. Man fragte ihn, »was Er zur bestallung verlange«, berücksichtigte also durchaus die Wünsche des zukünftigen Organisten. Bach forderte 85 Gulden jährlich, »so Er zur Arnstadt hette Und das Deputat Herrn Ahlen alß. 3 mltr [Malter] Korn 2 Cl. [Klafter] Holtz [...] 6 sch. [Schock] reißig«, was vor die Tür zu fahren sei.[42] Obwohl Ahle nur 66 Gulden und 14 Groschen erhalten hatte, willigten die Kirchspielherren in sein Begehren ein, und einen Tag später, am 15. Juni, wurde die Bestallungsurkunde ausgestellt.

Hatte sich Bach in der »HochGräfflichen Residenz-Stadt Arnstadt« an erster Stelle zur

Treue gegenüber dem Grafen verpflichtet, so sollte er nun in der »Kayßerlich Freüen Reichs-Stadt Mühlhausen« »zuförderst hiesigen Magistrat«, also der Stadtbehörde, »treü und hold seyn«. Dies legten in dem Bestallungsbrief »sämtliche Eingepfarrete BurgerMeistere und RathsVerwandten des Kirchspiels D. Blasij« fest. Juristisch war Bach hier offensichtlich ein Angestellter der Stadt. Als solcher sollte er Schaden, der der Stadt drohen könnte, abwehren, besonders für »sonn- fest- und andere feiertage seine auffwarttung treüfleißig verrichten [. . .] aller guten wohlanständigen Sitten sich befleißigen auch ungeziehmende gesellschafft und verdächtige compagnie meiden«.[43]

Wie schon in Arnstadt mußte Bach »das Ihme anvertrauete Orgelwerck wenigst in guten stande erhalten, die etwa befindtliche Mängel dem iedesmahl bestellten Herren Vorsteheren anzeigen und vor deren reparatur und music fleißig mit sorgen«.[44] Diese Aufgabe war um so dringlicher, als sich das Instrument der Blasiuskirche, ähnlich wie die Orgeln der Mühlhauser Marien- und der Jacobikirche, in einem unbefriedigenden Zustand befand. 1560–63 von Jost Pape aus Göttingen erbaut, führte noch zu Johann Georg Ahles Zeiten Johann Friedrich Wender, Erbauer auch der Orgel der Arnstädter Bonifatiuskirche, Änderungen daran aus. Nun hatte auch Bach, wie es hieß, »verschiedene defecte angemercket, wie solche zu remediren und das Werck zu perfectioniren ein schriftliches project übergeben«.[45]

Das von Bach ausgearbeitete »Projekt« wurde dem Konvent des Kirchspiels am 21. Februar 1708 vorgelegt. Bach forderte darin u. a. drei neue Blasebälge, damit der »Mangel des Windes« behoben würde. »Höchstnöthig« sei auch die Verbesserung der Druckluft im Baß, dessen Windladen müßten durch neue ersetzt werden. Beim oberen Manual solle das Trompeten-Register aus- und statt dessen ein 16füßiges Fagott eingebaut werden, da dieses »zu allerhandt neüen inventionibus dienlich, und in die Music sehr delicat klinget. Ferner anstatt des Gemshorns [. . .] kömmet ein Violdi-Gamba 8 Fuß, so da mit dem im Rückpositive vorhandenem Salicinal 4 Fuß admirabel concordiren wirdt. Item anstatt der Quinta 3 Fuß [. . .] könte eine Nassat 3 Fuß eingerücket werden [usf.].«[46] Der Konvent billigte die von Bach vorgeschlagenen Änderungen. Die Renovierung wurde wiederum von dem einheimischen Wender ausgeführt.

Schon diese Änderungsvorschläge lassen erkennen, daß sich Bach im Orgelbau gut auskannte. Darüber hinaus zeugen auch die Orgelgutachten, mit denen er oft beauftragt wurde, von großem Sachverstand und beweisen, in welch hohem Maße das Handwerkliche ihm vertraut war. Carl Philipp Emanuel Bach berichtete später von seinem Vater: »Noch nie hat jemand so scharf u. doch dabey aufrichtig Orgelproben übernommen. Den ganzen Orgelbau verstand er im höchsten Grade. [. . .] Das erste, was er bey einer Orgelprobe that, war dieses: Er sagte zum Spaß, vor allen Dingen muß ich wißen, ob die Orgel eine gute Lunge hat, um dieses zu erforschen, zog er alles Klingende an, u. spielte so vollstimmig, als möglich. Hier wurden die Orgelbauer oft für Schrecken ganz blaß.«[47]

In Mühlhausen gründete der zweiundzwanzigjährige Bach eine Familie. Er heiratete am 17. Oktober 1707 seine 1684 geborene Kusine, die »tugend same Jungfer Marien Barberen Bachin«, jüngste Tochter des Gehrener Organisten Johann Michael Bach und Schwester von Barbara Catharina, die ihn in Arnstadt bei dem unseligen Streit mit Geyersbach an die Hand genommen und sich zu entfernen ermahnt hatte. Das Aufgebot war schon in Arnstadt erfolgt. Dort hatte Maria Barbara, wie Johann Sebastian verwaist, weitgehend mittellos im Haus »Zur güldenen Krone« gewohnt.

Der erste Sohn, Wilhelm Friedemann, kam drei Jahre nach der Heirat in Köthen zur Welt. Recht begabt und bedeutend vor allem als Instrumental-, insbesondere als Clavier-Komponist,[48] hatte er, seinem Vater ähnlich, dennoch immer wieder Auseinandersetzungen mit den vorgesetzten Behörden; schließlich entsagte er jeder festen Anstellung und führte isoliert und ohne Ziel ein Leben in bitterer Armut.

Erfolgreicher als er war der jüngere Bruder Carl Philipp Emanuel (geb. 1714). Als Kammercembalist wurde er 1740 Mitglied der königlichen Hofkapelle Friedrichs des Großen in Berlin, und 1767 trat er als Musikdirektor in Hamburg die Nachfolge des berühmten Telemann an.

Von Johann Gottfried Bernhard (geb. 1715), dem Jüngsten aus dieser Ehe, mußte der Vater Jahre später, am 24. Mai 1738 in einem Brief an einen gewissen Herrn Klemm in Sangerhausen, berichten, er sei »leider mißrathen«. Seit einem Jahr habe er ihn nicht mehr gesehen. Damals hätte er in Mühlhausen »nicht alleine den Tisch, sondern auch den Mühlhäuser Wechsel [...] richtig bezahlet, sondern auch noch einige Ducaten zu Tilgung einiger Schulden« zurückgelassen. »Da keine Vermahnung, ja gar keine liebreiche Vorsorge [...] mehr zureichen will, so muß mein Creütz in Gedult tragen, meinen ungerathenen Sohn aber lediglich Göttlicher Barmhertzigkeit überlaßen [...].« Dies schrieb, wie es in dem Brief weiter heißt, »ein getreüer Vater, dem seine Kinder ans Hertze gehen«.[49]

All diese Sorgen um die Kinder sollten später also auf Bach zukommen. Doch mußte er für seine Familie nun erst einmal eine sichere Existenzgrundlage schaffen. Dies könnte mit ein Grund gewesen sein, warum er in Mühlhausen nur ein Jahr blieb. Denn am 25. Juni 1708 legte er dem Stadtrat sein Entlassungsgesuch vor. Darin heißt es, seine »Lebensarth« sei »schlecht«, er habe »eüßerst nöthige consumtionen«. Unter solchen Umständen könne er nur »nothdürfftig leben«. Bei seiner zukünftigen Stelle am Weimarer Hof würden ihm dagegen nicht nur beruflich, sondern auch wirtschaftlich bessere Möglichkeiten geboten. Dort hätte er Aussicht auf »hinlänglichere subsistence«, einen besseren Lebensunterhalt.[50] In der Tat, in Weimar verdiente Bach anfänglich das Doppelte, später sogar mehr (vgl. S. 27). Nichts lag also näher, als um den Abschied zu bitten.

Er tat dies, obwohl er, wie in dem Entlassungsgesuch vermerkt, das Wohlwollen, die »Milde« des Stadtrates, der Vorgesetzten dankbar empfand. Er wäre, so Bach, seiner Arbeit gerne »mit Lust« nachgekommen. So zählt er auf, was alles er geleistet bzw. noch zu tun gedacht hatte. »Einen guthen apparat der auserleßensten kirchen Stücken« habe er sich angeschafft, auf eigene Kosten also eine größere Notenbibliothek angelegt. Sogar der Kirchenmusik auf den umliegenden Dörfern habe er »aufhelffen« wollen. Und das Wichtigste: Er hätte »eine regulirte kirchen music zu Gottes Ehren, und Ihren [des Rates] Willen nach, gerne aufführen mögen«.[51] Vielleicht dachte Bach daran, im Gottesdienst künftig regelmäßig Kantaten singen zu lassen, wie er es später (seit 1714) in Weimar und dann in Leipzig tat.

Trotzdem war es auch in Mühlhausen, wie Bach in dem Entlassungsgesuch weiter berichtet, zu »wiedrigkeit«, »verdrießligkeit anderer« gekommen. Ungünstige Umstände, die er nicht beim Namen nennt, scheinen seine Absichten, die Vorstellungen auch von einer »wohlzufaßenden kirchenmusic«, durchkreuzt zu haben. Da es nicht danach aussah, daß die Widrigkeit »künfftig« sich »fügen mögte«, bat Bach also kurzerhand um Entlassung.[52] Hierbei stellte er die Vorgesetzten vor vollendete Tatsachen. Als sie das ›Gesuch‹ erhielten, hatte er den Ruf nach Weimar schon angenommen. »Weil er nicht auffzuhalten«, so der Rat, »müste mann wohl in seine dimißion consentiren«, d. h. mit dem ›Rücktritt‹ einverstanden sein.[53] Dem Mühlhauser Rat machte dies, wie sich der Organist Johann Christian Voigt 1742, fünfunddreißig Jahre später, erinnerte, »grossen Verdruß«.[54]

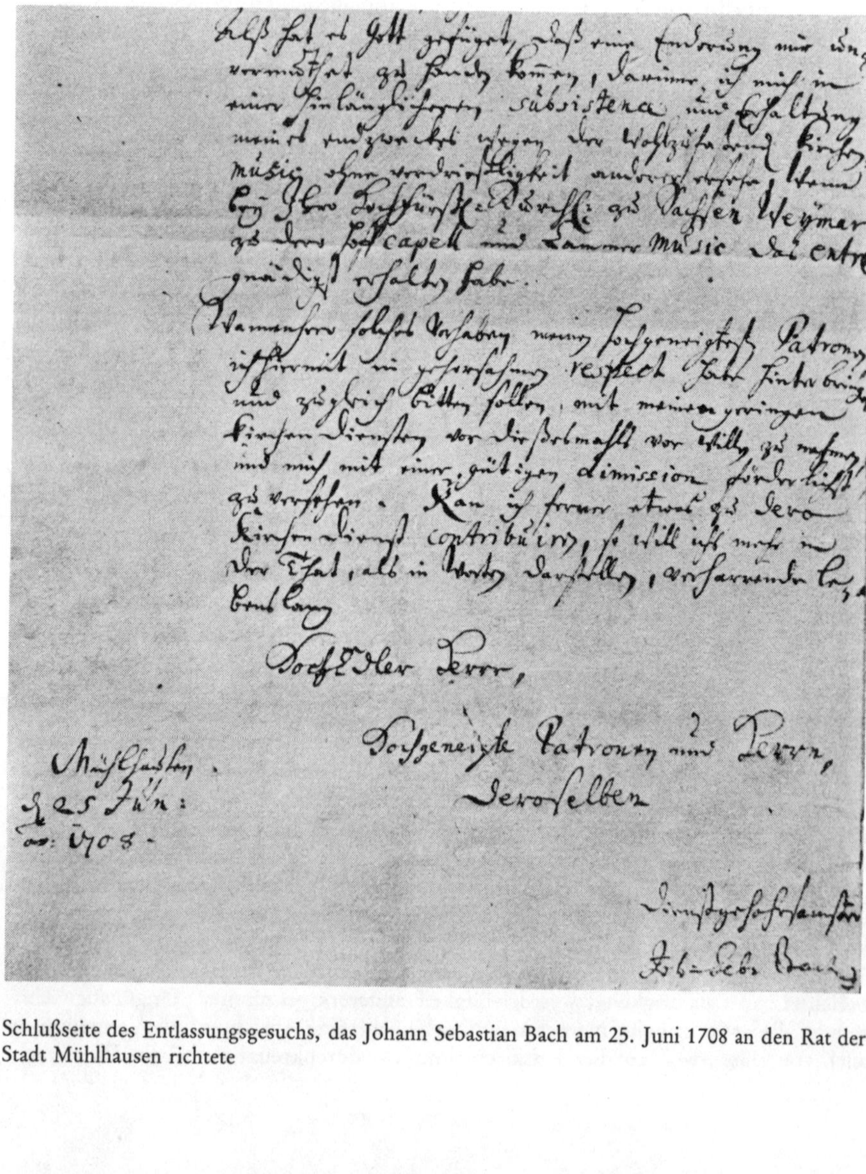

Als hat es Gott gefüget, daß eine Enderung mir unvermuthet zu handen kommen, darinne ich mich in einer hinlänglicheren subsistence und Erhaltung meines Endzweckes wegen der wohlzufaßenden Kirchen music ohne verdrießligkeit anderer ersehe, indem bey Ihro Hochfürstl. Durchl. zu Sachsen Weymar zu dero Hoff Capell und Cammer Music das entrée gnädigst erhalten habe.

Wannenhero solches Vorhaben meinen hochgeneigtesten Patronen ich hiermit in gehorsamsten respect habe hinterbringen und zugleich bitten sollen, mit meinen geringen Kirchen diensten vor dießmahl vorlieb zu nehmen und mich mit einer gütigen dimission förderlichst zu versehen. Kan ich ferner etwas zu Dero Kirchen dienst contribuiren, so will ichs mehr in der That, als in Worten darstellen, verharrende lebenslang

HochEdler Herr,

Hochgeneigte Patronen und Herrn,
Deroselben

dienstgehorsamster
Joh. Seb. Bach.

Mühlhausen
d. 25 Jun:
ao: 1708.

Schlußseite des Entlassungsgesuchs, das Johann Sebastian Bach am 25. Juni 1708 an den Rat der Stadt Mühlhausen richtete

Bachs Entlassungsgesuch wurde häufig als ein Bekenntnis seiner religiösen Auffassung interpretiert. Man brachte es in Zusammenhang mit einer theologischen Kontroverse, die damals die Gemüter bewegte. Die Kontrahenten waren der Pastor der Mühlhauser Marienkirche, der mit Bach befreundete orthodoxe Lutheraner Georg Christian Eilmar, und auf der anderen Seite der Pietist Johann Adolph Frohne, Superintendent an der St.-Blasius-Kirche, Bachs Amtskirche. Es ging um die richtige Ausführung des kirchlichen Auftrages.

Möglicherweise stand dieser Theologenstreit tatsächlich im Hintergrund der von Bach angeführten »wiedrigkeit«. Jedoch können direkte Bezüge zwischen der Kontroverse und Bachs Kündigung dem Brief unmittelbar nicht entnommen werden. Demgegenüber wurden die offenkundigen und konkreten Beweggründe des Abschiedsgesuchs – die von Bach angestrebten beruflichen und wirtschaftlichen Verbesserungen – in der Literatur über Bach bisher nicht genügend gewürdigt. Die Einseitigkeit in der Nachzeichnung der Motive steht auch hier im Zusammenhang eines Bach-Bildes, wonach der Komponist nur der Musik oder dem kirchlichen Auftrag zu leben schien. Dies trifft jedoch nur für einen Teil seiner Persönlichkeit zu. Daneben erscheint Bach als ein dem Leben zugewandter Realist, dem das wirtschaftliche Fortkommen, die berufliche Karriere alles andere als nebensächlich war.

Doch was hatte es mit der Auseinandersetzung zwischen den Orthodoxen und den Pietisten auf sich? Indem dies geklärt wird, nimmt auch die theologisch-geistige Umwelt Bachs deutlichere Züge an. Die altlutherische Orthodoxie beanspruchte den Vorrang des biblischen Worts gegenüber der kirchlichen Lehre. Faktisch jedoch errang die auf der Überlieferung gründende sogenannte ›reine Lehre‹ eine gewisse Selbständigkeit, gewissermaßen das Übergewicht gegenüber den Aussagen der Bibel. Indem die Orthodoxen einzelne Schriftstellen aus ihrem Kontext lösten, um sie zum Beweis von Lehrsätzen anzuführen, erweckten sie darüber hinaus manchmal den Eindruck, die Bibel diene ihnen nur mehr zur Rechtfertigung der eigenen Lehre. Die Vermittlung des Lehrbestands erfolgte dabei auf eine rationale, ja intellektualistische Weise. Um einer vernunftgemäßen Aneignung willen wurden die Glaubensinhalte abgerundeten Systemen, logischen Schemata einverleibt – eine Methode, die auch sonst den ›Wissenschaftsbetrieb‹ des Barock häufig kennzeichnete. Das Bemühen um gedankliche Klarheit führte schließlich dazu, daß die Diskrepanz zwischen der christlichen Lehre und einem aus der Mitte der biblischen Botschaft abgeleiteten christlichen Leben immer unerträglicher wurde.

Hier setzte die seit dem späten 17. Jahrhundert in Deutschland an Boden gewinnende Reformbewegung des Pietismus an. Vorwiegend vom Bürgertum getragen und in gewisser Weise volksnah, waren deren Verfechter darauf bedacht, daß sich der Glaube im alltäglichen Leben und Handeln, in der Praxis, bewähre. Die Pietisten widersprachen darum dem Dogmatismus und Formalismus der Orthodoxen, ihrem rationalen Geist. Statt dessen redeten sie einer sozusagen persönlichen Aneignung der Glaubensinhalte das Wort. Sie förderten eine Glaubensgewißheit, die in das Zentrum des einzelnen Menschen dringe, in sein »Herz« als dem Inbegriff aller seelischen Kräfte. Dabei sollte die Bibel auch faktisch wieder in den Mittelpunkt jeder christlichen Betrachtung gerückt werden. So gesehen, basierte die pietistische Frömmigkeit in hohem Maß auf einer subjektiven, individualistischen Gottes-Erfahrung. Bahnbrechend war Philipp Jakob Speners Schrift *Pia Desideria* aus dem Jahr 1675. Bei ihm

spielte die Erleuchtung des einzelnen Menschen durch kontemplative Unmittelbarkeit eine zentrale Rolle. Doch hatte sich der Kanzelstreit der beiden Parteien an der Frage entzündet, ob bei der Lesung der Heiligen Schrift der Heilige Geist um Erhörung gebeten werden solle oder nicht, da er Gottes Wort schon innewohne. Es ging darum, ob sich das Wort Gottes von selbst kundtue oder ob man sich darum bemühen müsse.
Auch die Musik wurde in den Parteienstreit hineingezogen. Sie erfuhr von Orthodoxen und Pietisten eine je unterschiedliche Beurteilung. Die Vertreter der orthodoxen Auffassung sahen die Kirchenmusik letztlich in der *causa finalis* der Heilsgeschichte verankert. Ihre letzte Ursache, der Grund (*causa*) und das Ziel (*finis*) sei dadurch bestimmt, daß sie den Menschen Gott näher bringe. Darum ließen sie der Musik im Gottesdienst (und nicht nur in ihm) breiten Raum. Anders die Pietisten. Ihnen war die Musik nur ein Mittel zur subjektiven Andachtsübung. Folglich veranschlagten sie ihren Stellenwert in der Heilsgeschichte des Menschen geringer. Sie bestritten die Bedeutung, die der Musik von den Orthodoxen zugemessen wurde, und schränkten ihre Ausübung ein.
In diesem Konflikt Bachs Standpunkt zu ermitteln, ist schwierig. Es können nur Vermutungen angestellt werden. Nach Herkunft und Erziehung zu schließen, dürfte er sich auf die Seite der Orthodoxen geschlagen haben. Die Schulen in Eisenach, Ohrdruf und Lüneburg standen ja unter lutherisch-orthodoxer Leitung. Darüber hinaus aber ist mit der Einstellung des Musikers Bach zu rechnen, dem die Pflege einer Musik »zur Ehre Gottes« eine Herzenssache war (vgl. S. 51 ff.). Seine Vorstellungen konnte er musikalisch weit eher bei den Orthodoxen als bei den Pietisten verwirklichen.
Über die persönliche Beziehung zu dem orthodoxen Pastor der Marienkirche gibt die Beischrift im Autograph der in Mühlhausen komponierten Kantate *Aus der Tiefen rufe ich, Herr, zu dir* (BWV 131) weitere aufschlußreiche Hinweise. Es heißt da: »Auff Begehren Tit: Herrn D: Georg Christ: Eilmars in die Music gebracht von Joh. Seb. Bach Org. Molhusino.« Das Werk ist also ausdrücklich nicht für die eigene Amtskirche St. Blasius komponiert. Ob die orthodox geleitete Marienkirche eher Bedarf an Kirchenmusik hatte als die pietistisch orientierte Pfarrei von St. Blasius? Kein Zweifel jedoch, daß Bach zu Eilmar in einem freundschaftlicheren Verhältnis stand als zu dessen Gegner Frohne. Eilmar hatte die Patenschaft von Bachs erstgeborener Tochter Catharina Dorothea (1708–74) übernommen. Da Frohne Bachs Vorgesetzter war, muß sich der Organist an der Blasiuskirche in einer gewissen Konfliktsituation befunden haben. Doch ob die im Entlassungsgesuch angeführte »wiedrigkeit« hiermit zu tun hatte? Jedenfalls löste sich Bach nun von seiner Arbeit in der Mühlhauser Pfarrei, um 1708 wieder an den Hof in Weimar zu ziehen.

Weimar II

Diesmal blieb er länger, insgesamt neun Jahre. Sein ehemaliger Dienstherr, Herzog Johann Ernst, lebte nicht mehr, sein neuer war der regierende Herzog Wilhelm Ernst. Dieser war darauf bedacht, daß der Zwist zwischen Orthodoxen und Pietisten mindestens an seinem Hof nicht ausgetragen wurde, wie überhaupt unter seiner Regentschaft ein aufgeklärter, ›fortschrittlicher‹ Geist herrschte. Es wurden die Wissenschaften und Künste gepflegt, u. a. durch Erweiterung der Hofbibliothek und Pflege bedeutender

Sammlungen. In gewisser Weise wurde der Grund gelegt zu der kulturellen Blüte Weimars, die auf Goethe und Schiller so anziehend gewirkt hat.
Bachs wirtschaftliche Situation verbesserte sich sehr. Sein Verdienst, rund 150 Gulden, wurde im Lauf der Jahre erhöht, so daß er seit 1714 ungefähr auf das Dreifache des Gehalts in Mühlhausen kam, auf mindestens 252 Gulden. In vergleichbarer Weise stieg seine gesellschaftliche Reputation. Die Kammerrechnungen weisen den Hoforganisten Bach zwar zunächst an vorletzter Stelle der »gemeinschaftlichen Diener« der fürstlichen Schloßkapelle aus (nach ihm ist nur noch der Stadtmusicus aufgeführt). Doch wurde ihm am 2. März 1714, auf sein Gesuch hin, das Prädikat eines »Concert-Meisters mit angezeigtem Rang nach dem Vice-Capellmeister« erteilt.[55] Nun stand er in der Kapelle an der dritten Stelle der »gemeinschaftlichen Diener«, lediglich Kapellmeister und Vize-Kapellmeister waren ihm noch vorgesetzt. Bachs Dienstgewalt ging jetzt so weit, daß die Musiker zu den Proben »uf sein Verlangen zu erscheinen schuldig v. gehalten seyn« sollten.[56]
Einer Mitgliederliste zufolge, die nach der Ernennung Bachs zum Konzertmeister und vor dem Tod des Kapellmeisters Johann Samuel Drese, also vor dem 1. Dezember 1716, angelegt wurde, gehörten der Hofkapelle damals 22 Musiker an. Außer Samuel Drese und dessen Sohn Johann Wilhelm, der Vize-Kapellmeister war, sowie Bach als Konzertmeister und Hoforganist, rechneten dazu 7 Sänger (2 Diskantisten, 1 Altist, 2 Tenoristen, 2 Bassisten) und 12 Instrumentalisten (1 »Cammer Musicus«, 3 »Musici und Violinisten«, 1 Fagottist, 6 Trompeter, 1 Pauker).[57]
Die hohe Zahl von Trompetern an den Höfen der Zeit allgemein ist historisch aus der Tradition der mittelalterlichen Kuriere und Herolde zu erklären. Sie gaben im Kriegsfall oder bei festlichen Veranstaltungen mit der Trompete das Signal. In gewisser Weise bezeugten sie Macht und Ansehen ihrer Herren, wie denn überhaupt diese Musiker nicht nur zur Unterhaltung aufzuwarten hatten. Vielmehr ließen Pracht und Qualität der Hofkapellen einen wesentlichen Aspekt des fürstlichen Repräsentationswillens erkennen. Sie signalisierten für ihren Teil das Prestige eines Hauses. Nicht von ungefähr gehörte es zum Zeremoniell, daß man auf Besuchsreisen zu besonders festlichen Anlässen manchmal sogar sein Hoforchester mit im Gefolge hatte, wie im Februar 1713, als das Weimarer Ensemble in Weißenfels anläßlich einer Geburtstagsfeier des Herzogs Christian von Sachsen-Weißenfels ›gastierte‹. Bach selbst war bei diesen musikalischen Aufwartungen für einen Freund des Weimarer Hofes zugegen (vgl. S. 91).
Manchmal spielten die Musiker in Weimar sogar mit Heiduckengewändern, einer ungarischen Tracht mit pelzverbrämten Mänteln und Degen. »Des Herzogs Gehöre«, so steht in einer Chronik, »belustigten zuweilen 16 in Heyducken-Habit gekleidete wohlabgerichtete Musicanten.«[58] Auch die ›Abrichtung‹ Bachs zum Musikanten dürfte dem Herzog eine gewisse Lust bereitet haben. Zugleich lassen die Beispiele erkennen, in welchem Maß sich das höfische Musikleben der ausgeprägt exklusiven Lebensform der Aristokratie fügte, und in welcher Weise auch die Musik der Verherrlichung des Potentaten diente. Wie aber sah nun Bachs Arbeit konkret aus?
Darüber ist leider nicht viel bekannt. Als Hoforganist und »Cammermusicus« hatte er sowohl kirchen- als auch kammermusikalische Dienste zu verrichten. Als er im Jahre 1714 zum Konzertmeister ernannt wurde, erhielt er den Auftrag, »monatlich neüe Stücke« aufzuführen.[59] Bach sollte alle vier Wochen eine Kantate zu Gehör bringen. In

der Hofkapelle dürfte er vor allem als Violinist, aber auch als Cembalist aufgetreten sein. Ihre Mitglieder, die nebenher teilweise Aufgaben als Page, Sekretär oder »Cammerfourier« (Quartiermacher auf den Reisen des Hofes) erfüllten, spielten in wechselnder Besetzung in der Schloßkirche und in der »Wilhelmsburg«. Auch in dem der »Wilhelmsburg« benachbarten »Roten Schloß«, in dem der Neffe von Herzog Wilhelm Ernst, Ernst August, residierte, hatten die »gemeinschaftlichen Diener« traditionsgemäß zu spielen. Eine Hofkapelle wie die in Weimar wartete gewöhnlich bei Hoffesten, Fürstenbesuchen, staatlichen Gedenkfeiern, Tafelmusiken, von Musik begleiteten Maskenspielen (Maskeraden) und ›Freiluft-Musiken‹ (Serenaden) auf.

In Weimar gerade begründete Bach seinen Ruf als Organist, Orgellehrer, Orgelkomponist und Gutachter für Orgeln. Ein Reflex der hohen Wertschätzung durch die Zeitgenossen findet sich in Matthesons *Beschütztem Orchestre* von 1717: »Ich habe von dem berühmten Organisten zu Weimar, Hrn. Joh. Sebastian Bach, Sachen gesehen, so wohl vor die Kirche als vor die Faust, die gewiß so beschaffen sind, daß man den Mann hoch aestimiren muß.«[60] 1716 erhielt er den Auftrag, die von Christoph Cuncius in der Liebfrauenkirche in Halle errichtete Orgel zu prüfen, zusammen mit Johann Kuhnau, dessen Nachfolger an der Leipziger Thomasschule er sieben Jahre später werden sollte, und mit dem Quedlinburger Organisten Christian Friedrich Rolle. Im Abschlußprotokoll gab das Kirchenkollegium sicherlich eine allgemeine Meinung wieder, wenn es Bach mit Kuhnau und Rolle »dreye derer berühmtesten Musicorum und organisten« nannte.[61]

Auch in Weimar sorgte Bach übrigens für Ärger durch sein Taktieren mit neuen Arbeitgebern. Das Kollegium der Liebfrauenkirche in Halle hatte ihm 1713 die Nachfolge des verstorbenen Organisten Zachow, dem Lehrer Händels, angeboten. Einer Protokollniederschrift vom 13. Dezember 1713 zufolge hat sich Bach hierfür »dienstl. bedancket und die Station acceptiret«.[62] Die Bestallungsurkunde wurde ihm in zweifacher Ausfertigung zugeschickt. Doch trat Bach die Stelle nie an. Er mußte sich den Vorwurf gefallen lassen, in Halle nur zugesagt zu haben, um in Weimar über ein höheres Gehalt verhandeln zu können. Bach stritt das ab; dem Vorsteher der Liebfrauenkirche, August Becker, schrieb er am 19. März 1714: »Doch ist aus allen diesen noch lange nicht zu schließen als ob ich solche tour dem hochlöblichen Collegio gespielet hätte, um dadurch meinen Gnädigsten Herrn zu einer Zulage meiner Besoldung zu vermögen, da *Derselbe* ohne dem schon so viel Gnade vor meine Dienste u. Kunst hat, daß meine Besoldung zu vergrößern ich nicht erstlich nach Halle reisen darff.«[63] Eine finanzielle Verbesserung würde Bach in Halle auch gar nicht erreicht haben. Dem Bestallungsbrief gemäß hätte er als Fixum erhalten »auß der Kirchen Einkünfften, Einhundert und vierzig thlr Besoldung, imgleichen vier und zwanzig thlr. zur Wohnung und Sieben thl. 12. groschen zu Holz alljärlich«.[64] Als er mehr forderte, beschied man ihn abschlägig. Wie auch immer: Am 2. März 1714 wurde Bach zum Konzertmeister ernannt, damit seine Besoldung aufgebessert. Ob er also doch Erfolg gehabt hat mit dieser Finesse, wenn es eine war?

Gründe genug wären von seiner Seite anzuführen gewesen, u. a. die Vergrößerung seiner Familie: im Dezember 1708 war eine Tochter geboren worden, im November 1710 Wilhelm Friedemann gefolgt, im Februar 1713 ein – bald danach gestorbenes – Zwillingspaar, im März 1714 Carl Philipp Emanuel, und im Mai 1715 Johann Gottfried Bernhard.

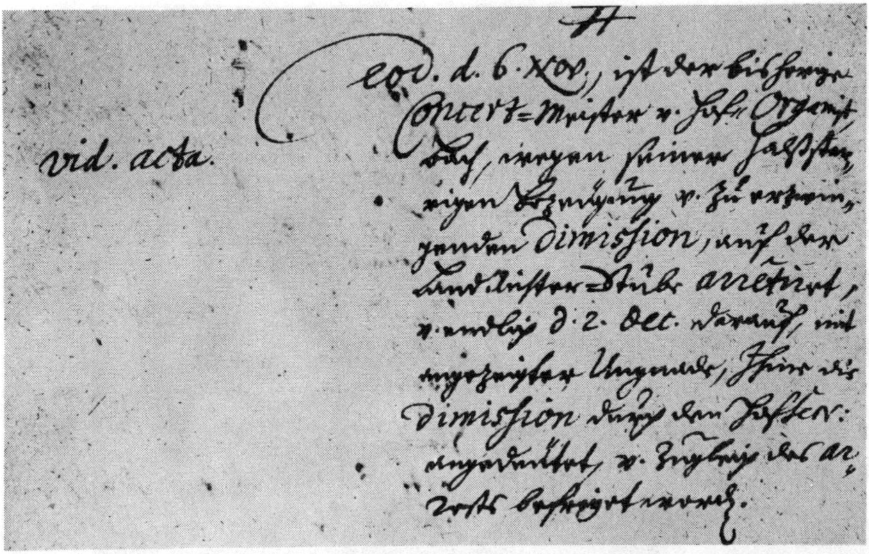
vid. acta.
eod. d. 6. Nov. ist der bisherige
Concert=Meister v. Hof-Organist
Bach, wegen seiner Halßstar-
rigen Bezeügung v. zu erzwin-
genden dimission, auf der
LandRichter=Stube arretiret,
v. endlich d. 2. Dec. darauf, mit
angezeigter Ungnade, Ihme die
dimission durch den HofSecr:
angedeütet, v. zugleich des ar-
rests befreyet worden.

Aktennotiz über Bachs Arrest am 6. November 1717 und seine Entlassung am 2. Dezember 1717

Der Wunsch nach einem Wechsel brachte ihn schließlich in den Arrest. Die letzten dreieinhalb Wochen seines Aufenthaltes in Weimar verbrachte er im Gefängnis. Einer Aufzeichnung des Hofsekretärs Bormann ist zu entnehmen, am 6. November 1717 sei »der bisherige Concert-Meister v. Hof-Organist, Bach, wegen seiner Halßstarrigen Bezeügung v. zu erzwingenden dimission, auf der LandRichter-Stube arrêtiret, v. endlich d. 2. Dec. darauf, mit angezeigter Ungnade, Ihme die dimission durch den HofSecr: angedeütet, v. zugleich des arrests befreyet worden«.[65]
Die genauen Umstände sind nicht bekannt. Fest steht, daß Bach schon am 5. August 1717, also drei Monate vor seiner Sistierung, zum Kapellmeister des Hofes von Köthen ernannt worden war. Allem Anschein nach wiederholte sich also in Weimar das Mühlhauser Spiel um den Abschied, hatte er die Köthener Kapellmeister-Stelle angenommen, ohne Weimar vorher zu informieren. Statt wie die Mühlhauser nur »grossen Verdruß« zu äußern, ließ Herzog Wilhelm Ernst von Weimar seinen Diener aber kurzerhand festnehmen. Doch war dessen »Halßstarrigkeit« selbst ein Herzog nicht gewachsen; schließlich ließ der ihn – in Ungnade – ziehen.
Warum Bach nicht mehr in Weimar bleiben wollte, scheint offenkundig. In Köthen hatte sich die Gelegenheit zu einer noch besseren beruflichen Position geboten. Hier sollte er nicht nur Konzertmeister sein, sondern Kapellmeister werden. Möglicherweise hatte Bach schon zuvor in Weimar gehofft, er würde diesen Posten erhalten. Denn am 1. Dezember war dort der langjährige Kapellmeister Johann Samuel Drese gestorben. Als deutlich wurde, daß man ihn überging, mag Bach sich umgetan haben.

Leopold Fürst zu Anhalt-Köthen. Kupferstich, 1722

Hofkapellmeister in Köthen (1717–1723)

Johann Sebastian Bach war also seit dem Dezember 1717 als »Hochfürstlich Anhalt-Cöthenscher Capellmeister« tätig. Er traf es mit seinem Vorgesetzten, dem Fürsten Leopold, vorzüglich. Noch 1730, sieben Jahre nachdem er den Ort verlassen hatte, schrieb er von Leipzig aus seinem Jugendfreund Erdmann über die Zeit damals: »Daselbst hatte einen gnädigen und Music so wohl liebenden als kennenden Fürsten; bey welchem auch vermeinete meine Lebenszeit zu beschließen.« Ohne weiteres hätte Bach somit bis zu seinem Lebensende höfische Musik – d. h. vorzugsweise eine weltliche ›Unterhaltungsmusik‹ – betreiben wollen. Daß er später in Leipzig Kantor werden sollte, war ihm, wie er in demselben Brief formulierte, »anfänglich gar nicht anständig«.[66]

Wirklich muß dieser Fürst von Anhalt-Köthen ein leidenschaftlicher Liebhaber und Kenner der Musik gewesen sein. Er hatte seine Stimme ausbilden lassen und soll ausgezeichnet Cembalo und Gambe gespielt, sogar selbst in der Hofkapelle mitgewirkt haben. Die guten Beziehungen, die Bach zu ihm sowie generell zu angesehenen Personen des Hofes unterhielt, werden durch ein Dokument vom 17. November 1718 bestätigt. Es handelt sich um eine Liste derjenigen Personen, die bei Bachs siebtem Kind die Patenschaft übernommen hatten. Im Taufbuch der Schloßkirche von Köthen ist vermerkt: »Die Pathen sind gewesen 1) Der Durchlauchtigste Fürst, Herr *Leopold*, regierender Fürst zu Anhalt. 2) Der Durchlauchtigste Fürst Herr *Augustus* Ludwig, Fürst zu Anhalt. 3.) Die Durchlauchtigste Hertzogin, Frau Eleonora *Wilhelmina*, vermählte Hertzogin zu Sachsen-Weymar, gebohrne Fürstin zu Anhalt.«[67] Bach nannte seinen Sohn – in Anlehnung an die Namen der höchstgestellten Paten, der beiden Fürsten von Anhalt, Leopold Augustus (das Kind starb ein Jahr nach der Taufe).

Als höfischer Kapellmeister stellte er sich finanziell recht gut. Er erhielt monatlich 33⅓ Reichstaler. Dies entspricht wiederum ungefähr dem Doppelten seines vorigen Gehalts in Weimar. Später kam das Einkommen von Anna Magdalena hinzu, die er – seine erste Frau war 1720 gestorben – im Jahre 1721 heiratete. Als »fürstliche Sängerin« des Köthener Hofes verdiente »Anna Magdalena, Herrn Johann Caspar Wülckelns, Hoch-Fürstlich Sachßen Weißenfelßischen Musicalischen Hoff- und Feld Trompeters eheliche jüngste Tochter«, monatlich 16 Reichstaler und 16 Groschen.[68]

Auch Bachs allgemeiner Sozialstatus verbesserte sich. Als er Organist war, ist sein gesellschaftliches Ansehen, wie wir sahen, von dem des musikalischen Mittelstandes, von den Stadtmusikern, nicht allzu weit entfernt gewesen. Er stand auf dem Sozialniveau eines gehobenen Handwerkers. Spätestens als Kapellmeister des Köthener Hofes rückte Bach in die Oberschicht des Musikerstandes auf. Dabei ist seine Anstellung in Weimar als Organist, »Cammermusicus« und später »Concert-Meister mit angezeigtem Rang nach dem Vice-Capellmeister« als eine Art Zwischenstufe anzusehen, genauer: als Vorstufe zur Position eines Kapellmeisters. Diese höchste Stufe auf der Karriereleiter eines Musikers erreichte Bach in Köthen.

Der Leiter der Hofmusik galt nicht selten als ein höherer Hofbeamter, der, häufig im Rang eines Hausoffiziers stehend, am Offizierstisch Platz nehmen und im fürstlichen Schloß wohnen durfte. Nach Auskunft einer in Mecklenburg geltenden Rangordnung des Jahres 1704 war er dem »Prinzen-Cammerdiener« gleichgestellt.[69] Sein soziales

Ansehen rangierte vor dem eines Kantors, Amtsschreibers, Ratsherren und Organisten. Die erwähnte Hallenser Liste aus dem Jahre 1678 stellte fürstliche Kapellmeister auf dieselbe Stufe wie Amtsmänner und hohe Sekretäre. Dieser Berufsgruppe vorgeordnet waren nur noch Minister, Räte und der Landadel.

Der Vorzug, den ein Musiker oder Literat durch die Stellung bei Hofe genoß, wurde in jener Zeit hoch geschätzt. Schon 1624 hatte Martin Opitz in seinem *Buch von der Deutschen Poeterey* vom Dichter geschrieben: »Welches denn der grösseste lohn ist, den die Poeten zue gewarten haben; daß sie nemlich inn königlichen vnnd fürstlichen Zimmern platz finden, [...] vnd von jederman gerhümet werden.«[70] Zu Bachs Zeit merkte Johann Mattheson in der *Grundlage einer Ehren-Pforte* an: »Ein Capellmeister ist demnach ein gelehrter Hofbeamter und Componist im höchsten Grad: welcher eines Kaisers, Königs oder grossen Fürstens und Herrn geist- und weltliche Musiken verfertiget, anordnet, regieret und unter seiner Aufsicht vollziehen läßt: GOTT zu Ehren, seinem Herrn zur Vergnügung und dem gantzen Hofe zum Nutzen. Er hat bisweilen über 50 biß 100 und mehr Personen, als Haupt und Anführer, zu befehlen.«[71]

Bach erschien der Titel eines fürstlichen Kapellmeisters außerordentlich wichtig. Er ließ sich nicht nur »Hochfürstlich Anhalt-Cöthnischer würcklicher Capellmeister« nennen, sondern legte sich – obwohl er am Hof von Weißenfels nie fest angestellt war – noch den Titel eines »Hochfürstlich Sächsisch-Weisenfelsischen würcklichen Capellmeisters« zu.[72] Sofern die Titulierungen Bachs Beziehung zum Hof, seine Arbeit in höfischen Kreisen bekunden, dokumentieren sie ein besonderes Sozialprestige. Sie spiegeln ein gewisses gesellschaftliches Ansehen wider, auf welches Bach Wert legte.

In welchem Maße er nach Anerkennung durch einen Hoftitel verlangte, geht aus dem Aufwand hervor, den er von Leipzig aus betrieb, um vom Kurfürsten Friedrich August II. von Sachsen das Prädikat eines sächsischen Hofkomponisten zu erhalten. Unterschrieben von dem »unterthänigst-gehorsamsten Knecht Johann Sebastian Bach«, reichte er am 27. Juli 1733 ein Gesuch ein, demzufolge »Ew. Königliche Hoheit mir die Gnade erweisen und ein Praedicat von Dero Hoff-Capelle conferiren [...]; Solche gnädigste Gewehrung meines demüthigsten Bittens wird mich zu unendlicher Verehrung verbinden [...].«[73] Zusammen mit dem Gesuch überreichte Bach »in tieffster Devotion« einen Stimmensatz des Kyrie und Gloria der *h-Moll-Messe* (BWV 232).

Der Kurfürst scheint auf Bachs Begehren zunächst nicht reagiert zu haben. Drei Jahre später, am 27. September 1736, erreichte den sächsischen Hof ein weiteres Gesuch. Und jetzt hatte Bach Erfolg. Am 19. November 1736 wurde ein Dekret erlassen, wonach »Ihro Königliche Majt. [Majestät]« Bach »das Praedicat als Compositeur bey Dero HofCapelle, allergnädigst ertheilet«.[74] Fraglos waren mit der Verleihung von Hoftiteln konkrete berufliche Vorteile verbunden. Sicherlich erhielt Bach Kompositionsaufträge jetzt leichter. Gewiß konnte er die Honorarforderungen nun höher ansetzen. Doch scheint das Interesse an den Titeln darüber hinaus auch andere Gründe gehabt zu haben.

Immer wieder – dies zeigt die Geschichte – streben Angehörige niederer sozialer Schichten danach, an den Errungenschaften ihnen wirtschaftlich und kulturell überlegener Kreise teilzuhaben. Gelingt dies, so wird dadurch das soziale Unterlegenheitsgefühl gemildert, sie empfinden sich gegenüber den Inhabern der Macht selbst als nicht gar so machtlos.

Ähnliche Wünsche scheinen auch Johann Sebastian Bach bewegt zu haben. Anscheinend fand er in der Klasse, in die er hineingeboren war, keine ausreichende Bestätigung seines Selbstwertgefühls. Als Inhaber so vorzüglicher Titel aber partizipierte er an der Wertschätzung, die dem höfischen Wesen allgemein entgegengebracht wurde. Bach wachte gewissermaßen aus der standesbedingten ›Ohnmacht‹ seiner Klasse auf und wurde – wenigstens in seinem subjektiven Empfinden und wie gering auch immer – selbst zu einem ›Machthaber‹. Tatsächlich verfügte er am Hof von Anhalt-Köthen über ›Untergebene‹, die Hofmusiker. Die Metamorphose, die er durchmachte, mag durch die zitierten Formulierungen Matthesons illustriert werden. Das dort verwendete Vokabular ist das der Herrschenden. Mattheson zufolge »regieret« ein Kapellmeister am Hof die Hofmusik, er »ordnet« sie »an«. Den Musikern, die ihm unterstellt sind, ist er »Haupt und Anführer«. Ihnen »befiehlt« er.

Manches deutet darauf hin, daß Bach sich gern in einer möglichst hohen Position gesehen hätte, von der aus er selbst ›auf Untergebene herabblicken‹ konnte. Ohne die soziale Klasse seiner Vorgesetzten jemals erreichen zu können, wollte er zumindest an deren Sozialprestige teilhaben, indem er danach trachtete, ihre Verhaltensweisen zu übernehmen. Diese Auffassung wird nicht nur durch Bachs Interesse an höfischen Aufgaben und an den Titeln eines höfischen Kapellmeisters oder »Compositeurs« nahegelegt. Mehr noch läßt diesen allzu verständlichen Wunsch, der natürlich nicht nur für die Person Bachs und seine Zeit charakteristisch ist, sein Lebensweg insgesamt erkennen. Denn immer war Bach darauf bedacht, in seinem Beruf und sozialen Ansehen ›weiter‹ zu kommen, eine immer höhere Position zu erlangen. Generell ist dieser Grundzug des Charakters nicht besser zu beschreiben als mit Alfred Adlers Worten: »Wir werden immer im Menschen diese große Linie der Aktivität finden – diesen Kampf, sich von einer unterlegenen zu einer überlegenen Stellung zu erheben, von der Niederlage zum Sieg, von unten nach oben. Das beginnt in frühester Kindheit und setzt sich bis ans Ende unseres Lebens fort.«[75]

So darf vielleicht auch Bachs »Halßstarrigkeit« als eines der Mittel angesehen werden, mit denen er den ›Arbeitgebern‹ in Arnstadt, Weimar oder Leipzig zusetzte, um ihnen seinen Willen aufzuzwingen. Die ›Wahl‹ dieses Mittels resultierte einesteils aus seinem wenig nachgiebigen Charakter und andererseits aus dem hohen Grad an Abhängigkeit von Personen und Institutionen, denen er sich unterstellt sah. Unter den sozialen Voraussetzungen seiner Zeit mußte ihn ein bestimmtes Gefühl der Unterlegenheit fast zwangsläufig befallen. Er kompensierte dieses Gefühl der ›Minderwertigkeit‹, indem er danach trachtete – auch dies ein allgemein-menschlicher Zug – sich auf andere Weise einen gewissen Autoritätsbereich zu sichern. So »regierte« er in Köthen über die Musiker der Hofkapelle und war er in Leipzig das »Haupt« der Thomanerchöre; dort war zugleich die gesamte Kirchenmusik der Stadt in seinen ›Herrschaftsbereich‹ einbezogen.

Das Bild Bachs in seiner Zeit mag in einer weiteren Facette skizziert werden: Seiner am 7. Juli 1747 abgefaßten Widmung des *Musikalischen Opfers* (BWV 1079) an Friedrich den Großen »erkühnte« sich Bach als »allerunterthänigst gehorsamster Knechte«, »dieses unterthänigste Bitten hinzuzufügen: Ew. Majestät geruhen gegenwärtige wenige Arbeit mit einer gnädigen Aufnahme zu würdigen, und Deroselben allerhöchste Königliche Gnade noch fernerweit zu gönnen«.[76] Und in der den *Brandenburgischen Konzerten* (BWV 1046–1051) vorangestellten Adresse an Christian Ludwig, Markgraf von Brandenburg, bittet Bach, »die tiefe Ehrfurcht und den ergebensten Gehorsam, die ich Ihr damit zu bezeigen trachte, wohlwollend in Betracht zu ziehen. Schließlich bitte ich Eure Königliche Hoheit ergebenst, die Güte zu haben, Ihre Wohlgewogenheit mir weiterhin zu bewahren und überzeugt zu sein, daß mir nichts so sehr am Herzen liegt, als zu Gelegenheiten herangezogen zu werden, die Ihrer und Ihres Dienstes würdiger sind, ich, der ich mit unvergleichlichem Eifer Eurer Königlichen Hoheit ergebenster und gehorsamster Diener bin Johann Sebastian Bach.«[77]

Beide Zitate geben zu erkennen, in welch streng zeremoniöser und ebenso unterwürfiger Form sich zu äußern jeder Untertan gehalten war. Die Tendenz, zu beteuern, man sei niedrig und gering und leiste nur »wenige Arbeit«, um dadurch des Gnadenerweises fürstlicher Hoheiten um so würdiger zu erscheinen, war natürlich für die Zeit Bachs, für den ganzen Barock typisch. Man lese nur nach, mit welchen Worten schon 1624 Martin Opitz sein *Buch von der Deutschen Poeterey* »dienstwilligst« den »Wolweisen, Wolbenambten vnd Wolgelehrten HErren Bürgermeistern vnd Rathsverwandten der Stadt Buntzlaw, seinen günstigen Herren vnd beförderern« zueignete, um sich so in deren »beharrliche gunst vnd liebe« zu »befehlen«.[78]

Dabei herrschte durchaus Distanz zu derartigen Formeln, war ihre Fatalität den Zeitgenossen bewußt. Andreas Gryphius ironisiert sie in den *Absurda Comica. Oder Herr Peter Squentz, Schimpff-Spiel.* Des Königs »lustigen Rath, Piramus«, stellt er mit den Worten vor: »Edler, woledler, hochedler, woledelgeborner Herr Pickelhäring von Pickelhäringsheim und Saltznasen.«[79] Ganz offen spricht sich Johann Mattheson 1739 in seinem dem Landgrafen von Hessen gewidmeten Buch *Der Vollkommene Capellmeister* aus »gegen und wieder den heutigen heuchlerischen Gebrauch, da sich die kriechende Verfasser selbst nur darum desto mehr erniedrigen, verächtlich und klein machen, ie höher, geehrter und grösser sie gerne seyn wolten«.[80] Kurz, wie viele seiner Zeitgenossen wollte auch Bach »groß sein«, weshalb er zuvor »kriechen« mußte – so jedenfalls muß es uns heute erscheinen. Daß sein Bemühen um Anerkennung obendrein wie eine absurde Farce wirkt, weil er ja ein »Lakai« blieb sein Leben lang, verschärft den tragischen Aspekt, den diese Haltung auch besitzt.

Realiter bewies die tägliche Arbeit eines Kapellmeisters am Hofe nichts als Abhängigkeit. So liegt über die Aufgaben des Kapellmeisters von Weißenfels ein Bericht aus dem Jahr 1680 vor, der einen anderen Ton anschlägt als Matthesons Lobrede in den *Grundlagen einer Ehren-Pforte* (vgl. S. 32). Zwar ist auch hier davon die Rede, der Kapellmeister führe »die Aufsicht über die Musiker und Capellknaben«. Doch er selbst unterstand der Befehlsgewalt, den »Verordnungen« einer ihm übergeordneten Macht, in deren »Schuld« er sich befand. Der Kapellmeister, so heißt es dort, solle »schuldig sein, die ordentlichen musikalischen Aufwartungen, sowohl in der Kirche, als für die Tafel, in gleichen zu theatralischen Compositionen, wie und wo wir es verordnen, fleißig zu verrichten, wobei es ihm aber freistehet, entweder seine eigenen Compositionen oder auch anderer nach seinem Gutfinden zu gebrauchen«.[81] Noch Joseph Haydn mußte sich als Vize-Kapellmeister des Fürsten Esterhazy peinlichst den Vorschriften unterwerfen. In seinem 1761 ausgestellten Anstellungsvertrag ist zu lesen, es solle »der Vize-Capel-Meister samt den subordinierten allezeit in Uniform, und nicht nur er, Joseph Heyden, selbst sauber erscheinen, sondern auch alle anderen von ihm dependirende dahin anhalten, daß sie der ihnen hinausgegebenen Instruction zufolge, in weißen Strümpfen, weißer Wäsche, eingepudert, und entweder in Zopf, oder Har-Beutel,

Von zwei Personen geleitetes Musikensemble: dem Maestro al cembalo, am Instrument vorn, und dem ›Dirigenten‹, hinten, der etwas wie eine Notenrolle in der erhobenen Rechten hält. Miniatur aus einem deutschen Familienalbum, um 1775

jedoch durchaus gleich sich sehen lassen. Derohalben 3tio wird er, Joseph Heyden, alle besondere Familiarität, gemeinschaft in essen, drinken und andern umgang vermeiden, um den ihme gebührenden Respekt nicht zu vergeben, sondern aufrecht zu erhalten. 4to solle er, Vize-Capel-Meister verbunden seyn, solche Musicalien zu componiren, was vor eine Hochdieselbe verlangen werden, sothanne Composition mit niemanden zu communicieren, viel weniger abschreiben zu lassen, sondern für Ihro Durchlaucht eintzig, und allein vorzubehalten, vorzüglich ohne vorwissen, und gnädiger erlaubnuß für niemand andern nicht zu componiren.«[82]

Zurück zu Bach: Auch der Kapellmeister von Köthen war für musikalische Aufführungen und die Komposition neuer, seinem Fürsten zugedachter Stücke verantwortlich. Er führte an jedem Neujahrstag und zu des Fürsten Geburtstag je zwei von ihm verfertigte Kantaten, eine geistliche und eine weltliche, auf. Ein Hofkapellmeister hatte für gewöhnlich bei höfischen Feierlichkeiten aufzuwarten, bei festlichen Mahlzeiten, Bällen, Aufzügen, Hausmusikveranstaltungen, Familienfesten wie Taufe oder Hochzeit sowie bei Begräbnissen die Musik zu leisten.

Hatte nicht gerade Bach den Cembalopart übernommen, so mag sich der Fürst an dieses Instrument begeben haben. In der Zwischenzeit leitete der Kapellmeister die Musiker eventuell mit der Viola in der Hand – das Dirigieren im modernen Sinn war noch nicht bekannt. Carl Philipp Emanuel Bach berichtet, sein Vater habe das Orchester mit der Violine besser »ordnen« können, als es vom Tasteninstrument her möglich gewesen sei.[83]

In diesem Zusammenhang muß darauf hingewiesen werden, daß der Kapellmeister häufig vom Konzertmeister unterstützt wurde. Es kam vor, daß der »Maestro al cembalo« an seinem Tasteninstrument saß, während ein Kollege mit einer Notenrolle o. ä. die Einsätze gab; das Ensemble wurde folglich von zwei Personen geleitet. Im übrigen pflegte man den Takt sogar zu stampfen oder zu hämmern. 1739 wandte sich Mattheson in seinem *Vollkommenen Capellmeister* gegen das »Unwesen«, daß Kapellmeister der »unnützen Geprügel, Getöse und Gehämmer mit Stöcken, Schlüsseln und Füssen« sich bedienten. Er vertrat die Auffassung, »daß ein kleiner Winck, nicht nur mit der Hand, sondern bloß und allein mit den Augen und Geberden das meiste [...] ausrichten könne, ohne ein grosses Federfechten anzustellen; wenn nur die Untergebene ihre Blicke fleißig auf der Vorgesetzten gerichtet seyn lassen wollen«.[84] Bach gab seinen »Untergebenen« Anweisungen mit Hilfe der Gebärdensprache. Laut Johann Matthias Gesner, ehemals Rektor der Leipziger Thomasschule, hielt er »diesen durch ein Kopfnicken, den nächsten durch Aufstampfen mit dem Fuß, den dritten mit drohendem Finger zu Rhythmus und Takt« an.[85] Im Gegensatz zu den von Mattheson gerügten Orchestervorständen dachte Bach also offenbar vernünftig.

Zur Verfügung stand ihm in Köthen ein hervorragender Orchesterapparat, mit dem er, auch in seinem eigenen Hause, wöchentlich Proben abhielt. Die Kapelle umfaßte 18 Musiker: 9 Solisten – sie wurden »Cammer-Musici« genannt (2 Violinen, Gambe, Cello, 2 Flöten, Oboe, Trompete, Fagott) – und 4 »Musici« als Tuttistreicher (Ripienisten), 1 Pauker, 3 Vokalsolisten sowie Bach als Kapellmeister. Außerdem wirkte hin und wieder der Fürst Leopold an der Gambe oder am Cembalo mit, manchmal auch als Sänger. Zudem wurden, wenn nötig, von auswärts Musiker hinzugezogen. Ein Chor stand mit der Kantorei der St.-Agnus-Kirche in Köthen zur Verfügung.

Für die gerühmte Qualität der Kapelle standen renommierte Musiker ein. Einige waren aus der Kapelle des Berliner Hofes übernommen worden, nachdem Friedrich Wilhelm I. im Jahre 1713 sein Orchester aufgelöst hatte. Der Primgeiger Josephus Spieß war solch ein Berliner. Als »Premier Cammer-Musicus« oblag auch ihm die Leitung der Kapelle. (Der hervorragende Geiger, der er gewesen sein muß, scheint finanziell nicht immer zurechtgekommen zu sein; es ist überliefert, daß er einmal einen Wechsel nicht einlösen konnte, woraufhin Leopold das Gehalt an seine Frau ausbezahlen ließ.) Auch der Oboist Johann Ludwig Rose war von Berlin nach Köthen gekommen, wo er dann über vierzig Jahre lang spielte. Zudem gab er den fürstlichen Pagen Unterricht im Fechten! Der Geiger Marcus, der Cellist Linigke und der Fagottist Torlée sind als weitere ehemalige Berliner in Köthen bekannt. Der Flötist Johann Gottlieb Würdig war ein zum »Cammermusicus« aufgestiegener einstiger Stadtmusicus. Weil er zur Neujahrsmusik 1719 nicht erschien, erhielt er eine Geldbuße von 20 Talern.

Der Pauker Anton Unger scheint mehr in seinem in der Stadt gelegenen Gasthaus gewirtschaftet als unter Bach die Pauke geschlagen zu haben. Er war Pächter des »Großen Gasthofes«, der dem Rat der Stadt gehörte. In ihm logierten auch Besucher des fürstlichen Hofes oder auswärtige Musiker, wenn sie in der Hofkapelle vorübergehend engagiert waren.

Beim Gambisten Christian Ferdinand Abel war Bach Pate einer Tochter, Sophia Charlotta. Im Taufregister der Köthener Jakobskirche (10. Januar 1720) ist der »fürstliche Capellmeister allhier« an zweiter Stelle der Paten aufgeführt, nach dem Bürgermeister von Köthen und vor der »eheliebsten« des fürstlichen Stallmeisters.[86] Christian

Ferdinand Abel ist der Vater des berühmten Gambisten Carl Friedrich Abel gewesen.

Am 18. Februar 1754, vier Jahre nach Bachs Tod, wiederholte sich für diese Musiker das Schicksal der Berliner Hofkapelle: das Köthener Ensemble wurde aufgelöst, die Musiker wurden auf die Straße gesetzt.

Unter solchen Umständen scheint glaubhaft, was Johann Beer 1719 in den *Musicalischen Discoursen* schrieb: »Viele fürstlichen Musiker sehnen sich nach der Stadt, weil der Dienst an den Höfen so unsicher ist, und er seinen Wanderstab ergreifen muß, sobald man aus der Gunst des Herren fällt, oder die Musik am Hofe eingeschränkt wird.«[87]

Und Bachs Entschluß, Köthen zu verlassen, wird vor diesem Hintergrund begreiflich. Schon nach der Heirat des Fürsten Leopold mit der Tochter des Fürsten Carl Friedrich von Bernburg, Friederica Henrietta, im Dezember 1721 schien Bach die »musicalische Inclination«, wie er 1730 an Erdmann schrieb, beim Fürsten und damit generell am Hofe »etwas laulicht« werden zu wollen. »Die neüe Fürstin«, so Bach, erscheine geradewegs als eine »amusa«, eine unkünstlerische Frau.[88]

Schon 1720, als er sich um den Organistendienst an St. Jacobi in Hamburg bewarb, hatte Bach ja in eine größere Stadt ziehen wollen, um dort wieder in einer Pfarrei zu arbeiten. Offenbar zog es ihn in die gesichertere Position eines kirchlichen Amtes zurück, in der er Musik nicht vorzüglich zur »Ehre« eines Fürsten, sondern »zu Gottes Ehre« betreiben konnte.

Offenbar hatte ihn der Leipziger Stadtrat noch vor der Wahl zum Kantor gebeten, er möge eine Bescheinigung seiner Entlassung aus den Diensten Köthens vorlegen. Leopold stellte die Entlassungsurkunde am 13. April 1723 aus. Er bescheinigte seinem Kapellmeister darin, daß er mit dessen »Verrichtungen jeder Zeit wohl zufrieden gewesen: Wan aber derselbe anderweit seine Fortun vor itzo zu suchen willens, und Unß deshalb um gnädigste dimission unterthänigst angelanget: Alß haben Wir ihm dieselbe hier durch in gnaden ertheilen, und zu anderweiten Diensten bestens recommendiren wollen.«[89]

Es war ein recht ungewöhnliches Ansinnen, dem Bewerber einer Stelle zuvor eine Bescheinigung seiner Entlassung abzuverlangen, alles spricht also dafür, daß die Ratsherren aus Mühlhausen, Weimar oder Halle Wind bekommen hatten... Da außerdem zwei Kandidaten, Georg Philipp Telemann und Christoph Graupner, nach erfolgter Wahl zum Thomaskantor nicht bereit gewesen waren, das Amt anzutreten, wollte der Rat sichergehen, daß sich dies nicht auch bei Bach wiederhole. So erklärte Bach am 19. April 1723 schriftlich, er »verspreche«, falls ihm das Kantorenamt »aufgetragen werden solte, ich nicht nur binnen dato und 3 oder höchstens vier Wochen von der bey dem HochFürstlich Anhalt-Cöthischen Hoffe auf mir habenden Bestallung mich losmachen und dieserwegen wohlgedachtem Rathe den Dimißion-Schein einhändigen« wolle.[90]

Drei Tage danach wurde Bach gewählt. Am 22. Mai 1723 traf er, die versprochene Frist einhaltend, in Leipzig ein.

Thomaskantor und Musikdirektor der Stadt Leipzig (1723–1750)

Die letzten siebenundzwanzig Jahre seines Lebens verbrachte Johann Sebastian Bach als Kantor der Thomasschule und Musikdirektor Leipzigs. Aus der höfischen Welt kam er zurück in das Berufsfeld eines Stadtkirchenamtes. Mit dieser Wende zurück zu den Anfängen schloß sich der Ring seines Lebens.

Indessen fiel Bach, was die konkrete Berufsausübung, seine soziale und wirtschaftliche Stellung betrifft, nicht auf einen früheren Stand zurück. Zu Beginn seiner Laufbahn war er Organist gewesen, nun wurde er Kantor. Bis in das 17. Jahrhundert hinein hatte ein Kantor Verfügungsgewalt über den Organisten gehabt. In der Rangfolge kirchlicher und städtischer Musiker nahm der Kantor auch jetzt noch die höchste Position ein. Und im Lehrerkollegium der Thomasschule – es umfaßte acht Personen – stand Bach an der dritten Stelle. Er folgte unmittelbar nach dem Rektor und Konrektor. Das Lehrerkollegium seinerseits unterstand einer kirchlichen und einer weltlichen Macht: der kirchlichen Verwaltungsbehörde, dem sogenannten Konsistorium, und dem Rat der Stadt Leipzig.

Doch hatte Bach als Kapellmeister bei Hofe eine im allgemeinen höher als irgendein Musikeramt an der Stadtkirche bewertete Stellung innegehabt. Vorzugsweise in diesem Sinne dürfte zu verstehen sein, was er 1730 in dem mehrfach zitierten Brief an Georg Erdmann schrieb: anfänglich hätte er nur ungern »aus einem Capellmeister ein Cantor [...] werden« wollen.[91] Die Position eines Kapellmeisters erschien Bach generell attraktiver als die eines Kantors.

Trotzdem war er zuerst der Auffassung gewesen, die Anstellung speziell in Leipzig brächte gewisse Vorteile mit sich. In dem Brief an Erdmann berichtet Bach: »Jedoch wurde mir diese station [in Leipzig] dermaßen favorable beschrieben, daß endlich [...] es in des Höchsten Nahmen wagete, u. mich nacher Leipzig begabe, meine Probe ablegete, u. so dann die mutation vornahme.«[92] Bach nennt verschiedene Gründe, warum er nach Leipzig zog. Einer war zum Beispiel, daß in dieser Stadt eine Universität war. Auf sie konnte er seine Söhne schicken, die dem Studium zuzuneigen schienen.

Ein weiterer, von Bach nicht genannter Grund könnte es gewesen sein, daß das weltweite Ansehen Leipzigs ein Licht auch auf die Thomasschule und damit auf das Thomaskantorat warf. Leipzig stand damals wirtschaftlich und kulturell in voller Blüte. Zusammen mit dem Thomaskantorat übernahm Bach die Aufgaben eines »Director Musices« dieser ruhmreichen Stadt, des Musikdirektors und höchsten Musikangestellten Leipzigs, dem die Verantwortung über die gesamte städtische Kirchenmusik oblag.

Auf die Titulierung eines »Director Musices« legte Bach besonderen Wert. Man beachte beispielsweise die Reihenfolge der Titel im Brief an Erdmann: »zu hiesigem Directore Musices u. Cantore an der Thomas Schule« sei er berufen worden.[93] Auch in Schreiben an den Rat der Stadt Leipzig oder das Konsistorium nennt er sich häufig zuerst Director Musices und dann erst Kantor. Die Eingabe vom 23. August 1730 an den Leipziger Rat ist nur mit »Director Musices« unterzeichnet.[94] Aufschlußreich ist darüber hinaus die Reihenfolge der Titel in einem Brief vom 26. Februar 1727 an den Rat der Stadt Chemnitz. Das Schreiben endet mit den Worten: »gantz gehorsamster

Diener Joh: Sebast: Bach. Hochf. Anhalt-Cöthenischer Capellmeister, auch Director Chori Musici Lipsiensis u. der Schulen zu S. Thomae Cantor«.[95]

Zwar führte Bach in diesem Brief, einem Empfehlungsschreiben für den Kantor Christoph Gottlob Wecker, den in Köthen erworbenen Hoftitel an erster Stelle. Doch bleibt zu bedenken, daß die Bedeutung des Hofes in Köthen nicht besonders hoch einzuschätzen war. Mit dem Ansehen einer Stadt wie Leipzig konnte sich diese Residenz kaum vergleichen.

Was ihn vor allem anderen nach Leipzig zog, scheint – dem Brief an Erdmann zufolge – der in Aussicht gestellte Verdienst gewesen zu sein. Allerdings sah er sich darin getäuscht. »Dieser Dienst«, befand Bach, ist »bey weitem nicht so erklecklich als mann mir Ihn beschrieben [...].« Das läge einesteils an dem teuren Ort Leipzig, an der dort vorherrschenden »exceßiven kostbahren Lebensarth«. In Köthen ließ es sich billiger auskommen. Andererseits führte Bach Klage darüber, daß viele für ihn lebenswichtige »accidentia dieser station entgangen«.[96] Akzidentien waren unregelmäßige Dienstleistungen, die zum regelmäßigen Dienst in der Schule oder Kirche hinzukamen. Dazu gehörte der Chorgesang beispielsweise bei Beerdigungen, Hochzeiten oder beim Geburtstag einer höhergestellten Persönlichkeit. Der Kantor erhielt dafür eine vom Stadtrat festgelegte Entlohnung.

Die Akzidentien bildeten den größten Teil von Bachs Einkommen. Insgesamt verdiente er jährlich ungefähr 700 Courant-Taler, manchmal auch mehr. Dies hing von der Nachfrage bei den Akzidentien ab. Demgegenüber machte das feste Einkommen nur ungefähr 100 Taler aus, also ein Siebtel des gesamten Verdienstes. Das Fixum setzte sich zusammen aus 87 Taler 12 Groschen Gehalt, 13 Taler 3 Groschen Holz- und Lichtgeld, 5 Gulden aus den Zinsen eines Vermächtnisses. Außerdem erhielt er 16 Scheffel Getreide und – ebenso wie die »Herren Geistlichen, wie auch der Schul-Rector« – an Ostern, Pfingsten und Weihnachten jeweils 2 Kannen Wein.[97]

Demnach waren die Akzidentien nicht, wie es das Wort nahelegt, eine zusätzliche Einnahmequelle. In Wirklichkeit machten sie den eigentlichen Verdienst aus. Daher wäre es richtiger gewesen, wenn sich Bach, bevor er in Leipzig verpflichtet wurde, darüber Klarheit verschafft hätte, wie die anfallenden Akzidentien tatsächlich einzuschätzen wären.[98]

Eine vorsichtigere Verhaltensweise hatte er in Halle an den Tag gelegt, als es seinerzeit um die Besetzung der Organisten-Stelle ging. Damals schrieb Bach im Brief vom 19. März 1714 an August Becker, »mann könne seine gage an einem Ohrte, da mann die accidentia zur Besoldung rechnen muß, nicht in etlichen Jahren, geschweige denn in 14 Tagen erfahren«. Als Grund dafür, daß er die Stelle an der Liebfrauenkirche in Halle ausschlug, gab Bach Unwägbarkeiten bei der Berechnung des Akzidentien-Einkommens an.[99] Demgegenüber scheint er in Leipzig *vor* der Stellenbesetzung über den Akzidentien-Verdienst keine oder falsche Überlegungen angestellt zu haben. Daher hätte es leicht passieren können, daß Bach der in dem genannten Brief ausgesprochenen Maxime untreu geworden wäre, wonach man nicht »an einen Ohrt gehen solte, wo mann sich [finanziell] verschlimmert«.[100]

Finanziell lohnten sich für den Kantor vor allem die Akzidentien bei den »Leichen«, den Beerdigungen. Einen etwas makabren Geschäftssinn bewies Bach, als er 1730 Erdmann darüber berichtete: »Wenn es etwas mehrere, als ordinairement, Leichen gibt, so steigen auch nach proportion die accidentia; ist aber eine gesunde Lufft, so fallen hingegen auch solche, wie denn voriges Jahr an ordinairen Leichen accidentien über 100 rthl. [Reichstaler] Einbuße gehabt.«[101]

Im Jahre 1740 wurden in Leipzig vier Arten der Bestattung unterschieden:

(1) *Große ganze Leichen.* Im Leichenzug fuhren 4 bis 8 und mehr Kutschen. Alle Schüler und Lehrer der Kantoratsschule schlossen sich ihm an. Die Kantorei sang im Trauerhaus und am Grab. Der Kantor erhielt 1 Taler und 12 Groschen.

(2) *Große halbe Leichen.* Es waren nur 2 bis 3 Kutschen zugelassen. Die Hälfte der Schüler ging im Leichenzug mit. Man sang im Trauerhaus und am Grab. Der Kantor verdiente 1 Taler, 1 Groschen und 6 Pfennige.

(3) *Kleine halbe Leichen.* Im Leichenzug befand sich die Leichenkutsche und 1 Wagen sowie die Hälfte der Schüler. Sie sangen nur im Trauerhaus. Der Kantor war nicht zugegen, trotzdem erhielt er 4 Groschen und 6 Pfennige.

(4) *Viertel-Leichen.* Nur die Leichenkutsche war zugelassen. Im Leichenzug gingen 2 bis 3 Schüler mit, wiederum ohne Kantor. Sie sangen im Trauerhaus. Der Kantor bekam 6 Pfennige.

Die Einordnung in die verschiedenen Begräbnis-Klassen entsprach oft dem Wunsch der Auftraggeber, den gesellschaftlichen Rang, das Ansehen des Verstorbenen zu dokumentieren. Hierbei spielte auch die Ausführung der Musik eine Rolle. Dies läßt die wechselnde Zahl der im Trauerzug mitgeführten Chorknaben und die Bezahlung des Kantors erkennen. Es geht auch aus einer Schulordnung des Jahres 1723 hervor, derzufolge bei bestimmten an Leichenbegängnissen zu singenden Gesängen der Kantor »darin nicht einen jeden willfahren [solle], sondern allein denjenigen, welche in einem vornehmen Ehrenstand gelebt oder sonst Kirchen und Schulen gedient, ihnen etwas vermacht oder gute Beförderung erwiesen haben«.[102] Demnach diente nicht nur die an den Höfen dargebotene Musik dem Erweis eines gewissen »Ehrenstandes«. Im bürgerlich-kantoralen Bereich war dies oft besonders bei den Akzidentien der Fall.

Einen Einblick in die Atmosphäre bei der Ausübung der Akzidentien-Dienste, in diesem Falle während der Leichenbegängnisse, mag ein Auszug aus den neuen *Gesetzen der Schule zu St. Thomae* (1734) geben: »Bey den Leichen sollen sie [die Schüler] bey Zeiten erscheinen, und keine Gelegenheit zu einigem Verzuge geben. Bey der Procession selbst sollen die Decuriones Achtung haben, daß die Untern nicht aus Nachläßigkeit oder Muthwillen die Ordnung im Gehen oder Singen stöhren. [...] Sie sollen auch fleißig Achtung geben, wenn sie still stehen oder fortgehen sollen. Es soll endlich ein ieder mit in die Gottes-Acker-Kirche gehen, und den ganzen Gottesdienst auswarten. Wer hierinnen etwas versiehet, der soll an dem Leichen-Gelde bestraft werden.«[103]

Am 23. August 1730 verfaßte Bach einen *Kurtzen, iedoch höchstnöthigen Entwurff einer wohlbestallten Kirchen Music; nebst einigem unvorgreiflichen Bedencken von dem Verfall derselben.*[104] In der an den Rat der Stadt Leipzig gerichteten Denkschrift beklagte er sich u. a. über die unzureichende Qualität der Thomaner. Die Gründe hierfür leitete er von deren wirtschaftlich miserabler Situation her. Man ließe, so der Thomaskantor, die Schüler »ihrer eigenen Sorge über, da denn mancher vor Sorgen der Nahrung nicht dahin dencken kan, üm sich zu perfectioniren, noch weniger zu distinguiren«. Zudem seien »die etwanigen wenigen beneficia, so ehedem an den Chorum musicum verwendet worden, succeßive gar entzogen worden«. »Der Schluß ist demnach leicht zu finden, daß bey ceßirenden beneficiis mir die Kräffte benommen werden, die Music in beßeren Stand zu setzen.«[105]

Offenbar wurde die Schule St. Thomas nicht immer an erster Stelle wegen der zu unterrichtenden Kinder gefördert. In einem Dokument aus dem Jahre 1632 ist eine andere Zwecksetzung genannt. Dort heißt es, die Lehranstalt sei »zu dem Ende angerichtet vnd bestellet, es empfingen auch deswegen die Praeceptores ihre Salaria, vnd die Knaben ihre Alimenta, das sie die Music in beyden Kirchen versorgen sollten«.[106] Der Schluß liegt nahe: Mit den Thomanern hielt man sich billige Kräfte zur ›Versorgung‹ der Stadtkirchen mit Musik.

Die Internatsschüler der Thomaskantorei stammten meistens aus ärmeren Verhältnissen. Ihren Lebensunterhalt verdienten sie zum Teil mit den Akzidentien. Tatsächlich scheint dafür nicht immer genügend Sorge getragen worden zu sein. Erschütternd liest sich ein Bericht aus dem Jahre 1728: »Weil nun Durst auszustehen (sonderlich in heissen Sommer-Tagen) unerträglich war, sich auch viele arme Kinder darunter befanden, welche keinen Zugang von Hause hatten, so musten solche offtmahls über den in denen Kammern stehenden Wasser-Krug gehen, und mit denen Ratten (welches Ungeziefer damahls in entsetzlicher Menge da anzutreffen war) einerley Tranck trincken; woher es denn kam, daß offt viel und grosse Kranckheiten dadurch causiret wurden, und die armen Knaben viel ausstehen mußten.« Indessen hatte der Vorsteher Leonhard Baudiß ein Einsehen mit dem Elend der »armen schmachtenden Knaben«. Er ließ »54. Krüge, nach der Zahl der damahligen Alumnorum, auf die Schule bringen« und beschenkte »einen jeglichen Knaben mit einen Kruge [...], machte auch die Verordnung, daß jedweden von dato an, bey Tisch des Sonn- und Fest-Tages 1. Nösel Leipziger Bier, in der Woche aber so viel Kofend gereichet werden solte«.[107]

Die Schulordnung von 1723 legte den Tageslauf der Schüler bis ins Detail fest: »Sobald im Sommer früh um fünf, im Winter um sechs Uhr die Glocke läutet, muß jeder Schüler aufstehen, sich waschen, sich kämmen und binnen einer Viertelstunde fertig sein, zum Gebet herunterzugehen; er hat dazu die Bibel mitzubringen. Kleider, Schuhe, Strümpfe und Wäsche müssen sauber gehalten werden [...]. Es ist untersagt, des Nachts in den Schlafkammern Licht zu brennen. Die Nacht-Geschirre dürfen nicht zerbrochen oder umgestoßen oder gar zu den Fenstern ausgeschüttet werden. Vor dem Schlafengehen muß der Lehrstoff des Tages wiederholt und dem Höchsten für das Gelernte gedankt werden. [...] Niemand darf ohne ausdrückliche Erlaubnis eine Nacht außerhalb der Schule zubringen. Wer zwei oder drei Tage fortbleibt, soll bei seiner Widerkehr 8 Tage des Tisches mangeln. Abwesenheit während einer ganzen Woche zieht den dauernden Verlust des freien Tisches nach sich. [...] Vor und nach der Mittags- und Abendmahlzeit sagt der Knabe, der an der Reihe ist, das Tischgebet, und die anderen sprechen es ihm nach. Während des Essens wird ein Psalm oder ein Kapitel aus der Bibel oder einem anderen erbaulichen Buche vorgelesen.«[108]

Die Internatsschüler wurden, nach heutigen Begriffen, sehr streng, ja autoritär erzogen. Und doch »versündigten« sie sich »gegen das vierte Gebot«. Im Jahr 1723 fertigte der Ober-Stadtschreiber Mauser das folgende Protokoll an: »Die sämtlichen Alumni der Thomasschule erschienen auf Erfordern und wurde ihnen ihr ungebührlicher Lebenswandel und übles Bezeigen ernstlich vorgehalten, insonderheit, daß sie sich unterstanden, auf ihre Praeceptores Pasquille zu machen und dadurch gar gröblich gegen das vierte Gebot zu versündigen, wobei sie mit Nachdruck ermahnt wurden, von

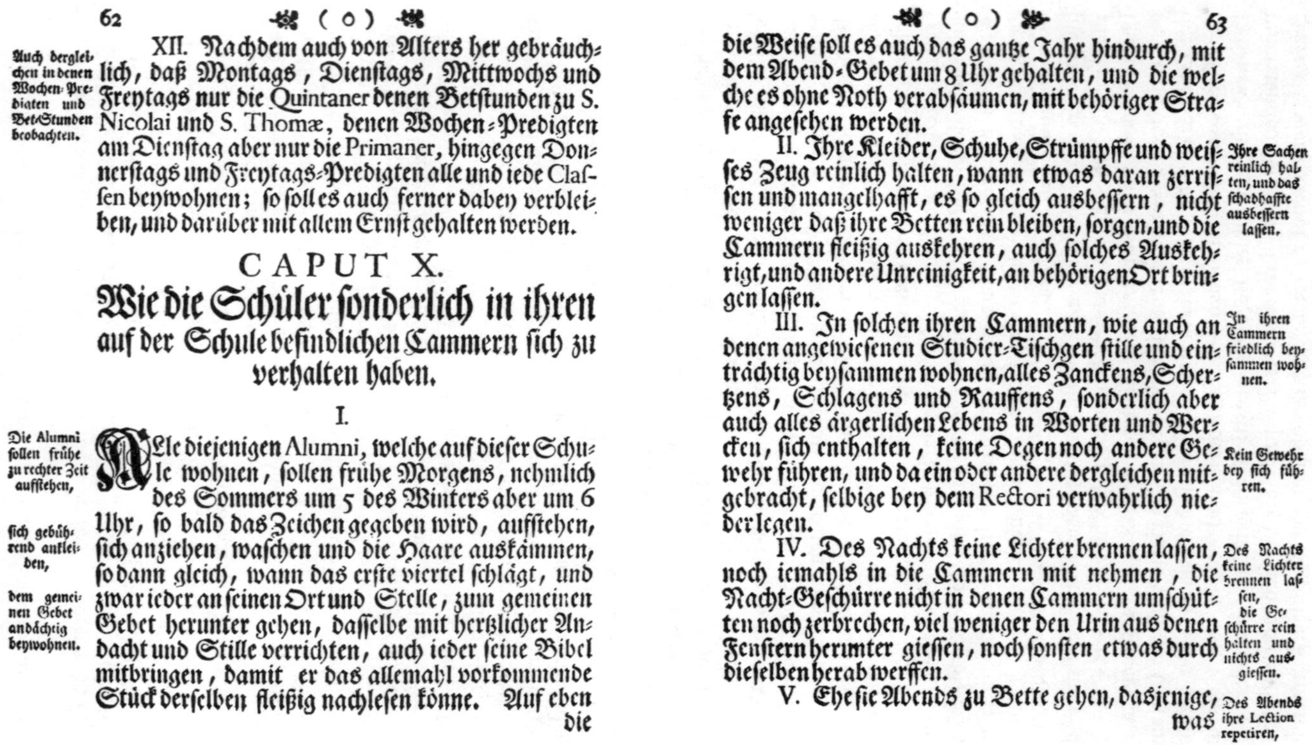

62 (o)

Auch dergleichen in denen Wochen-Predigten und Bet-Stunden beobachten.

XII. Nachdem auch von Alters her gebräuchlich, daß Montags, Dienstags, Mittwochs und Freytags nur die Quintaner denen Betstunden zu S. Nicolai und S. Thomæ, denen Wochen-Predigten am Dienstag aber nur die Primaner, hingegen Donnerstags und Freytags-Predigten alle und iede Classen beywohnen; so soll es auch ferner dabey verbleiben, und darüber mit allem Ernst gehalten werden.

CAPUT X.

Wie die Schüler sonderlich in ihren auf der Schule befindlichen Cammern sich zu verhalten haben.

I.

Die Alumni sollen frühe zu rechter Zeit auffstehen,

sich gebührend ankleiden,

dem gemeinen Gebet andächtig beywohnen.

Alle diejenigen Alumni, welche auf dieser Schule wohnen, sollen frühe Morgens, nehmlich des Sommers um 5 des Winters aber um 6 Uhr, so bald das Zeichen gegeben wird, auffstehen, sich anziehen, waschen und die Haare auskämmen, so dann gleich, wann das erste viertel schlägt, und zwar ieder an seinen Ort und Stelle, zum gemeinen Gebet herunter gehen, dasselbe mit hertzlicher Andacht und Stille verrichten, auch ieder seine Bibel mitbringen, damit er das allemahl vorkommende Stück derselben fleißig nachlesen könne. Auf eben die

(o) 63

die Weise soll es auch das gantze Jahr hindurch, mit dem Abend-Gebet um 8 Uhr gehalten, und die welche es ohne Noth verabsäumen, mit behöriger Strafe angesehen werden.

Ihre Sachen reinlich halten, und das schadhaffte ausbessern lassen.

II. Ihre Kleider, Schuhe, Strümpffe und weisses Zeug reinlich halten, wann etwas daran zerrissen und mangelhafft, es so gleich ausbessern, nicht weniger daß ihre Betten rein bleiben, sorgen, und die Cammern fleißig auskehren, auch solches Auskehrigt, und andere Unreinigkeit, an behörigen Ort bringen lassen.

In ihren Cammern friedlich beysammen wohnen.

Kein Gewehr bey sich führen.

III. In solchen ihren Cammern, wie auch an denen angewiesenen Studier-Tischgen stille und einträchtig beysammen wohnen, alles Zanckens, Schertzens, Schlagens und Rauffens, sonderlich aber auch alles ärgerlichen Lebens in Worten und Wercken, sich enthalten, keine Degen noch andere Gewehr führen, und da ein oder andere dergleichen mitgebracht, selbige bey dem Rectori verwahrlich niederlegen.

Des Nachts keine Lichter brennen lassen, die Geschürre rein halten und nichts ausgiessen.

IV. Des Nachts keine Lichter brennen lassen, noch iemahls in die Cammern mit nehmen, die Nacht-Geschürre nicht in denen Cammern umschütten noch zerbrechen, viel weniger den Urin aus denen Fenstern herunter giessen, noch sonsten etwas durch dieselben herab werffen.

Des Abends ihre Lection repetiren,

V. Ehe sie Abends zu Bette gehen, dasjenige, was

Zwei Seiten aus der Thomasschulordnung von 1723

dergleichen unfertigen Wesen abzustehen, und in Zukunft sich frömmer und besser aufzuführen [...].«[109]

Die Zöglinge der Kantoratsschule wurden vom Kantor nicht nur im Singen und in den Grundlagen der Musik unterrichtet, sondern auch in Lehrfächern wie Latein oder dem Katechismus. Nicht wenige Kantoren waren Absolventen der Universität, hatten an philosophischen und theologischen Vorlesungen teilgenommen und waren in Dialektik und Rhetorik geschult. Manche besaßen den akademischen Grad eines Magisters, waren also Akademiker wie Pfarrer und andere Lehrer einer Lateinschule auch. Stand der Hofkapellmeister auf dem Sozialniveau eines höheren Hofbeamten, so wurde der Kantor oft akademischen Kreisen zugerechnet. Wie ein Organist war auch er in das Leben einer Pfarrei integriert. Darüber hinaus gehörte er der Schule an.

Bach unterschied sich von diesem Kantorentypus. Zwar hatte er die Lateinschule besucht, doch nie die Universität. Offensichtlich bildete er sich, wie in der Musik, autodidaktisch weiter; das Nachlaßverzeichnis seiner Bibliothek enthält eine Reihe theologischer Bücher, altlutherisch-orthodoxe, pietistisch-erbauliche und mystische Schriften.[110]

Allerdings war er durch das Wissen, das er so erwarb, wohl nicht ohne weiteres befähigt, an der Thomasschule ›wissenschaftlich‹ tätig zu werden. Von der Ratssitzung am 22. April 1723, bei der er zum Thomaskantor gewählt wurde, liegen zwei nicht immer genau übereinstimmende Protokolle vor.[111] Ein Diskussionspunkt war seine Verpflichtung zur »Information«, d. h. zum Schul-, insbesondere zum Lateinunterricht. Folgt man dem einen Protokoll, so hielt ihn der Appellationsrat und Bürgermeister Platz hierfür »geschickt«, nach der Version der zweiten Protokollniederschrift nahm er eine abwartende Haltung ein. Man werde sehen, so der Bürgermeister hier, wie Bach die Information »bewerckstelligen möchte«. Ein anderes Mitglied des Rates, der Hofrat und Bürgermeister Steger, äußerte nach Auskunft dieses Protokolls, wenn Bach beim Unterricht »nicht allendhalben fortkommen« könne, »würde man ihm, es durch andere person verrichten zu laßen, nicht entgegen seyn«.[112] Der Ratsherr Baudiß war der Auffassung: »Die Information belangend, daferne sich darin Mangel erscheinen solte, solches ersetzet werden könnte.«[113]

Schon zuvor, in der bereits zitierten Erklärung vom 19. April 1723, hatte Bach zugesagt, er werde die Schüler in der Schule und auch »privatißime« im Singen »informiren«. Doch deutete er an, daß er sich von der »Information« der lateinischen Sprache gerne befreit sähe.[114] Tatsächlich wurde ihm die Erlaubnis zuteil, den Lateinunterricht dem ihm im Lehrerkollegium nachgeordneten Carl Friedrich Pezold zu übertragen. Dafür mußte er jährlich 50 Taler seines Gehalts an Pezold abzweigen. War dieser krank, dann vertrat ihn Bach, wobei er den Schülern eine Übung diktierte.[115] Doch scheinen die Ratsherren mit Pezold selbst nicht ganz zufrieden gewesen zu sein. Der Protokollführer einer Ratssitzung vom 2. August 1730 schrieb, dieser habe »die Verrichtungen [...] schlecht genug verwaltet«.[116]

Der Grund für die Suspendierung Bachs vom Lateinunterricht lag sicherlich nicht ausschließlich darin, daß seine Kenntnisse nicht ausreichten. Als Thomaskantor und »Director Musices« der Stadt Leipzig nahmen ihn musikalische Aufgaben voll in Anspruch. Gewiß wäre kaum Zeit oder Kraft für anderes geblieben.[117] Indessen wäre es wohl nicht richtig, die Ursachen für die Befreiung vom ›wissenschaftlichen‹ Unterricht allein in der spezifischen Situation Bachs und der Stadt Leipzig zu sehen. Der

Vorgang war symptomatisch für eine seit dem 17. Jahrhundert sich vollziehende Entwicklung, in deren Folge die außermusikalisch-›wissenschaftliche‹ Ausbildung und Arbeit der Kantoren immer mehr zurücktrat. An ihrer Stelle gewann die musikalische und kompositorische Praxis an Bedeutung.

1657, als Adam Krieger sich um die Leipziger Kantoren-Stelle bewarb, begründete er das Begehren um Erlaß des ›wissenschaftlichen‹ Unterrichtes so: »Nicht, daß ich mir so viel getraute gelernet zu haben, einen Knaben in Latinitate zu informiren, und etwan ein Exercitium zu corrigiren, auch nicht aus Ehrgeitz, den Schulstand zu verachten, sondern daß diese Mühe neben dem Studio Compositionis allzu schwer fallen würde, maßen derjenige, der sich in der Schule abarbeitet, nachmals schlecht Lust hat ein musicalisch Concert aufzusetzen, und ohne lust zu componiren pflegt schlecht zu gerathen.«[118] Dreiundsiebzig Jahre später, 1730, forderte und konstatierte Johann Mattheson die Beschränkung des Kantors auf den Musikunterricht mit diesen Worten: »Darin bestehet eigentlich wol das nothwendigste Stück des Cantor-Amts, daß der Jugend und der Schüler mit höchstem Fleiß gewartet werde; wenn es auch nur angeordnet wäre, die Music allein, und sonst nichts [...] zu lehren: wie denn bereits an etlichen Orten solche Absonderung mit gutem Fug eingeführet worden ist.«[119]

Die von Krieger und Mattheson für wünschenswert gehaltene Absonderung der Musik von anderen Unterrichtsfächern steht vor dem Hintergrund einer seit dem späten Mittelalter und in der frühen Neuzeit sich durchsetzenden Tendenz, wonach der Bereich der Musik theoretischen Fächern gegenüber verselbständigt wurde. Im Mittelalter gehörten Musik und Musiktheorie im Sinne des universalen Bildungsideals zu den im Zusammenhang gelehrten Disziplinen der freien Künste; die Musik zählte mit den ›naturwissenschaftlichen‹ Fächern Arithmetik, Geometrie und Astronomie zum *Quadrivium*, dem das *Trivium* von Grammatik, Rhetorik und Dialektik gegenüberstand. Sie löste sich im Laufe der Zeit aus diesem Verband und gewann als selbständigere Musikpraxis mit eigenem ästhetischem Anspruch an öffentlichem Ansehen. Ein Resultat dieser Entwicklung zur Autonomie war es, daß im Barock ein Kantor wie Bach sich der Verpflichtung außermusikalischer Fächer entledigen konnte, um vorzugsweise zu komponieren und zu musizieren.

Johann Sebastian Bach war, wie schon sein Vater, von Haus aus ein Musikpraktiker. Und dies trifft für alle Stationen seines Lebens zu: für den Kantor, Kapellmeister und Organisten. Seiner Stellung als Musiker hat das kaum Abbruch getan. Das Kantorenamt in Leipzig verlangte nicht nach einem theoretisierenden ›Musikwissenschaftler‹. Hier war ein handwerklich versierter Musiker gefordert, der seinen Dienst »zur Ehre Gottes und zur (zulässigen) Ergötzung des Gemüths« verrichtete (vgl. S. 51 ff.).[120]

Wie nun sah die Arbeit Bachs in der Realität aus? Am 5. Mai 1723 hatte der neugewählte Kantor eine Erklärung unterschrieben, in der er gelobte, dem »Hochweisen Rathe allen schuldigen respect und Gehorsam erweisen und deßen Ehre und reputation aller Orthen bester maßen beobachten und befördern« zu wollen. Gleichermaßen versprach er, »denen Herren Inspectoren und Vorstehern der Schulen in allen und ieden, was im Nahmen E. E. hochweisen Raths dieselbige anordnen werden, gebührende Folge [zu] leisten«. Wie in Arnstadt verpflichtete er sich zu einem moralisch einwandfreien Lebenswandel. Er wolle, so Bach, »denen Knaben, in einem erbarn eingezogenen Leben und Wandel, mit gutem Exempel vorleuchten«.[121]

Allerdings kann realiter von einer respektvollen, gehorsamen Ehrerbietung gegenüber den Vorgesetzten auch in Leipzig kaum die Rede sein. Bachs Umgang mit ihnen ließ oft ein gewisses Maß an Respekt vermissen. Außerdem ging die Unzufriedenheit über seine Arbeitsmoral so weit, daß am 2. August 1730 der Beschluß gefaßt wurde, »dem Cantor die Besoldung zu verkümmern«. Der Ratsherr Job stimmte mit der Begründung zu, »weil der Cantor incorrigibel sey«. Wiederum scheint Bachs »Halßstarrigkeit« ihm im Wege gestanden zu haben. Zuvor hatte der Hofrat Steger Beschwerde geführt, »es thue der Cantor nicht allein nichts, sondern wolle sich auch diesfals nicht erklären, halte die Singestunden nicht, es kämen auch andere Beschwerden dazu, Änderung würde nöthig seyn«. Ein anderer hatte dem Thomaskantor vorgeworfen, er habe »sich nicht so, wie es seyn sollen, aufgeführet«. Hatte Bach in Arnstadt um Urlaub gebeten und ihn dann eigenmächtig verlängert, so war er jetzt sogar »ohne genommenen Urlaub verreiset etc. etc.«.[122] Wie hoch die Wogen der Entrüstung schlugen, ist auch daran ersichtlich, daß in der Ratssitzung, in der dies alles vorgetragen wurde, eigentlich über den Umbau der Thomasschule verhandelt werden sollte.

Eine Folge der vom Rat verabschiedeten Resolution, Bach »die Besoldung zu verkümmern«, scheint der Ratsentscheid vom 6. November 1730 gewesen zu sein. Gemäß der zu Protokoll gegebenen Akzidentienverteilung erhielt damals der Rektor 41 Taler, der Konrektor 130 Taler 7 Groschen 3 Pfennige, der Tertius 100 Taler. Bach wurde nichts zugeteilt. Werden die beiden Dokumente vom 2. August und 6. November 1730 zum Vergleich herangezogen, so erscheinen die Formulierungen Bachs in dem Brief an Erdmann, wie zu zeigen ist, in einem anderen Licht.

Dieser Brief wurde am 28. Oktober 1730 abgefaßt. Der Ratsbeschluß zur »Besoldungs-Verkümmerung« war knapp drei Monate zuvor (am 2. August) erfolgt. Ungefähr eine Woche nach dem Brief an Erdmann (am 6. November) wurde die »Verkümmerung« durch den Ausschluß von jener Akzidentienverteilung wahrgemacht. Bach war damals sicher beunruhigt, ob ihm Akzidentien-Gelder tatsächlich vorenthalten würden.

Diese Unruhe schlug sich im Brief an Erdmann nieder. Allerdings leitete Bach die Besorgnis u. a. aus dem unbefriedigenden Akzidentien-Verdienst von vor einem Jahr ab.[123] Demgegenüber verschwieg er die akut drohende »Besoldungs-Verkümmerung«. Hätte er Erdmann davon berichtet, wäre die Ursache seiner Misere nicht vorzugsweise »einer wunderlichen und der Music wenig ergebenen Obrigkeit« anzulasten gewesen, wie Bach es in dem Brief tat. In diesem Falle hätte der Thomaskantor, wäre er ehrlich gewesen, auch davon berichten müssen, daß ihm – stichhaltige – Vorwürfe gemacht wurden.

Diese Aufrichtigkeit hätte einem zentralen Zweck des Schreibens allerdings entgegenwirken können. Bach richtete nämlich an Georg Erdmann die Bitte, ihm bei der Suche nach einer passenden Stelle behilflich zu sein. Würde Erdmann, so Bach, »dasiges Ohrtes«, in Danzig, dem Wohnort Erdmanns nämlich, »eine convenable station wißen oder finden, so ersuche gantz gehorsamst vor mich eine hochgeneigte recommendation einzulegen«.[124] Sicherlich hatten auch die aktuellen Querelen mit den Stadtabgeordneten und die daraus resultierende »Besoldungs-Verkümmerung« in Bach den Gedanken genährt, sich beruflich eventuell zu verändern und, falls möglich, vielleicht nach Danzig zu ziehen. Dort war Erdmann als kaiserlich-russischer Hofrat und »Resident« (Regierungsvertreter) tätig. Gewiß hatte er gute Beziehungen vor allem zu weltlich-höfischen Kreisen. Ob Bach nach all den schlechten Erfahrungen, die er in Leipzig sowie generell im Kirchendienst gemacht hatte, daran dachte, wieder in weltliche Dienste zu treten?

Letztendlich blieb er jedoch bis zu seinem Lebensende in Leipzig. Allerdings war die Arbeitsatmosphäre unter den geschilderten Voraussetzungen alles andere als befriedigend. Vier Jahre später, am 16. November 1734, wurde Johann August Ernesti Rektor der Thomasschule. Zunächst schienen die beiden recht gut miteinander auszukommen. Ernesti war ein Pate von Bachs Söhnen Johann August Abraham (geb. 1733) und Johann Christian (geb. 1735). Doch bald gerieten sie hart aneinander.

Ein Streitpunkt war zum Beispiel, wer bei der Einsetzung eines Chorpräfekten – er leitete den Chor in Vertretung des Kantors – das letzte Wort habe. Der Streit zog sich zwei Jahre hin (1736–38). Bach wandte sich an Bürgermeister und Stadtrat, an den Superintendenten und an das Hohe Konsistorium, sogar beim Kurfürsten und beim König reichte er Beschwerde ein. Begegnete man dem Thomaskantor unkorrekt und gehässig, dann konterte er mit Jähzorn und Wut über das ihm angetane Unrecht. Die Emotionen wurden gegenseitig aufgeputscht. Je unnachgiebiger die eine Partei war, desto bornierter die andere. Ernesti ging so weit, daß er Bach neben Unzuverlässigkeit sogar Bestechung vorwarf. In einer am 13. September 1736 verfaßten Eingabe an den Stadtrat führte er an, »daß man sich auf seine [Bachs] testimonia hierinne nicht allezeit verlaßen kann, und wohl eher ein alter Species Thaler einen Discantisten gemacht, der so wenig einer gewesen, als ich bin«.[125]

Die Formulierungen der Kontrahenten deuten an, daß es nur vordergründig um das Recht der Stellenbesetzung ging. Im Hintergrund tobte ein Kampf um die stärkere Position, ein Ringen um die Macht. Um darzulegen, wo der eigentliche Streitpunkt lag, soll im folgenden weiter ausgeholt werden.

Ernesti scheint ein hervorragender Wissenschaftler gewesen zu sein. Nachdem er die Arbeit als Thomasrektor aufgegeben hatte, erhielt er 1759 an der Leipziger Universität eine Theologie-Professur. Ihm erschien die Ausübung der Musik nicht so wichtig, wie es das Leben an der Thomasschule suggerierte. Seine Auffassung deckte sich nur schwerlich mit der einstigen Zielsetzung dieser Anstalt, die Leipziger Kirchen in erster Linie mit Musik zu ›versorgen‹. Statt dessen sah Ernesti die Aufgaben einer Schule mehr am künftigen Wohl, der Bildung der Schüler orientiert. Zugespitzt ausgedrückt: Die Thomasschule sollte weniger ein ›Musiklieferant‹ der Stadt Leipzig sein als vor allem eine umfassende Bildungsstätte für die ihr anvertrauten Kinder und Jugendlichen. In diesem Sinne sprach Ernesti einem aufgeklärten Bildungsideal das Wort.

Der Rektor muß Bach im Innersten schwer getroffen haben. Indem er die forcierte Vordringlichkeit der Musik, wie sie sich im Leben der Thomaner zeigte, anzweifelte, zog er auch die Person Bachs in Frage. Denn dieser war an der Thomasschule der höchste Repräsentant der Musikpflege. Über den Umweg der Interessenkollision mag Bach in seinem subjektiven Empfinden nicht allein Furcht vor einer Beschneidung seines realen Machtbereiches gehabt haben, sondern darüber hinaus vor einer Beschränkung der Entfaltung seiner Persönlichkeit. Sofern der Lebensinhalt Bachs die Musik war, so daß er in seiner spezifischen Lebensweise und Eigenart durch sie hindurch sich erst konstituierte, könnte der Thomaskantor Ernestis Standpunkt wie eine Bedrohung seiner ganzen Person empfunden haben. Der große Aufwand an psychischer Energie, welche die Gegner – hauptsächlich Bach – in die Kontroverse investierten, die Dauer und die Härte des Kampfes sind kaum anders als dadurch zu erklären, daß der Konflikt stark persönliche Dimensionen angenommen und an die Substanz des Ich gerührt hatte.

Zu seiner Verteidigung mußte Bach alle Kräfte sammeln. Denn auch historisch, als Amtsträger, hatte er eine ungünstigere Position inne als Ernesti. Die Bedeutung des Kantorats war damals generell im Schwinden begriffen. Die amtlich festgeschriebenen Privilegien, die der Kantor auch in konkreten Fragen des schulischen Mitspracherechts hatte, waren allmählich brüchig geworden. Es zog eine Zeit herauf, in der er nicht mehr dasselbe Ansehen genoß wie zuvor. Aus einer geschichtlichen Perspektive betrachtet, stand Bach letztlich auf verlorenem Posten.[126]

Nur folgerichtig scheint es, daß er zu seiner Verteidigung auf Errungenschaften früherer Zeiten pochte. Häufig leitete Bach sein Recht aus der Tradition her. Immer wieder berief er sich auf die Statuten einer alten Schulordnung, die vor dem Jahr 1723 Gültigkeit besaß. Dagegen verwarf er die neue Ordnung der Thomasschule, die seiner Meinung nach auch vom Konsistorium nicht gebilligt worden sei.

In welcher Weise Bach an den etablierten Gebräuchen festhielt, wenn es um den Erhalt von Privilegien ging, wie sehr er sich rückwärts orientierte, sei weiter am Beispiel einer Kontroverse mit Gottlieb Gaudlitz, dem Subdiakon der Nikolaikirche, demonstriert. Es ging um das Recht des Kantors, für den Gottesdienst die Lieder auszusuchen. Auf eine von Gaudlitz gemachte Eingabe hin verfügte das Konsistorium, man solle Bach »bedeuten, daß wenn die Priester, welche predigen, vor oder nach der Predigt gewisse Lieder zu singen ansagen laßen, er sich danach achten und solche singen laßen solle«.[127] Bach wollte dies nicht zulassen. Er erinnerte den Leipziger Rat daran, daß, als man ihn eingestellt, er angewiesen wurde, den »bißanherigen Gebräuchen bey dem öffentlichen GottesDienst allenthalben gebührend nachzugehen, und keine Neuerung einzuführen«. Gaudlitz indessen habe sich nicht an die alten Gebräuche gehalten, er habe sich einer Neuerung befleißigt, weshalb Bach den Rat bat, ihn »bey denen bißherigen üblichen Gebräuchen derer Lieder und derer Anordnung Hochgeneigt zu schützen«.[128]

Die mit Hartnäckigkeit betriebene Absonderung von den Strömungen der Zeit, die Wende zurück, die Bachs Standpunkt generell kennzeichnet, brach dann musikalisch vor allem im letzten Lebensjahrzehnt bei jenen Kompositionen durch, die er im »alten Styl« schrieb. Hierzu zählen Werke wie das *Musikalische Opfer* (BWV 1079) oder die *Kunst der Fuge* (BWV 1080). Das Werk leistete weniger Widerstand als das Leben, im Werk konnten die Tendenzen des eigenen Gemüts leichter ›realisiert‹ werden, sich gewissermaßen ausleben. So gesehen, scheint das Alterswerk Bachs die in der äußeren Realität gehemmte retrospektive Haltung weitgehend ungehindert zu reflektieren.[129]

Ein Jahr vor Bachs Tod, am 12. Mai 1749, publizierte der in Freiberg tätige Rektor Johann Gottlieb Biedermann ein Schulprogramm *De Vita Musica*. Bach bat den in Nordhausen angestellten Organisten Christoph Gottlieb Schröter, die Schrift zu rezensieren und sie zu widerlegen. Schröter kam der Bitte nach.[130] Biedermann hatte – von der Aufführung eines Singspiels durch Freiberger Schüler ausgehend – einen Angriff auf die Ausübung der Musik generell gestartet. Am 5. Juni 1750 schrieb Schröter an Bach, Biedermanns »Hauptabsicht« habe »keinesweges auf das Lob der Musik und derselben Verwandten gezielet«.[131] In der Rezension selbst warf er dem Freiberger Rektor vor, er habe die »Musik von derselbigen zufälligem Misbrauche nicht

gehörig unterschieden. [...] folglich durfte er den wahren Gebrauch und Nutzen der edlen Musik nur kaltsinnig berühren [...].«[132]
Dem Leipziger Rektor Ernesti ähnlich zog Biedermann Nutzen und Berechtigung der schulischen Musikpflege in Zweifel. Und auch in diesem Falle fühlte sich Bach, obwohl er mit den Freiberger Verhältnissen direkt nichts zu tun hatte, persönlich sehr stark getroffen. Er reagierte in einer dem Vorfall unangemessenen Weise: Es erschien ihm Schröters Erwiderung zu milde, weshalb er rigorose Eingriffe vornahm. Der damalige Kantor von Frankenhausen und spätere Musikdirektor Nordhausens, Georg Friedrich Einicke, berichtet: »Einige Zeit hierauf überschickte der Hr. Kapellmeister Bach etliche gedruckte Exemplarien von besagter Recension; doch in solcher Gestalt, daß dieselbe dem Original des Hrn Schröters [...] im geringsten nicht mehr ähnlich sahe, sondern vieles theils hinzugethan, theils auch geändert worden war.«[133]
Die Eingriffe Bachs in das Original zielten darauf, Biedermann nach besten Kräften zu verleumden. Schröter begann die Rezension mit den Worten: »Der so fleißige als geschickte Herr M. Biedermann [...].« In Bachs Version lautet der Anfang folgendermaßen: »Es hat der in alten Heydnischen und Fabelhafften Schrifften, vielleicht mehr, als in den wahren Worte GOttes, belesene Herr M. Biedermann [...].«[134] Schröter hatte gefragt: »Warum hat der Hr. Rector Biedermann dießmal lauter böse Beyspiele zusammen getragen?« Bach erweiterte die Frage zu dem Satz: »Warum hat der Hr. Rector Biedermann dießmal lauter böse Beyspiele mit gehäßigen Ausdrücken aus seiner Bibliothek zusammen getragen?«[135] Offenbar wollte Bach Biedermann die Berechtigung zu jener Kritik dadurch absprechen, daß er dessen Kompetenz theologisch (»heydnisch« usw.) und moralisch (»gehässig«) in Zweifel zog.
Obwohl Biedermann Bach gar nicht im Blick hatte, konterte dieser also ungewöhnlich scharf. Das Mißverständnis mag so weit gegangen sein, daß Biedermann in Bachs Vorstellungswelt auch den Lebens- und Machtbereich des Thomaskantors, seinen Lebensinhalt, in Frage stellte. Trifft dies zu, dann dürfte das Selbstwertgefühl Bachs – anders als es sein reales Verhalten im Umgang mit den Mitmenschen vermuten läßt – in der Tat schwach, vielleicht sogar gebrochen gewesen sein.
Um Biedermanns Angriffe abzuwehren, suchte Bach auch in diesem Falle seinen Rückhalt bei einer altbewährten Ordnung, der »Landes-Fürstlichen Kirchen-Ordnung«. Deren Interessen deckten sich mit den seinen. Der Rezension Schröters fügte er den folgenden Absatz hinzu: »Und endlich (mit wenigen viel gesagt) so laufft oben besagtes Programma wider hohe Landes-Fürstliche Kirchen-Ordnung, Plaisirs und Interesse; Denn wann niemand mehr (nach des Autoris Abmahnung) Musicam studiren soll, wo bliebe die Kirchen-Musick? wo würde man Operisten und Cappellisten hernehmen?«[136]
Schröter war über die Entstellung seiner Rezension entrüstet. Einicke schreibt: »Herr Schröter, als er diese grausame Vermischung sahe, und darüber nicht anders, als empfindlich seyn könnte, bat [...] dem Herrn Bach zu berichten: daß die gewaltsame Veränderung seiner Recension ihm sehr empfindlich gefallen sey. Ferner: Sein Trost hiebey wäre dieser, daß kein Leser, welcher seine Denk- und Schreib-Art, aus andern Umständen, kennen gelernet, ihn für den Verfasser einer solchen Vermischung halten könne [...].«[137]
Doch Bach wollte ein schuldhaftes Verhalten seinerseits nicht erkennen. In einem drei Monate vor seinem Tod, am 25. Mai 1750, abgefaßten Schreiben lud er die Verantwor-

Johann Sebastian Bach. Anonymes Gemälde, vermutlich nach 1748

tung für sein Versagen demjenigen auf, der den Druck besorgte: »An Hrn. Schröter bitte mein Compliment zu machen, bis daß ich selber im Stande bin zu schreiben, da ich mich alsdenn, der Veränderung seiner Recension wegen, entschuldigen will, weil ich gar keine Schuld daran habe; sondern solche einzig demjenigen, der den Druck besorget hat, zu imputiren ist.«[138]

Schröter gab sich mit den Ausflüchten nicht zufrieden. Am 5. Juni 1750 antwortete er Bach: »Der Hr. Kapellmeister Bach bleibet in culpa, er mag sich itzt krümmen und künftig drehen, wie er will. Er kann aber auf eine kluge Art, dieser Sache bald ein Ende machen [...]. Wahrhaftig eine solche Kapellmeister-That würde dem Hrn. Bach zur sonderbahren Ehre [...] und der edlen Musik zu mehrerm Wachsthum gereichen.«[139]

Bach konnte der »Kapellmeister-That« nicht mehr nachkommen. Lapidar ist im Protokoll einer am 7. August 1750 stattgefundenen Sitzung des Engeren Rates vermerkt, »der Cantor an der Thomas Schule, oder vielmehr der Capell Director, Bach, sey ebenfallß verstorben«. Ohne Umschweife ging der Rat zur Wahl des neuen Kantors über. Wie ein leiser Vorwurf an die Adresse des Verstorbenen klingt es nach, wenn der Bürgermeister Stieglitz hierbei meinte, »die Schule brauche einen Cantorem u. keinen CapellMeister«.[140] Eine Woche zuvor, am 28. Juli 1750, war Johann Sebastian Bach im Alter von fünfundsechzig Jahren gestorben.

Zweiter Teil

Bachs Musik in ihrer Zeit

Zur Ehre Gottes und zur Ergötzung des Gemüths

Gute Musik – böse Musik

»Endlich sol auch der Finis oder End-Ursache aller Music und also auch des General-Basses seyn, nichts als nur Gottes-Ehre und Recreation des Gemüths, wo dieses nicht in acht genommen wird, da ist auch keine recht eigentliche Music, und diejenigen, welche diese edle und göttliche Kunst mißbrauchen zum Zunder den Wollust und fleischlicher Begierden, die sind Teuffels-Musicanten, denn der Satan hat seine Lust solch schändlich Ding zu hören, ihm ist eine solche Music gut gnug, aber in den Ohren Gottes ist es ein schändliches Geplär. Wer nun bey seiner Musicalischen Profession einen gnädigen GOtt und gut Gewissen haben will, der schände diese grosse Gabe GOTTES nicht durch deren Mißbrauch zu unerbahren Wesen.«[1]

Diese programmatische Erklärung aus dem im Jahre 1700 in Hamburg erschienenen ersten Teil von Friedrich Erhard Niedts *Musicalischer Handleitung [...] vom General-Bass* diente einer 1738 verfaßten Generalbaß-Lehre zur Grundlage, die, wie auf dem Titelblatt angegeben, »Vorschriften und Grundsätze« des Generalbaß-Spiels von Johann Sebastian Bach »für seine Scholaren in der Music« wiedergibt;[2] allerdings ist nicht geklärt, wieweit die Lehre tatsächlich auf Bachs Unterrichtstätigkeit zurückzuführen ist. In der Bach zugeschriebenen Anleitung heißt es, es solle »wie aller Music, also auch des General Basses Finis und End Uhrsache anders nicht als nur zu Gottes Ehre und Recreation des Gemüths seyn. Wo dieses nicht in acht genommen wird da ists keine eigentliche Music sondern ein Teuflisches Geplerr und Geleyer.«[3] Dieser Auffassung zufolge ist alle Musik, auch die weltliche, »zu Gottes Ehre« komponiert, und immer soll sie, auch als geistliche Musik, eine »zulässige Ergötzung des Gemüths« bewirken. Unterschieden wird so zwischen einer »eigentlichen« Musik und einer ›uneigentlichen‹; die erste erschien gut und gottgefällig, die zweite war des Teufels.

Sofern die ›gute‹ Musik auf dem Fundament des Generalbasses gründet, war sie dem Barock »wohlklingende Harmonie«, eine von Ordnung und Regeln durchsetzte Kunst. Das Regelmaß »eigentlicher« Musik machte diese zur »Ehre Gottes« und »zulässigen Ergötzung des Gemüths« geeignet. Dabei erschien jedes Ordnungsgefüge letztlich durch Gott bestimmt, weshalb es bedeutungslos wurde, ob es musikalischer Natur war oder nicht. Da Satan als das chaotische Prinzip, als Widersacher der göttlichen Ordnung galt, mußte eine Musik, die des Regelmaßes entbehrte, teuflisch erscheinen.

Die Wurzeln dieser Auffassung reichen in das Mittelalter und weiter zurück, wie Werke der bildenden Kunst, schriftlich festgehaltene Visionen, Mythen und Legenden auf der Grundlage der Bibel bezeugen. Es liegt ihr die Vorstellung einer Zweiteilung

der Musik zugrunde, wonach im Himmel die Engel musizieren und die tiefen Sphären von einer chaotisch lärmenden Teufelsmusik heimgesucht würden.
Schon der Urvater Henoch hatte in einer Vision »sieben Chöre leuchtender, herrlicher Engel« gesehen: »In ihrer Mitte sind sieben Phönixe, sieben Cherubim und sieben Sechsflügelige; sie singen und jubilieren miteinander; ihr Gesang ist unbeschreiblich, und der Herr ergötzt sich an seinem Schemel.«[4] Der Kirchenvater Ambrosius war der Auffassung, der Gesang der Engel lasse eine überirdische Sphärenmusik entstehen, wodurch die Himmelsachse in Bewegung gesetzt würde.[5] Im Barock verglich der Frater Procopius von Templin die Engel mit weißen Noten und die bösen Geister mit schwarzen:

Weiße, lichte Noten sein
Alle heilig Engelein
[...]
Finstre Noten, dunkel, schwarz
Von der Höllen Pech und Harz,
Sein die bösen Geister,
Die dort in der tiefen Gruft
Und heroben in dem Luft
Spielen fast den Meister.

Die Musik der Engel war von der Aura des Gottgefälligen, Schönen, Reinen, Guten umgeben. Sie stand Begriffen wie Ordnung, Regel und Gesetzmäßigkeit nahe. Dagegen wies Teufelsmusik in die Richtung des Unreinen. Sie rief Vorstellungen von Sünde, Laster, Magie und Heidentum wach. Auf dem Höllenflügel seines Triptychon *Der Garten der Lüste* (heute im Prado-Museum, Madrid) hat Hieronymus Bosch an der Wende vom 15. zum 16. Jahrhundert Menschen dargestellt, die mit Musikinstrumenten gemartert werden. Diese Instrumente sind offenkundig ›falsch‹ gebaut. Weder werden sie in der richtigen Weise gehalten noch so gespielt. Es kann sich nur um ein unharmonisches, mißtönendes, ohne Sinn und Ordnung vorgestelltes Produzieren von Geräuschen handeln, eben um »Teuflisches Geplerr und Geleyer«.[6]
Offizielle Billigung und Förderung erfuhr im Mittelalter hauptsächlich jene Musik, die rational durchschaubar und dem Verstande zugänglich erschien. War dies der Fall, dann handelte es sich um eine *Ars*, eine Kunst. Die ›Kunst-Musik‹ gründete auf dem Prinzip der Zahl. Schon der vor 900 entstandene anonyme Musiktraktat *Musica Enchiriadis* enthält die Erkenntnis: »Was in der Melodiebildung Anmutiges enthalten ist, wird durch die Zahl aufgrund des bestimmten Abwägens der Töne bewirkt; was die Rhythmen an Ergötzlichem bieten, sei es in melodisch-linearen, sei es in rhythmischen Bewegungen, das verursacht alles die Zahl. Die Töne gehen zwar schnell vorüber, die Zahlen aber, die durch die körperliche Stofflichkeit der Töne und Bewegungen nur an Wert verlieren, bleiben.«[7]
Aufgrund ihrer numerischen Struktur war die Musik dazu geeignet, den ebenfalls zahlenmäßig geordneten Kosmos und die Welt, Gottes Schöpfung also, im kleinen sinnbildlich nachzuformen, ihn zu reflektieren. Denn wie das Universum, mittelalterlicher Anschauung zufolge, auf Zahlenverhältnissen aufgebaut ist, so wird auch die Harmonie der Musik, das Zusammenstimmen der Töne, durch mathematische Proportionen geregelt. Noch 1538 schrieb Martin Luther in seinem *Encomion musices*: »Nichts ist ohne [...] die klingende Zahl« (»Nihil enim est sine [...] numero

sonoro«).[8] Zu Bachs Lebzeiten heißt es dann bei Andreas Werckmeister in den *Musicalischen Paradoxal-Discoursen* (1707): »Also sind die Musicalischen Proportiones, lauter vollkommene Dinge, die auch der Verstand begreiffen kan, und deswegen sind sie uns angenehm, was aber der Verstand nicht begreiffen kan, und in die Vielfalt und endlich in Verwirrung hinnein läufft, davor hat der Mensch einem Abscheu.«[9] In einer universalistischen Zusammenschau handelte Werckmeister sowohl von der Musik – im heutigen, engeren Sinn – als auch von der Harmonie der Welt und dem Zusammenklang der Gestirne.

Die in der Kirche ausgeführte Musik, insbesondere der Gregorianische Choral, wurde im Mittelalter als Abbild der Engelsmusik angesehen, explizit im 14. Jahrhundert von dem Musiktheoretiker Jacobus von Lüttich. Als ein Beispiel für die Engelsmusik in der bildenden Kunst sei der 1432 vollendete Altar der Gebrüder van Eyck in der Genter St.-Bavo-Kirche genannt. Indem die Engel dort Gott in der Gestalt des Lammes anbeten und ›feiern‹, kehren sie sich ihm gewissermaßen liturgisch zu. Ähnlich verhält es sich mittelalterlicher Auffassung zufolge bei den Menschen, die in der Kirche singen. Sie sind Gott dann besonders nahe.

Modifiziert findet sich diese Anschauung noch zu Beginn des Barock auch im protestantischen Raum. 1619 schrieb der Wolfenbütteler Kapellmeister Michael Praetorius im Vorwort zur *Polyhymnia Caduceatrix et Panegyrica*: »Im Himmel müssen wir alle, der Herr so wol alß der Knecht, Musiciren [...] für dem Stuel des Lambs stehen, vnd eine stetig jmmerwährende Cantorey halten, mit den Seraphin und Cherubin, das dreyfächtige Sanctus [...] intoniren.« Die Engel täten »nichts anders [...] alß [...] laudare & ministrare, Loben und Dienen«. Auch in diesem Stück würden die Menschen den Engeln gleich.[10] Ein gutes Jahrhundert später, im Jahr 1749, ist in der Neuauflage eines anonym herausgegebenen Musiklexikons, das unter Vorlage anderer Schriften zusammengestellt wurde, vermerkt, die Musik sei »ein Praeludium der Englischen Freuden in jener Welt, dem Menschen in dieser Welt von GOtt verliehen«.[11]

Den Gegenpol zur geistlichen Musik bildete vor allem die ›schriftlose‹, von Geräuschen durchsetzte Musik der mittelalterlichen Spielleute. Sie war weder theologisch noch explizit rational fundiert. Der Spielmannsmusik fehlte ein numerisch begründetes Regelmaß. Insofern erschien sie wie ein Negativbild zur Musik als *Ars* und zur Kirchenmusik. Eher handelte es sich um eine ausgelassene, auch ekstatische Musik als um eine solche der Regel und Ordnung. Im Zeitalter der Reformation wandte sich dann Martin Luther gegen den Mißbrauch der Musik »zu schendlicher, toller, vnzüchtiger liebe« wie ihn auch »der Teuffel, wider die Natur, also treibet«.[12] Andreas Werckmeister sah in seinem 1687 erschienenen *Musicae mathematicae hodegus curiosus* die Musik mißbräuchlich verwendet bei »weltlichen Trauerliedern, da ein Courtisan etwa seine Liebste in etlichen Stunden nicht gesehen hat«, bei »gravitätischen Täntzen, wobey nichts als schändliche posituren gemacht werden«, oder bei »lustigen Täntzen«, »üppigen Liedern«, die »den freudigen Gebrauch in der Kirchen-Music aufheben«.[13] Eine so geartete Musik war nach offiziellem Verständnis, etwas überspitzt formuliert, nicht eine gute, sondern böse Musik. »Alles Gehäule und Geplärre«, so resümiert Werckmeister, möge »der bösen Welt und dem Satan« überlassen bleiben.[14]

Dies ist, zusammengefaßt, die historische Fundierung der noch im Umkreise Bachs gültigen Entgegensetzung (und moralischen Bewertung) einer »eigentlichen« und einer uneigentlichen Musik.

Predigt in Tönen

»Es bringt dir einen Gott ein jedes Gräslein bei
Und macht es dazu klar, daß Er dreifaltig sei.«
Daniel von Czepko, *Monodistiche*

Wie im Mittelalter wurde auch im Barock »ein jedes Gräslein«, alles Irdische, auf Gott bezogen. In der wahrgenommenen Welt leuchtete das Göttliche wie in einem Widerschein auf. Das Sinnlich-Konkrete der Kunst erschien als ein Spiegel des Über-Sinnlichen. Bei dem Organisten Johann Gottfried Walther, einem Freund und entfernten Verwandten Bachs, heißt es in den *Praecepta der Musicalischen Composition* (1708) sogar, durch die Musik werde »auch Gott seine göttl. Weißheit vorgehalten, darinnen Er sich belustiget«.[15] Und an anderer Stelle schreibt er, die Christen sollten »diese edle Gottes Gabe recht gebrauchen, damit Gott einen Gefallen an seinen Wercken haben möge«.[16] Wo die »Gottes Gabe« dagegen mißbräuchlich verwendet würde, sei es, wie schon Niedt formuliert hatte, »in den Ohren Gottes [...] ein schändliches Geplär«; Gottes Ohren zu beleidigen wäre ein gröbliches Vergehen. Ein Mißbrauch erschien auch darum so gravierend, weil, wie Werckmeister in den *Musicalischen Paradoxal-Discoursen* ausführte, Gott »immediatè, und mediatè, der Uhrheber der Music [ist], so wir allhier in dieser Zeitligkeit haben. Und der Mensch ist nicht eigentlich der Inventor sondern nur das Werckzeug, so GOtt darzu gebrauchet.«[17] Gott, der »Urheber der Musik«, bedient sich des Menschen als seines Werkzeuges, um mit Hilfe eines göttlichen Werkes, der Musik, seine Weisheit offenbar zu machen.[18]

Um Bachs Musik, gerade von den Bedingungen seiner Zeit und Herkunft ausgehend, adäquat zu verstehen, sei speziell die evangelisch-lutherische Musikauffassung kurz skizziert.[19] Laut den lutherischen Bekenntnisschriften ist der sonntägliche Gottesdienst dazu angelegt, »Gottes Wort zu lernen, also daß dieses Tages eigentlich Ampt sei das Predigtamt ümb des jungen Volks und armen Haufens willen«.[20] Luther hatte so einerseits besonderes Gewicht gelegt auf die Verkündigung von Gottes Wort im Gottesdienst, auf die Predigt. Auf der anderen Seite gab er, wie aus seinen *Tischreden* hervorgeht, »nach der Theologia der Musica den nähesten Locum und höchste Ehre«.[21] Beides gehört zusammen: Wort und Musik sind im Luthertum aufeinander bezogen, weil die Musik geeignet ist, Gottes Wort auf besondere Weise, nämlich in Tönen, zu verkünden. Aus der nur dem Menschen gegebenen Verbindung der Stimme (*vox*) mit der Sprache (*sermo*) folgerte Luther, die Menschen sollten Gott mittels des Wortes und der Musik loben.[22] »Die Noten machen den Text lebendig«,[23] sie intensivieren die Aussagekraft der Worte. Gemäß der lutherisch-reformatorischen Auffassung legt die geistliche Vokalmusik den Text aus; sie erklärt ihn (*explicatio textus*). Insofern ist sie gewissermaßen Exegese, Auslegung des Textes, eine »Predigt in Tönen« (*praedicatio sonora*). Nach Luther »predigte Gott das Evangelium auch durch die Musik«, wie bei Josquin zu sehen sei.[24] Der Gesang der Gemeinde erfolge zu dem Zweck, daß das Wort Gottes unter den Völkern bleibe.[25] Das Kirchenlied solle »das heylige Evangelion [...] treyben und inn schwanck [...] bringen«.[26]

Hiermit hängt es zusammen, daß die protestantischen Choräle sprachlich und musikalisch in einem einfachen, leicht faßlichen Idiom gehalten wurden. Als Träger und Vermittler des protestantischen Glaubensgutes fanden die volkssprachigen Lieder so eine große Verbreitung. Zudem wurden besonders solche Lieder gepflegt, die sich durch ein gewisses Alter und dementsprechend auch eine gewisse Ehrwürdigkeit und Autorität auszeichneten.

Neben dem gesungenen Choral bot die geistliche Kantate, d. h. eine Folge von Arien, Rezitativen und Chorsätzen, u. a. auf betrachtende Texte oder solche der Bibel komponiert, in der Bach-Zeit die bevorzugte Form, das Evangelium zu »treyben und inn schwanck zu bringen«. Sie stand in nächster Nähe zur Lesung des Evangeliums und der Predigt, dem Höhepunkt des lutherischen Gottesdienstes. Wie wir aus Bachs schriftlich festgehaltener *Anordnung des GottesDienstes in Leipzig am 1 Advent-Sontag frühe*[27] von 1723 wissen, folgte der einleitenden Lesung des Evangeliums das Vorspiel des Organisten auf die »HauptMusic«, nämlich die Kantate. Nach ihr bzw. ihrem ersten Teil sang die Gemeinde das Glaubensbekenntnis *Wir glauben all an einen Gott* und hielt der Pastor die Predigt. Inhaltlich war der Text der geistlichen Kantaten häufig dem der Predigt angepaßt. Aus dem Jahre 1704 liegt von Erdmann Neumeister, der ja Pastor war, der folgende Bericht von der Entstehung seiner Kantatentexte vor: »Wenn die ordentliche Amts-Arbeit des Sonntags verrichtet, versuchte ich das Vornehmste dessen, was in der Predigt abgehandelt worden, zu meiner Privat-Andacht in gebundene Rede zu setzen und mit solcher angenehmen Sinnenbemühung den durch Predigten ermüdeten Leib wieder zu erquicken. Woraus denn bald Oden, bald poetische Oratorien und mit ihnen auch gegenwärtige Cantaten gerathen sind [. . .].«[28]

Eine Besonderheit des Gottesdienstes waren die sogenannten Liederpredigten. In ihnen wurde der Text eines Chorals erklärt, anschließend sang die Gemeinde das Lied. Johann Benedikt Carpzov, Pastor an der Leipziger Thomaskirche, schrieb über seine 1689 gehaltenen *Lehr- und Liederpredigten*, er habe »jedesmal ein gut, schön, alt evangelisches und lutherisches Lied [. . .] erkläret, auch die Verfügung getan, das erklärte Lied in öffentlicher Gemeinde gleich nach geendigter Predigt anzustimmen«.[29]

Aus diesem Zitat wird der Sinn der Kirchenmusik besonders klar erkennbar: Sie war keine autonome, selbständige Kunst, sondern ein Vehikel mit der Aufgabe, Gottes Wort zu verbreiten. Dies trifft auch für die geistliche Musik von Johann Sebastian Bach zu. Auch sie war in gewisser Weise ein Träger und Vermittler der christlich-lutherischen Religiosität. In Bachs Musik ist die Forderung Luthers realisiert, »das heylige Evangelion [. . .] zu treyben«. Sie interpretiert Gottes Wort, betreibt, wie im folgenden gezeigt wird, Textexegese.

Textexegese der Vokalmusik

Johann Gottfried Walther war der Auffassung, es müsse ein Komponist, wenn er »etwas mit einem text componiren« wolle, »nicht nur die gantze Meinung deßelben, sondern auch die Bedeutung und Nachdruck eines jeglichen Wortes absonderlich verstehen«.[30] Johannes Kuhnau, vor Bach Kantor an der Leipziger Thomasschule, schrieb in der Vorrede zu seinem 1700 in Leipzig erschienenen Sonatenwerk *Musicalische Vorstellung Einiger Biblischer Historien* im Hinblick auf die Vokalmusik: »Denn gleichwie die Rede schon vor sich selbst viel würcket, also bekömmt sie vollends durch die Music eine durchdringende Krafft.«[31] Von der Kraft des Wortes in der gesungenen Musik handelten in ihren Schriften der in Hamburg geborene Magister und Kantor

Nikolaus Listenius, Heinrich Faber, ebenfalls Magister und Kantor, der Komponist und Musiktheoretiker Johann Andreas Herbst, der Musiktheoretiker Joachim Burmeister sowie Christoph Bernhard, Komponist und Musiker, der 1664–74 Kantor der Jacobikirche in Hamburg war. Sie entwickelten mit der *Musica poetica* eine Bedeutungslehre von den musikalisch-rhetorischen Figuren.

Diese Figuren sind Tonverbindungen, welche den Sinn des Textes, seine Begrifflichkeit, Bildhaftigkeit und seine affektiven Inhalte mit musiksprachlichen Mitteln darlegen. Offensichtlich ist die Orientierung des Komponisten beispielsweise am Bildausdruck des Textes, wenn er bei Worten wie »Er ist auferstanden« die melodische Linie aufwärts führte; dafür wurde die Bezeichnung *Anabasis* (griech.; Aufstieg) geprägt, und in diesem Sinne definiert sie auch Walther in seinem *Musicalischen Lexicon.*[32] Umgekehrt lenkten die Komponisten die melodische Linie abwärts, wenn mit dem Text Vorstellungen des Abstiegs und der Tiefe verbunden sind, zum Beispiel bei Wörtern wie »Erde« oder »Hölle«. Zu dieser *Katabasis* (griech.; Abstieg) merkte Walther an, sie sei »ein harmonischer Periodus, wodurch etwas niedriges, gering- und verächtliches vorgestellet wird«,[33] die Vorstellung des Tiefen, Abgründigen mit der des Geringschätzigen verbindend.

An den entsprechenden Stellen wirkt die Musik schon optisch, auf dem Notenblatt, bildlich, ist der Text musikalisch gleichsam ins Visuelle übersetzt, so daß Wort, Ton und (musikalisches) ›Bild‹ zusammenwirken. Damit entsteht ein kleines ›Gesamtkunstwerk‹, eine Art ›Augenmusik‹, der barocken Lyrik ähnlich, die eine ›Augensprache‹ sein konnte. Denn Bildlichkeit ist ein typisches barockes Stilmittel, auch der Sprache. Im sogenannten Figurgedicht zeichnete der Dichter einen in den Versen genannten oder auf andere Weise mit dem Gedicht in Zusammenhang stehenden Gegenstand auf dem Papier regelrecht nach. Er tat dies, indem er die Buchstaben und Zeilen so setzte, daß sie Bildform annahmen. In dem Gedicht *Über den gekreuzigten Jesus* forderte Catharina Regina von Greiffenberg den Leser zu einem ›Sehen‹ mit dem inneren Auge direkt auf. Das erste Wort des Gedichts lautet: »Seht«. Der ›Gegenstand‹, der gesehen werden soll, ist optisch ins Bild gesetzt. Es ist das Kreuz, an welchem der ›Betrachter‹ den gemarterten Leichnam Christi sich vorzustellen hätte. In Höhe des Querbalkens mit den ausgestreckten Händen fordern die Verse dazu auf, diese Hände sich ›anzusehen‹. Darunter ist von »seiner Seiten« die Rede, vom Herzen, den Striemen und Wunden. Christi Leiden ist dem betrachtenden Leser über die Typographie des Gedichts direkt vor Augen gestellt. Auch in diesem Falle handelt es sich um eine drastische ›Predigt‹, eine visuell konkretisierende Veranschaulichung des Evangeliumstextes über das Sterben Jesu. Indessen erfolgt die ›Predigt‹ hier nicht in der Verbindung von Wort, Musik und ›Bild‹, sondern nur im Zusammenhang von Wort und ›Bild‹.

Man denkt sogleich an den Eingangschor in Bachs *Matthäuspassion* (BWV 244), mit der vielfachen Aufforderung zum Miterleben durch Anschauung:

> Sehet – Wen? – den Bräutigam.
> Seht ihn – Wie? – als wie ein Lamm!
>   O Lamm Gottes, unschuldig
>   Am Stamm des Kreuzes geschlachtet,
> Sehet, – Was? – seht die Geduld.

Uber den gekreutzigten JESUS.

Seht der König König hängen/
und uns all mit Blut besprengen.
Seine Wunden seyn die Brunnen/
draus all unser Heil gerunnen.
Seht/Er strecket seine Händ aus / uns alle zu umfangen;
hat/an sein liebheisses Hertz uns zu drucken/Lustverlangen.
Ja er neigt sein liebstes Haubt/ uns begierig mit zu küssen.
Seine Sinnen und Gebärden/sind auf unser Heil geflissen.
Seiner Seiten offen-stehen/
macht sein gnädigs Herz uns sehen:
wann wir schauen mit den Sinnen/
sehen wir uns selbst darinnen.
So viel Striemen/so viel Wunden/
als an seinen Leib gefunden/
so viel Sieg-und Segens-Quellen
wolt Er unsrer Seel bestellen.
zwischen Himmel und der Erden
wolt Er aufgeopffert werden:
daß Er GOtt und uns vergliche.
uns zu stärken / Er verbliche:
Ja sein Sterben/ hat das Leben
mir und aller Welt gegeben.
Jesu Christ! dein Tod und Schmerzen
leb' und schweb mir stets im Herzen!

Uber den gekreutzigten Jesus. Figurgedicht
von Catharina Regina von Greiffenberg, 1662

Auch hier hält der Textdichter dazu an, Christi Leiden am Kreuz sich bildlich vorzustellen, und sucht dadurch die Wirkung der Leidensgeschichte noch zu intensivieren. Wie barocke Texte allgemein, sind auch die von Bach vertonten in einem hohen Maße von der konkreten Anschauung, vom Bild her, konzipiert. Insofern war es nicht allzu schwierig, sie musikalisch ›nachzumalen‹.

Im Barock standen die einzelnen Disziplinen der Kunst in einer recht engen Nachbarschaft. So war die Dichtung nicht nur auf das (innere) Sehen ausgerichtet. Manchmal wurden in ihr auch klangmalerische Mittel verwendet, wodurch sie sich in gewisser Weise der Musik annäherte. Häufig ist es ja umgekehrt: als Vokalmusik sucht die Musik eine Verbindung zur Dichtung. Mittels Wortneubildungen brachte dagegen ein Autor wie Sigmund von Birken Pauken und Flöten hörbar zum Klingen. Die Instrumente scheinen, im Medium der Sprache, tatsächlich ›musikalisiert‹, zu Musik geworden zu sein:

Ihr heiseren Pauken, paukt wacker mit ein,
pumpummet, bebrummet, besummet den Wein!
Ihr aber, ihr lüdlend- und düdlenden Flöten,
ihr Chöre, laßt hören die süße Muteten!

Eine einfache, direkte Analogie zu dieser poetischen Klangmalerei findet sich bei Bach schon in der Orchesterbesetzung der Kantate *Tönet, ihr Pauken! Erschallet, Trompeten!* (BWV 214) durch Pauken und Trompeten. Die Musik ist hier in der Tat sprachfähig. Sie ›spricht‹ von demselben Gegenstand wie der Text (vgl. S. 98 ff.).
Inwieweit solche musikalischen Beziehungen bei Bach allerdings als bewußte, überlegte Akte angesehen werden dürfen, ist eine offene Frage. Es wurde angezweifelt, daß er sich in Fragen der musikalischen Rhetorik wirklich auskannte. Hier steht Meinung gegen Meinung: 1738 schrieb der Musiktheoretiker Johann Adolph Scheibe, es habe »sich dieser große Mann nicht sonderlich in denen Wissenschaften umgesehen, die eigentlich von einem großen Componisten erfordert werden«. Um »critische Anmerkungen, Untersuchungen und um die Regeln [...] der Redekunst und Dichtkunst« habe er sich nicht sonderlich gekümmert.[34] Die Entgegnung des Leipziger Rhetorik-Dozenten Johann Abraham Birnbaum fiel äußerst scharf aus: Scheibe sei »viel zu wenig, als daß er sich unterstehen darf, dem Herrn Hofcompositeur auf das unverschämteste vorzurücken, daß er sich in denen zur Composition nöthigen Wissenschaften nicht sonderlich umgesehen hätte. [...] Die Theile und Vortheile, welche die Ausarbeitung eines musikalischen Stücks mit der Rednerkunst gemein hat, kennet er so vollkommen, daß man ihn nicht nur mit einem ersättigenden Vergnügen höret, wenn er seine gründlichen Unterredungen auf die Aehnlichkeit und Uebereinstimmung beyder lenket; sondern man bewundert auch die geschickte Anwendung derselben, in seinen Arbeiten. Seine Einsicht in die Dichtkunst ist so gut, als man sie nur von einem großen Componisten verlangen kann.«[35]
Die zitierten Autoren äußerten sich nicht konkret darüber, in welcher Weise die Musik mit der Rhetorik zusammenhängt. Darum sollen die von Birnbaum genannten »Aehnlichkeiten und Uebereinstimmungen beyder«, um die Bach, Birnbaum zufolge, wußte, durch Erläuterungen dargelegt werden, die Johann Mattheson 1739 in seinem *Vollkommenen Capellmeister* machte. Denn so, wie sich die Rede eines kundigen Redners aus genau definierten Teilen zusammensetzt, sei auch die »Klang-Rede« des Musikers komponiert. Zu Beginn stehe das *Exordium*. Es ist der »Eingang und Anfang einer Melodie, worin zugleich der Zweck und die ganze Absicht derselben angezeiget werden muß, damit die Zuhörer dazu vorbereitet, und zur Aufmercksamkeit ermuntert werden« (§ 7). Der zweite Teil einer Rede ist die *Narratio*. Sie sei, so Mattheson, »gleichsam ein Bericht, eine Erzehlung, wodurch die Meinung und Beschaffenheit des instehenden Vortrages angedeutet wird. Sie findet sich gleich bey dem An- oder Eintritt der Singe- oder vornehmsten Concert-Stimme, und beziehet sich auf das Exordium, welches vorhergegangen ist, mittelst eines geschickten Zusammenhanges« (§ 8). Der nächste Redeteil, die *Propositio* oder »der eigentliche Vortrag«, enthält »kürtzlich den Inhalt oder Zweck der Klang-Rede« (§ 9). Hierauf folgt die *Confutatio*. Nach Mattheson ist sie »eine Auflösung der Einwürffe, und mag in der Melodie entweder durch Bindungen, oder auch durch Anführung und Wiederlegung fremdscheinender Fälle ausgedruckt werden: Denn eben durch dergleichen Gegensätze, wenn sie wol gehoben

sind, wird das Gehör in seiner Lust gestärcket« (§ 10). Demgegenüber sei die *Confirmatio* »eine künstliche Bekräfftigung des Vortrages, und wird gemeiniglich in den Melodien bey wolersonnenen und über Vermuthen angebrachten Wiederholungen gefunden; worunter aber die gewöhnlichen Reprisen nicht zu verstehen sind. Die mehrmalige mit allerhand artigen Veränderungen gezierte Einführung gewisser angenehmer Stimm-Fälle ist es, was wir hier meinen« (§ 11). An letzter Stelle steht die *Peroratio*. Sie »endlich ist der Ausgang oder Beschluß unsrer Klang-Rede [...]. Und diese findet sich [...] vornehmlich in dem Nachspiele, es sey im Fundament, oder einer stärckern Begleitung [...]. Die Gewohnheit hat es so eingeführet, daß wir in den Arien fast mit eben denjenigen Gängen und Klängen schliessen, darin wir angefangen haben: welchem nach unser Exordium auch alsdenn die Stelle einer Peroration vertrit« (§ 12).[36] Später zieht Mattheson das Resümee: »Der Redner Kunst-Stück ist, daß sie die stärckesten Gründe zuerst; hernach in der Mitte die schwächern; und zuletzt wiederum bündige Schlüsse anbringen. Das scheinet gewiß ein solcher Griff zu seyn, welchen sich ein Musicus eben sowol als ein Orator, zu Nutz machen kan: zumahl bey der allgemeinen Einrichtung seines Wercks« (§ 25).[37]

Grundkenntnisse vom Aufbau der Rede muß Bach schon als Schüler erworben haben, denn sie gehörten zum Lehrplan der Schulen, die er besuchte. Außerdem stand er nicht nur zu dem Rhetorik-Dozenten Birnbaum in freundschaftlichen Beziehungen, sondern ebenso zu dem Altphilologen Matthias Gesner, der von 1730 bis 1734 Bachs Rektor an der Thomasschule war und 1738 eine Ausgabe der *Institutio Oratoria* des römischen Redners Quintilian besorgte. Ob er auch mit ihm »Unterredungen« über die Rhetorik führte? Jedenfalls schrieb Birnbaum in seiner Verteidigung Bachs: »Wer die Ehre hat, den Herrn Hofcompositeur genauer zu kennen; wer sich das Vergnügen machet, [...] seine praktischen Arbeiten durchzusehen und anzuhören; der muß von seiner Einsicht [in die Redekunst] ein weit billigers Urtheil fällen« (als Scheibe es tat).[38]

Machen auch wir uns das Vergnügen, Bachs musikalische »Arbeiten durchzusehen«, um so zu einem angemesseneren Urteil zu gelangen. Denn die von Mattheson beschriebenen Teile der musikalischen ›Rede‹ finden sich auch in seinem Werk. Doch soll in unserem Zusammenhang nicht auf diese Rede-Teile eingegangen werden, sondern auf die vorher erwähnten musikalisch-rhetorischen Figuren; sie prägen Bachs Musik in besonderer Weise.[39]

Die Figur der *Katabasis*: Im ersten Teil der *Matthäuspassion* (BWV 244) scheint sie sich für die dritte Zeile des Schlußchores geradezu angeboten zu haben.[40] Die ersten drei Zeilen lauten:

> O Mensch, bewein' dein Sünde groß;
> Darum Christus sein's Vaters Schoß
> Äußert und kam auf Erden.

In der dritten Zeile verläuft die Melodie der Baß-Stimmen nun folgendermaßen:

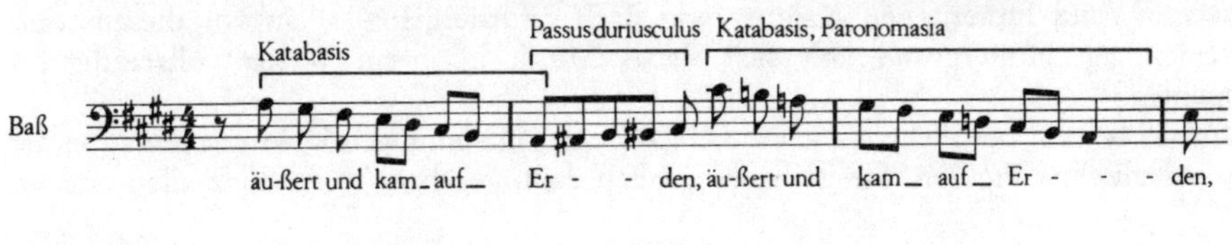

Christi »Äußerung« aus dem Schoß des Vaters, sein Abstieg zur Erde, ist zunächst durch einen sekundweisen Abstieg in der Oktave und dann durch einen Dezimen-Abstieg sinnfällig gemacht. Die zweite *Katabasis* wirkt wie eine Ausdehnung, gewissermaßen eine Überbietung der ersten: der ›Prediger‹ Bach legt musikalisch besonderen Nachdruck auf die Aussage von Christi Niederkunft auf Erden. Für eine musikalische Figur, die so die Katabasis variierte, lautete der Fachbegriff, in der Rhetorik wie in der Musik, *Paronomasia*. Johann Nikolaus Forkel schrieb dazu 1788 in seiner *Allgemeinen Geschichte der Musik*, *Paronomasia* läge vor, wenn »ein [musikalischer] Satz nicht blos so, wie er schon da gewesen, sondern mit neuen kräftigen Zusätzen wiederholt« würde.[41] Bei Johann Christoph Gottsched heißt es dazu für die Rhetorik, wo die Paronomasia stehe, werde ein Wort oder Satzteil »mit einem Zusatze, der noch einen besonderen Nachdruck verursacht«, wiederholt.[42] Der Zusammenhang zwischen musikalischer und rhetorischer Figur ist offensichtlich. (Natürlich wurde die Wiederholung einer melodischen Linie in veränderter Form bzw. mit einem Zusatz nicht nur in der *Musica poetica* gelehrt, sondern ist auch sonst in der Musik gebräuchlich.)

In dieser kurzen Passage aus der *Matthäuspassion* findet sich eine dritte musikalische Figur. Es handelt sich um den chromatischen Gang vom A zum cis auf dem Wort »Erden«. Der Musiktheoretiker Christoph Bernhard nannte eine solche Tonfolge *Passus duriusculus*, einen »etwas zu harten Gang«. Wegen der chromatischen Töne, die der Tonart fremd sind, liegt ihm ein »unharmonisches Verhältnis« (»relatio non harmonica«) einer »Stimme gegen sich selbst« zugrunde.[43] Der Passus duriusculus wurde in der barocken Musik recht häufig verwendet. Im Blick auf die Musik von Heinrich Schütz stellte Hans Heinrich Eggebrecht seine sinnbildliche Bedeutung heraus: »Sammelt und vergleicht man die Stellen, an denen Schütz den chromatischen Gang gebraucht, so ergibt sich für diese Tonfigur eine Bedeutungssphäre (unter anderen), in deren Mittelpunkt das unharmonische Verhältnis des Menschen zu Gottes Ordnung, der Begriff ›Sünde‹ steht.«[44]

Auch die angeführten Verse der *Matthäuspassion* enthalten das Wort »Sünde«. In der ersten Zeile gesetzt (»O Mensch, bewein' dein Sünde groß«), steht es wie ein Motto über dem ganzen Satz. Christus sei, so heißt es in den drei ersten Versen, um des Menschen Sünde willen auf die Erde gekommen; er trage, so in der vorletzten Zeile, »unser Sünden schwere Bürd'«. Sünde und Erde stehen textlich in einem gewissen Zusammenhang. Diesen Konnex machte Bach auch musikalisch erkennbar, indem er auf »Erden« den Passus duriusculus setzte, mit musik-sprachlichen Mitteln also eine präzise theologische Aussage machte. Durch Zusammenstellung vergleichbarer Passagen, die gleichermaßen über den Deutungswillen Bachs konkreten Aufschluß geben, könnte so etwas wie der ›protestantische Standort‹ des Thomaskantors recht genau ermittelt werden. Allerdings ist die musikalische Textexegese beim ersten Hören nicht immer leicht erkennbar; mit den Noten vor Augen, käme dem Hörer das graphische Bild zu Hilfe. Ebenso ist die Einsicht in den religions- und geistesgeschichtlichen Hintergrund der Musik, die Absichten, die Ziele und kompositorischen Verfahrensweisen eines lutherischen Kantors wie Bach erforderlich – allein vor diesem vielschichtigen Hintergrund läßt sich Bachs Musik in ihrem Wesen vollständig erkennen.

Gewiß besteht bei alledem auch die Gefahr einer unstimmigen Überinterpretation der musikalischen Figuren. Sie ist hauptsächlich dann gegeben, wenn diese allzu eng auf einen bestimmten Begriff fixiert werden. Mit Bedacht war daher von der Bedeutungs-*Sphäre* des Wortes »Sünde« die Rede. Den Text ausdeutende chromatische Gänge finden sich nämlich auch in anderer Beziehung. In den *Musikalischen Exequien* von Heinrich Schütz sind sie zu den Worten gesetzt: »Für den Unverständigen werden sie [die Seelen der Gerechten] angesehen, *als stürben sie*, und ihr Abschied wird für *eine Pein* gerechnet!«[45] Demnach sind wortbezogene chromatische Passagen kennzeichnend für einen Text, der davon handelt, daß etwas wider die Regel und Ordnung sei, wenn von einem unharmonischen Verhältnis die Rede ist. Von der Pein des Sterbens wird bei Bach gesungen in der Kantate *Weinen, Klagen, Sorgen, Zagen* (BWV 12). Zwölfmal hintereinander spielt hier im Hauptteil des Eingangschores der Instrumentalbaß eine Tonfolge, in welcher das abwärts gerichtete Intervall der Quart (f–c) chromatisch ausgefüllt wird:

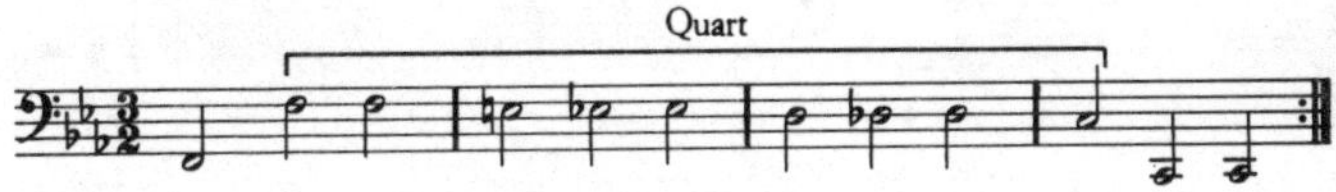

Bach verwendete im *Crucifixus* der *h-Moll-Messe* (BWV 232) diesen Teil der knapp fünfunddreißig Jahre zuvor, nämlich 1714 in Weimar, komponierten Kantate wieder, indem er ihm einen neuen Text unterlegte (Parodieverfahren, vgl. S. 94 ff.). Die Wiederverwendung wurde durch die Nähe der Texte möglich. Christi Leiden am Kreuz, sein Opfertod, erfährt die Anteilnahme Bachs in einer kühnen und quasi gegen die Regel gesetzten Harmonik der Singstimmen sowie in dem in seiner stetigen Wiederkehr und dem gleichmäßigen Ablauf beinahe starr wirkenden chromatischen Quartgang des Instrumentalbasses – ein ergreifender Klagegesang, den der Thomaskantor früher schon für die Kantate schrieb und dessen musikalische ›Thematik‹ er jetzt wiederum aufgriff.

Die Art, wie hier – und übrigens auch in der Kantate *Ihr werdet weinen und heulen* (BWV 103) – die Chromatik und mit ihr der Passus duriusculus im Umkreis des Begriffsfeldes von Leid, Trauer, Weinen, Klagen verwendet sind, macht auf ein zweites, nun mehr dem Affektbereich angehörendes Bedeutungsfeld der Halbtöne aufmerksam. Das Chroma im textlichen Zusammenhang der Leid-Sphäre, der chromatisch absinkende Quartgang als Lamento-Figur, weist über die Tradition der evangelischen Kantorenpraxis hinaus. Wohl war auch den protestantischen Kantoren die Figur der *Pathopoiia* bekannt, bei der zu Wörtern wie »miserere« (erbarmen) oder »dolor« (Schmerz) nicht zur Tonart gehörende Halbtöne gesetzt werden; der Rostocker Musiktheoretiker Joachim Burmeister beschreibt sie in seiner *Musica poetica* (1606).[46] Doch leitet sich der Affektgehalt der Chromatik eher aus einer Tradition her, die aus dem katholischen Italien kommt. So wäre die affektuose Ausdruckskraft, das nachdrückliche Pathos, wie es sich im italienischen Madrigal des späten 16. und frühen 17. Jahrhunderts bei Komponisten wie Cyprian de Rore, Luca Marenzio, Carlo Gesualdo oder Claudio Monteverdi zeigt, kaum ohne sie denkbar. Der häufige Gebrauch der Chromatik speziell in der italienischen Musik resultiert aus dem Willen, die seelische Erregtheit (für deren Ausdruck die italienische Sprache vielleicht besonders geeignet ist) mit tonsprachlichen Mitteln künstlerisch zu überhöhen. Dieses

Vorgehen ist etwa in Gesualdos Madrigal *Moro, e mentro sospiro* spürbar, dessen Beginn in der deutschen Übersetzung lautet:

> Ich sterbe, und während ich seufze,
> Fliegt der Hauch eines Seufzers
> Dahin, um ein Herz zu beseelen,
> Das selbst seufzt und stirbt.

Die der ersten Zeile des italienischen Textes unterlegte Musik lautet:

Die chromatischen Tonfolgen, die Gesualdo zu den Worten »moro« (ich sterbe) oder »sospiro« (ich seufze) erfand, lassen zweifellos einen Ausdruckswillen erkennen, der die Emotionen des Hörers zu erregen imstande ist. Der Musik liegt eine ›Sprachgewalt‹ zugrunde, die dem ›Sprachwillen‹ des abwärts gerichteten Ciaccona-(Chaconne-)Themas aus Bachs Kantate *Weinen, Klagen, Sorgen, Zagen* prinzipiell vergleichbar ist. Daß sich die Traditionsstränge der deutsch-protestantischen und der italienischen Musik wirklich berührten, bezeugt zudem der Umstand, daß dieses Thema auch in einer weltlichen Kantate von Antonio Vivaldi zu finden ist, die fast mit den gleichen Worten beginnt: »Piango, gemo, sospiro e peno« (ich weine, klage, seufze und leide). Auch Vivaldi verwendete die Tonfolge wie in einer Ciaccona, er wiederholte sie fortgesetzt (zum italienischen Stil bei Bach vgl. S. 142 ff.).

Man ist geneigt, ein solches affektives ›Sprechen mit Musik‹ auch in anderen Bereichen zu suchen. Die für Clavier geschriebene 3stimmige *Sinfonia f-Moll* (BWV 795) zum Beispiel fängt in der unteren Stimme ebenfalls mit einem chromatisch abfallenden Quartgang (f–c) an, ist überhaupt stark von Halbtonschritten durchsetzt:

Darf man folglich der *Sinfonia* eine quasi-textliche Aussage zugestehen, die ähnlich wäre wie bei den musikalisch-sprachlichen ›Formulierungen‹ in der Kantate *Weinen, Klagen, Sorgen, Zagen*? Gewiß sollte die Frage recht behutsam gestellt werden; da Textworte fehlen, läßt sich natürlich über den Sinn und Gehalt dieser musikalischen Figuren keine präzise Aussage machen. Ausgehend vom Wissen um den historischen Hintergrund kann das ›Bedeutungsfeld‹ eher geahnt und erfühlt werden, als daß es musikwissenschaftlich auf den Begriff zu bringen wäre. Immerhin läßt es sich in allgemeiner Form auch für den Bereich der reinen Instrumentalmusik konstatieren.

Ein geradezu unbegriffliches ›Sprechen‹ mit den Mitteln der Musik kennzeichnet zum Beispiel den 3. Satz des *Capriccio sopra la lontananza del suo fratello dilettissimo* in B-Dur (Capriccio über die Abwesenheit seines sehr geliebten Bruders, BWV 992). Bach schrieb dieses Stück wahrscheinlich im Jahre 1704, neunzehnjährig also, für seinen Bruder Johann Jakob, der an den Kriegszügen Karls XII. teilnahm und 1722 in Schweden starb. Da der Satz eine erklärende Beischrift enthält, sind hier die musikalischen ›Sprachformeln‹ leichter zu entschlüsseln als bei der *Sinfonia.* Das Adagiosissimo, so heißt es, sei »ein allgemeines Lamento der Freunde«, wieder ein Klagegesang also:

Auch in diesem Fall komponierte Bach einen chromatisch durchwirkten Satz, der sich durch besonders viele Sekundgänge mit Halbtonschritten auszeichnet. Ohne weiteres kann die aus der vokalen Musik übernommene ›Sprachformel‹ der abwärts fallenden Chromatik der italienischen Tradition zugesprochen werden. Ein Indiz dafür ist nicht nur der programmatische Charakter des Werks, sondern vor allem die Überschrift in italienischer Sprache, insbesondere der Gebrauch des italienischen Worts »Lamento«.[47]

Im *Capriccio* ist der musikalisch ›zur Sprache‹ gebrachte Affekt den ganzen Satz über spürbar. Anders verhält es sich bei gewissen Figuren der *Musica poetica.* Sie sind nicht

Johann Sebastian Bach, *Capriccio sopra la lontananza del suo fratello dilettissimo* (BWV 992). Das Adagissimo (»adagiosissimo«) beginnt rechts unten und mit der Beischrift: »Ist ein allgemeines Lamento der Freunde«

immer imstande, den Gehalt eines Textes im Ganzen, seinen Sinnzusammenhang oder inhaltlichen Kern in Töne zu übertragen; manchmal gelingt das nur für Details. Oft haben sie nur einen illustrativen Charakter: Der Komponist greift ein einzelnes Wort heraus, um es vordergründig und sozusagen in verbalrealistischer Manier abzubilden. Das musikalische Hervorkehren eines Einzelwortes wird vor allem dann problematisch, wenn es im Text insgesamt von untergeordneter Bedeutung ist. Die tonsprachliche Betonung des Wortes kann dem Textinhalt als Ganzem dann zuwiderlaufen, die musikalische Exegese wird unstimmig und gleitet eventuell ins ›Falsche‹ ab.

Eine dem Inhalt des Textes nicht ganz angemessene Vertonung läßt beispielsweise das Duett *Entzücket uns beide* aus Bachs *Jagdkantate* (BWV 208) erkennen. Es enthält die Worte: »Fürst Christian weide auf lieblichsten Rosen, befreiet vom Leide.« Bach setzte nicht etwa die Befreiung von Leid in Musik um, sondern im Gegenteil das Leid selbst. Man vergleiche an der entsprechenden Stelle die Mollklänge und Dissonanzen. Eine solche Auslegung des Textes nannte Walther 1708 »einfältig«, wobei er als Exempel einen im Prinzip ähnlichen Text zitierte, wie ihn Bach vertont hatte: »Denn es wäre einfältig, wenn man diesen Text: *Cede dolor, cede moeror, lacrymaeque flentium* wegen der Worte *dolor, moeror, lacrymaeque flentium* traurig setzten wolte, da doch der gantze text eine Fröligkeit andeutet.« Sofern »eine Gemüths-Regung zu exprimiren« sei, möge »der Componist mehr auf dieselbe, als auf die eintzeln Worte sehen, nicht zwar, daß er dieselben insonderheit gar nicht achten dörffte, sondern, daß er nur die Worte, welche der Gemüths-Regung zu wieder sind, nicht absonderlich exprimiren soll«.[48]

Eine etwas unstimmige Interpretation erfährt der Text auch in der Motette *Jesu, meine Freude* (BWV 227), wo Bach Röm. 8,1 vertonte: »Es ist nun nichts Verdammliches an denen, die in Christo Jesu sind« (vgl. das Notenbeispiel auf S. 66). Diese Worte enthalten in negativer Formulierung eine positive Aussage. Gemeint ist ungefähr, daß diejenigen Menschen, die Christus nachfolgen, selig seien. Bach jedoch betont das Wörtchen »nichts«. Indem er es dreimal hintereinander setzt, verleiht er ihm ein besonders großes Gewicht. Es handelt sich um die Figur der *Anaphora*, von der Walther 1732 schrieb, sie werde verwendet, »wenn ein periodus, oder auch nur ein eintzeles Wort, absonderlichen Nachdrucks halber, in einer Composition öffters wiederholet wird«.[49] Die *Anaphora* tritt hier als *Epizeuxis* auf, als eine musikalisch-rhetorische Figur, bei der ein Wort oder mehrere Wörter so wiederholt werden, daß die musikalische Repetition auf einer höheren oder tieferen Tonstufe zu stehen kommt.

»Absonderlichen« Nachdruck erfährt das Wort »nichts« zugleich durch die Figur der *Aposiopesis*. Damit sind textausdeutende Generalpausen gemeint, die, wie der Göppinger Kantor und Lehrer Daniel Speer schrieb, u. a. dann gesetzt werden, wenn im Text von »eines Dinges Untergang« oder von einer »Sache« die Rede ist, die »verloren gehet«.[50] Die *Aposiopesis* steht der Figur der *Apokope* nahe, zu der Walther in seinem Lexikon anmerkte, sie werde verwendet, »wenn bey der letzten Note eines Periodi harmonicae nicht ausgehalten, sondern behende abgeschnappt wird, und zwar bey solchen Worten, die solches zu erfordern scheinen«.[51] Das unvermittelte Verstummen des musikalischen Geschehens, die jähe Unterbrechung des Satzes illustriert das Nicht-Sein, welches im Text der Motette zur Sprache kommt (»Es ist nun nichts«). Allerdings scheint das Nicht-Sein nur verbal auf; für den Textsinn der gesamten Zeile ist es kaum von zentraler Bedeutung. Werden die Worte im Zusammenhang gelesen, so ist hier gerade nicht von Untergang oder Verlust die Rede, sondern im Gegenteil von Bewahrung und Erhöhung. Dadurch, daß Bach die negative Formulierung des Textes musikalisch auffällig in den Vordergrund rückt, verkehrt er die positive Textaussage kompositorisch in ein Negativum. Aufgrund einer zu sehr ins Detail gehenden tonsprachlichen Interpretation wird die bloß verbale Negation des Bibelverses in eine inhaltliche verwandelt. Die Idiomatik der Musik stimmt mit derjenigen des Textes nicht überein:

Auch in diesem Fall hielt sich Bach also nicht an die Empfehlung seines Freundes Walther, der 1708 in den *Praecepta der Musicalischen Composition* in bezug auf die Häufung musikalisch-rhetorischer Figuren gemahnt hatte, der Komponist möge »allezeit das *Ne quid nimis!* vor Augen haben«, das »nicht zuviel«.[52] Bachs Kompositionsverfahren berührt sich aber durchaus mit dichterischen Stilmitteln des Barock, der Worthäufung zur Steigerung der affektiven Intensität, der Aneinanderreihung mehrerer

Wörter zur Umschreibung ein und desselben Sachverhaltes. Ein schlagendes Beispiel bietet das Sonett *Die Hölle* von Andreas Gryphius mit der Wortfolge:

> ACh! und Weh!
> Mord! Zetter! Jammer, Angst, Creutz! Marter! Würme! Plagen.
> Pech! Folter! Hencker! Flamm! Stanck! Geister! Kälte! Zagen.

Zwar erscheint in der Motette die Vertonung des Textes nicht ganz befriedigend. Doch wirkt die Musik selbst um so eindringlicher. Bach arbeitete mit den Mitteln des Kontrastes: Stocken durch Pausen (T. 20–22) – Hinzielen zum und Ausschwingen auf dem strahlenden H-Dur-Halbschluß (T. 23–27); Atemholen bei »nichts« (T. 21, 22) – Steigerung und Emphase auf »Christo Jesu« (T. 25, 26). Der musikalische Sinn ist unmittelbar einsichtig, er ›spricht‹ für sich selbst. Das rein musikalische Gefüge beweist eine größere Stringenz als die auf das Außermusikalische zielende Rhetorik.
Zum Vergleich sei hinzugefügt, daß in einer Einzelheit, nämlich der Auslegung des Wörtchens »nichts«, Bachs Schüler und Schwiegersohn Johann Christoph Altnikol eine unseres Ermessens überzeugendere Lösung fand. Die 4stimmige Motette *Befiehl du deine Wege* von Altnikol – dem sein Lehrer bestätigte, daß er sich seiner nicht schäme und ihn für einen besonders »geschickten« Komponisten erachte –[53] enthält die folgenden Choralverse:

> Mit Sorgen und mit Grämen
> Und mit selbsteigner Pein
> Läßt Gott sich *gar nichts* nehmen,
> Es muß erbeten sein.

Auch bei Altnikol ist das Wort »nichts« zur Hervorhebung wiederholt, im Sopran sechsmal, im Alt siebenmal, im Tenor zehn- und im Baß siebenmal. Die Repetition ist noch intensiver als in dem Beispiel von Bach. Ebenso ist das »nichts« – wie bei Bach – durch Pausen ›gegenständlich‹ gemacht. Jedoch setzte Altnikol die musikalische Rhetorik dem Inhalt des Textes angemessen ein. Die Aussage, Gott lasse sich mit Sorgen, Grämen und Pein gar nichts, absolut nichts, nehmen, fand in der Musik ihre adäquate Vertonung:

Sprachfähigkeit und Identifikation

Luthers Auffassung zufolge liegt der geistlichen (Vokal-)Musik »eine verborgene und entschieden auf Gott sich beziehende Kraft« (»occulta ac plane divina vis«) zugrunde, die außer auf das Wort Gottes auf den hörenden Menschen ausgerichtet ist. Ihm teilt sie das Wort mit. Die Töne senken sich in das Gemüt des Menschen, sie werden den Bewegungen (Affekten) seines Herzens eine »Herrin und Regiererin«.[54] Indem sie es im geistlichen Sinne ›beherrschen‹, erneuern sie das Zentrum des Menschen, sein Herz. Dies will der aus dem Mittelalter tradierte Begriff der *Recreatio cordis* (Wiederherstellung, Erquickung des Herzens) besagen, der neben der *Laudatio Dei* (Lobgesang Gottes) wie ein Topos verwendet wurde. Insofern kommt der Musik auch eine ethisch-moralische Wirkung zu, die von bösem Denken oder Tun abzuhalten imstande ist.

Möglich erschien diese den Menschen in Beschlag nehmende Wirkkraft aufgrund der Sprachfähigkeit von Musik. Sofern die Töne – der Sprache ähnlich – dem Menschen eine ›Botschaft‹ übermitteln, war das Ideal grundsätzlich realisierbar, wonach, wie der Benediktinerprior Meinrad Spiess schrieb, »die Melodie immer in der Phantasie zurückbleibe, der [im Text ausgedrückte] moralische Spruch oder Sentenz aber dem Verstand deutlich vorgestellet und dem Gedächtnis wohl möge imprimiret werden«.[55]

Dem Katholiken Meinrad Spiess ähnlich brachte der Protestant Michael Praetorius das innerliche Denken von Gottes Wort in einen gewissen Zusammenhang mit der Musik. 1619 schrieb er im Vorwort zur *Polyhymnia Caduceatrix et Panegyrica*: »Es ist vnd bleibet Gottes Wort, auch das da im Gemüth gedacht, mit der *Stimme* gesungen, auch auff *Instrumenten* geschlagen und gespielet wird.«[56] Nach Praetorius war sogar die Instrumentalmusik einer Botschaft fähig und damit gewissermaßen sprachfähig. Auch der Klang der Instrumente reflektierte, recht gebraucht, die Gewalt (*vis*) der Musik, deren Fähigkeit zu geistlich-moralischer Erneuerung und Gotteslob.[57]

Selbst von der heute geringgeschätzten Pauke heißt es in einer gereimten Bildlegende: »Wann man den Höchsten lobt, so lasse ich mich finden.«[58] Auch dieses Instrument war des Lobes fähig. Tatsächlich finden sich Pauken bei Bach etwa im Eingangssatz des *Weihnachtsoratoriums* (BWV 248), in dem der Chor singt: »Rühmet, was heute der Höchste getan!« Den Lobpreis Gottes, zu dem der Text aufruft, machte Bach musikalisch durch die Instrumentierung sinnfällig.[59]

In Walthers Lexikon von 1732 findet sich ein Stich mit der Darstellung eines von Instrumentalisten ausgeführten Kirchenkonzerts. Gespielt werden Blas- und Streichinstrumente sowie eine Orgel. Für den Betrachter deutlich erkennbar trägt die Orgel die Inschrift: »Alles was Odem hat, lobe den Herrn« (Ps. 150,6).[60] Diese Worte, aber auch die Engel und Putten, mit denen die Orgeln häufig geschmückt sind, können als Indiz dafür gewertet werden, daß besonders das Orgelspiel von der Aura des Kirchlichen, Religiösen geprägt war. Ein Gutachten der Theologischen Fakultät der Universität Wittenberg drückt diese Auffassung in einem allgemeinen Sinn aus: »Es ist die Instrumentalis Musica für sich eine solche Gabe Gottes, daß sie die Gemüter der Menschen zu bewegen kräftig, wenngleich mit menschlicher Stimme darunter nicht gesungen wird. – Wenn man nur das Genus weiß, so ist es (soviel die Orgel belanget) genug, und wird damit nicht in den Wind hinein georgelt. Das Genus aber ist, daß man weiß, es wären geistliche Lieder, die zu Gottes Lob gemacht sind, darauf geschlagen.«[61] Die Zuordnung der Orgel zu einem sakralen Bereich sprach auch Conrad Feuerlein aus, als er 1691 in Nürnberg eine Predigt über die Orgel hielt. Ihr »Music-Lob«, sagte Feuerlein, solle »schon hier ein Vorgeschmack jenes HimmelLobs« sein, »ja ein herzlich Verlangen, GOtt mit allen Außerwählten ewiglich zu loben«.[62] Da die Orgel ein typisches Kircheninstrument ist, assoziierte man mit ihrem Klang auch im Barock die Sphäre des Geistlichen.

Gegenüber einem Hörer von Vokalmusik, der Meinrad Spiess die Befähigung zuerkannt hatte, dem Gedächtnis einen »moralischen Spruch oder Sentenz« einzuprägen, ist der Hörer einer barocken Choralbearbeitung für Orgel noch mehr auf das Vorstellungsvermögen seines »Gemüthes« angewiesen. Da bei den für die Orgel gesetzten Choralvorspielen, -variationen, -fugen und -phantasien der Choraltext nicht gesungen wird, weder von einem Chor noch von der Gemeinde, sondern nur die Melodie, oft sogar verändert, zu hören ist, muß der Hörer seine »Phantasie« (Spiess) schon anstrengen, will er Gehalt und Sinn des Textes erfassen. Dies aber war ursprünglich ein wesentlicher Zweck der Orgelbearbeitungen; über das Orgelspiel allein sollte der Choraltext in seinem Gehalt wirken (vgl. S. 137).

Aufgrund außermusikalischer Konnotationen signalisierte die Musik dem Hörer also christliche Aussagen. Dadurch konnte der gläubige Lutheraner religiöse Gehalte auf sich wirken lassen. Umgekehrt projizierten die Lutheraner ihre Werte und Erfahrungen

Kirchenkonzert. Stich von Johann Christoph Dehne für Johann Gottfried Walthers *Musicalisches Lexicon* von 1732

auf die entsprechende Musik. Um mit dem Wittenberger Gutachten zu reden: Zuvor schon (bevor das Stück erklang) war das musikalische »Genus« eines »geistlichen Liedes«, seine Gattung und das zu erwartende Bedeutungsfeld, bekannt.
Die Sprachbefähigung der Musik schlechthin, das Wissen um das »Genus« lutherischer Kirchenmusik, diese Musik als ein Vermittler evangelisch-lutherischer Glaubensinhalte, all das waren Voraussetzungen dafür, daß die evangelische Kirchenmusik im Laufe der Geschichte zu einem Kennzeichen, einem Symbol fast, des Protestantismus werden konnte. Indessen war die evangelische Musik stets Teil eines umfassenden Angebots zur Identifikation. Sie ist ein unlösbarer Bestandteil des protestantischen Gottesdienstes und Kultes allgemein.[63] Sofern die Protestanten über Jahrhunderte hinweg einen Kult pflegten, in dem die Musik eine wichtige Rolle spielte, trug auch sie dazu bei, daß die evangelischen Christen sich als eine zusammengehörige Gemeinschaft empfinden, als ›Gemeinde‹ eben.
Stets legten die protestantischen Kirchenleitungen besonderen Wert auf die Pflege der Kirchenmusik. Dafür scheinen nicht ausschließlich geistliche Gründe ausschlaggebend gewesen zu sein. Sicherlich sind auch gruppenkonstituierende, die Gemeinschaft fördernde Motive geltend zu machen. Weil die evangelische Kirchenmusik von anderen musikalischen Sparten sich unterscheidet – und gerade vom Gregorianischen Choral der katholischen Kirche –, bindet sie ihre Anhänger wie mit einem unsichtbaren Band zusammen. Auch von diesem Gesichtspunkt aus ist die Bemerkung des Michael Praetorius im Vorwort zur *Polyhymnia Caduceatrix et Panegyrica* zu verstehen, wonach »die hohe Christliche Obrigkeiten solches jederzeit in guter acht gehabt, vnd sich zur beförderung des Gottes Dienstes, Musicam Vocalem & Instrumentalem hoch angelegen sein lassen«.[64]
Gewiß läßt sich auch die Einrichtung der Leipziger Thomasschule zum Zwecke einer ausreichenden Versorgung der Stadt Leipzig mit Kirchenmusik dadurch erklären, daß die Thomaner mit ihrem Gesang den Zusammenhalt der dortigen Kirchengemeinde zu fördern vermochten. Gleichermaßen erfuhr Bach als Organist in Arnstadt und Mühlhausen von »hohen Christlichen Obrigkeiten« ideelle und finanzielle Förderung. Denn auch durch sein Orgelspiel leistete er einen Beitrag dafür, daß eine christliche Gemeinde sich zusammenfand. Diese ›feierte‹ ihre Identität nicht nur im Wort-Gottesdienst, sondern ebenso in den Liedern, die Bach auf der Orgel begleitete, in den Orgelvorspielen usw.

Geistliche Musik – weltliche Musik

Nur insoweit der Hörer gleichbleibende musikalische Normen erkennt, kann eine geistliche Komposition als Identifikationsangebot wirksam werden. Verlöre das Genus der evangelischen Kirchenmusik jene Merkmale, die es zu einem Typus stempeln, liefe es Gefahr, seiner identifikationsstiftenden Funktion verlustig zu gehen. Die musikalischen Normen sind beispielsweise durch Großformen wie Passion, Kantate, Orgelchoral usw. bestimmt, aber auch durch die besonderen Eigenarten des Stils. Am musikalischen Stil kann der Kirchgänger erkennen, daß er nicht irgendeine Musik in einem Kirchenraum, sondern tatsächlich eine evangelische Kirchenmusik hört.
Auch der Stil ist auf seine Weise sprachfähig. Er vermittelt dem Hörer außermusikali-

sche Gehalte, gibt ihm eine Information über den Geltungsbereich der Komposition. Indem durch den Stil der Musik deren gehaltliches Feld, wie vage auch immer, abgesteckt wird, kann das Musikstück dazu befähigt werden, als Angebot zur Identifikation zu wirken. Realiter vermag die Wirkung allerdings nur dann einzutreten, wenn die Komposition auf einen Hörer trifft, dessen Gedankenwelt mit dem gehaltlichen Umfeld, das der Stil repräsentiert, harmoniert.

Johann Gottfried Walther umriß das gehaltliche Feld des kirchenmusikalischen Stils folgendermaßen: Der »Kirchen-Styl« sei »voller Majestät, ehrbar und ernsthafft, kräfftig die Andacht einzuflössen, und die Seele zu GOtt zu erheben«.[65] Der Stil der geistlichen Musik war zu Bachs Lebzeiten vor allem ein alter, in der Geschichte bewährter, der historisch mit einer zentralen Gattung der Kirchenmusik, der Motette, zusammenhängt.

Dadurch wird deutlich, inwiefern diese Schreibart mit der Sphäre des Geistlichen verknüpft war. Die seit alters her dem Kirchenraum verbundene Geschichte des Stils lastete im Barock so schwer auf der Kompositionsweise, daß sie als Konnotation in die in dieser Schreibart komponierte Musik selbst eingedrungen war. Der »alte Styl« der barocken Kirchenmusik reflektierte sozusagen seine eigene Geschichte. In ihm spiegelte sich eine weit zurückreichende Tradition musikalischer Darbietungssituationen, die im Prinzip schon immer im Dienst der Kirche gestanden hatten.

Mit der retrospektiven Haltung, die in der kontrapunktisch-polyphonen Schreibart des »alten Styls« zum Ausdruck kommt, mag es zusammenhängen, daß die geistliche Musik im Barock als Identifikationssymbol zu wirken imstande war. Je stabiler das Symbol nämlich ist, je mehr es sich – über lange Zeit hinweg – bewährt hat, desto leichter bietet es demjenigen einen Halt, der sich mit ihm identifizieren will. Anschauliche Beispiele sind bei Bach manche im älteren Stil komponierten Chöre aus der *h-Moll-Messe* (BWV 232) und die Motetten. Die Sphäre des Geistlichen, die in ihren polyphonen Techniken aufleuchtet, vermag noch heute recht ungebrochen zu wirken.

Es muß jedoch differenziert werden. Der für die Kirchenmusik typische Stil wurde nicht ausschließlich in der geistlichen, sondern auch in der weltlichen Musik genutzt. Schon im Jahre 1687 hatte Andreas Werckmeister bemerkt, zwischen »weltlichen und geistlichen Melodien« sei »kein Unterschied zu finden [...], wie solches die Musici bezeugen müssen«.[66] Auch Bach komponierte verschiedene weltliche Kompositionen im alten Stil. Genannt seien die Fugen des *Wohltemperierten Claviers* (BWV 846–893) oder das *Musikalische Opfer* (BWV 1079). Umgekehrt sind viele geistliche Stücke – Kantaten, Oratorien, Passionen – einem neueren, affektbesetzten Stil zuzuschreiben (vgl. S. 100 ff.).

Wenn der Rat in Leipzig darum von Bach forderte, die von ihm komponierte Kirchenmusik solle nicht »opernhafftig« sein,[67] dann könnten die Ratsherren auch befürchtet haben, die Eindeutigkeit der Musik als religiöses Identifikationsangebot wäre bei einer der Oper angenäherten Kirchenmusik nicht gewährleistet. Tatsächlich wurde vor einer Verweltlichung der geistlichen Musik gewarnt. Es sei zu bedauern, so Werckmeister, »daß es der Satan so weit gebracht hat, wenn eine freudige Music GOtt zu Ehren in der Kirche gemachet wird, daß man saget: es komme zu weltlich!« Werckmeister vertrat eine andere Ansicht. Zwar meinte er, es dürfe »der Mißbrauch den guten Gebrauch nicht aufheben«, doch sei die »freudige Musica« nicht ausschließlich »zur Weltfreude erschaffen«.[68]

Mit der Verflechtung der Stile ging auf gehaltlicher Ebene eine Vermengung der Konnotationen einher.[69] Wo Bach weltliche Kompositionen im »alten Styl« der Kirchenmusik schrieb, hafteten ihnen damals wie heute unweigerlich auch Implikate der geistlichen Musik an, schwer zu beschreiben oder konkret beim Namen zu nennen: ein geistlicher Gehalt. Denn auch im weltlichen Œuvre Bachs kann die alte Stilart ihre Tradition, die geschichtliche Herkunft aus dem Raum der Kirche, kaum verleugnen. Die Weltlichkeit der entsprechenden Instrumentalstücke – als Beispiel sei die *Kunst der Fuge* (BWV 1080) genannt – steht stilistisch im Schatten der geistlichen Musik und gehaltlich in dem der Kirche.

Der eigentliche Wert des Weltlichen erschien, sofern es gut war, im Barock wie ein Reflex Gottes. Daher war es – wenn auch problematisch – immerhin möglich, geistliche Musik wie weltliche zu komponieren. In einem weitgefaßten Sinn wurde auch eine ›regulierte‹ weltliche Musik wie eine geistliche angesehen. Unter diesem Aspekt wird es verständlicher, warum Bach ursprünglich weltliche Werke später zu geistlichen Zwekken umarbeiten konnte. In einer dieser Kompositionen – in der zum Geburtstag des Fürsten Leopold von Köthen geschriebenen Serenata *Der Himmel dacht' auf Anhalts Ruhm und Glück*, aus der später die Kirchenkantate *Erfreut euch, ihr Herzen* (BWV 66) wurde – heißt es:

> LEOPOLD hat himmlische Gedancken;
> GOtt wird von ihm und er von GOtt nie wancken.

Daß Bachs Denken auch in weltlichen Belangen letztlich religiös fundiert war, lassen seine Briefe deutlich erkennen. Zum Beispiel bekundete er Christoph Gottlob Wecker, Mitglied des »Görnerschen Collegium musicum« in Leipzig, am 20. März 1729 seine Freude darüber, »daß Ihnen der liebe Gott einige Spuren zu einem employ zeigen will. Ich wünsche Ihnen darzu ein göttlich Fiat [...].«[70] Für Johann Adolph Scheibe, der ihn fünf Jahre später heftig angreifen sollte, stellte er am 4. April 1731 ein Zeugnis aus, in dem er keinen Zweifel daran ließ, daß der Empfohlene »der jenigen Function worein Gott ihn etwanig ruffen mögte, vorzustehen in gnugsamen Stand« sei.[71] Was seine eigene Tätigkeit betrifft, so schrieb Bach am 28. Oktober 1730 von Leipzig aus dem Jugendfreund Erdmann: »So fügte es Gott, daß zu hiesigem Directore Musices u. Cantore an der Thomas Schule vociret wurde. [...] Hieselbst bin nun nach Gottes Willen annoch beständig.«[72]

Wenn Bach in Weimar und Köthen einen Teil seines Lebens in weltlichen Diensten verbrachte, mochte er sich auch von einem göttlichen Auftrag geleitet wissen. Das Leben an einem weltlichen Hof war immer auch religiös orientiert. Jeder Hof hatte eine Schloßkirche oder -kapelle, und am Weimarer Hof war Bach außer »Cammermusicus« und Konzertmeister auch Hoforganist gewesen. Kunst und Leben unterstanden zuletzt immer dem Einfluß des Glaubens und der Kirche.

Die geistlichen und weltlichen Strömungen im Werk von Johann Sebastian Bach und in seiner Biographie sind heute zu einem zentralen Thema der Bach-Literatur geworden. Allerdings scheint die Fragestellung mehr über *unsere* Zeit und *unser* Verhältnis zu Bach auszusagen, als daß sie dem Barock und Bach selbst voll gerecht würde. Die Frage konnte erst aktuell werden, nachdem die Einheit des Geistlichen und Weltlichen problematisch geworden, zerbrochen war, nachdem die identifikationsstiftende Funktion der geistlichen Musik mit der Bedeutung der Religion überhaupt geschrumpft war.

Dagegen war die Trennung zu Lebzeiten Bachs noch nicht vollzogen. Die Religion hatte eindeutig den Primat über alle Äußerungen des Lebens, Kirche und Staat waren aufs engste miteinander verknüpft. So unterstand die Thomasschule sowohl einer kirchlichen Behörde (Konsistorium) wie auch einer städtischen Gewalt (Stadtrat). Und ohne weiteres wechselte Bach in seinem Beruf zwischen geistlichen und weltlichen Diensten, zwischen Ämtern der Kirche und einer Anstellung am Hof: Nacheinander war er Stadtorganist und höfischer »Cammermusicus«, später Hofkapellmeister und dann Thomaskantor.

Unter der Voraussetzung einer einheitlichen Fundierung weltlicher und geistlicher Lebensorientierung war im Umkreis Bachs jede »zulässige Ergötzung des Gemüths« (Generalbaß-Lehre 1738), gleichgültig ob sie musikalisch oder nicht-musikalisch veranlaßt war, zugleich eine gottgefällige Ergötzung. Um dies zu demonstrieren, seien die eingangs genannten Begriffe »Gottes-Ehre« und »Ergötzung des Gemüths« abschließend näher erläutert.

Am Anfang des Barock hatte Michael Praetorius angemerkt, die Musik sei »zu Gottes Ehren und unserer Herzen seliger Aufmunterung gegeben«.[73] In der *Historischen Beschreibung der edelen Sing- und Kling-Kunst* des Wolfgang Caspar Printz heißt es: »Die Aeusserste und gemeine Ursache der Music [...] ist die Ehre Gottes.« Dort steht auch: »Die Aeussere und Eigene End-Ursach der Music ist die Bewegung des Menschlichen Gemüthes.«[74] Ebenso ordnete Friedrich Erhard Niedt 1700 der *causa finalis*, dem letzten Grund, der Musik beides zu, die Ehre Gottes und die Aufmunterung, Bewegung, wörtlich: die »Recreation des Gemüths« (vgl. S. 51). Die im Barock häufige Koppelung der »Gottes-Ehre« mit der »Gemüths-Ergötzung« läßt erkennen, daß letztere nicht ausschließlich ein weltlicher Begriff war und sich keineswegs auf die weltliche Musik beschränkte. Es war eine »selige Aufmunterung«, eine Aufmunterung zu Gott hin, letztendlich eine geistliche »Gemüths-Ergötzung«.

Gerade auch kirchenmusikalische Werke hatten die »Recreation des Gemüths« zum Ziele. Es handelte sich um eine geistliche »Recreation«, durch die das menschliche Herz in christlicher Absicht erneuert werden sollte. In diesem Sinne dürfte es zu verstehen sein, daß auf der Titelseite zum Erstdruck des 3. Teils der *Clavier-Übung* (Leipzig 1739) zwar die »Gemüths Ergezung« genannt wird, nicht aber das Korrelat hierzu, Gottes Ehre. Der 3. Teil der *Clavier-Übung* enthält »Clavier Sachen, die hauptsächlich vor die Herrn Organisten gehören«, also kirchenmusikalische Werke. Auf dem Titelblatt steht: »Dritter Theil der Clavier Ṽbung bestehend in verschiedenen Vorspielen über die Catechismus- und andere Gesaenge, vor die Orgel: Denen Liebhabern, und besonders denen Kennern von dergleichen Arbeit, zur Gemüths Ergezung verfertiget von Johann Sebastian Bach«.[75] Dieser Teil der *Clavier-Übung* war also vor allem für Fachleute geschrieben, für Organisten und Kenner kirchenmusikalischer Arbeiten. Und für sie war es selbstverständlich, daß die »Gemüths Ergezung« gottgefällig sei. Darum brauchte der korrelative Begriff der »Gottes-Ehre« nicht extra genannt zu werden.

Die Formel »Denen Liebhabern zur Gemüths Ergoezung verfertiget von Johann Sebastian Bach« findet sich auch auf den Titelseiten zu den Erstdrucken des 1., 2. und 4. Teils der *Clavier-Übung*.[76] Doch handelt es sich hier um weltliche Werke, weshalb die Einseitigkeit der Begriffsnennung nicht weiter auffällt. Daß auch bei diesen Stücken, wie generell in der Musik, die »Ergötzung des Gemüths« nicht zu sehr überhand nehme und gar um ihrer selbst willen erfolge, kann aus einer Formulierung der im Umkreis Bachs geschriebenen Generalbaß-Lehre abgeleitet werden. Die »wohlklingende Harmonie« des Generalbasses, heißt es dort, habe (neben der Ehre Gottes) nur eine »*zulässige* Ergötzung des Gemüths« zum Ziele.[77] Zulässig war die Ergötzung, sofern nicht – wie von »Teuffels-Musicanten« – Gottes Ehre in den Schmutz gezogen wurde.

Gegen Ende des Barock (und in der empfindsamen Zeit) brach die Zusammengehörigkeit der Begriffe »Gottes-Ehre« und »Gemüths-Ergötzung« dann auseinander. Infolge einer zunehmenden Säkularisierung verlor die geistliche Zwecksetzung der Musik an Gewicht, wogegen am menschlichen »Gemüth« orientierte Absichten zentral wurden. Zwar war dem Hamburger Musikdirektor Johann Mattheson noch daran gelegen, daß durch den »Wollaut« der Musik »GOttes Ehre und alle Tugenden befördert« würden.[78] Doch nimmt bei ihm das Gottes-Lob als *causa finalis* der Musik kaum mehr eine überragende Bedeutung ein. In seinen Arbeiten steht die Bewegung (Emotion) des Herzens, die Erregung menschlicher Affekte im Mittelpunkt der Überlegungen. Die Herzens-Bewegung ist kaum mehr im Sinne der genannten »Recreation« zu verstehen, nicht als christlich-ethische Erneuerung, die sozusagen das Zentrum des Menschen Gott näher bringe. Nun hat sie ihre Zielsetzung weitgehend in sich selbst. Die affektiven Bezüge der Musik ergötzen den Menschen allein der Ergötzung wegen.

Fünf Jahre nach Bachs Tod formulierte Christoph Nichelmann, der wie Carl Philipp Emanuel Bach in Berlin Cembalist der königlichen Kapelle war, die weltliche Zwecksetzung der Musik unmißverständlich. Der »letzte Endzweck«, schrieb Nichelmann in seinem Buch *Die Melodie nach ihrem Wesen sowohl, als nach ihren Eigenschaften* (1755), sei darauf ausgerichtet, »das Gemüt [...] einzunehmen, die sämtlichen Kräfte desselben beschäftigt zu halten und durch die Reinigung der Leidenschaften und Affekte den innerlichen Wohlstand des Gemüts zu befördern«.[79]

Zum besonderen ZeitVertreib sowie zu Nutzen und Gebrauch

Seit dem ausgehenden Mittelalter ist die Musikgeschichte durch ein zunehmendes Schwinden theologischer Einflußnahme gekennzeichnet, säkulare Interessen wurden vorrangig, quantitativ erkennbar am Zurückgehen geistlicher und an der Zunahme weltlicher Musik. Die Befreiung aus der Gefolgschaft der Kirche, die Zurückstellung des vormals zentralen Zweckes, Musik für den Gottesdienst zu sein, die Verselbständigung der zuvor religiös fundierten »Gemüths-Ergötzung« gegenüber dem korrelativen Begriff der »Gottes-Ehre«, all das waren Voraussetzungen dafür, daß die Musik nach dem Barock zu einer vergleichsweise autonomen Ton-Kunst werden konnte. Die das »Gemüth« bewegende »Ergötzung«, die gehobene Unterhaltung, ist fortan nicht nur ein Signum der Musik im Barock, sondern trifft auch für die autonome Musik späterer Zeiten zu. Indessen war nach dem Barock das »Ergötzen«, die Unterhaltung, nicht mehr letztlich christlicher Natur, sondern säkularisiert. Der Sinn der Musik wurde

IX

Nachricht von den Musikalischen Concerten zu Leipzig.

Die beyden öffentlichen Musikalischen Concerten, oder Zusammenkünffte, so hier wöchentlich gehalten werden, sind noch in beständigen Flor. Eines dirigirt der Hochfürstl. Weissenfelsische Capell-Meister und Musik-Directtor in der Thomas und Nikels-Kirchen allhier, Herr Johann Sebastian Bach, und wird ausser der Messe alle Wochen einmahl, auf dem Zimmermannischen Caffe-Hauß in der Cather-Strasse Freytags Abends von 8 biß 10 Uhr, in der Messe aber die Woche zweymahl, Dienstags und Freytags zu eben der Zeit gehalten. Das andere dirigirt Herr Johann Gottlieb Görner, Musik-Directtor in der Pauliner Kirche, und Organist in der Thomas Kirche. Es wird gleichfals alle Wochen einmahl auf dem Schellhaferischen Saal in der Closter-Gasse, Donnerstags Abends von 8 biß 10, in der Messe aber die Woche zweymahl, nemlich Montags und Donnerstags, um eben diese Zeit gehalten.

Die Glieder, so diese Musikalischen Concerten ausmachen, bestehen mehrentheils aus den allhier Herrn Studirenden, und sind immer gute Musici unter ihnen, so daß öffters, wie bekandt, nach der Zeit berühmte Virtuosen aus ihnen erwachsen. Es ist jedem Musico vergönnet, sich in diesen Musikalischen Concerten öffentlich hören zu lassen, und sind auch mehrentheils solche Zuhörer vorhanden, die den Werth eines geschickten Musici zu beurtheilen wissen.

Anzeige der Leipziger »Collegia Musica« in Lorenz Mizlers *Neu eröffneter Musikalischer Bibliothek*, 1739 allein in ihr selbst gesehen. Kant formulierte es – für die Künste allgemein – in der 1790 erschienenen *Kritik der Urteilskraft*: »Schöne Kunst [...] ist eine Vorstellungsart, die für sich selbst zweckmäßig ist und, obgleich ohne Zweck, dennoch die Kultur der Gemütskräfte zur geselligen Mitteilung befördert.«[80] Die Zwecksetzung der Musik liegt jetzt primär in der Komposition selbst, in ihrer musikalischen Logik, auch im Unterhaltungseffekt für den Hörer.

Die Konzeption autonomer Kunst mündete im 19. Jahrhundert in den *l'art pour l'art*-Standpunkt ein. Dieser schloß nicht aus, daß, wie Karl Wilhelm Ferdinand Solger in seinen *Vorlesungen über Ästhetik* sagte, »das eigentliche Wesen« der Musik »immer das Religiöse« sei.[81] Sofern sich in einer musikalischen Komposition aufgrund der Eigengesetzlichkeit der Tonkunst eine »abgesonderte Welt für sich selbst« konstituierte,[82] die dem irdischen Zweckdenken enthoben war, konnte der Musik die Würde einer ›Kunstreligion‹ zuteil werden. Das Erleben musikalischer Autonomie, »Ergötzen« über das Gehörte und eine säkularisierte Religiosität waren aufeinander bezogen und miteinander verschränkt; deutliche Trennungslinien sind nur schwer auszumachen. Von daher wird leichter verständlich, warum in der Romantik Bachs (Instrumental-) Musik für ›autonom‹ gehalten wurde.[83] Aufgrund der geschichtlichen *Konnotationen* war es nicht völlig aus der Luft gegriffen, der Musik des Thomaskantors die Aura von etwas Religiösem umzulegen, welches funktionalem Denken, dem Denken in Zwekken, sich entzog. Allerdings erfolgte dies unter Mißachtung der geschichtlichen *Tatsachen*. Denn Bach selbst hatte seine Musik überwiegend funktional konzipiert. Er komponierte sie im Hinblick auf außermusikalische Zwecke und Anlässe.

Ansätze zu musikalischer Autonomie

Dennoch lassen sich auch bei Bach selbst versteckte Ansätze zu einer gewissen musikalischen Autonomie erkennen. Im Frühjahr 1729 hatte er die Leitung des in Leipzig ansässigen »Schottischen Collegium Musicum« übernommen. Außer einer Unterbrechung von etwas mehr als zwei Jahren stand Bach dem Studentenorchester bis mindestens 1741, vielleicht bis um 1744 vor. Das Orchester spielte in den Lokalitäten des Leipziger Kaffeehausbesitzers Gottfried Zimmermann: im Sommer mittwochs von 16 bis 18 Uhr in dem vor der Stadt gelegenen Kaffeegarten »vor dem Grimmischen Thore, auf dem Grimmischen Stein-Wege« und im Winter am Freitagabend von 20 bis 22 Uhr im »Zimmermannischen Coffee-Haus«, auch »Örtelisches Haus« genannt, in der Katherinenstraße.[84]

»Die Glieder, so diese Musikalischen Concerten ausmachen«, hieß es, »bestehen mehrentheils aus den allhier Herrn Studirenden, und sind immer gute Musici unter ihnen, so daß öffters, wie bekandt, nach der Zeit berühmte Virtuosen aus ihnen erwachsen. Es ist jedem Musico vergönnet, sich in diesen Musikalischen Concerten öffentlich hören zu lassen, und sind auch mehrentheils solche Zuhörer vorhanden, die den Werth eines geschickten Musici zu beurtheilen wissen.«[85]

Die Mehrzahl des Konzertpublikums urteilte sachverständig und an spieltechnischen Kriterien orientiert, die aufgeführten Werke in gewisser Weise als autonom betrachtend. Schon bei den Konzerten des »Collegium Musicum« scheinen sich die Hörer, Liebhaber und Kenner zugleich, sozusagen in eine »abgesonderte Welt« versetzt zu

haben. Es waren nicht so sehr außermusikalisch-funktionale Zwecke von Interesse, die von der Darbietung ablenkten, sondern vor allem die Geschicklichkeit der Musiker.[86]
Die Veranstaltungen des »Collegium Musicum« sind denn auch ein Beispiel für die frühe Form öffentlicher, nicht mehr in der ›geschlossenen Gesellschaft‹ eines Hofes oder einer Kirche abgehaltener Konzerte. Für die der bürgerlichen Öffentlichkeit dargebotene Kunstmusik gilt, daß sie weniger funktionalen als vor allem autonomen Wesens ist, wobei künstlerische Autonomie eben auch das (gehobene) Unterhaltungsbedürfnis des Publikums einbezog und, wie das Zitat erkennen läßt, musikalische Virtuosität nicht ausschließen muß. Immerhin wird Bachs »Collegium« zusammen mit dem von Johann Gottlieb Görner als ein Vorläufer des Leipziger Gewandhausorchesters angesehen.

Ein Kennzeichen des öffentlichen Konzerts – es setzte sich in Deutschland erst seit dem Barock langsam durch – ist es, daß das Publikum Eintritt zu bezahlen hat. Und das war, wenn Virtuosen gastierten, auch bei den Leipziger »Collegia Musica« der Fall. Belegt ist dies zum Beispiel für ein Sonderkonzert am 29. Mai 1743, bei welchem der »allhier durchreisende berühmte Vocal-Baßist, Mr. Fischer« auftrat und für das, wie es hieß, »die Person bey dem Eintritt einen halben Thaler« zahlte.[87] Bachs Arbeit mit dem Leipziger »Collegium« trug, anders als die traditionsbeladene Kantoratsarbeit, durchaus moderne Züge. Auch wenn es nur eine nebengeordnete Tätigkeit war, die Bach hier verrichtete, so wies sein Wirken mit dem Studentenorchester doch in die Zukunft. Insofern wäre Walther Siegmund-Schultzes Feststellung zu modifizieren, Bach sei »durch Herkommen, Familientradition und Erziehung von vornherein stark auf die Intensivierung der überkommenen Musiktraditionen und ihrer Funktion gelenkt« gewesen, »irgendein Experimentieren« sei für ihn nicht in Frage gekommen, da ihm jeder Ehrgeiz gefehlt habe, »neue Funktionen und Gattungen schaffen zu wollen«.[88]
Das trifft wohl grundsätzlich zu, doch sind auch bei Bach ›fortschrittliche‹ Tendenzen zu bemerken, die mitunter sogar experimentellen Charakter haben.

Eine Neigung zum Experimentieren scheint nämlich schon der jüngere Bach gehegt zu haben. Als Organist in Arnstadt begleitete er den Gemeindegesang so kunstvoll, war die Harmonik so ausgefallen, die Chromatik so verwirrend, daß die Gemeinde kaum danach singen konnte. Bach habe, so heißt es explizit, »viele wunderliche variationes gemachet, viele frembde Thone mit eingemischet, daß die Gemeinde drüber confundiret worden«.[89] Offenkundig hat er die musikalischen Fähigkeiten der Gemeindemitglieder überschätzt und zu sehr auf die künstlerische Gestaltung seines Spiels Wert gelegt, somit, die funktionale Aufgabe der Orgelbegleitung, den Gesang der Gemeinde zu stützen, außer acht lassend, durchaus auch künstlerisch autonom gedacht.

Auch als er im hohen Alter die *Kunst der Fuge* (BWV 1080) komponierte, dachte er eigentlich nicht an die Hörer. Ein Werk, bei dem nicht einmal die Instrumente angegeben sind, scheint in der Tat ohne jeglichen Gedanken an eine Aufführung konzipiert zu sein. Offensichtlich waren für Bach genau definierte Zwecke und Funktionen der Darbietung hier nicht von Interesse, so daß der Komposition Züge einer musikalischen Autonomie anhaften.

So sonderbar es klingt: Gerade im Spätwerk, wo Bach sich veralteter, nicht mehr allgemein gebräuchlicher Stilmittel bediente, scheint an manchen Stellen eine gewisse Öffnung zur Zukunft durch. Kanon- und Fugentechniken ausgiebig nutzende Alterswerke wie das *Musikalische Opfer* (BWV 1079) oder die *Kunst der Fuge* richteten sich, wie noch dargestellt wird (vgl. S. 161 ff.), auch kompositorisch kaum mehr nach den Wünschen eines größeren Publikums. Sie verschlossen sich dem Zeitgeschmack. Bis zu einem gewissen Grad gegen den Hörer geschrieben, repräsentieren diese Werke auch strukturell eine »abgesonderte Welt für sich selbst«, um das Wort der Romantiker Wackenroder und Tieck noch einmal anzuführen.

Es scheint der *Kunst der Fuge* auch der Charakter eines Lehrwerkes anzuhaften. Zumindest wird in der Literatur immer wieder darauf hingewiesen, Bach hätte hier am Ende seines Lebens ein verbindliches ›Sammelwerk‹ erstellen wollen, ein Vermächtnis, sozusagen die Summe seiner Erfahrungen mit der von der Vergessenheit bedrohten Kunst der Fuge und des Kontrapunkts. Zugleich deutet die zum Äußersten getriebene Konzentration der Musik darauf hin, daß es ihm um die Demonstration eines Höchstmaßes an musikalischer Sinnhaltigkeit ging. Bach legte ein Interesse am musikalischen Gefüge, an der kompositorischen Konstruktion zutage, wie es in seiner rigorosen Ausschließlichkeit nur der sich selbst genügenden, also nichtfunktionalen autonomen Musik angemessen ist.

Musikalische Autonomie und die Tendenz zu pädagogisch-kompositorischer Manifestation, eine Tendenz also zum Zweckdienlichen, gehen in der *Kunst der Fuge* eine merkwürdige Mischung ein. Das Beispiel zeigt, daß künstlerische Autonomie und die Orientierung an außermusikalischen Zwecken sich nicht immer strikt ausschließen müssen. In diesem Falle scheint der pädagogische Charakter der Komposition eines Erweises musikalischer Autonomie in der Werkstruktur sogar förderlich gewesen zu sein.

Der weit gespannte Horizont, der Bachs Alterswerk bestimmt, zeigt sich demnach in vierfacher Hinsicht: Eingespannt zwischen außermusikalischen Rücksichten und musikalisch-autonomen Bestrebungen, kompositorisch rückwärtsgewandt, deutet die musikalische Hermetik auf eine Kunst, die in die Zukunft weist. Konservative Haltung und Vorausahnung einer neuen Ästhetik sind in eigentümlicher Weise miteinander verschränkt.[90]

Die Vielgesichtigkeit, die die *Kunst der Fuge* erkennen läßt, deutet darauf hin, daß ein Kunst-Gegenstand von ihm äußerlichen Zwecken relativ unabhängig und doch zugleich durch sie bestimmt sein kann. Ob ein derart komplexes Werk wie das erwähnte zweckfrei oder an Zwecke gebunden erscheint, hängt wohl in der Tat von der Perspektive ab, unter der es betrachtet wird. In pointierten Stellungnahmen reflektiert diese Komposition deshalb oft mehr den Standpunkt des Betrachters, als daß sie selbst sich völlig offenbart. Darüber hinaus scheint die *Kunst der Fuge* ein Indiz dafür zu sein, daß der verabsolutierte Gedanke eines reinen Selbstzweckes, die rigoros angewandte Formel von der Zweckmäßigkeit ohne Zweck, in der konkreten Realität kaum eingeholt werden kann.

Die Absonderung vom Tagesgeschehen der Zeitläufte sowie vom gängigen musikalischen Geschmack und damit eine Abgrenzung gegenüber den ästhetischen Werten und Normen einer breiten Öffentlichkeit war auch für die »Correspondierende Societät der musikalischen Wissenschaften in Deutschland« programmatisch. Lorenz Mizler, ein Freund und Schüler von Bach, hatte sie 1738 in Leipzig gegründet. Bach selbst war seit Juni 1747 – die letzten drei Jahre seines Lebens – ihr Mitglied. Die Gesellschaft kümmerte sich um den in jener Zeit nach ihrer Ansicht ein wenig nachlässig behandelten Wissenschaftscharakter der Musik, um Disziplinen wie Geschichte, Philosophie, Mathematik, Rhetorik und Poesie, sofern sie auf die »musikalischen Wissenschaften«

Bezug hatten. Die Zahl der Mitglieder – diese wurden durch Wahl zugelassen – war auf zwanzig beschränkt. »Blose practische Musikverständige«, so wurde festgelegt, »können deswegen in dieser Societet keinen Platz finden, weil sie nicht im Stande sind, etwas zur Aufnahme und Ausbesserung der Musik beyzutragen.«[91] Für die Gesellschaft komponierte Bach die im strengen Kontrapunkt geschriebenen *Kanonischen Veränderungen über das Weihnachtslied: Vom Himmel hoch, da komm' ich her* (BWV 769) und einen 6stimmigen *Rätselkanon* (BWV 1076). Es waren Stücke, deren traditionelle Techniken, von den Mitgliedern der »Societät« für gut befunden, in der größeren Öffentlichkeit nicht mehr unbedingt goutiert wurden.

Mizlers Gesellschaft, der Musikbegriff, den die Mitglieder propagierten, ist durch einen gewissen Hang zum Esoterischen, zur Askese und Hermetik gekennzeichnet. Darin ist diese Sozietät dem »Verein für musikalische Privataufführungen« ähnlich, den im Jahre 1918 Arnold Schönberg in Wien gründete. Auch bei dessen Zusammenkünften tagte gewissermaßen eine ›geschlossene Gesellschaft‹, zu deren Seancen nur Mitglieder Zutritt hatten. Von einer größeren Öffentlichkeit heftig geschmäht und an den Rand des Musikgeschehens gedrängt, grenzten sich die dort aufgeführten Avantgarde-Komponisten bewußt vom üblichen Konzertbetrieb ab.[92] Indem sie sich ›hinter geschlossenen Türen‹ zusammenfanden, nahmen sie die ihnen zudiktierte Außenseiterrolle an und errichteten in gewisser Weise eine eigene Musikkultur. Ähnlich verhielt es sich mit Mizlers Gesellschaft, deren Mitglied Bach war. Unter dem Schutz der Vereinigung fiel es leichter, der vorherrschenden Ästhetik und Musik sich zu entziehen, ihr zu opponieren. Von hier aus ist es auch zu verstehen, daß Bach gerade Schröter gebeten hatte, Biedermanns Äußerungen über die Berechtigung der Musikpflege zu widerlegen (vgl. S. 47). Schröter war ein Mitglied der Mizlerschen »Societät«; deren Mitglieder ›hielten zusammen‹ wie ein Geheimbund.

Die Emanzipation der Musik von den gemeinhin propagierten Strömungen der Zeit, die zur musikalischen Autonomie neigende Lossagung von Mitteln, welche an den Erwartungen und Wünschen eines größeren Publikums ausgerichtet sind, beides scheint in Mizlers und Schönbergs Vereinigungen eine Rolle gespielt zu haben. Der grundlegende Unterschied zwischen den beiden Gesellschaften besteht jedoch darin, daß die Komponisten um Schönberg (Berg, Webern u. a.) musikalischen Verfahrensweisen und einer Ästhetik das Wort sprachen, für welche der Begriff des Neuen zentral war, wogegen Mizler und die genannten Werke von Bach eher auf althergebrachte Techniken, Formen und Musikanschauungen rekurrierten. Bei Schönberg, Berg und Webern hatte die Tendenz zur Autonomie gegenüber einem breiteren Publikum, dem Durchschnittshörer, mit der als schockierend empfundenen Neuheit der musikalischen Mittel zu tun. Bach und die »Societät« von Mizler ließen autonome Bestrebungen erkennen, indem sie – umgekehrt – einer musikalischen Sprache zuneigten, die außerhalb der musikalisch-wissenschaftlichen Gesellschaft und ihres (geistigen) ›Sympathisanten-Kreises‹ in hohem Maße veraltet, einer zurückliegenden Zeit angehörig erschien.

Theodor W. Adorno interpretierte den autonomen Gestus in der Musik der zweiten Wiener Schule (Schönberg usw.), welcher im Rückzug von dem gesellschaftlich Etablierten, Verhärteten sich zeige, als ein Opponieren gegen ebendiese Gesellschaft. Vorausgesetzt, die Interpretation träfe zu, so können – unter umgekehrten Vorzeichen und mit gewissen Modifikationen – auch die Tendenzen zur musikalischen Autonomie, die sich in Bachs Spätwerk zeigen, als ein Widerspruch gegenüber den musikalischen Strömungen des Tages, ihren Werten und Normen, begriffen werden. Bachs Zurückfallen aus dem von außermusikalischen Funktionen beherrschten ›Musikbetrieb‹ gewissermaßen in die Geschichte, in eine »abgesonderte Welt« der musikalischen Logik, in welcher die Töne weniger zu jemandem als vor allem wie zu sich selbst zu sprechen scheinen, seiner Absage an eine durchschlagende Wirkkraft der Musik, hing sicherlich auch ein Moment des Oppositionellen an (vgl. S. 47). Es wäre dies eine gegen Ende des Lebens mit musiksprachlichen Mitteln zum Ausdruck gebrachte Opposition gewesen gegen den »verderbten«, »neumodischen Geschmack« in der Musik, wie es ein Freund von Bach, der in Leipzig lehrende Magister Johann Abraham Birnbaum, drastisch ausdrückte.[93]

Johann Sebastian Bach, Unterrichtshilfen im *Clavier-Büchlein vor Wilhelm Friedemann Bach*
Autograph

Funktion und Autonomie: Musik für den Unterricht

Eine mit konservativen Mitteln in die Zukunft weisende Autonomie der Musik kennzeichnet Bachs Kompositionen nur gelegentlich, wie wir sahen. Generell gilt für seine Werke, daß sie, wie üblich, für bestimmte Anlässe und Aufgaben geschrieben wurden und diese Aufgaben in den gewählten Gattungen sich spiegeln, für den Gottesdienst (geistliche Vokalmusik, Orgelmusik), die Unterhaltung, die Verehrung angesehener Persönlichkeiten (Huldigungsmusik), für den Unterricht usw.
Um eine Skizze gerade von Bachs Unterrichtstätigkeit zu zeichnen, sei zuerst auf Johann Nikolaus Forkels 1802 in Leipzig erschienenes Buch *Über Johann Sebastian Bachs Leben, Kunst und Kunstwerke* zurückgegriffen.[94] Diese Arbeit des Göttinger Musikgelehrten fußt auf Mitteilungen von Bachs Sohn Carl Philipp Emanuel und bildete immer eine der wichtigsten Bach-Quellen, ungeachtet der Einschränkung, daß immerhin über fünfzig Jahre zwischen Bachs Tod und der Edition dieser Schrift liegen

und das Zeugnis des Sohnes durchaus nicht ohne subjektive Einfärbung und Irrtümer sein konnte.
Über Bachs Unterricht mit seinen Schülern schreibt nun Forkel: »Fand sich aber, daß irgend einem derselben nach einigen Monathen die Geduld ausgehen wollte, so war er so gefällig, kleine, zusammenhängende Stücke vorzuschreiben [...]. Von dieser Art sind die 6 kleinen Präludien für Anfänger, und noch mehr die 15 zweystimmigen Inventionen [...]. Hierauf führte er seine Schüler sogleich an seine eigenen größern Arbeiten.«[95] Der Clavierlehrer Bach stellte seinen Schülern, wie es damals häufig der Fall war, also selbstverfaßte Unterrichtsstücke zur Verfügung. Die Kompositionen waren im Schwierigkeitsgrad progressiv angeordnet; auf die »6 kleinen Präludien für Anfänger« und die »15 zweystimmigen Inventionen« folgten »größere Arbeiten«. Auf die Titelseite des 1723 angelegten Reinschrift-Autographs der *2- und 3stimmigen Inventionen* schrieb Bach denn auch, der Schüler möge, sobald er fähig sei, die *2stimmigen Inventionen* zu spielen, »bey weiteren progreßen« lernen, »mit dreyen obligaten Partien richtig und wohl zu verfahren«. Auf die leichteren *2stimmigen Inventionen* (BWV 772–786) folgten also die schwierigeren *3stimmigen Inventionen* (BWV 787–801).[96]
Die nächste Stufe des Unterrichts mit »größern Arbeiten« benennt in seinem *Lexicon der Tonkünstler* (1790–92) Ernst Ludwig Gerber, dessen Vater Heinrich Nikolaus ein Schüler Bachs war. Ihm legte Bach »in der ersten Stunde [...] seine *Inventiones* vor. Nachdem er diese zu *Bachs* Zufriedenheit durchstudirt hatte, folgten eine Reihe *Suiten* und dann das *temperirte Klavier.*« Der Progreß des Bachschen Clavierunterrichts läßt sich demnach folgendermaßen rekonstruieren: *6 kleine Präludien* für den Anfänger, die 15 *2stimmigen Inventionen*, 15 *3stimmige Inventionen, Clavier-Suiten*, das *Wohltemperierte Clavier*. Da die Berichte aus zweiter Hand stammen, ist die Reihenfolge jedoch nicht unbedingt verbindlich. Sicher ging Bach nicht völlig schematisch vor.
Gerber fährt fort, Bach habe seinem Vater das *Wohltemperierte Clavier* »dreymal durchaus vorgespielt; und mein Vater rechnete die unter seine seligsten Stunden, wo sich *Bach*, unter dem Vorwande, keine Lust zum Informiren zu haben, an eines seiner vortreflichen Instrumente setzte und so diese Stunden in Minuten verwandelte«.[97] Nikolaus Forkel berichtet, um den Schülern »die Schwierigkeiten zu erleichtern, bediente [...] sich [Bach] eines vortrefflichen Mittels, nehmlich: er spielte ihnen das Stück, welches sie einüben sollten, selbst erst im Zusammenhange vor, und sagte dann: So muß es klingen«.[98] Das Vorspielen auf dem Instrument scheint ein integraler Bestandteil von Bachs Clavierunterricht gewesen zu sein. Außerdem ist bei Gerber zu erfahren, daß Bach nicht immer die nötige »Lust« zum Unterweisen hatte – ein Hinweis, der sich mit dem deckt, was man über Bachs Unterrichtstätigkeit an der Leipziger Thomasschule weiß.
Zunächst soll jene Stufe näher in den Blick genommen werden, auf der Bach die *Inventionen* spielen ließ. Daß sie als »Anleitung« hauptsächlich für den lernenden Clavierschüler gedacht waren, hat er selbst bezeugt: Auf die Titelseite des Reinschrift-Autographs schrieb er, die *2- und 3stimmigen Inventionen* seien eine »Auffrichtige Anleitung, Wormit denen Liebhabern des Clavires, besonders aber denen Lehrbegierigen, eine deütliche Art gezeiget wird, [...] reine spielen zu lernen, [...] am allermeisten aber eine cantable Art im Spielen zu erlangen«.[99] Auch Forkel bestätigt, daß die *Inventionen* einem konkreten Zweck entsprangen. Bach habe die *2stimmigen Inventio-*

nen sogar während des Unterrichts niedergeschrieben, wobei der Lehrer »bloß auf das gegenwärtige Bedürfniß des Schülers Rücksicht« genommen habe.[100] Später hat Bach die Zweckgebundenheit der *2stimmigen Inventionen* wohl ein wenig eingeschränkt, denn wieder berichtet Forkel, Bach habe die Stücke »in der Folge [...] in schöne, ausdrucksvolle Kunstwerke umgeschaffen«.[101] Wenn dem so war, muß Bach beabsichtigt haben, den funktionalen Charakter der Kompositionen im Sinne der ästhetischen Autonomie (»schöne Kunstwerke«) umzuändern. Auch in diesem Falle stünden die musikalische Funktion und die Autonomie von Musik in ein und denselben Stücken unmittelbar nebeneinander.

Die konkrete Funktion, der praktische Zweck der *Inventionen* kann, wie noch zu zeigen sein wird, bis in Einzelheiten des musikalischen Gefüges hinein verfolgt werden.[102] Schon die Kürze deutet an, daß sie für nicht allzuweit fortgeschrittene Schüler bestimmt sind: Zwischen den *6 kleinen Präludien* für Anfänger und den *Clavier-Suiten* stehend, ist an einen leichten bis mittleren Schwierigkeitsgrad zu denken. Indessen sollte der Schüler, der die *Inventionen* spielte, nicht nur Clavier lernen, sondern, wie Bach auf der Titelseite vermerkte, »darneben einen starcken Vorschmack von der Composition« erlangen. Das Erlernen des Clavierspiels war mit der Einsicht in Belange des Kompositionsunterrichts verknüpft. Bis zu einem gewissen

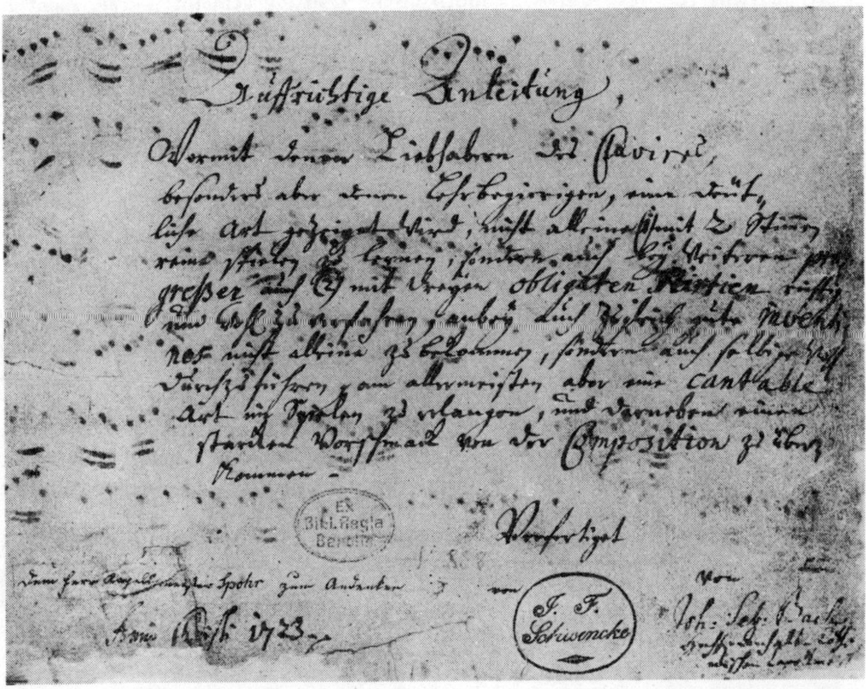
Auffrichtige Anleitung,
Wormit denen Liebhabern des Clavires,
besonders aber denen Lehrbegierigen, eine deütliche Art gezeiget wird, nicht alleine (1) mit 2 Stimmen reine spielen zu lernen, sondern auch bey weiteren progreßen (2) mit dreyen obligaten Partien richtig und wohl zu verfahren, anbey auch zugleich gute inventiones nicht alleine zu bekommen, sondern auch selbige wohl durchzuführen, am allermeisten aber eine cantable Art im Spielen zu erlangen, und darneben einen starcken Vorschmack von der Composition zu überkommen.

Verfertiget von Joh: Seb: Bach. Hochf: Anhalt-Cöthenischen Capellmeister.

Anno Christi 1723.

Dem Herrn Kapellmeister Spohr zum Andenken

Johann Sebastian Bach
Titelseite der 2- und *3stimmigen Inventionen* (BWV 772–801). Autograph

Grad geben die *Inventionen* deshalb zugleich Aufschluß über Bach als Kompositionslehrer. Sie sind – für den Schüler zusammengestellt – auch eine Sammlung von Kompositionsmustern. Der Unterricht auf dem Tasteninstrument und die Unterweisung in der Komposition waren aufeinander abgestimmt. Eine Arbeitsteilung wie heute, die zwischen beiden Fächern trennt, war im Barock noch kaum gegeben. Der spielende und der komponierende Musiker waren einander noch nicht so sehr entfremdet wie später. Belege dafür gibt es in Fülle. Auf Bach bezogene Zeugnisse finden sich zum Beispiel in Johann Abraham Birnbaums Apologie Bachs gegen Angriffe Scheibes (ein »geschickter Meister auf dem Clavier und der Orgel« müsse notwendig »die Regeln der Setzkunst« beherrschen, heißt es dort) und in Scheibes Replik (»Ich weis gar wohl, daß Herr Bach so wohl ein großer Componiste, als ein großer Organiste ist, ja daß er nicht nur im Orgelspielen, sondern auch in der Composition, Unterricht ertheilen kann«).[103] Besonders deutlich kommt der Zusammenhang von Ausbildung am Clavier und in der Komposition in einem Zeugnis zum Ausdruck, das Bach am 18. Mai 1727 seinem Schüler Friedrich Gottlieb Wild ausstellte. Darin schrieb er, Wild habe sich bei ihm »gar speciell in Clavier, General-Bass und denen daraus fließenden Fundamental-Regeln der Composition informiren laßen«.[104]

Die Verbindung von spiel- und kompositionspädagogischen Absichten läßt sich übrigens schon aus dem Begriff »Invention« ableiten. Auf Bachs Stücke bezogen, ist damit heute meistens eine fest umrissene musikalische Gattung gemeint: kurze, nicht zu schwierige, mehr oder weniger polyphon gearbeitete Instrumentalsätze. Das aber ist eine Einengung der von Bach intendierten Bedeutung des lateinischen Wortes *Inventio*. Wie er programmatisch erklärt, kam es ihm darauf an, »Liebhabern« und »Lehrbegierigen« beispielhaft zu zeigen, wie »gute inventiones nicht alleine zu bekommen, sondern auch selbige wohl durchzuführen« wären.[105] Was besagt dies nun in kompositionstechnischer Hinsicht?

In der lateinischen Rhetorik, bei Cicero und Quintilian, und noch in der Poetik des 18. Jahrhunderts bezeichnete *Inventio* (von lat. *invenire* ›finden, erfinden‹) das Aufsuchen eines Themas als Ausgangspunkt einer kunstvollen Ausarbeitung, der *Elaboratio*. Martin Opitz schrieb 1624 in seinem *Buch von der Deutschen Poeterey* »erstlich von der invention oder erfindung« und »nachmals von der zuebereitung vnd ziehr der worte«: »Die erfindung der dinge ist nichts anders als eine sinnreiche faßung aller sachen die wir vns einbilden können [...]. An dieser Erfindung henget stracks die abtheilung, welche bestehet in einer füglichen vnd artigen ordnung der erfundenen sachen.«[106] So auch bei Bach im Musikalischen. Durch seine Kompositionen gab er »Anleitung«, wie ein musikalischer ›Gedanke‹, ein musikalisches ›Thema‹ aufzufinden und dann auszuarbeiten wäre (»gute inventiones nicht alleine zu bekommen, sondern auch selbige wohl durchzuführen«).

Der ›Gedanke‹ der ersten *2stimmigen Invention C-Dur* (BWV 772) lautet folgendermaßen:

Indem Bach diese Erfindung dann in einen größeren Zusammenhang stellte, »führte« er sie »durch«. Die Möglichkeiten zur »Durchführung« sind in der »Erfin-

Johann Sebastian Bach, *2stimmige Invention C-Dur* (BWV 772). Autograph. Bach füllte die Terzsprünge nachträglich mit Triolen aus

dung« aber schon mitbedacht; die Invention strahlt folglich auf die Elaboration aus und meint das ganze Stück: Zunächst kehrt Bach den ursprünglichen Gedanken – auf eine andere Tonstufe versetzt – um; die Intervalle leiten spiegelbildlich in die entgegengesetzte Richtung. Aus einem aufwärts gerichteten Intervallschritt wird ein fallender, aus einem fallenden ein aufwärts geführter Schritt:

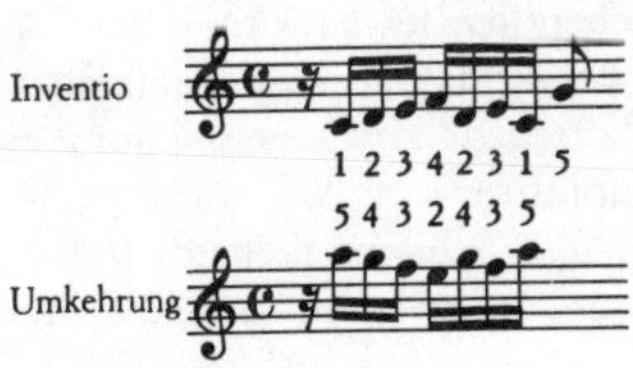

Fortan beherrschen der musikalische Gedanke des Beginns und seine Umkehrung beinahe das ganze Stück. Der Konnex von Thema und Ausarbeitung macht die Geschlossenheit des Stückes aus.

In der Anfang Januar 1738 im *Critischen Musicus* erschienenen Verteidigung Bachs gegen Angriffe Scheibes schrieb der Magister Birnbaum: »Warum rühmt [Scheibe bei Bach] nicht die erstaunende menge seltener und *wohlausgeführter einfälle*; die *durchführungen* eines einzigen satzes durch die thone, mit den angenehmsten veränderungen [...].«[107] 1739 machte er in derselben Zeitschrift auf Bachs »seltene Erfindungen, ordentliche und regelmäßige Ausarbeitungen« aufmerksam.[108] Das Wort ›durchführen‹ wurde im Umkreis Bachs also tatsächlich im Sinne von ›ausarbeiten‹ verwendet. Jedoch bestehen zwischen der Durchführung in der (späteren) Sonate und Bachs Elaboration nur entfernt und sehr abstrakt Bezüge: Beide Male werden aufgefundene ›Gedanken‹ (Themen bzw. thematische Motive) ausgeführt, ausgearbeitet. Die Art und Weise der Ausarbeitung ist (ähnlich wie das thematische Material) von Grund auf verschieden. Für den Unterschied haben sich die Begriffe ›Fortspinnung‹ und ›Ableitung‹ oder ›Entwicklung‹ eingebürgert. – Sofern die Invention (die »Erfindung« als thematisches Motiv) bei Bach satzprägend ist, steht das Wort – wiederum abstrakt – dem Begriff ›Thema‹ nahe, der in der musikalischen Fachsprache später zu einem spezifischen Terminus wurde.

Bachs »Erfindung« am Anfang dieser *C-Dur-Invention* ist aber außerdem gewiß nicht nur immanent-musikalischen, bloß kompositorischen Überlegungen entsprungen. Allem Anschein nach wurde sie vom Tasteninstrument her erfunden und in spieltechnischer Absicht zu Papier gebracht. Es ist, als hätte Bach sie sozusagen in die Hand eines Clavierspielers hinein geschrieben. An ihr kann der Schüler lernen, wie die Finger richtig zu gebrauchen sind. Denn wie bei der Grundgestalt der »Erfindung« nach und nach alle Finger einer Hand auf die Tasten zu liegen kommen, so auch in umgekehrter Reihenfolge bei ihrer intervallischen Umkehr (mit Ausnahme des Daumens, der dabei keine Verwendung findet). Der musikalischen Inversion entspricht spieltechnisch die Umkehrung des Fingersatzes.

Wie hier die Erfindung des Grundgedankens (*Inventio*), dessen kompositorische Durchführung (*Elaboratio*) und die spieltechnische Ausführung, *Executio* genannt, eng aufeinander abgestimmt sind, entspricht ganz den Grundsätzen der *Musica poetica*. Als ihre Gültigkeit schon eingeschränkt war, hat Bachs Freund Johann Gottfried Walther sie noch einmal mit diesen drei Komponenten beschrieben, in den 1708 dem Prinzen Johann Ernst von Weimar überreichten *Praecepta der Musicalischen Composition*: Die *Musica poetica* handle davon, »wie man eine [...] Zusammenstimmung der Klänge erstlich inventiren, und hernach aufsetzen und zu Papier bringen soll, damit selbige hernachmahls kann gesungen oder gespielet werden«.[109]

Ein den *Inventionen* vergleichbares Sammelwerk ist das in Weimar angelegte *Orgel-Büchlein*. Bachs Absicht war, 164 Orgelchoräle in der Ordnung des Kirchenjahres zusammenzutragen; allerdings blieb es bei 46 Stücken (BWV 599–644). Das *Orgel-Büchlein* sollte, außer daß es Zwecken des Kirchendienstes nachkam, dem Anfänger eine »Anleitung« an die Hand geben. Bach wollte damit, laut Titelblatt, »einem anfahenden Organisten Anleitung« geben, »auff allerhand Arth einen Choral durchzuführen, anbey auch sich im Pedal studio zu habilitiren«.[110] Wie auf ihre Weise die *Inventionen* als Exempla für den Unterricht in Länge, Schwierigkeitsgrad, polyphoner Struktur und Stimmenzahl einander ähnlich komponiert sind, sind die Stücke des *Orgel-Büchleins* prinzipiell damit vergleichbar.

Anhand des *Orgel-Büchleins* lernte der angehende Organist das Orgel-, besonders das Pedalspiel, primär jedoch übte er sich darin, einen Choral »durchzuführen«, ihn kompositorisch bzw. improvisatorisch zu bearbeiten. Die doppelte pädagogische Zwecksetzung ist auch hier durch das Spiel am Tasteninstrument (bei dem zu den Händen jetzt die Füße hinzukommen) und durch die Komposition bzw. Improvisation bestimmt. Allerdings ist der Gegenstand der Durchführung in diesem Falle keine Erfindung Bachs, sondern eines anderen; als Invention ist der Choral vorgegeben.[111]

Dagegen war das dritte Unterrichtswerk Bachs, das *Wohltemperierte Clavier*, nicht für den Anfänger gedacht. Mit ihm erreichte der Schüler, wie wir durch Gerber wissen,

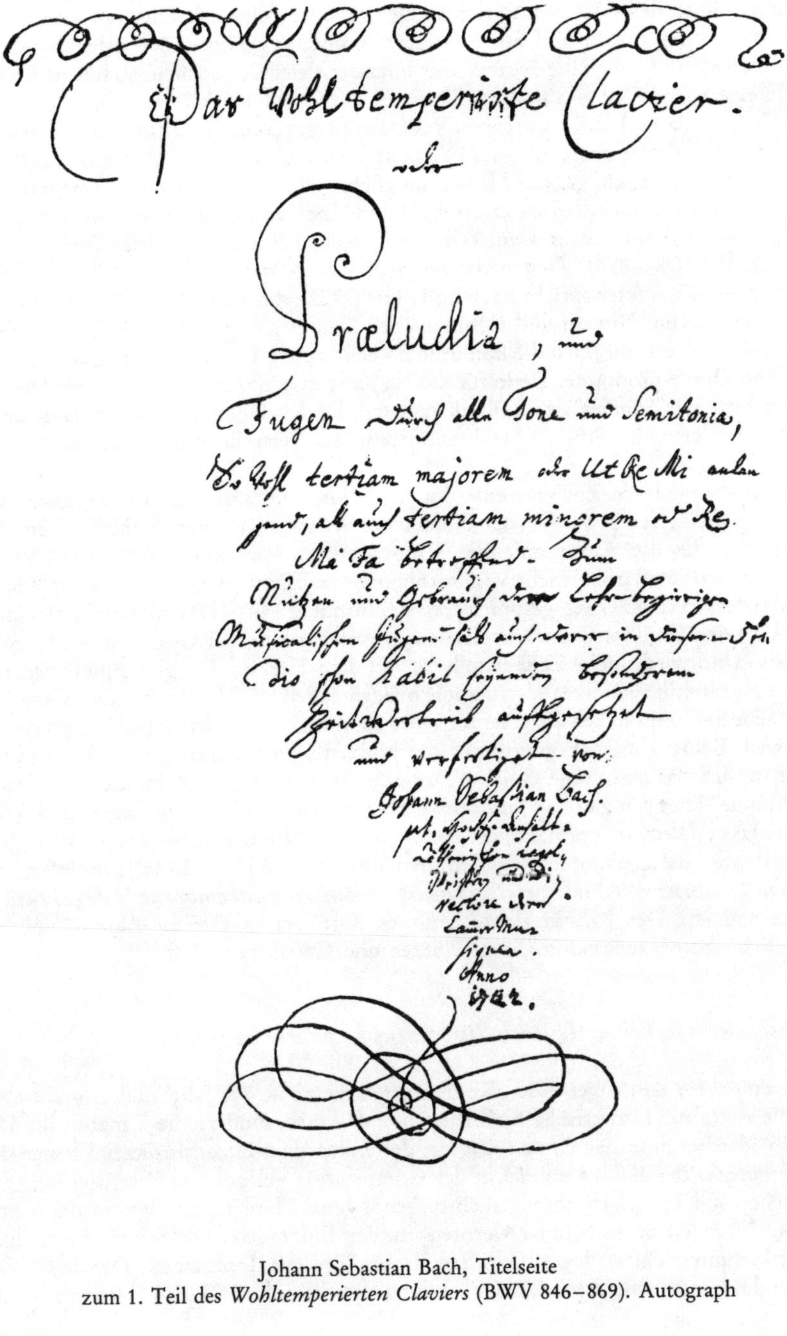
Das Wohltemperirte Clavier.
oder
Præludia, und
Fugen durch alle Tone und Semitonia,
So wohl tertiam majorem oder Ut Re Mi anlan-
gend, als auch tertiam minorem oder Re
Mi Fa betreffend. Zum
Nutzen und Gebrauch der Lehr-begierigen
Musicalischen Jugend, als auch derer in diesem studio
schon habil seyenden besonderem
ZeitVertreib auffgesetzet
und verfertiget von
Johann Sebastian Bach.
p.t. HochFürstl. Anhalt.
Cöthenischen Capel-
Meistern und Di-
rectore derer
Camer Music-
quen.
Anno
1722.

Johann Sebastian Bach, Titelseite
zum 1. Teil des *Wohltemperierten Claviers* (BWV 846–869). Autograph

die letzte Stufe des Clavierunterrichts. Der größere Schwierigkeitsgrad erweist sich schon daran, daß bis zu fünf Stimmen gesetzt sind, gegenüber zwei oder drei in den *Inventionen*. Und haben die *Inventionen* höchstens vier Vorzeichen, so schritt Bach im *Wohltemperierten Clavier* sämtliche Tonarten des Quintenzirkels aus. Dies geschah zu einer Zeit, in der im Instrumentenbau Versuche akut waren, die mitteltönige Stimmung – in ihr sind die entfernteren ♯- und ♭-Tonarten von einer starken Unreinheit getrübt – durch die heute noch gebräuchliche, möglichst ›gleichschwebende Temperatur‹ in akustisch reinen Intervallen zu ersetzen, durch eine »wohltemperierte« Stimmung.
Das Sammelwerk umfaßt, in zwei Teilen, 48 jeweils zusammengehörige Präludien und Fugen (BWV 846–893). Den pädagogischen Zweck des Werkes und damit seinen funktionalen Charakter spricht Bach im 1. Teil (1722) ebenfalls auf der Titelseite an: die Stücke seien »zum Nutzen und Gebrauch der Lehr-begierigen Musicalischen Jugend« verfaßt. Doch verband Bach die konkrete Zwecksetzung auch mit einem gewissen Maß an ästhetischer Autonomie. Denn für die »in diesem studio schon habil seyenden«, die fortgeschrittenen Schüler also bzw. diejenigen, die den Unterricht bereits abgeschlossen haben, seien die Stücke zu »besonderem ZeitVertreib auffgesetzet und verfertiget«.[112]
Mit dem »besonderen ZeitVertreib« dürfte ein vom Alltagsleben abgekoppeltes Vergnügen gemeint sein, wie es ausschließlicher später von einer Ästhetik formuliert wurde, für die die Autonomie der Kunst zentral war. Zeitvertreib und Nutzen schlossen sich im Barock nicht von vornherein aus. Dies ist auch aus Georg Philipp Harsdörffers *Frauenzimmergesprächspielen* (Nürnberg 1641–49) ersichtlich. Harsdörffer erklärt den Sinn der Gesprächspiele – spielerisch-poetischer Gespräche – folgendermaßen: »Und wird solche Zeitvertreibung mit dem Titel der Gesprechspiele benamst, weil selbige in kurtzweiligen als nützlichen Gesprechen [...] beruhen.« Das Gesprächspiel diene der »nutzlichen Belustigung einer einmütigen Gesellschaft«.[113] Zeitvertreib, Kurzweil, Belustigung (»Ergötzung«) und Nutzen waren demselben Gegenstand verhaftet, so daß das autonome ›Spiel‹ hintergründig eine ›nützliche‹ Funktion wahrnehmen konnte. Dies war ganz im Sinne der barocken Poetik, die an den Begriffen *prodesse* (nützen) und *delectare* (ergötzen) der *Ars poetica* von Horaz orientiert war.[114] Zugleich widerstrebten die genannten Kriterien dem Begriff der Gottes-Ehre keineswegs, wie aus dem Titelblatt von Andreas Werckmeisters *Musicae mathematicae hodegus curiosus* zu ersehen ist. Der Musiktraktat, heißt es dort, sei »GOtt zu Ehren« und den Musikliebhabern »zu sonderbahrem Nutzen und Gefallen« verfaßt.[115]

Wechsel der Funktion: Unterhaltungsmusik, politische Musik

Als Exempel für den angehenden Komponisten diente im 18. Jahrhundert – vor allem was die rhythmisch-metrische Sicherheit betraf – insbesondere die Tanzmusik. 1722 schrieb Mattheson in der *Critica Musica*, der ersten deutschen Musikzeitschrift: »Die *Rhythmopoia*, daran doch so viel in der Composition gelegen ist, lässet sich nirgends deutlicher und kräfftiger hören, auch nirgends besser lernen, als eben in der Tantz-Musik.«[116] Auch Bachs Schüler »lernten« an der Tanzmusik. Die Seiten, die er ihnen im Clavierunterricht vorlegte, bestehen ja zum Teil aus Tanzsätzen. Darüber hinaus enthält das *Clavierbüchlein*, das er für seinen ältesten Sohn Wilhelm Friedemann 1720 zu schreiben begonnen hatte, außer Präludien und den 2- und *3stimmigen Inventionen* ebenfalls Suiten und Tanzsätze: Suiten von Telemann und Stölzel sowie Teile aus einer Suite von Johann Christian Richter; zwei Allemanden und drei Menuette hat Friedemann wahrscheinlich selbst komponiert. Die Tatsache, daß er Tanzsätze mit den eindeutig für Unterrichtszwecke gedachten *Inventionen* zusammenspannte, belegt durchaus, daß der ›Tonlehrer‹ Bach sie wirklich als ›Unterrichtsmusik‹ betrachtete und behandelte.[117] Hierdurch änderte er freilich deren ursprüngliche Funktion, wenngleich die Tanzstücke nach wie vor zum Gebrauch bestimmt und damit in gewisser Weise eine ›Gebrauchsmusik‹ blieben.

Erheblich eingeschränkt ist der funktionale Charakter erst dann, wenn ein Tanzsatz, wie es häufig bei stilisierter Tanzmusik der Fall ist, nur noch zum »ZeitVertreib«, um seiner selbst willen, gehört wird. Ist die Tanzmusik keine Musik zum Tanzen mehr und verwendet der Schüler sie nicht als Exempel oder Übungsstück, dann ist ihr Gebrauchscharakter verloren. Lediglich als Vorlage für die Darbietung vor einem Publikum verwendet, erhält solche Musik annähernd autonomen Charakter. Eine derartige weiterführende, sozusagen zweite Änderung der ursprünglichen Funktion tendiert zur Aufhebung des Funktionalen überhaupt. In Anlehnung an Hegel wäre ›Aufhebung‹ folgendermaßen zu verstehen: Mit Mitteln musikalischer Stilisierung und einer primär an der musikalischen Struktur interessierten Rezeptionshaltung ist das ›Aufgehobene‹ – das Tänzerische an der Musik – gewissermaßen auf eine höhere Stufe gebracht und insofern in einer anderen Form auf-bewahrt. Weder geht hierbei der Tanz-Charakter völlig verloren (erste Funktion) noch das Normative der Musik, das sie pädagogischen Zwecken nutzbar machte (zweite Funktion). Infolge der Stilisierung hat sich die musikalische Normierung – sie ließe sich letztlich aus der Bewegung der Tänzer herleiten[118] – in ein vom Tanz losgelöstes Musikalisch-Autonomes befreit. Für die musikalische Autonomisierung ist sozusagen die Norm der Normdurchbrechung gesetzgebend. Auf die Spitze getrieben ist dieser Individuationsprozeß bei Bach in den *3 Partiten für Violine solo* (BWV 1002, 1004, 1006) und in den *6 Suiten für Violoncello solo* (BWV 1007–1012). Der Tanz-Charakter der einzelnen Sätze ist hier oft nicht mehr durchhörbar, gleichwohl bildet er die Folie jedes einzelnen Satzes (vgl. im einzelnen S. 159 ff.).

Allerdings wäre es falsch, Bachs Suiten im Sinne Eduard Hanslicks als eine »reine, absolute Tonkunst« zu verstehen, deren Musikalisch-Schönes »einzig in den Tönen und ihrer künstlerischen Verbindung liegt«.[119] Dagegen spricht schon die Herkunft der Tanzsätze, ihre ursprüngliche Funktion mit der Tendenz von der Musik weg und auf den Tanz hin. Außerdem ist ein Stück wie die *h-Moll-Suite für Flöte, Streicher und Continuo* (BWV 1067) typisch für das Genre der gehobenen Unterhaltungsmusik, wie es an den Höfen gepflegt wurde. Die Hofgesellschaft fand sich in einer geselligen Runde zusammen, um das »Gemüth« an einer vergnüglichen Musik zu »ergötzen« – ein angenehmer, zugleich anspruchsvoller »ZeitVertreib«. Erst nachdem im späteren 18. und im frühen 19. Jahrhundert die weltliche Musik den geschlossenen Kreis der aristokratischen Gesellschaft verließ und in das offenere Milieu des bürgerlichen Konzertsaals wechselte, seit sie den Charakter des Privaten verlor und auch Kunstmusik zu einer öffentlichen Angelegenheit wurde – erst seither und heute hat ein Teil der Musik den Charakter des Leichten, Unterhaltenden abgestreift und ist ›schwer‹ und ›ernst‹ geworden. Bei der Rezeption der sogenannten ›E-Musik‹ steht nicht die Unterhaltungsfunktion im Vordergrund. Hier wird mit Hochachtung vor der zeitlos erscheinenden Größe des Komponisten und in Bewunderung musikalischer Qualität Musik gehört. Bach selbst und seine Zeitgenossen dürften demgegenüber ein gut Teil zumindest der Suiten und Partiten weit weniger ›schwer‹ und ›ernst‹ genommen haben. Auch in dieser Hinsicht erfolgte also eine Änderung der ursprünglichen Intentionen und Funktionen der Musik, jetzt allerdings infolge der geschichtlichen Entwicklung und des daraus resultierenden neuen Kunstverständnisses.

Um ein Bild von der Rezeption höfischer ›Unterhaltungsmusik‹ zu entwerfen, sei, ohne den Blick auf Bach zu beschränken, auf die sogenannte Tafelmusik hingewiesen. Nach Auskunft von Zedlers *Universal-Lexicon* (1744) war sie, sofern kein Trauerfall vorlag, an manchen Fürstenhöfen sehr oft zu hören: »Taffel-Music, diese ist täglich an Fürstlichen Höfen, in so lange keine grosse Trauer einfällt, zu hören, wenn nehmlich die Hof- und Kammer-Musici, Mittags und Abends, in dem nächsten Zimmer bey dem Tafel-Gemach aufwarten, und annehmliche Symphonien und Concerten [...] machen müssen.«[120] In der Vorrede zu Wolfgang Carl Briegels *Musicalischem Tafel-Confect* (1672) steht geschrieben: »Es scheint aller Orten gebräuchlich und üblich zu seyn, bey vorfallenden Tafel-Aufwartungen mit geistlichen oder andern musicalischen Stücken (biss die heiss-hungrigen Mägen erfüllet) den Anfang zu machen. Hernach aber bey Auffsetzung des Confects, wann die Geister durch den edlen Reben-Safft schier ermuntert, solche wiederum mit lustigen, und kurtzweiligen, Sachen zu beschliessen.«[121]

Hauptsächlich bei Festessen, am Geburtstag des Fürsten, an Neujahr, zu Hochzeiten oder wenn hoher Besuch gekommen war, warteten die Musikanten auf. Während die Gäste von den leichten Klängen einer Unterhaltungsmusik ›aufgemuntert‹ wurden, tischten die Diener die auserlesensten Speisen auf. So sind anläßlich der im frühen 17. Jahrhundert in Stuttgart stattgefundenen Vermählung des Württembergischen Herzogs Johann Friedrich mit der Brandenburgischen Markgräfin Barbara Sophia »von Federwildbret gespeiset worden Urhaanen, Fasanen, Spülhaanen, Schilthaanen, Birckhaanen, Haselhüner, Schneehüner, Schnepffen, Wachteln, Crametvögel, Lerchen [...]. Von anderm Wildbret Hirsch, Räher, Danhirsch, Gembsen, Schwein, Hasen und anders mehr.«[122]

Ob es derart üppig auch an den Höfen in Weimar oder Köthen zuging, als Bach dort angestellt war, bleibe dahingestellt. Aber selbstverständlich erklangen auch dort Tafelmusiken, in Weimar, um ein Beispiel zu nennen, am 29. April 1715 »bey einer Tafel-Music« zu Ehren des Herzogs Friedrich II. die Kantate *Erfreuliche Stunden* mit einem Text des Hofdichters Salomon Franck.[123] Ob Bach es war, der die Musik dazu komponierte, ist allerdings nicht bekannt. (Hübsch in diesem Zusammenhang, daß einer seiner Verwandten, Johann Ernst Bach, der seit 1756 Weimarer Hofkapellmeister war, sich darum kümmerte, daß seine Musiker bei Tafelmusiken eine Flasche Wein erhielten. »Da es sich bisweilen zuträgt«, schrieb Johann Ernst Bach, »daß an den festins Tafel-Music und Ball und alsdann die Arbeit vor die Hofbande ziemlich stark wird, so habe nochmals unterthänigst bitten wollen, bei einem solchen Vorfall die Hofbande mit einer bouteille Wein zu begnadigen. Solche Gnade wird ohne Zweifel sie zu mehrerer Accuratesse und Dienstfertigkeit anfeuern.«[124])

Als der Herzog Christian zu Sachsen-Weißenfels im Februar 1713 seinen Geburtstag feierte, fand ein »Lust Jagen im Jäger Hauße« statt, wie es im Weißenfelser Hof-

Johann Sebastian Bach, Anfang des 11. Satzes der Kantate *Was mir behagt, ist nur die muntre Jagd* (BWV 208). Autograph

Tagebuch heißt. Und »Abends lange Taffel im Jäger Hauße auff dem Saale«, nach dem »Lust Jagen« also ein Festbankett. Auch »Herr Johann Sebastian Bach, HoffOrganist zu Weymar« weilte »auf Serenissimi Hohen Geburthstag zur Aufwarttung«. Er erhielt täglich 16 Groschen »Kostgeld«.[125] Möglicherweise gelangte schon hier Bachs erste überlieferte weltliche Kantate, die *Jagdkantate* (*Was mir behagt, ist nur die muntre Jagd*, BWV 208) zur Aufführung. Auch in Weimar scheint man sie gesungen zu haben; hier zu Ehren von Herzog August von Sachsen-Weimar, dem Mitregenten von Wilhelm Ernst. Jedenfalls ist in der Originalpartitur überall dort, wo der Herzog Christian mit Namen angesprochen wird, sein Name durch »Ernst August« ersetzt.[126]

Auf dem Titelblatt des 1716 in Jena gedruckten Textes der *Jagdkantate* steht: »Diana, Endymion, Pan und Pales, Am Hoch-Fürstl. Gebuhrts-Festin Herrn Herrn [sic] Hertzog Christians zu Sachsen-Weissenfels nach gehaltenen Kampff-Jagen im Fürstl. Jäger-Hofe bey einer Tafel-Music aufgeführet.«[127] In thematischer Anknüpfung an das vorausgegangene »Kampff-Jagen« war die Jägerei ein Sujet der Darbietung. In der ersten Arie singt die Jagdgöttin Diana: »Jagen ist die Lust der Götter, Jagen steht dem Helden an!« Musikalisch ist das Jagd-Motiv durch den Einsatz zweier Hörner deutlich gemacht. Darüber hinaus weist der Text Topoi der im Barock beliebten Schäferdichtung auf. Der arkadische Hirtengott Pan und Pales, die Göttin der Schafhirten, treten in Erscheinung. Das Leben und die Landschaft sind zu einer pastoralen Idylle verklärt, ganz so, wie Georg Philipp Harsdörffer in seinem *Poetischen Trichter* (Nürnberg

1647–53) für die literarische »Schäferei« definierte: die Schäferstücke schilderten »ins gemein die Lieblichkeit dess Feldlebens ohne desselben Beschwerniss«.[128]
Figuren der antiken Mythologie und gleichsam die Requisiten der Schäferei beschwören in der *Jagdkantate* eine imaginäre Scheinwelt, die von der konkreten Wirklichkeit weg- und in die überirdische Welt der Götter hineinlenkt. Doch ist damit nur ein Teil des Inhalts der *Jagdkantate* angesprochen. Der andere Teil hatte einen aktuellen Bezug. Endymion und Diana entzünden dem Fürsten, wie es im Text heißt, »ein Freuden Opffer«, Pan legt seinen »Schäfer-stab vor Christians Regierungs-Zepter hin«, und »das gantze land von Vivat schallt«. Indem der Herzog und sein Geburtstag in das »Sing-Spiel« einbezogen wurden, hatte dieses einen auf die konkrete Darbietungssituation zugeschnittenen privaten, persönlichen Charakter. Zugleich jedoch war es von eminent öffentlicher, politischer Bedeutung und Aussagekraft.[129] Denn die Pointe des Stückes liegt darin, daß sogar die Götter vor dem Herzog gleichsam niederknien. Mehr noch: Christian selbst wird zum »Durchlauchten Pan«, der »das Land so glücklich machet, daß Wald, und Feld, und alles lebt und lachet!« In einem imaginären Spiel ist der Herzog sozusagen zum Gott erhoben. Menschliche Machtphantasien mögen ›spielerisch‹ ihren Ausdruck gefunden haben. Wie stark die Wirklichkeit damals tatsächlich idealisiert wurde, ist aus der Dedikation von Matthesons *Vollkommenem Capellmeister* zu ersehen, wo wahrhaftig gefragt wird: »Wenn GOtt nicht GOtt wäre, wer sollte billiger GOtt seyn, als unser Fürst?«[130] Und als 1738 die kurfürstlich-königliche Familie zur Ostermesse nach Leipzig kam, dichtete für eine von Bach komponierte Huldigungsmusik Johann Christoph Gottsched den Text *Willkommen, ihr herrschenden Götter der Erden* (BWV Anh. 13, die Komposition ist verschollen). Keine Frage, daß die barocke Überhöhung der Wirklichkeit sehr weit ging. Herzog Christian hatte sein Land keineswegs glücklich gemacht, eher in den Ruin gewirtschaftet.[131] An der reich gedeckten Tafel ließ sich die Geburtstagsgesellschaft also ein wenig etwas vormachen, unter der schon hohl gewordenen Form herkömmlicher barocker Herrscher-Apotheose in allegorischer Verkleidung.
Die illusorischen Züge des Textes und die Schäferei, beides erinnert, verbunden mit der Musik, an Oper. Tatsächlich scheint sich Bach mit der *Jagdkantate* im Vorfeld der Oper bewegt zu haben. In gewisser Hinsicht liegt ein gesungenes Schau-Spiel vor. Zwar agieren die Personen nicht wirklich auf einer Bühne. Doch ist eine Handlung und Szenerie einschließlich des ›Bühnenbildes‹, das Sichtbare also, in die ›Bilder‹ des Textes ›augenscheinlich‹ eingelassen. Es muß vom Vorstellungsvermögen des Rezipienten nur wachgerufen werden. Wie eine Erzählung oder der Roman als ein um die Dimension des Visuellen gekürztes Schau-Spiel aufgefaßt werden kann, bei welchem das Sichtbare gleichwohl nicht getilgt erscheint, so verhält es sich in mancher Beziehung auch mit einigen Kantaten von Johann Sebastian Bach. Sie scheinen von der frühen Oper keineswegs in dem Maße getrennt gewesen zu sein, wie es heute, nachdem die Geschichte der Oper ihre eigenen Wege gegangen ist, den Anschein hat.

Die Glückwunschkantaten, die Bach zum Beispiel am Köthener Hof schrieb, sind in der Art von *Serenaten* konzipiert. Serenaten waren sozusagen kleine Opern, deren dramatische Handlung recht bescheiden war. Oft handelte es sich nur um Gespräche allegorischer Personen zum Zwecke der Huldigung einer hochgestellten Person (Huldigungsmusik). Eine szenische Darstellung war prinzipiell möglich, jedoch nicht erforderlich. Die Grenzen zwischen der Serenata und der Kantate sind fließend. Bach selbst belegte die wenigsten der heute so genannten Stücke mit dem

Ausdruck »Kantate«. Von dem angedeuteten Problemkreis ausgehend, lohnte sich eine Untersuchung der Frage, warum von ihm keine ›wirklichen‹ Opern vorliegen. Sind hierfür tatsächlich nur Gründe seines Arbeitsfeldes am Weimarer und Köthener Hof verantwortlich zu machen? Oder waren manche weltliche Kantaten, zum Beispiel die *Jagdkantate*, nicht nur szenisch konzipiert, sondern auch so darzubieten? Sollte man heute nicht einmal den Versuch einer szenischen Realisierung wagen? (Zur Theatralisierung der geistlichen Musik bei Bach siehe S. 101 ff.)

Zusammenfassend: Die aus Anlaß der Geburtstagsfeierlichkeiten des Herzogs zu Weißenfels komponierte *Jagdkantate* als ›ernste‹ oder autonome Kunst-Musik bezeichnen zu wollen, unter welcher Rubrik sie heute großenteils geführt wird, wäre zu Bachs Zeit unangemessen, ja absurd erschienen. Sie war nichts weiter als festliche Tischmusik.

Von einem anderen Kunstbegriff als dem des Barock ausgehend, schrieb Immanuel Kant in der *Kritik der Urteilskraft*, Tafelmusik sei »ein wunderliches Ding, welches nur als ein angenehmes Geräusch die Stimmung der Gemüter zur Fröhlichkeit unterhalten soll, und, ohne daß jemand auf die Komposition derselben die mindeste Aufmerksamkeit verwendet, die freie Gesprächigkeit eines Nachbarn mit dem andern begünstigt«.[132] Für Kant war die Tischmusik reine Ausprägung einer »bloß zum Genusse abgezweckten« angenehmen, nicht einer schönen Kunst. Bei den am Hofe abgehaltenen ›Konzertveranstaltungen‹ des Barock schien der Genuß, die Unterhaltungsfunktion der Musik, generell im Vordergrund gestanden zu haben. Tatsächlich handelte es sich um eine Art Unterhaltungsmusik, sozusagen um ›Leichte Musik‹. Man vergleiche hierzu die zeitgenössischen Darstellungen im Bild. Da unterhalten sich die ›Zuhörer‹ ungeniert während des Spiels der Kapellen und Solisten.

Wird heute die barocke Unterhaltungsmusik im Konzertsaal als autonome, dem unmittelbaren Lebenszusammenhang entrissene Kunstmusik gehört, so ist zu bedenken, daß diese Art der Rezeption den ursprünglichen Intentionen des Musikgenres nicht entspricht. Allerdings unterhielt, provokativ formuliert, Bachs ›Leichte Musik‹ auf einem höheren Niveau als die gängige ›U-Musik‹ unserer Tage. Letztere wird mit den Formeln der traditionellen Harmonielehre, deren Idiom gut zweihundert Jahre alt ist, abgefaßt, also in einer längst verbrauchten Tonsprache. Demgegenüber war die Unterhaltungsmusik Bachs durch und durch aktuell. Der Entwicklungsstand des von ihm verwendeten Tonmaterials entsprach den Ansprüchen der damaligen Zeit. Auch insofern war die als Tafelmusik dargebotene *Jagdkantate* Teil einer *gehobenen* Tischunterhaltung.

Ein weiterer Unterschied zwischen dem Barock und der heutigen Zeit besteht darin, daß die beschriebenen Unterhaltungen den oberen Schichten der Gesellschaft vorbehalten blieben. Nur deren Mitglieder konnten sich auch Unterhaltungs-Musiker leisten. Wie hoch das Niveau der Unterhaltung auch offiziell angesetzt wurde, ist daran ersichtlich, daß Bach in Weimar zugleich »Cammermusicus« und Hoforganist war. Die weltliche Unterhaltungsmusik wurde auch von Kirchenmusikern ausgeführt. Im Zeitalter der technischen Medien und öffentlicher Musikberieselung hat demgegenüber die musikalische Unterhaltung ihr Besonderes, die Exklusivität, eingebüßt.

Sofern es sich bei der höfischen Unterhaltungsmusik um eine gruppenspezifische Musik der Aristokraten handelte, konnten diese darin ihre Gruppenidentität finden. Und sofern das Gros der Menschen von der höfischen Festkultur mehr oder weniger ausgeschlossen blieb, demonstrierte die Adelsgesellschaft mit ihrer Musik die Überlegenheit einer gesellschaftlichen Klasse. Es wurde schon darauf hingewiesen, daß in Bachs *Jagdkantate* – wenn auch in eine imaginative und spielerische Form gekleidet – Machtansprüche des Weißenfelser Fürsten formuliert sind. Die ohne Bruch und eher unterschwellig vonstatten gegangene Verknüpfung der Unterhaltung mit politischen Aussagen und Inhalten kann einer – einseitig ausgerichteten – Politisierung des Lebens nur förderlich gewesen sein. Das Beispiel der *Jagdkantate* läßt erkennen, daß die Ziele einer unterhaltenden Musik sich mit jenen einer ›politischen‹ Musik durchaus vereinbaren lassen.

Offensichtlich war Bachs Œuvre nicht das Resultat eines aus dem gesellschaftlichen Leben, den normgebenden Bindungen der Umwelt ausbrechenden Künstler-Genies, wie es zum Beispiel im 19. Jahrhundert (Beethoven!) angenommen wird. Nach barokker Auffassung entsprang die Musik nicht etwa einer übermenschlichen, göttlichen Schöpfungskraft, sondern konkreten Anlässen und Bedürfnissen. Ebenso kam es nicht darauf an, individuelle, einzigartige, dem Wesen nach originäre Werke zu schreiben. Die Musik war in einem viel höheren Maße ›angepaßt‹. Sie wurde vor allem nach den Wünschen der Auftraggeber gestaltet, denjenigen des Hofes, der Kirche, bürgerlicher Kreise. Dem gesellschaftlich-funktionalen Auftrag sich zu entziehen oder ihm gar zu opponieren, konnte sich Bach nur in den seltensten Fällen leisten. Wenn er es tat, wurden ihm Vorhaltungen gemacht, so zum Beispiel in Arnstadt, wo er als Organist den Gesang der Kirchengemeinde durch Einmischung »frembder Thone« in Verwirrung brachte (vgl. S. 78).

Erst seit dem 19. Jahrhundert gibt es die Tendenz, Bachs Musik als Kunstmusik zu hören, bei der der konkrete Anlaß ihrer Entstehung weitgehend unbeachtet bleibt. Je größer – in jeder Hinsicht – der Abstand zu Bachs Zeit wird, desto schwieriger wird es, die ursprünglichen Intentionen seines Werkes nachzuvollziehen. Daß Bach ein Fremder sei, scheint heute notwendig der Fall zu sein. Dies kann auch dadurch nicht geändert werden, daß Musiker mit Perücken und Kostümen aus dem Barock seine Musik gelegentlich in einem von Kerzen erleuchteten Schloßsaal vortragen. Die Fremdheit kommt dadurch erst richtig zum Vorschein. Unter technologisch, gesellschaftlich und ästhetisch anderen Voraussetzungen ist es heute kaum mehr möglich, Bach so zu hören, wie es bei jenem Festbankett auf Schloß Weißenfels der Fall gewesen war. Johann Sebastian Bach ist heute nicht mehr (aber auch nicht weniger) als eine historische Persönlichkeit. Oder gibt es heute noch einen »Landesvater«, der an seinem Geburtstag zum »Durchlauchten Pan« vergöttlicht werden könnte?

Behüte Gott, ihr Kinder! Was soll daraus werden? Das Parodieverfahren

Der auf Zwecke der Darbietung ausgerichtete funktionale Charakter der Musik von Bach ist am Beispiel des Parodieverfahrens ganz klar erkennbar. Mit dem Ausdruck ›Parodie‹ werden in der Musik verschiedene Arten der Bearbeitung und Neugestaltung hauptsächlich vokaler Werke belegt. Die komisch-satirische Umbildung, die heute dem Wort im allgemeinen Sprachgebrauch als Bedeutung zugrunde liegt, spielt dabei die geringste Rolle. Johann Gottfried Walther schrieb 1729 in einem Brief an Heinrich Bokemeyer, Kantor der »Hochfürstl. Land-Schule« in Wolfenbüttel: »Beykommende *Parodie* über die jüngstens übersandte Hochzeits-Cantata kan [...] erleütern, woher es komme, daß mit dem Texte nicht allewege richtig verfahren werden kan? Solcherley ist nun auch die Cantata: *Lobsinget ihr Christen*, als welche ursprünglich einen andern Text gehabt, und um des Gebrauchs willen, nachgehends mit diesem versehen worden.«[133] Ein entscheidendes Kriterium für eine Parodie bei Bach ist es denn auch, daß einem Vokalwerk um des (neuen) Gebrauches willen »nachgehends« ein anderer Text unterlegt wurde. Ein Sonderfall der Parodie liegt vor, wenn ein Instrumentalsatz in ein Vokalwerk übernommen wurde, gleichgültig, ob mit einem Text oder ohne.

Bach bearbeitete ältere Werke sehr häufig und parodierte sie dabei nicht selten. »186 Sätze in geschlossenen Formen (Arien und Chöre) sind als Parodien nachgewiesen, dazu 22 Rezitative und je sieben zu Vokalsätzen umgearbeitete Instrumentalsätze und zu Instrumentalsätzen umgearbeitete Vokalsätze, die einem erweiterten Parodiebegriff unterzuordnen wären. Die Gesamtzahl der überhaupt parodierbaren Sätze in Bachs Kantaten, Messen, Motetten und Oratorien – ohne Rezitative, Choräle und Choralphantasien – beträgt 936. Es ergibt sich also, daß genau 20 % aller erhaltenen Sätze als parodiert nachgewiesen sind.«[134] Bach parodierte weltliche Werke in anderen weltlichen Stücken, machte aus geistlichen ›neue‹ geistliche, oder änderte weltliche Musik in eine geistliche um (doch nie geistliche Musik in weltliche!).

Die am 23. Februar 1725 anläßlich der Geburtstagsfeier des Herzogs Christian von Sachsen-Weißenfels aufgeführte Schäferkantate *Entfliehet, verschwindet* (BWV 249a) parodierte er im *Osteroratorium* (BWV 249), das fünf Wochen später, am 1. April desselben Jahres, zu Gehör gebracht wurde. Ein gutes Jahr darauf, am 25. August 1726, erklang die Komposition, wiederum mit einem anderen Text, als *Die Feier des Genius* (BWV 249b) zum Geburtstag des Grafen Flemming. Dasselbe Werk liegt also in drei ›Fassungen‹ vor. Im *Weihnachtsoratorium* (BWV 248) sind nahezu alle frei gedichteten Arien und Chöre Parodien älterer Kompositionen. Bach verwendete hier (vermutlich) sogar fünf verschiedene Vorlagen, drei weltliche und zwei geistliche: die Kantate *Laßt uns sorgen, laßt uns wachen* (*Herkules auf dem Scheidewege*, BWV 213), eine Glückwunschkantate zum Geburtstag des sächsischen Kurprinzen Friedrich; die Glückwunschkantate *Tönet, ihr Pauken! Erschallet, Trompeten!* (BWV 214), ursprünglich zum Geburtstag der Kurfürstin von Sachsen und Königin von Polen komponiert; die Glückwunschkantate *Preise dein Glücke, gesegnetes Sachsen* (BWV 215) zum Jahrestag der Königswahl Augustus' III.; eine geistliche Kantate (BWV 248a), deren Text nicht erhalten ist; vermutlich die (verschollene) *Markuspassion* (BWV 247). In der *h-Moll-Messe* (BWV 232) finden sich Vorlagen aus mindestens sieben verschiedenen Werken.

Die Schwierigkeit des Parodieverfahrens besteht darin, daß, gegen alle Gewohnheit, zu einer bereits komponierten Musik nachträglich ein Text geschrieben, sozusagen der Musik entlang erfunden werden muß. Die Form des Gedichtes, sein strophischer Bau, Vers-, Satz-, Wort- und Silbengliederung, die sinngemäße Betonung der Worte, all dies soll mit der schon komponierten Musik zusammenstimmen. Gleichermaßen sollte der Inhalt des Textes, seine Aussage und der Affektgehalt, der ›Tonsprache‹ möglichst nahe

Johann Sebastian Bach, Anfang der Geburtstags-Serenade *Durchlauchtster Leopold* (BWV 173a). Autograph. Bach schrieb unter den ersten Text einen zweiten. Damit wurde aus der Serenade durch Parodierung die geistliche Kantate *Erhöhtes Fleisch und Blut* (BWV 173), vgl. die Reinschrift Bachs rechts

Johann Sebastian Bach, Anfang der Kantate *Erhöhtes Fleisch und Blut* (BWV 173)
Autograph

kommen. Ausgelassene, fröhliche Worte konnten selbstverständlich nicht ohne weiteres einer ernsten Melodie unterlegt werden und umgekehrt.

Doch ganz so schwierig, wie es den Anschein hat, ist das Parodieren nicht gewesen. Die ›Synchronisierung‹ des neuen Textes mit der Musik dürfte unter Zuhilfenahme des älteren Textvorwurfes vorgenommen worden sein. Wahrscheinlich dichtete der Textautor am alten Text entlang. Er hatte nicht nur die Noten, sondern vor allem das zuerst verfaßte Gedicht vor Augen. Dieses formte er so um, daß die neuen Worte den alten formal und im Gehalt ungefähr entsprachen. In der autographen Partitur der Serenata *Durchlauchtster Leopold* (BWV 173a) – sie wurde durch Parodierung zur geistlichen Kantate *Erhöhtes Fleisch und Blut* (BWV 173) – schrieb Bach den neuen Text einfach unter den alten. Anschließend zeichnete er die Parodie in einer neuen Partitur auf. Wenn in den Stimmen Korrekturen erforderlich waren, änderte Bach auch die Noten geringfügig. Rezitative – in ihnen überwiegt die Deklamation gegenüber der Musik – komponierte er meistens neu. Außerdem finden sich, durch die neue Textunterlegung bedingt, zusätzliche Takte. Einzeln parodierte Sätze sind manchmal anders besetzt oder in eine neue Tonart transponiert, damit sie in den Gesamtablauf des ›neuen‹ Werkes hineinpassen.

Ein anschauliches Beispiel für eine Neutextierung entlang dem alten Text ist die Alt-Arie *Schlafe, mein Liebster, genieße der Ruh* aus dem *Weihnachtsoratorium*. Sie ist die Parodie einer in der Glückwunschkantate *Herkules auf dem Scheidewege* (BWV 213) enthaltenen Sopran-Arie. Beide Male handelt es sich gewissermaßen um ein Schlaflied, wobei die Texte gehaltlich, formal und in der Wortwahl bis ins Detail aufeinander abgestimmt sind. Die jeweils ersten Zeilen in den beiden Arien sind beinahe miteinander identisch. Im 3. und 4. Vers sind die Reimwörter »Lust« und »Brust« vertauscht:

Herkules auf dem Scheidewege
(Sopran-Arie)

Schlafe, mein Liebster, und pflege *der Ruh,*
Folge der Lockung entbrannter Gedanken!
Schmecke die *Lust*
Der lüsternen *Brust,*
Und erkenne keine Schranken!

Weihnachtsoratorium
(Alt-Arie)

Schlafe, mein Liebster, genieße *der Ruh,*
Wache nach diesem vor aller Gedeihen!
Labe die *Brust,*
Empfinde die *Lust,*
Wo wir unser Herz erfreuen!

Der Satzbau, die Länge der entsprechenden Verse, deren Wort- und Silbenanzahl ist in den beiden Gedichten also auffallend ähnlich. Und auch musikalisch änderte Bach nur wenig: Die Singstimme verläuft vereinzelt geringfügig anders, das Stück ist von B-Dur nach G-Dur transponiert, zu den Streichern treten eine Flöte und vier Oboen-Instrumente hinzu.

Emotionsfelder

Auf den ersten Blick scheint es erstaunlich, daß Bach im *Weihnachtsoratorium*, heute Inbegriff evangelischer Kirchenmusik, für Geburtstage geschriebene Glückwunschkantaten als Parodievorlagen verwendete. So hat der Eingangschor des Oratoriums (*Jauchzet, frohlocket! auf, preiset die Tage*) denjenigen der Geburtstagskantate *Tönet, ihr*

Pauken! Erschallet, Trompeten! (BWV 214) zur Vorlage. Aus einem genuin weltlichen Werk machte Bach ein geistliches. ›Mit Pauken und Trompeten‹ läßt der Textdichter der Geburtstagskantate die Fürstin Maria Josepha dreimal hoch leben:

> Tönet, ihr Pauken! Erschallet, Trompeten!
> Klingende Saiten, erfüllet die Luft!
> Singet itzt Lieder, ihr muntren Poeten!
> Königin lebe! wird fröhlich geruft.
> Königin lebe! dies wünschet der Sachse,
> Königin lebe und blühe und wachse.

In Analogie zu dieser einer Fürstin von dieser Welt dargebrachten Huldigung jauchzen die Sänger im Eingangschor des *Weihnachtsoratoriums* dem »Namen des [göttlichen] Herrschers« zu. Ihn rühmen und verehren sie:

> Jauchzet, frohlocket! auf, preiset die Tage,
> Rühmet, was heute der Höchste getan!
> Lasset das Zagen, verbannet die Klage,
> Stimmet voll Jauchzen und Fröhlichkeit an!
> Dienet dem Höchsten mit herrlichen Chören,
> Laßt uns den Namen des Herrschers verehren.

In den beiden Texten kommt ein ähnliches Emotionsfeld zum Ausdruck. Es ist von Fröhlichkeit, Jauchzen, Frohlocken die Rede. Inhaltlich unterscheiden sich die beiden Gedichte eigentlich nur dadurch, daß die Affekte an zwei verschiedene Adressaten gerichtet sind, deren gemeinsamer Nenner im Wort »Herrscher« offenbar wird.
Auch musikalisch bringen die beiden Sätze vergleichbare Emotionen und Verhaltensweisen zum Ausdruck: Jubel und Verehrung. Daß Bach derartige Bedeutungsfelder[135] in die Musik bewußt einkomponierte, kann wohl nicht bestritten werden. Zum Lob der Fürstin bzw. Gottes werden tatsächlich Pauken geschlagen, erschallen Trompeten, klingen die Saiten und singt man Lieder. Die ersten drei Zeilen des weltlichen Glückwunschgedichtes sind mittels der instrumentalen Besetzung sozusagen ›realistisch‹ zum Klingen gebracht. Dies trifft sowohl für die Kantate zu als auch für deren Parodie im *Weihnachtsoratorium*, wo Pauken und Trompeten im Text nicht genannt sind, so daß von ihnen nur noch musikalisch die ›Rede‹ sein kann.
Auch der Chor trägt beide Male zum Lob bei; die Sänger ahmen den Paukenschlag und das von der Trompete gespielte Signal nach. Es handelt sich um einen für die Pauke typischen Rhythmus mit dem dazugehörigen Quartintervall und, modifiziert, um den gebrochenen D-Dur-Dreiklang der Trompete:

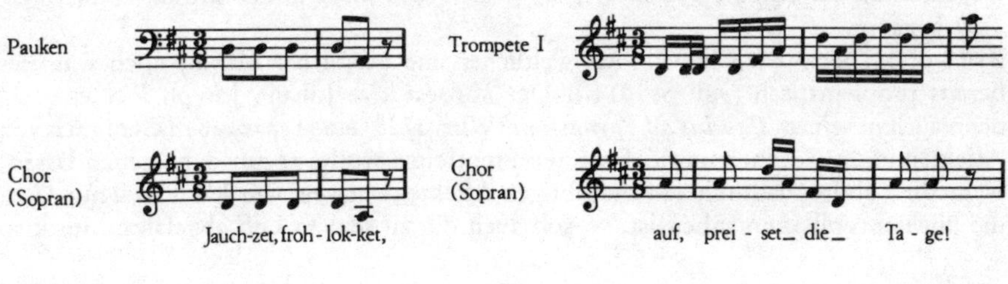

Dabei wußte jedermann, daß es alter Brauch war, zur Ehre eines Herrschers Pauken und Trompeten ins Spiel zu bringen. Noch 1795 heißt es bei dem in Weißenfels geborenen Johann Ernst Altenburg, der bei Bachs Schüler Altnikol Unterricht genossen hatte, »ein großer Herr« bereite »viel Auffsehen, wenn er [...] in prächtiger Livree gekleidete Trompeter und Paukker, mit silbernen Instrumenten auffstellen kann, die bey Galla- und Freudentagen das menschliche Herz durch ihre hinreissende Musik jedes Affects empfänglich machen«.[136]

Daß Bach auch bei geistlicher Musik – in diesem Falle beim Choralspiel – auf die Widerspiegelung der im Text ausgedrückten Affekte tatsächlich Wert legte, bezeugt ein Bewerbungsschreiben des Hallenser Organisten Johann Gotthilf Ziegler: »Was das Choral Spielen betrifft, so bin von meinem annoch lebenden Lehrmeister dem Herren Capellmeister Bach so unterrichtet worden: daß ich die Lieder nicht nur so oben hin, sondern nach dem Affect der Wortte spiele.«[137]

Die Berechtigung zu Bachs Parodie des Chors der Glückwunschkantate im *Weihnachtsoratorium* besteht also darin, daß textlich jeweils ein ähnliches Emotionsfeld vorliegt. Bezüglich des Parodierens weltlicher Musik in geistlicher hatte dies prinzipiell schon ein Zeitgenosse, Gottfried Ephraim Scheibel, erkannt (*Zufällige Gedanken von der Kirchenmusik, wie sie heutigen Tages beschaffen*, Frankfurt/Leipzig 1722): »Ich nehme eine weltliche Composition von einer Cantate, mache eine Parodie von einer geistlichen Materie drauff, und exprimire eben den Affect, den die Composition mit sich bringt, so wird eben dieser affectus sowohl movirt werden, als da er ein weltlich Objectum hatte, wornach er sich richtete, und wird deswegen seine Kraft nicht verlieren.«[138]

In der geistlichen Parodie wird das »weltlich Objectum« aufgrund der jetzt »geistlichen Materie« zu einem geistlichen Objekt. Auf den Eingangschor des *Weihnachtsoratoriums* bezogen: Aus der weltlichen Freude der Geburtstagskantate machte Bach, da die »Materie« (der Stoffgehalt) nun geistlicher Natur ist, eine geistliche Freude. Damit ist grundsätzlich der Zusammenhang zwischen der weltlichen und der geistlichen Musik berührt. Scheibel meinte, »beyde Arten der Musik«, die weltliche und geistliche, hätten es zwar mit verschiedenen Objekten, wohl aber mit denselben Affekten zu tun: »Es bleibt ein Affect, nur dass die Objecta variiren, dass z. E. hier ein geistlicher Schmertz, dort ein weltlicher empfunden wird [...]. Wie ich mich über weltliche Dinge betrübe, so kann ich mich über geistliche betrüben; weil ich mich über diese erfreue, so kann ich mich über jene erfreuen. Der Thon, der mich in einer Opern vergnügt, der kann auch solches in der Kirchen thun, nur dass er ein anderes Objectum hat. Ich weiß nicht, was man darwider will einwenden.«[139] Die Parodierung weltlicher Musik in geistlicher ist der deutlichste Beweis dafür, daß, zumindest bei Bach, der »Thon« beider Werkgruppen und auch ihr Stil nicht von vornherein differieren müssen. Einzig und allein die Gegenstände der Affekte »variiren«, sie jedoch sind nicht in der Musik, sondern im Text benannt.

Zwar praktizierte Bach die Einheit weltlicher und geistlicher Musik, doch war dies bereits problematisch (vgl. S. 101 f.). Der konservative Johann Joseph Fux empfahl denn auch in seinem *Gradus ad Parnassum* (Wien 1725) einen sparsamen Gebrauch von Affekten in der Kirchenmusik. Freudige Emotionen wollte er nur dann gelten lassen, wenn die Zuhörer dadurch zu »andächtigen Affekten« bewegt würden: »Weil nun Gott die höchste Vollkommenheit ist, so soll auch die zu seinem Lob abgefaßte Musik so genau nach den Regeln und so vollkommen, wie es die menschliche Unvollkommenheit zuläßt, eingerichtet sein, und alle Mittel, die der Andacht förderlich sind, enthalten. Und wenn manchmal der Ausdruck des Textes eine gewisse Freude erfordert, muß man sich davor hüten, daß die Musik nicht an Würde, die in der Kirche nötig ist, und an Bescheidenheit und Zierde verliert, wodurch man die Zuhörer zu andern, als andächtigen Affekten verleiten würde.«[140] Scheibel apostrophierte es sogar als eine »allgemeine Meinung«, daß – was die Bewegung (»Motion«) der Affekte betrifft – die kirchliche und weltliche Musik »unterschieden seyn müsten«. »Die besten Musici und Componisten« hätten diese Meinung »bejahet, und geglaubt, die Kirchen-Music müsse doch anders aussehen als die Weltliche«. Er selbst teilte diese Ansicht nicht: »Ich wollt ihnen diese Meinung zugestehen, wenn sie mir wüsten die Diversion von der Freude, Traurigkeit und anderen Affecten zu geben, die sie vielleicht ohne Grund in ihrem Gehirn machen.« Er wünschte sich, daß die Kirchenmusik »lebhafftiger und freyer, c'est à dire, mehr theatralisch wäre«.[141]

Theatralisierung der Kirchenmusik

Erdmann Neumeister, der in Hamburg an St. Jacobi tätige Pastor und Textautor vieler Bach-Kantaten, sah das Vorbild der geistlichen Kantate in der Oper. Im Vorwort zu seinen 1704 erschienenen Kantatendichtungen schrieb er: »Soll ichs kürzlich aussprechen, so sieht eine Kantate nicht anders aus als ein Stück aus einer Oper, zusammengesetzt aus stilo recitativo und Arien.«[142] Folgt man dieser Anschauung und prüft daraufhin Bachs Werk, läßt sich tatsächlich eine Art Theatralisierung der geistlichen Musik in den Kantaten, Oratorien und Passionen erkennen. Nicht selten deutet der Text imaginative Szenen mit verschiedenen Personen und Personengruppen an. Im *Weihnachtsoratorium* treten Engel, Hirten und der König wie redende Personen in Erscheinung. Im Eingangschor verehrt ein »Haufen« von Menschen (daher »Turba-Chor«, von lat. *turba* ›Getümmel‹) den »Höchsten«, ein Stück, das auch szenisch, wie in der Oper, dargestellt werden könnte. Die Besetzung mit Pauken und Trompeten hat etwas so Großartiges, typisch Weltliches an sich, wie es für die Oper des Barock kennzeichnend ist. Es verwundert daher gar nicht, daß *Tönet, ihr Pauken! Erschallet, Trompeten!* – bevor Bach die Kantate im *Weihnachtsoratorium* parodiert hat – vom Leipziger »Collegium Musicum« als *Dramma per musica* aufgeführt worden ist. Dramma per musica ist als Gattungsbezeichnung für die ernste Oper (italienischen Stils) im 17. und 18. Jahrhundert gebräuchlich gewesen.[143]
Weiter schreibt Neumeister im genannten Vorwort: »Ich dürfte fast mutmaßen, dass sich mancher ärgern möchte und denken, wie eine Kirchenmusik und die Oper zusammenstimmten? Etwa wie Licht und Finsternis?«[144] In der Tat, manchem war die Theatralisierung der Kirchenmusik ein Ärgernis. Im Jahre 1732 berichtete der pietistische Pfarrer Christian Gerber in einer *Historie der Kirchen-Ceremonien in Sachsen* über die Aufführung einer Passionsmusik: »Als nun diese theatralische Music angieng, so geriethen alle diese [anwesenden] Personen in die grösste Verwunderung, sahen einander an und sagten: Was soll daraus werden? Eine alte Adeliche Witwe sagte: Behüte Gott, ihr Kinder! Ist es doch, als ob man in einer Opera-Comödie wäre. Alle aber hatten ein hertzliches Missfallen daran und führten gerechte Klage darüber.«[145]

Es gab »auch solche Gemüther, die an solchen eitlem Wesen ein Wohlgefallen haben, zumal wenn ihr Temperament sanguinisch und zur Wollust geneigt ist. Diese defendiren dann die großen Kirchen-Musicen auf das Beste, als sie können, halten andere vor Grillen-Fänger und Melancholische Geister oder Humoristen, grade als ob sie allein alle Weisheit Salomonis besässen. Andere aber nichts verständen.«[146] Auch Bach zählte zu jenen »Gemüthern, die an solchen eitlem Wesen ein Wohlgefallen haben«. Möglicherweise war mancher Hörer selbst seines *Weihnachtsoratoriums* der Auffassung, die Musik tauge eher fürs Opernhaus als für die Kirche. Doch hätte ihn das kaum angefochten. Da er jede ›eigentliche‹ Musik, auch die weltliche, letztlich zur Ehre Gottes komponierte, trennte er im Prinzip nicht zwischen einer weltlichen und einer geistlichen Komponierweise.
Der Thomaskantor scheint sich wahrhaftig nicht immer an die nach seiner Wahl am 5. Mai 1723 unterschriebene Verpflichtung gehalten zu haben, die Kirchenmusik so zu gestalten, daß sie »nicht opernhafftig« erscheine, »sondern die Zuhörer vielmehr zur Andacht aufmuntere«.[147] Der Passus ist ein Indiz dafür, daß eine Theatralisierung der Kirchenmusik nicht unüblich war. Gerade bei Bach, der so viel Wert auf seine Kapellmeister-Tätigkeit legte, konnte sie nicht ausgeschlossen werden. Wenn der Rat in Leipzig nach seinem Tod dann meinte, statt eines Kapellmeisters wolle man nun doch lieber einen (›richtigen‹) Kantor halten, dann könnte dies auch mit einer gewissen theatralisierenden Tendenz in Bachs Kirchenmusik zu tun gehabt haben.

Im Jahre 1921 machte Ferruccio Busoni in einem Aufsatz *Zum Entwurfe einer szenischen Aufführung von J. S. Bachs Matthäuspassion* einen Vorschlag, wie die Passion szenisch darzustellen wäre.[148] Es war ihm, der sich in seinen Werken auch an Bach orientierte, die »theatralische Heftigkeit« der Rezitative aufgefallen. Jedem neuen Ereignis würden, so Busoni, »Erzählung, Handlung, Betrachtung und Moral« folgen. Die Moral vorzutragen, sei dem Chor vorbehalten. Die Betrachtungen würden in den Arien angestellt. Bei einer theatralischen Bearbeitung sollten vor allem diese Arien aus dem Werk gestrichen werden. Ihre Textfassung sei ungenügend, sie würden »die Handlung ungebührlich aufhalten und [...] unterbrechen« (zu Busonis Kritik der Arien siehe auch S. 196 f.). Dies hätte allerdings zur Folge – die Problematik schneidet Busoni hier nicht an –, daß ein wesentlicher Teil von Bachs Musik verlorenginge.
Mit der Entfernung der Arien und damit eines verweilenden, statischen Momentes würden, so Busoni, die zur Schau gestellten Ereignisse sehr schnell vorübereilen. Er schlug deshalb vor, daß sozusagen zwei Bühnen übereinandergesetzt würden, wodurch mehrere Vorgänge zugleich gezeigt werden könnten, damit zweifellos ein Darstellungsprinzip des Theaters der zwanziger Jahre und insbesondere der Piscator-Bühne aufgreifend. Der Mittelpunkt der Geschehnisse sei auf einer im Zentrum des Raums befindlichen Kanzel der Erzähler. Die realiter sich abspielenden Ereignisse wären der oberen Bühne vorbehalten; sie deute eine »öffentliche Straße« an. Rechts und links der Kanzel, die in dem einer gotischen Kathedrale nachempfundenen Raum steht, sitze – ohne zu agieren – der Chor; er stelle gewissermaßen die Gemeinde dar. An anderer Stelle differenzierte Busoni: »Hiebei müßte der Chor, der in die Handlung greift, getrennt sein von dem, der die Choräle betet, auch für das Auge: das Bibelwort und die Gemeinde. Wie stehen Sie dazu?«[149]
Busonis Aufforderung zur Stellungnahme sei, ein wenig provokativ, durch eine rhetorische Frage beantwortet, die Bachs Zeitgenosse Scheibel stellte: »Ich weiß nicht, woher die Opern allein das Privilegium haben, daß sie uns die Thränen auspressen sollen. Warum geht das nicht in der Kirchen an?«[150] Hat man sich erst einmal von dem Gedanken befreit, Bach und das Theater paßten generell nicht zusammen, dann scheint es an der Zeit, eine szenische Realisierung auch geistlicher Oratorien und Passionen zur Diskussion zu stellen. Christi Leidensgeschichte dürfte in

Ferruccio Busoni, Entwurf eines Bühnenbildes für die szenische Aufführung von Bachs *Matthäuspassion*. Zeichnung, 1921

der Verdoppelung durch die Aktion und das Bild eindringlicher wirken, als dies bei einer Darbietung ausschließlich mit Mitteln der Vokalmusik möglich ist. Eine Überschreitung der Grenzen künstlerischer Disziplinen, die Massierung der Mittel und Visualisierung der Musik entspräche der Konzeption des barocken Kunstbegriffs in Grundzügen. Auch wenn Bach selbst seine Werke nicht in Szene setzte, so würde die Inszenierung vielleicht doch zutage bringen, was bei ihm gewissermaßen im Keime und in seiner inneren Vorstellung geblieben ist. Dem ursprünglichen Zweck der geistlichen Musik, Gottes Wort in intensivierter Weise zu ›predigen‹, liefe diese Haltung gegenüber der *Matthäuspassion* nicht zuwider. Im Gegenteil, auch eine szenische Realisierung könnte Luthers Forderung nachkommen, »das heylige Evangelion [...] zu treyben und inn schwanck zu bringen« (vgl. S. 54). Übrigens brachte der Choreograph und Ballettdirektor John Neumeier die *Matthäuspassion* 1981 in Hamburg als Ballett auf die Bühne. Der Ballettkritiker Jochen Schmidt berichet, Neumeier habe »eine maßvoll realistische Erzählweise für die Handlungspartien und eine abstrakte als optische Begleitung für die Arien« gewählt. Indessen sei es schwierig, »in den reflektierenden Partien – während der Arien und Choräle also – Bilder und Abläufe zu finden, die sich einerseits von den realistischen Ansichten der Passionsgeschichte deutlich unterscheiden, andererseits aber von Bachs Musik, die gerade in diesen Passagen ihre stärksten Kräfte entfaltet, nicht erdrückt oder überflutet werden.«[151]

Tänzerische Bewegungsimpulse in der Kirchenmusik

Mit der »Opernhafftigkeit« der barocken Kirchenmusik paßt es gut zusammen, daß geistliche Musik einen tänzerischen Gestus annehmen konnte. In seinem *Vollkommenen Capellmeister* setzte Johann Mattheson des Versuchs halber eine Choralmelodie in verschiedene Tanzrhythmen.[152] Und in der zitierten *Historie der Kirchen-Ceremonien in Sachsen* bemerkte Gerber: »Es klinget offt so gar weltlich und lustig, dass sich solche Music besser auf einem Tantzboden oder in eine Opera schickte, als zum Gottesdienste.«[153]

Tänzerische Bewegungsimpulse sind auch in der geistlichen Musik von Johann Sebastian Bach anzutreffen. So ist beispielsweise der Satz *Sind Blitze, sind Donner* aus der *Matthäuspassion* (BWV 244) in der Art einer fugierten Gigue komponiert. Bach kombinierte hier eine charakteristische Setzweise der geistlichen Musik, die fugenmäßige Kompositionsart, mit einer typisch weltlichen Satzart, dem Stil eines Tanzsatzes. Unweigerlich berühren sich dadurch auch die konnotativen Felder, die den Stilarten anhaften (vgl. S. 73).

Anders verhält es sich in der *Sinfonia*, die den 2. Teil des *Weihnachtsoratoriums* (BWV 248) einleitet. Sie trägt in keiner Weise die sonst typischen Züge einer geistlichen Komposition. Als pastorale Weihnachtsmusik erklingt sie in einer wiegenden Bewegung. Die der Musik immanente Motion könnte durchaus auch körperlich nachempfunden werden. Der Rhythmus ist punktiert, der Takt in 12/8:

Es liegt die Kompositionsweise eines *Siciliano* vor, den Walther als »Sicilianische Canzonetta« zu den »Giquen-Arten« zählte.[154] In Brossards Lexikon aus dem Jahre 1703 gehört der Siciliano zu den »danses gayes«, den fröhlichen Tänzen.[155]

Der Bezug auf tanzartige Bewegungsimpulse in einem (Instrumental-)Satz der geistlichen Musik war nichts Neues. Bach konnte sich hier auf eine gewisse Tradition berufen. Schon 1619 hatte Michael Praetorius angemerkt, in der Kirchenmusik könnten »die allerbesten Paduanen, Galliarden, Mascheraden, Canzonen, Sarabanden, Couranten, Volten vnd dergleichen« durchaus verwendet werden.[156]

Ungefähr hundert Jahre später, zur Zeit Bachs, schrieb der Tanzlehrer Gottfried Taubert in einem Buch vom *Rechtschaffenen Tantzmeister* (1717), das Tanzen sei »eine Würckung der von GOtt in der vernünfftigen Seele erschaffenen Freude«.[157] Wenn Bach im *Weihnachtsoratorium* Rhythmen setzte, die unter anderem an Tanzsätze erinnern, so dürfte dies auf den Affekt der Fröhlichkeit hinweisen, der dem Weihnachtsfest angemessen erscheint. Die im *Weihnachtsoratorium* zum Ausdruck gebrachte geistliche Freude mag – ohne daß Bach sich dessen bewußt zu sein brauchte – auch jenes Tanzen zum Hintergrund gehabt haben, das vor seinen Lebzeiten am Weihnachtstag in der Kirche tatsächlich stattfand, später jedoch nicht mehr üblich schien. In der Stadtchronik von Hof (Vogtland) schrieb 1592 Enoch Widmann, der Rektor des dortigen Gymnasiums: »Am heiligen Christtag zur Vesper, da man nach alter Gewohnheit das Kindlein Jesus wiegete, wie man's nennet, und der Organist das Resonet in laudibus, in dulci jubilo, item Joseph, lieber Joseph mein schluge, auch der Chor darauf sunge und sich solche Gesänge wegen ihrer Proportion etlichermaßen zum Tanze schicketen, da pflegeten die Knaben kleine Mägdlein in der Kirchen aufzuziehen und um den hohen Altar zu tanzen, welches auch wohl alte betagte Knappen täten, den Jungen vortanzeten, sich der fröhlichen, freudenreichen Geburt Christi nach äußerlich grober Weise dadurch zu erinnern.«[158]

An einen Tanzsatz erinnert auch die Melodie des für Sopran und Baß geschriebenen Duetts *Also hat Gott die Welt geliebt* aus der am 2. Pfingsttag zu singenden Kirchenkantate *Erhöhtes Fleisch und Blut* (BWV 173):

Der im ¾-Takt komponierte Satz klingt wie ein Menuett. So ist zum Beispiel im Orchestervorspiel die Rhythmik der Oberstimme im Prinzip ähnlich erfunden wie diejenige in der Melodie des Menuett I aus Bachs *Orchestersuite Nr. 1 C-Dur* (BWV 1066):

Nur auf der 2. Zählzeit des 1. Taktes findet sich rhythmisch eine kleine Abweichung, und im 2. Takt steht die punktierte Note an einer anderen Stelle. Die Takte 3 und 4 sind rhythmisch identisch.

Wie wir wissen, ist die Kantate *Erhöhtes Fleisch und Blut* eine Parodie der für den Fürsten von Anhalt-Köthen geschriebenen Geburtstags-Serenata *Durchlauchtster Leopold* (vgl. S. 96 ff.). In der Serenata-Partitur lautet die Tempobezeichnung für das zum Duett parodierte Stück: »al tempo di minuetto«. Bach war sich also bewußt, daß seine geistliche Kantate einen nach Art eines Tanzsatzes komponierten Teil enthält. Das Duett der Pfingstkantate hatte Bach anfänglich sogar mit derselben Tempobezeichnung überschrieben. Doch strich er sie hier wieder durch, was den einmal festgelegten Menuett-Charakter freilich nicht berührt. Die Menuett-Melodie der Vorlage ist in der geistlichen Parodie deutlich zu hören.

Das Menuett war ein typischer Hoftanz, für festliche Anlässe, wie der Geburtstag des Fürsten Leopold einer war. Doch schwingt im Menuett-Tanz auch etwas von dem mit, was zum Bedeutungsfeld von Freude und Fröhlichkeit gehört, ganz im Sinne einer Auffassung der Zeit, die in der Formulierung des Leipziger Tanzlehrers Taubert so lautet: Das Tanzen ist ein »Kenn-Zeichen der in dem menschlichen Hertzen verborgenen Fröligkeit«.[159] Die frohe Gestimmtheit, die in der Musik der Serenata zum Ausdruck kommt, entspricht auf jeden Fall dem Gehalt des Textes. Der Textautor verwendete kennzeichnende Wörter wie »Freude«, »frohe Sinnen«, »fröhlich«, »lachet«; das Emotionsfeld der Worte stimmt mit dem der Musik überein:

Unter seinem Purpursaum
Ist die Freude
Nach dem Leide,
Jeden schenkt er weiten Raum,
Gnadengaben zu genießen,
Die wie reiche Ströme fließen.

Nach landesväterlicher Art
Er ernähret,
Unfall wehret;
Drum sich nun die Hoffnung paart,
Daß er werde Anhalts Lande
Setzen in beglückten Stande.

Doch wir lassen unsre Pflicht
Froher Sinnen
Itzt nicht rinnen,
Heute, da des Himmels Licht
Seine Knechte fröhlich machet
Und auf seinem Zepter lachet.

In der geistlichen Parodie ist die Freude durch den Text nicht so klar zum Ausdruck gebracht. Nur implizit ist davon die Rede:

So hat Gott die Welt geliebt,
Sein Erbarmen
Hilft uns Armen,
Daß er seinen Sohn uns gibt,
Gnadengaben zu genießen,
Die wie reiche Ströme fließen.

Sein verneuter Gnadenbund
Ist geschäftig
Und wird kräftig
In der Menschen Herz und Mund,
Daß sein Geist zu seiner Ehre
Gläubig zu ihm rufen lehre.

Nun wir lassen unsre Pflicht
Opfer bringen,
Dankend singen,
Da sein offenbartes Licht
Sich zu seinen Kindern neiget
Und sich ihnen kräftig zeiget.

Das parodierte Werk enthält, wie man sieht, das Emotionsfeld der Freude ausschließlicher in der Musik als im Text. Der Mangel expliziten Affektausdruckes in den Worten scheint durch die (zuerst komponierte) Musik behoben. Andererseits hängt die Tatsache, daß Bach in der Pfingstkantate »al tempo di minuetto« durchstrich, vielleicht damit zusammen, daß ihm der Menuett-Hinweis zu konkret erschien. Zwar sollte das Kirchenstück einen fröhlichen Charakter haben, doch nicht expressis verbis wie ein Menuett angesehen werden. Das Menuett war – auch in der Vorstellungswelt nicht-höfischer Kreise – zu sehr mit dem höfischen Festleben und all seiner weltlichen Pracht verknüpft, als daß es in der kirchlichen Musik direkt beim Namen genannt werden konnte. Möglicherweise machte Bach hier Zugeständnisse an jene Puristen, die sich – »Grillen-Fänger und Melancholische Geister«, die sie waren (Gerber) – über die Verweltlichung der geistlichen Musik erregten. Wie auch immer, die Musik dieses Satzes erklingt bis heute »al tempo di minuetto«.

Offene Musik

Indem Bach der höfischen Geburtstagsmusik nachträglich einen Text unterlegte, der sie an Pfingsten zur erneuten Darbietung in der Kirche geeignet machte, ordnete er die einmal geschriebene Musik einer prinzipiell neuen Darbietungs- und Rezeptionssituation zu; die Funktion der Komposition und ihr Zweck wurden damit von Grund auf andere. Daß dieses Verfahren durchaus legitim war, wissen wir. Alessandro Scarlatti, Reinhard Keiser, Johann Joseph Fux, Graupner, Hasse, Telemann, Händel und viele andere Komponisten der Zeit haben es ebenfalls praktiziert.

Die Häufigkeit des Parodierens dürfte damit zusammenhängen, daß im Barock mehr als beispielsweise heute nach neuer Musik verlangt wurde. In der Mehrzahl wurden damals zeitgenössische Werke aufgeführt, gewissermaßen als ›Neue Musik‹. Wäre es anders gewesen, hätte man sich nicht, wie im Falle Bachs, einen Organisten, Kantor oder Hofkapellmeister gehalten, der zugleich auch Komponist war. In der Personalunion von Komponist und ausübendem Musiker in (meist) leitender Funktion scheint Bach jedoch manchmal überfordert gewesen zu sein. Zum Beispiel sollte in Leipzig an jedem Sonn- und Feiertag eine andere Kantate zu Gehör gebracht werden und bei festlichen Anlässen möglichst immer etwas Neues ›auf dem Programm stehen‹. Unter solchen Umständen ist es nur allzu verständlich, daß Bach auch nach Werken griff, die zuvor schon bei einer anderen Gelegenheit erklungen waren und die er nun der neuartigen Darbietungssituation anpaßte.

Falsch wäre die Behauptung, Bachs Œuvre sei – sofern dieselben Kompositionen zu unterschiedlichen Anlässen vorgetragen wurden – unabhängig von bestimmten Darbietungs- und Rezeptionssituationen komponiert, es stünde jenseits konkreter Zwecksetzungen und entbehre damit eines funktionalen Wesens. Das Gegenteil ist der Fall. Betrachtet man, was unerläßlich ist, die Musik zusammen mit dem Text, so liegt die auf außermusikalische Zwecke gerichtete Intention der (Vokal-)Werke klar zutage. Ein absurder Gedanke wäre es, sollte am 2. Pfingsttag statt der Kantate *Erhöhtes Fleisch und Blut* die Geburtstags-Serenata *Durchlauchtster Leopold* in der Kirche dargeboten werden. Die zweifache, gegensätzliche Zweckbestimmung ein und derselben Musik (der ein anderer Text unterlegt ist) läßt erst im richtigen Ausmaß erkennen, wieweit das Denken Bachs tatsächlich von außermusikalischen, funktionalen Überlegungen bestimmt war. Von einer autonomen Kunst kann nicht die Rede sein.[160]

Es kam im Barock öfter vor, daß Komponisten ein von ihnen selbst oder von anderen verfaßtes Musikstück ein zweites Mal in einer abgeänderten Form vorstellten. Besonders die Bearbeitungen und Übertragungen auf andere Instrumente bezeugen dies. So änderte Bach Werke von Vivaldi, Marcello, Telemann und Herzog Johann Ernst von Sachsen-Weimar (BWV 592–597, 972–987, 1065). Ebenso schrieb er Fugen nach Themen von Legrenzi (BWV 574), Corelli (BWV 579) und Albinoni. Auch die zahlreichen Orgelchoräle und Choralbearbeitungen fallen unter diese Kategorie (vgl. S. 136 ff.).

Mit neuen Klangfarben versah Bach seine eigenen Werke, als er das *Doppelkonzert für 2 Violinen d-Moll* (BWV 1043) zum *Konzert für 2 Cembali c-Moll* (BWV 1062) umarbeitete. Aus dem *4. Brandenburgischen Konzert G-Dur für 2 Flöten, Violine und Orchester* (BWV 1049) machte er das *Konzert für Cembalo und Orchester F-Dur* (BWV 1057). Das Präludium der *Partita E-Dur für Violine solo* (BWV 1006) ging als obligate Orgelstimme in die Sinfonia der Trauungskantate *Herr Gott, Beherrscher aller Dinge* (BWV 120a) ein; als Begleitung fügte Bach den Stimmensatz eines Streichorchesters hinzu (wahrscheinlich durch Oboen verstärkt). Diese erste Bearbeitung wiederum erfuhr in der Ratswahlkantate *Wir danken dir Gott* (BWV 29) eine zweite Änderung. Hier schrieb Bach, dem Anlaß der Aufführung entsprechend, eine aufwendigere Besetzung mit zusätzlich drei Trompeten und Pauken vor.

Das Parodieverfahren, die Bearbeitung und Neu-Instrumentierung eigener und fremder Werke lassen erkennen, daß Bach und seine Zeit ein Musikstück nicht für unantastbar hielten. Es war keine unveränderbare Komposition, kein ›abgeschlossenes Werk‹. Der Gedanke eines unangreifbaren Originals, dessen besonderer Wert in der Einmaligkeit und Einzigartigkeit des Kunst-Werkes liege, war Bach und seiner Zeit weitgehend fremd. Sofern von derselben Komposition mehrere Fassungen vorliegen – die nicht im Sinne von Verbesserungen gearbeitet sind, sondern um eines neuen Gebrauches willen – handelt es sich keinesfalls um endgültige, unwiderruflich fertige Produkte. Vielmehr liegt hier eine änderbare, offene Musik vor. Sie war offen für Eingriffe, die durch neue Zwecksetzungen der Darbietung notwendig wurden.

Eine gewisse Unabgeschlossenheit und Offenheit zeigt sich selbst in einem so abgeschlossen-vollendet wirkenden Werk wie der *Kunst der Fuge* (BWV 1080). Obwohl sie kompositorisch sozusagen fertig ist (mit Ausnahme des unvermittelt abbrechenden Schlusses) und schlechterdings ›vollkommen‹, hat Bach, was die Aufführung betrifft, das meiste offengelassen. Jede Konkretisierung des Werkes trägt daher unweigerlich den Charakter einer Bearbeitung. Kompositorisch ist die *Kunst der Fuge* abgeschlossen, hinsichtlich des musikalischen Vortrags jedoch offen.

Ähnlich verhält es sich in diesem Punkte übrigens auch mit den Orgelwerken, bei denen dem Organisten die freie Wahl der Register zugebilligt wird, wie allgemein üblich im Barock. Und daß damals der Interpret seinen Part mit Auszierungen versah und den Generalbaß eigenhändig aussetzte, ist ein weiterer Hinweis auf den Charakter der Offenheit dieser Musik bezüglich ihrer Darbietung. Es äußert sich darin eine alte, aus dem Mittelalter stammende Tradition: Eine Komposition wurde immer auf die besonderen Gegebenheiten ausgerichtet; das Werk war veränderbar, je nach der Besetzung, die gerade zur Verfügung stand. In dieser Hinsicht hebt sich barocke und vorbarocke Musik entschieden von der nachfolgender Epochen ab.

Frembde Thone, unannehmlich, künstlich und verworren

Generalbaß – Akkordsatz – Kontrapunkt

»So zweckmäßig und sicher *Bachs* Lehrart im Spielen war, so war sie es auch in der Composition«, schrieb Forkel 1802.[161] Den Anfang der Unterweisung machte, wie ihm Carl Philipp Emanuel Bach in einem Brief mitteilte, der »reine 4stimmige Generalbaß«. Darauf setzten die Schüler Choräle aus, indem sie zu dem Choral als vorgegebener Oberstimme die anderen Stimmen dazuerfanden. Zuerst war hierbei auch der Verlauf des Basses bekannt, so daß nur die beiden mittleren Stimmen (Alt und Tenor) eingefügt werden mußten. Dann aber sollten die Schüler auch die Bässe selbst setzen. Schließlich folgte die »Lehrart in Fugen«.[162]

Bei dem in drei bzw. vier Stufen angesetzten Lehrgang darf nicht an einen Kompositionsunterricht im modernen Sinne gedacht werden. Bach entwickelte ja die Unterweisung im »Tonsatz« in Verbindung mit dem Unterricht am Tasteninstrument (vgl. S. 82 ff.). Dabei übernahm der Generalbaß eine wichtige Funktion. Er war das Bindeglied zwischen dem Clavierspiel und den »Fundamental-Regeln der Composition«.[163] Denn einerseits zielte er auf die Spiel- und Aufführungspraxis. Dies geht zum Beispiel aus der Generalbaß-Definition im ersten Teil von Niedts *Musicalischer Handleitung* (1700) hervor, die sich (mit unwesentlichen Varianten) auch in der Generalbaß-Lehre aus dem Jahre 1738 mit »Vorschriften und Grundsätzen« Bachs wiederfindet. Dort heißt es: »DEr General-Bass ist das vollkommenste Fundament der Music, welcher auf einem Clavier gespielet wird mit beyden Händen, dergestalt, daß die lincke Hand die vorgeschriebene Noten spielet, die rechte aber Con- und Dissonantien dazu greiffet, damit dieses eine wolklingende Harmoniae gebe [...].«[164] Andererseits war das Generalbaßspiel mit der Kompositionspraxis eng verknüpft. So stellte im Jahre 1728 Johann David Heinichen in einer Schrift mit dem programmatischen Titel *Der Generalbaß in der Composition* die Frage: »Denn woher entspringt [der Generalbaß] anders, als aus der Composition selbst?«[165]

Auch in Bachs Musik bildet gewiß der Generalbaß das eigentliche Fundament und ist die Struktur der Kompositionen im allgemeinen durch die Erfindung am Tasteninstrument geprägt. Man kann sagen, daß es sich dann in gewisser Weise um einen generalbaßmäßigen Claviersatz handelt. Dieser konstituiert sich nicht so sehr durch die Folge von Akkorden, vielmehr sind, vom Baß ausgehend, Intervalle übereinandergeschichtet; ganz in der Weise, die Johann Gottfried Walther in den *Praecepta der Musicalischen Composition* (1708) empfahl: Der »Basso continuo« halte »alle andere Stimmen vollkömmlich in sich«, und es sei die »leichteste Art zu componiren, wenn man über einen Bass als das Fundament die andern Stimmen bauet«.[166] Wie die Intervall-Fortschreitungen der oberen Stimmen verlaufen, hängt davon ab, wie die tiefste Stimme gesetzt ist. Generell gilt, daß zu jedem Ton des Basses die Terz und Quinte hinzugefügt wird; statt der Quinte kann es auch die Sexte sein. Der konsonante Intervallsatz wird durch Dissonanzen belebt. Diese können Durchgangsdissonanzen (*Transitus*) sein oder Wechselnoten auf einer unbetonten Taktzeit oder etwa dissonierende Synkopen (*Syncopatio*).

Welche Intervalle zu greifen sind, ist durch Ziffern angegeben, die der Generalbaßstimme beigefügt sind. Auch in dieser Griffschrift zeigt sich der Zusammenhang einer spiel- und kompositionstechnischen Denkweise. Außerdem ist ein Moment des Improvisatorischen nicht zu übersehen. Denn die Schrift deutet nur das Gerüst und Konzentrat des musikalischen Satzes an, welches der ausübende Musiker mit Leben erfüllen soll. In dem folgenden Notenbeispiel (Triosonate aus dem *Musikalischen Opfer*, BWV 1079, Largo) ist die Continuostimme mit Zahlen versehen, aus denen der Cembalist abliest, wie der von ihm auszuführende Claviersatz prinzipiell aussehen soll:

Im Gegensatz zum Generalbaßsatz werden im akkordischen Satz nicht (relativ) selbständige Intervalle sozusagen vertikal übereinandergeschichtet. Hier sind die Intervalle vielmehr Bestandteil festgefügter, als Einheiten konzipierter Akkorde. Der Akkord-Grundton liegt, wie der Name schon sagt, bei der Akkord-Grundstellung in der tiefsten Stimme, dem Baß. Im Prinzip kommen über ihm ebenfalls Terz und Quinte zu stehen. Wie Bach die akkordische Denk- und Kompositionsweise handhabte, läßt sich am *Präludium C-Dur* (BWV 846) aus dem 1. Teil des *Wohltemperierten Claviers* zeigen. Allerdings werden hier die Akkordtöne und -intervalle nicht zugleich, sondern nacheinander angeschlagen, im Arpeggio:

Das arpeggierende Spiel hinwiederum trägt offensichtlich improvisatorische Züge und findet sich selbstverständlich auch in der Generalbaßpraxis. Im Kapitel »Vom manierlichen Generalbaß« seiner Generalbaß-Lehre zählte Heinichen verschiedene Arten der »Harpeggiaturen« auf. Sie waren von unten nach oben (einfaches Arpeggio) oder von unten nach oben und wieder zurück (doppeltes Arpeggio) und anders zu spielen. »Ein *Harpeggio*«, so Heinichen, »heißet eigentlich dasjenige, wenn man 2- 4- 6- und mehr Stimmen, welche zusammen einen musicalischen Accord ausmachen, nicht auf einmahl, sondern nach einander zergliedert anschläget.«[167]
Der Schritt von den aufgefächerten, gebrochenen Dreiklängen des generalbaßmäßigen Arpeggiando zur Verdichtung zusammengeschobener Intervalle und Töne in den festgefügten Akkorden des Akkordsatzes ist nicht sehr weit. Lehre und Praxis des Generalbasses scheinen dem Zusammengehen der ehemals selbständigen Intervalle in den später einheitlichen Akkordblöcken förderlich gewesen zu sein. Bachs *C-Dur-*

Präludium enthält zweifellos auch etwas von seinen Erfahrungen mit dem Generalbaß. Zum Vergleich seien ihm die Arpeggien im 3. Satz von Beethovens *Klaviersonate* op. 31, Nr. 2 gegenübergestellt. Die Sonate stammt aus einer Zeit, die mit dem Generalbaß kaum mehr etwas im Sinn hatte und die durch das Komponieren im Akkordsatz bestimmt war. Trotzdem sind die Ähnlichkeiten in der Satzstruktur frappierend:

Historisch leitet sich der Generalbaßsatz vom mittelalterlichen Intervallsatz bzw. vom Kontrapunkt her, die beide ebenfalls von der Führung der Einzelstimme her konzipiert sind. Doch spielte der Baß nicht eine vergleichbar gewichtige Rolle. Im *Contrapunctus* des 14. und 15. Jahrhunderts wurde der Note einer Stimme diejenige einer anderen zugemessen (*punctus contra punctum*, Note gegen Note). Die Beimessung von Tönen und Intervallen zu einer Stimme, jetzt dem Baß, galt dann noch immer im Barock. Eine Konzeption des zweistimmigen Satzes, die nicht akkordisch, sondern intervallisch-linear ist und deren Herkunft sich auf den vom kontrapunktischen Denken beherrschten mittelalterlichen Intervallsatz zurückführen ließe, weist im Werk Bachs zum Beispiel die *Invention Nr. 6 E-Dur* (BWV 777) auf:

So führte die Entwicklung der musikalischen Setzweisen vom mittelalterlichen Intervallsatz über den barocken Generalbaßsatz zum akkordischen Satz. Die im Mittelalter und im Barock zu beobachtende Tendenz vertikal gesetzter Intervalle zu Spannung und Entspannung[168] setzte sich in den Akkorden und ihren funktionalen Bezügen fort (zum Beispiel in der Folge Dominantseptakkord – Tonika). Die Funktion der Intervalle ging in Akkordfunktionen auf. Dadurch war ein mit Leben erfülltes Fortschreiten in der musikalischen Zeit gewährleistet. Sofern das Bindeglied zwischen dem mittelalterlichen Komponieren und dem nachbarock-neuzeitlichen Akkordsatz der Satz des Generalbasses ist und dieser bei Bach eine zentrale Stellung innehatte, umfaßte dessen kompositorisches Denken Errungenschaften sowohl des alten Kontrapunktes als auch des neuen Akkordsatzes.

Vor allem die Choralbearbeitungen von Bach enthalten »viele wunderliche variationes« und »frembde Thone«, wie Zeitgenossen in einem etwas anderen Zusammenhang feststellten (vgl. S. 78). Manchmal berührt er eine Tonart nur beiläufig, chromatische Rückungen und enharmonische Verwechslungen lassen die Stücke sogar für einen Hörer von heute kompliziert erscheinen. Immer wieder wird Bach eine gewisse

Kühnheit vor allem bezüglich der chromatischen Setzweise zuerkannt. Häufig resultiert die Chromatik jedoch aus einem Dissonanzgebrauch, der damals von der traditionellen Generalbaßlehre im Prinzip vorgesehen war. Obgleich er manchmal an die Grenzen der Regeln stieß, kam es selten vor, daß Bach offen gegen sie opponierte.[169] Man vergleiche hierzu das folgende Beispiel aus der Choralpartita *O Gott, du frommer Gott* (BWV 767):

Nur wenn Bachs Musik so gehört wird, als sei sie von vornherein akkordisch konzipiert, also in einer Weise, die der Tonkunst erst nach seiner Lebzeit voll angemessen war, erscheint sie so kühn. Dies ist, um ein noch krasseres Beispiel anzuführen, als ob mittelalterliche Musik mit modernen, an der Klassik und Romantik geschulten Ohren gehört würde. Sie wirkt fremdartig, doch in erster Linie deshalb, weil die modale Kompositionsweise (das Komponieren in den Kirchentonarten) völlig anders ist, als es die neuzeitliche Harmonielehre will. Wird hier das Fremde nicht als kühn, sondern als andersartig empfunden, so rechnet man bei Bach Ungewohntes dem Wagemut des Komponisten zu. Dies deshalb, weil uns Bachs Musik historisch doch näher steht, vertrauter ist als die mittelalterliche. Andererseits scheint Kühnheit einem ›großen‹ und ›genialen‹ Komponisten wie Bach gut anzustehen.
Keineswegs soll Bach Kühnheit, ein gewisser Wagemut abgesprochen werden. Doch muß man sich vergegenwärtigen, daß diese Einschätzung unsererseits bis zu einem gewissen Grad aus einem Mißverständnis resultiert, das die Folge einer nicht mehr rückgängig zu machenden Distanz der Gegenwart zum Barock ist. Die Kompositions- und Rezeptionsgeschichte nach Bach legte die moderne Hörweise zu sehr fest, als daß barocke Musik noch so rezipiert werden könnte, wie es ein Zeitgenosse Bachs tat. Die Intervallstruktur des Generalbaßsatzes erscheint auch einem geschulten Hörer heute kaum mehr unmittelbar nachvollziehbar. Er hört den barocken Satz, als wären es Akkorde.

Ostinate Musik

Es ist für Bachs Musik charakteristisch, daß eine musikalische Substanz oft den ganzen Satz über präsent erscheint. Dies kann, wie in der *Sinfonia E-Dur* für Clavier (BWV 792), ein gleichbleibender Rhythmus sein; hier die für den 9/8-Takt typische Achtel-Bewegung in Gruppen zu drei Tönen:

Ebenso kann eine melodische Phrase, ein einziges Thema oder Motiv satzprägend sein. Oft sind ihm in den anderen Stimmen Figuren gegenübergestellt, die im Prinzip ebenfalls gleich bleiben. Im Allegro des *1. Brandenburgischen Konzerts F-Dur* (BWV 1046) liegt das Thema in den Oboen und der Violine I, die Umspielungsfiguren sind den Hörnern zugeteilt:

Nach Auskunft von Walthers *Musicalischem Lexicon* ist *Ostinato* (von lat. *obstinatus* ›hartnäckig‹) »dasjenige, so man einmahl angefangen hat, beständig fortsetzen, und nicht davon ablassen«.[170] Von dieser Definition ausgehend, könnte die Musik seines Freundes Bach eine ostinate Kunst genannt werden. Hierbei wäre das Wort nicht im eingeengten Sinn des musikalischen Fachterminus zu verstehen, der die ›hartnäckige‹ Wiederkehr einer strikt gleichbleibenden musikalischen Phrase bezeichnet.[171] ›Ostinat‹ wäre Bachs Kunst vielmehr insofern, als ein zu Beginn der Komposition gesetzter Gedanke, die musikalische »Invention« (Erfindung), unablässig fort-gesetzt, beständig »durchgeführt« wird (vgl. S. 84 ff.), wie in den beiden zuletzt genannten Stücken. Dabei spielt es keine Rolle, ob die »Erfindung« primär rhythmisch oder melodisch ist.

Die ›ostinaten‹ Stilmittel tragen dazu bei, daß ein Satz kompositorisch in hohen Graden geschlossen wirkt. Ihre Verwendung durch Bach verrät den Willen zu einer planvoll gestalteten Einheit und Stringenz. Ästhetisch kommt mit ihnen ein im Prinzip gleichbleibender Grundaffekt zum Ausdruck, der auch im Hörer eine grundsätzlich einheitliche Affektwirkung zu erzielen imstande ist. Insofern käme dieser Begriff einer ostina-

ten Kunst einem Wort des Bach-Schülers Johann Philipp Kirnberger nahe. In den *Gedanken über die verschiedenen Lehrarten in der Komposition* schrieb er, bei Bach habe »jedes Stück [...] einen zur Einheit geführten bestimmten Karakter«.[172]
Eine Interpretation, die Bach nicht auf dem Boden des barocken Denkens zur Diskussion stellt, sondern – ahistorisch – Kriterien ins Feld führt, die erst nach seinem Tode Bedeutung erlangten, könnte das, was hier als Vorzug bezeichnet wird, nämlich die kompositorische und affektive Einheitlichkeit, als einen Mangel empfinden. Die Homogenität der Bachschen Musik, ihre Geschlossenheit, würde unter einem anderen Blickwinkel als Mangel an Abwechslung erscheinen. Sie könnte als Absenz von Originalität und Individualität, als Fehlen sogar einer gewissen ›Zerrissenheit‹ gedeutet werden – Merkmale, die nach dem Barock beispielsweise in bezug auf den späten Beethoven durchaus positiv gesehen wurden.[173]
Bei einer geistesgeschichtlich-ästhetischen Betrachtungsweise wäre es auch von diesem Standpunkt aus zu verstehen, warum Bach am Ende seines Lebens ›unmodern‹ erschien. Die auf einen einheitlichen »Karakter« zielende Statik eines großen Teiles seiner Musik widersprach der Dynamik und Expressivität der im empfindsamen und galanten Stil geschriebenen Tonkunst. Diese »freye Schreibart«, der unter anderem auch sein Sohn Carl Philipp Emanuel zuneigte, setzte sich seit den dreißiger Jahren des 18. Jahrhunderts durch. Nun kam es nicht mehr auf einen ebenmäßig gestalteten Grundaffekt an. Statt dessen fielen Momente wie Überraschung und Mannigfaltigkeit ins Gewicht und sogar schon Kriterien wie Neuheit und Originalität.[174]

Nach der Scheibe gezielt: Tradition und Modernität

Ein und dasselbe Phänomen kann also recht verschieden beurteilt werden, wenn es von unterschiedlichen Standpunkten aus und wertend betrachtet wird – ein Gemeinplatz, dessen Gültigkeit exemplifiziert sei durch die Kontroverse, die Johann Adolph Scheibe, Herausgeber der Zeitschrift *Der Critische Musicus*, mit dem Freund Bachs, Johann Abraham Birnbaum, Magister und Rhetorik-Dozent in Leipzig, führte. Die Gehässigkeiten in dieser Polemik lassen übrigens vermuten, daß persönliche Animosität mitschwang. Der Streit selbst war jedoch von überpersönlicher, aktueller Brisanz, sein Thema von geschichtlicher Bedeutung. Musikauffassungen der alten und einer neuen Zeit prallten aufeinander. Birnbaum vertrat Ansichten der älteren Generation, der auch Bach angehörte. Ihm gegenüber hatte der aufklärerisch eingestellte Scheibe erkannt, daß die Musik Bachs nicht mehr zeitgemäß war.
Anfänglich wurde der Streit anonym geführt. Weder nannte Scheibe Bach beim Namen, noch gab er sich selbst zu erkennen. Doch mußte man, wie Birnbaum in seiner ersten Erwiderung Anfang Januar 1738 schrieb, »nicht lange nach der Scheibe zielen«, wenn man »das schwartze treffen« wollte.[175] Auch Bach meldete sich nicht selbst zu Wort, er ließ für sich schreiben, wie aus der etwas fadenscheinigen Erklärung des Organisten Christoph Gottlieb Schröter hervorgeht: Da Bach »wegen überhäufter Amtsgeschäfte nicht im Stande war, dem critischen Musico gehörig zu begegnen: so nahm der Herr Magister Birnbaum zu Leipzig sich dieser Sache an«.[176] Schon 1739 hatte Scheibe in einem an den »Herrn critischen Musicus« gerichteten fingierten Brief geschrieben: »Zuvörderst aber können Sie es Sich vor keine geringe Ehre schätzen, daß

Johann Adolph Scheibens,
Königl. Dänis. Capellmeisters,

Critischer
MUSJKUS.

Neue,
vermehrte und verbesserte
Auflage.

Leipzig,
bey Bernhard Christoph Breitkopf, 1745.

62 Des critischen Musikus

„Der Herr - - ist endlich in - - der Vornehmste unter „den Musikanten. Er ist ein außerordentlicher Künstler „auf dem Clavier und auf der Orgel; und er hat zur Zeit „nur einen angetroffen, mit welchem er um den Vorzug strei„ten kann. Ich habe diesen großen Mann unterschiedene„male spielen hören. Man erstaunet bey seiner Fertigkeit, „und man kann kaum begreifen, wie es möglich ist, daß er „seine Finger und seine Füsse so sonderbar und so behend in „einander schrenken, ausdehnen, und damit die weitesten „Sprünge machen kann, ohne einen einzigen falschen Ton „einzumischen, oder durch eine so heftige Bewegung den Kör„per zu verstellen.

„Dieser große Mann würde die Bewunderung ganzer „Nationen seyn, wenn er mehr Annehmlichkeit hätte, und „wenn er nicht seinen Stücken, durch ein schwülstiges und „verworrenes Wesen das Natürliche entzöge, und ihre Schön„heit durch allzugroße Kunst verdunkelte. Weil er nach sei„nen Fingern urtheilet, so sind seine Stücke überaus schwer „zu spielen; denn er verlangt, die Sänger und Instrumenta„listen sollen durch ihre Kehle und Instrumente eben das ma„chen, was er auf dem Claviere spielen kann. Dieses aber „ist unmöglich. Alle Manieren, alle kleine Auszierungen, „und alles, was man unter der Methode zu spielen versteht, „drücket er mit eigentlichen Noten aus, und das entzieht sei„nen Stücken nicht nur die Schönheit der Harmonie, son„dern es machet auch den Gesang durchaus unvernehmlich. „Kurz: er ist in der Musik dasjenige, was ehmals der Herr „von Lohenstein in der Poesie war. Die Schwülstigkeit „hat beyde von dem Natürlichen auf das Künstliche, und „von dem Erhabenen aufs Dunkele geführet; und man be„wundert an beyden die beschwerliche Arbeit und eine aus„nehmende Mühe, die doch vergebens angewandt ist, weil sie „wider die Vernunft streitet.

„Nach-

unser Musikant die Gedichte ei- nes unserer größten Dichter be- schimpfet hat, werden meine Ge- danken nicht wenig bekräftigen.

Der *Critische Musicus* von 1745, in dem Johann Adolph Scheibe seine Bach-Kritik vom 14. Mai 1737 wiederabdruckte. Titelstich von Johann Martin Bernigeroth

ich [vorgeblich also Bach] mich entschlossen, durch einen gewissen gelehrten Mann, welcher mein guter Freund ist, diese Zeilen an Sie auszufertigen. Ich selbst habe mir niemals die Zeit genommen, einen weitläuftigen Brief schreiben zu lernen.«[177]
Worum ging es in der Kontroverse? Die Auseinandersetzung entzündete sich an einem ebenfalls fingierten, unter dem 14. Mai 1737 im *Critischen Musicus* publizierten Brief Scheibes. Nachdem er dort Bach zunächst als einen »ausserordentlichen Künstler auf dem Clavier und auf der Orgel« lobte, hob er zur Kritik an. »Dieser grosse Mann«, so Scheibe, »würde die Bewunderung gantzer Nationen seyn, wenn er mehr Annehmlichkeit hätte [...].«[178] Ein »Mangel der Annehmlichkeit« wurde Bach, wie Birnbaums Replik aus dem Jahre 1739 erkennen läßt, öfter vorgeworfen – allerdings nur von »unmusikalischen« oder »eingebildeten Musikverständigen« bzw. von dem »hellen Haufen der Irrenden«. Birnbaum konkretisierte zugleich, was Scheibe und mit ihm die »Irrenden« unter »Annehmlichkeit« verstanden wissen wollten, nämlich »eine Melodie, ohne Dissonanzen«; dies aber sei ein »falscher Begriff« der »Annehmlichkeit«.[179] »Die wahre annehmlichkeit der Music«, so hatte es Birnbaum schon 1738 in der Replik

festgelegt, »bestehet in der verbindung und abwechselung der consonanzen und dissonanzen ohne verlezung der harmonie.« Der »simpeln und aus lauter consonanzen bestehenden liedergen«, die, so Birnbaum, dem »verderbten«, »neumodischen Geschmack« entsprächen, würde man indessen schnell »überdrüßig«.[180]
Darauf antwortete Scheibe im März desselben Jahres, indem er auf den »neumodischen geschmack« mit einem »altfränkischen Geschmack« antwortete. Scheibe bezweifelte, daß »alle Melodien schlecht und verdrieslich sind, die zu ihren Begleitungen keine oder doch wenig Dissonanzen erfordern«. Dissonanzen seien eine »kostbare Würze«, mit der man sparsam umgehen sollte. Anderenfalls erregten sie einen »nicht geringen Eckel«. Scheibe bestand darauf: Der Mangel an »Annehmlichkeit« in Bachs Musik resultiere aus der »allzuchromatischen und dissonirenden« Setzweise.[181] Dem artifiziellen Gestus einer außer der Zeit geratenen Musik setzte er das Ideal einer neuen Simplizität entgegen. Die Chromatik Bachs, sein Dissonanzgebrauch, wurden nicht als kompositorische Waghalsigkeiten angesehen. Dem »neumodischen« Scheibe waren sie schlicht »unannehmlich«, unangenehm.
Eine solche Einstellung Scheibes hat ihre Entsprechung in seiner Geringschätzung des »Ausgekünstelten« in der Musik, dem gegenüber die Melodie um so »bündiger« und die Harmonie »durchdringender« klingen sollte. In einem zwischen 1728 und 1736 abgefaßten *Compendium Musices* führte er den »Entzweck« der Musik allein auf die »Vergnügung des Gehörs« zurück. Kompositorisch wurde das Vergnügen primär durch »bündigen Gesang« und eine mehr »durchdringende als aus gekünstelte Harmonie« bewirkt.[182]
Was er mit »ausgekünstelter« Musik meinte, deutete Scheibe im März 1738 gegenüber Birnbaum an: »Die Fertigkeit eine Fuge, Doppelfuge und alle andere ausgesuchte, künstliche und schwere Gattungen musicalischer Stücke zu verfertigen, machen noch lange nicht einen grossen Componisten aus.«[183] Im fingierten Brief von 1739 nannte er dann »die vielfachen Contrapuncte, die Canonen, die Circulgesänge und alle übrige künstliche Gattungen« sogar »schwülstig«.[184]
Er monierte an Bach ferner, dessen polyphone Kunstfertigkeiten würden eine »verworrene« Musik hervorbringen, in welcher »die Stimmen ganz wunderbar durcheinander gehen« und keine »Hauptstimme« erkennbar sei, nur ein »undeutliches, unvernehmliches und unbequemes Geräusche«.[185] Dagegen Birnbaum (vorher schon): »Ohne die geringste verwirrung« gingen die Stimmen »mit einander und wiedereinander«, keinesfalls »verdunckele« Bach »die schönheit seiner stücken durch allzugrose kunst«.[186]
Bachs Musik, so Scheibe am 14. Mai 1737, fehle »das Natürliche«, sie streite »wider die Natur«. Dem Komplizierten, Verwickelten, Künstlichen, Schwülstigen, Verworrenen setzte er im *Critischen Musicus* vom 17. November 1739, ohne Bach beim Namen zu nennen, »Ordnung und Natur« entgegen, wie sie sich in einfachen Liedern zeigten: »Es giebt einige grosse Geister, die so gar das Wort: Lied, für schimpflich halten; die, wenn sie von einem musicalischen Stücke reden wollen, das nicht nach ihrer Art schwülstig und verworren gesetzt ist, solches nach ihrer Sprache ein Lied nennen; oder die auch [...] alle andere Stücke, worinnen doch Ordnung und Natur ausgedrücket sind, die sie aber beyde nicht kennen, aus einer großmüthigen Verachtung für einfältige Lieder ausschreyen.«[187] In einem im Januar 1738 an Mattheson gerichteten Brief nahm er den Vorwurf der Künstlichkeit in Bachs Musik auf. Er schrieb, es wären »Bachische Kirchen-Stücke [...] allemahl künstlicher und mühsamer«. Mattheson bestätigte ihm,

»daß von solchen mühsamen Künsteleyen in der Music keinesweges; sondern von dem natürlichen und leichtern melodischen Wesen« der Anfang gemacht werden sollte.[188]
Die Stoßrichtung der Kritik Scheibes dürfte klar sein. Er hatte offensichtlich nur einen begrenzten Teil des Bachschen Werkes vor Augen, als er gegen den Thomaskantor zu Felde zog. Vom Ideal eines einfachen, am Lied orientierten Kompositionsstils ausgehend, zielte er mit negativen Ausdrücken wie »künstlich«, »schwülstig«, »verworren« vor allem auf die kontrapunktische Schreibart, auf den »alten Styl« (vgl. S. 47 und S. 161 ff.) in Bachs Musik. Es könnten polyphone Werke gemeint gewesen sein wie, um Beispiele zu nennen, die Choralkantate *Wie schön leuchtet der Morgenstern* (BWV 1) oder die Schlußfuge der Kantate *Aus der Tiefen, rufe ich, Herr, zu dir* (BWV 131). Aus dem Bereich der Instrumentalmusik wäre an Fugen etwa aus dem 1. Teil des *Wohltemperierten Claviers* zu denken. Bei derart komponierten Werken ist es auch für einen erfahrenen Hörer nicht immer ganz leicht, die einzelnen Stimmen auseinanderzuhalten. Gegenbeispiele sind die in Köthen geschriebenen Orchester-Suiten und die Partiten für Clavier. Ebenso gilt für die langsamen Sätze für ein Melodieinstrument und Continuo oder obligate Begleitung, die recht melodiös und gesanglich, ›liedhaft‹, gesetzt sind, schwerlich das Verdikt Scheibes.
Soweit die beiden Positionen – Einfachheit und Natürlichkeit in der Musik hier, Komplexität und Komplizierung der Setzweisen dort – historisch verschiedene Standorte erkennen lassen, manifestierte der Streit um Bach die Ablösung einer geschichtlichen Epoche durch eine andere; Einfachheit war damals modern, das Komplizierte eher Merkmal einer zu Ende gehenden Zeit. Die Musik Bachs war der Spiegel, der die Positionen der beiden Kontrahenten und mit ihnen die einer vergangenen und einer aufstrebenden Zeit reflektierte.[189]
Bach selbst hat sich durch die gegen ihn gerichteten Angriffe offenbar nicht irritieren lassen. In einer anderen musikalischen Welt als Scheibe aufgewachsen, konnte er sich zu dessen kompositorischen und ästhetischen Grundsätzen nicht bekennen. Im Gegenteil, möglicherweise hat die Verbissenheit, mit der die Gegner aufeinanderstießen, weniger zur Klärung als zur Verhärtung der Fronten beigetragen. Nach unserer Kenntnis der Persönlichkeit Bachs wäre es nicht verwunderlich gewesen, hätte er sich nun gerade auf seinen Standpunkt besonnen, um noch intensiver im »alten Styl« zu arbeiten. Ob es also ein Zufall ist, daß viele der in dieser Stilart geschriebenen Werke (*Clavier-Übung* III und IV, *Wohltemperiertes Clavier* II u. a.) erst nach Beendigung dieser Streitigkeiten entstanden?

Dritter Teil

Die Werke

Einführung: Musik und Beruf

Fünfundzwanzig Jahre nach Bachs Tod, am 13. Januar 1775, schrieb Carl Philipp Emanuel Bach an Nikolaus Forkel über seinen Vater, dieser habe »durch die Aufführung sehr vieler starcken Musiken in Kirchen, am Hofe u. oft unter dem freyen Himmel, bey wunderlichen u. unbeqvemen Plätzen [...] das arrangement des Orchesters kennen gelernt«.[1] In der Tat wurde die barocke Musik vielerorts ausgeübt, man pflegte sie außer in der Kirche oder bei geselligen Zusammenkünften am Hofe und im Haus auch auf der Straße und an öffentlichen Plätzen. So bestand ein großer Bedarf an Kompositionen. Das Werkverzeichnis Händels beispielsweise umfaßt mehr als 600 Stücke, eine u. a. aus diesen Gründen erklärbare hohe Zahl. Telemann schrieb ungefähr 1000 Orchestersuiten – wovon 126 erhalten sind – und beinahe 700 geistliche Kantaten (12 vollständige Kirchenjahrgänge). Johann Sebastian Bachs Werkkatalog enthält über 1000 sicher von seiner Hand stammende Kompositionen; darüber hinaus sind zahllose Werke von ihm verschollen.[2]

Die Werke der Barockkomponisten entstanden überwiegend im Zusammenhang spezifischer beruflicher Verpflichtungen, sei es als Hof-, sei es als Kirchen- oder Stadtmusiker. Bachs Kompositionen spiegeln die Anlässe und Zwecke, deretwegen sie entstanden sind und auf die sie von ihm zugeschnitten wurden. Sie reflektieren dadurch zugleich die wechselnden beruflichen Situationen – und den sozialen Status –, in die er gestellt war. Als Organist in Arnstadt, Mühlhausen und Weimar (1703–17) hatte Bach hauptsächlich Orgelmusik für den Gottesdienst zu schreiben. Vom Hofkapellmeister in Köthen (1717–23) wollte die höfische Gesellschaft mit weltlicher Instrumentalmusik unterhalten werden. Der Thomaskantor und Kirchenmusikdirektor Leipzigs (1723–50) wiederum mußte Werke für den Gottesdienst, nun vor allem geistliche Vokalmusik, komponieren. Die Werkgruppen spiegeln folglich Bachs verschiedene Berufsfelder im höfischen und im kirchlich-städtischen Bereich.

An der Größenordnung der Werkgruppen ist die Dauer der jeweiligen Schaffensperioden und die Intensität von Bachs Arbeit erkennbar. Das vokale Œuvre umfaßt 524 Kompositionen. An Musik für Tasteninstrumente (einschließlich der Orgel) sind 470 Stücke überliefert, und für andere instrumentale Besetzungen (Kammer- und Orchestermusik) 86 Werke. Die von Bach vorgesehene Verwendung der Kompositionen läßt sich an drei Merkmalen ungefähr erkennen:

(1) an der Besetzung;
(2) an der Gattung;
(3) am Text.

Eine für die Orgel geschriebene Komposition dient selbstverständlich von vornherein kirchlichen Zwecken. Als eine typische Gattung der Orgelmusik für den Gottesdienst sei der Orgelchoral genannt. Dem *Orgel-Büchlein* liegt ja die Idee zugrunde, dem Organisten für den Gottesdienst an jedem Sonn- und Festtag des Kirchenjahres einen Choral zur Verfügung zu stellen. In gewisser Weise waren die Choräle durchaus gottesdienstliche Gebrauchsmusik.[3]

Neben der Musik für Orgel wurde eine selbständige Instrumentalmusik, die den Gesang nicht lediglich begleitete, in der Kirche kaum gepflegt. Bei einem ausschließlich instrumental besetzten Werk, das keine Orgelkomposition ist, kann daher grundsätzlich davon ausgegangen werden, daß es für außerkirchliche, weltliche Zwecke bestimmt war. Eine typische Gattung weltlicher Instrumentalmusik ist zum Beispiel die Clavier- oder Orchestersuite. Außer der Orgelmusik war vor allem die gesungene Musik in den liturgischen Ablauf des lutherischen Gottesdienstes integriert. Die Gemeinde sang Choräle. Die Kantorei bot Kantaten oder etwa Motetten dar. Schrieb Bach für den Gottesdienst eine Kantate, so vertonte er einen Text, der der Verkündigung des Sonntages nahestand. Es handelte sich um ein Wort aus der Bibel, einen Psalm, Verse aus einem Kirchenlied oder auch um religiöse Neudichtungen.

Auf der anderen Seite wählte er für die weltliche Vokalmusik natürlich Textvorlagen weltlicher, profaner Herkunft. Sie waren dem Ereignis, bei dem das Werk erklingen sollte, oft anempfunden. So sind etwa in den Kantaten, die er zum Geburtstag des Köthener Fürsten Leopold verfaßte, die Worte auf die spezifische Zwecksetzung einer Gratulationsmusik ausgerichtet: Der Geehrte wurde mit seinem Namen direkt angesprochen, seine Taten wurden gerühmt; das Glück, so wünschten die Sänger, möge ihm weiterhin günstig sein, usw. Gehalt und Aussage der Werke Bachs sind folglich im vollen Umfange nur dann zu verstehen, wenn die Texte in die Interpretation einbezogen werden und der Hörer auch sie bedenkt.

Die Werkgruppen in Bachs Œuvre sind allerdings nicht nur das Resultat der Ämter, die er innehatte. Da er Musik in der Regel für den Gebrauch bei einem bestimmten Anlaß schrieb, hatte er sich auch nach den Möglichkeiten der Darbietung zu richten. Er war von der Anzahl der Musiker abhängig, die ihm zur Verfügung standen, von den Instrumenten, die sie spielten, oder auch von der Stimmlage der Vokalsolisten. Da der Hof in Köthen hauptsächlich Instrumentalisten beschäftigte, sind aus diesen Jahren kaum größere Chorwerke überliefert. Wohl aber verfaßte er hier – neben solistischer Vokalmusik – eine Menge Orchester- und Kammermusik. Aus seiner Leipziger Zeit stammen dann entsprechend viele Vokalwerke für die Chöre der Thomasschule.

Die fünfundfünfzig Schüler des Thomaskantorats waren in vier Kantoreien unterschiedlicher Aufgaben und Qualität eingeteilt. Hauptsächlich der erste Chor führte die von Bach komponierten Kantaten an Sonn- und Feiertagen auf. Der zweite sang sie nur an Feiertagen. Die dritte Kantorei bot lediglich Motetten dar und die vierte einstimmige Choräle. Auch die unterschiedliche Eignung der Chöre beeinflußte Faktur und Auswahl der Werke, die Bach ihnen vorlegte. In einer Eingabe vom 15. August 1736 an den Rat der Stadt Leipzig berichtet er: »Die musicalischen Kirchen Stücke so im ersteren Chore gemachet werden, u. meistens von meiner composition sind, [sind] ohngleich schwerer und intricater [...] weder die, so im anderen Chore [...] musiciret werden, als wo ich mich im choisiren selbiger, nach der capacitè derer, so es executiren sollen, hauptsächlich richten muß.«[4] Bei der Betrachtung des Bachschen Œuvres müssen demnach auch die damaligen Möglichkeiten der Aufführung berücksichtigt werden. So gesehen, findet der hohe technische Anspruch der Instrumentalmusik seine Erklärung zum Teil in der Qualifikation der Köthener Orchestermusiker, der ungewöhnliche Schwierigkeitsgrad mancher Orgelstücke in dem außerordentlich guten Organisten Bach selbst.

Sogar die Bauweise der Orgeln, auf denen Bach spielte, beeinflußte die musikalische Struktur der Kompositionen. Er hatte sich nach der Disposition der ihm zur Verfügung stehenden Instrumente zu richten, nach dem Tonumfang der Manuale und des Pedals. Auf der Orgel der Neuen Kirche in Arnstadt fehlten die Töne Cis und Dis, was sich selbstverständlich in den Werken bemerkbar macht, die auf dieser Orgel vorgetragen werden sollten. Überdies muß man sich vergegenwärtigen, daß Bach schon des ganz anderen Baues der zeitgenössischen Instrumente wegen ein Orgelstück völlig anders komponierte als etwa im 19. und 20. Jahrhundert Franz Liszt oder Max Reger. Und wenn im *Weihnachtsoratorium* (BWV 248) sämtliche Chöre, in denen Trompeten verwendet sind, in D-Dur stehen, dann hängt dies damit zusammen, daß Bach nur Trompeten in D zur Verfügung hatte. Kurz, die Geschichte des Instrumentenbaues findet ihren Niederschlag auch in der Kompositionsgeschichte.

Wie ›genial‹ Bach auch war, sein Werk trägt folglich nicht ausschließlich Züge der freien, sozusagen ungebundenen Handschrift des Komponisten. Wie durchaus häufig bei Künstlern, waren seiner kompositorischen Verfügungsgewalt dadurch Grenzen gesetzt, daß er sich den Situationen des Berufes unterwerfen mußte. Indessen stimmt die persönliche künstlerische Intention Bachs mit dem, was ihm durch Beruf und Umstände diktiert wurde, auf weiten Strecken überein, deckten sich die eigenen Bestrebungen oft grundsätzlich mit den beruflichen Anforderungen. Fundament dieser Übereinstimmung war die Anschauung von der mehrfach zitierten doppelten Zwecksetzung der Musik, das menschliche »Gemüth« zu unterhalten und zugleich Gott zu dienen.

Da Bach, wenn er komponierte, sozusagen Gott und doch auch den »besonderen ZeitVertreib« der Menschen im Blick hatte, ist es nur folgerichtig, daß in seiner Musik die verschiedensten Bereiche und Verfahrensweisen miteinander verquickt sind. Im Prinzip trennte er nicht zwischen der geistlichen und der weltlichen (vgl. S. 72 ff. und 98 ff.), nicht zwischen vokaler und instrumentaler Musik (vgl. S. 185 ff.). Rhythmen des Tanzes flossen, wie wir sahen, auch in die Kirchenmusik ein. Kompositorische Techniken, musikalische Formen unterschiedlichster Herkunft können ein Kennzeichen desselben Werkes sein: Fugentechniken finden sich in Tanzsätzen (vgl. S. 157), und Formen der französischen Ouvertüre sowie des Concerto bestimmen ein Präludium für Orgel (vgl. S. 129 ff.). Die zwischen den Formen, Gattungen und Stilen bestehenden Grenzen, von denen die Musik des Barock durchzogen ist, wurden nicht immer strikt eingehalten. Sie waren öfter an sich schon durchlässig. Erst im Laufe der nachbarocken Geschichte, durch den historischen Abstand, wuchsen den Werkgruppen der Bachschen Musik die deutlichen Konturen hinzu, die sie heute haben. Im folgenden wird Bachs Werk in Analogie zu seinem Leben und Wirken als Organist (1703–17), Hofkapellmeister (1717–23) und Kantor (1723–50) in getrennten Kapiteln am Beispiel der Orgelmusik, der weltlichen Instrumentalmusik und der Vokalmusik vorgestellt – aus Gründen der Darstellung und keinesfalls, um einer grundsätzlichen und nicht aufzuhebenden Trennung das Wort zu reden.

Orgelmusik

Die Orgelmusik ist für den evangelischen Gottesdienst von größerer Bedeutung als für den katholischen, wurde folglich vor allem in der evangelischen Kirche gepflegt. Und da der Protestantismus im Barock hauptsächlich auf die deutschsprachigen Gebiete beschränkt blieb, ist die Orgelmusik dieser Zeit zum größten Teil von deutschen Komponisten geprägt. Freilich orientierten diese sich nicht zuletzt an italienischen (und damit katholischen) Vorbildern. Am Beispiel Girolamo Frescobaldis (1583?–1643), Organist der Peterskirche in Rom, soll kurz skizziert werden, wie die Traditionsstränge zwischen der deutschen und der italienischen Orgelmusik verliefen.

Viele Werke von Frescobaldi sind kontrapunktisch und in strenger Imitation komponiert, so daß eine Stimme von der nachfolgenden häufig notengetreu nachgeahmt, imitiert wird. Eine zentrale Gattung dieser Satztechnik ist das *Ricercar*, Vorform der Fuge. Doch neigte Frescobaldi auch zu einer ungebundeneren, freieren Schreibweise, im Barock *stilus fantasticus* genannt. Diese Stilart findet sich hauptsächlich in den Toccaten. Sie haben oft einen quasi improvisatorischen Charakter. Der in Stuttgart geborene Schüler Frescobaldis, Johann Jacob Froberger (1616–67) – er war in Wien Organist –, bevorzugte die gleiche Haltung gegenüber strengem und freiem Stil. Wie Frescobaldi ›mischte‹ er beide gelegentlich; so enthalten zum Beispiel seine Toccaten auch imitative Abschnitte.

Frescobaldis und Frobergers Werk war im süddeutsch-österreichischen Gebiet gut bekannt, beide wurden aber auch in Norddeutschland geschätzt. Der vermischte Stil vor allem Frobergers hinterließ deutlich Spuren etwa in den Toccaten des Lüneburger Organisten Dietrich Buxtehude. Er findet sich auch bei dessen aus Schleswig stammendem Schüler Nikolaus Bruhns oder bei Johann Adam Reinken, Schüler und Nachfolger Heinrich Scheidemanns an der St.-Katharinen-Kirche in Hamburg. Für die norddeutschen Komponisten sind darüber hinaus virtuose Passagen und rasche Dreiklangsbrechungen (Arpeggien) charakteristisch, ein Hang zu spielerischer Verzierung und Kolorierung. Besonders ausgeprägt ist der virtuose Gebrauch des Pedals, der gewiß auch durch die spezifische Pedaldisposition der norddeutschen Orgelbauer um Arp Schnitger angeregt wurde.

Bis zu einem gewissen Grad unter italienischem Einfluß stehend, ist die deutsche Orgelmusik des 17. Jahrhunderts also von unterschiedlichen Stilen geprägt und kann verschiedenen ›Kunstlandschaften‹ zugerechnet werden, deren Grenzen durchlässig waren. Tatsächlich ist die Vermengung abgegrenzter Modalitäten ein Merkmal auch der barocken Orgelmusik. Denn nur von dieser Voraussetzung her läßt es sich erklären, daß bis ins 18. Jahrhundert hinein die Kompositionen für Orgel auch auf den Tasteninstrumenten mit Saiten gespielt wurden. Da nicht immer ein Kalkant zur Verfügung stand, der den Blasebalg trat, benutzten die Organisten als Übungsinstrument oft leichter zu bedienende Clavierinstrumente, hauptsächlich das Cembalo bzw. das Pedalclavier. Was im folgenden über die Orgelmusik Bachs gesagt wird, gilt darum großenteils auch hinsichtlich seiner für Clavier geschriebenen Musik allgemein.

Zur Themenbildung der Fuge

Sofern Bachs Kompositionspraxis auf dem Generalbaß gründete, erfand er seine Musik generell vom Tasteninstrument her (vgl. S. 109 ff.). In der Orgelmusik orientierte er sich an der Fingersetzung und Pedaltechnik eines Organisten vorzüglich dann, wenn er an die norddeutsche Tradition virtuoser Passagenbildungen anknüpfte. In solchen Fällen läßt das musikalische Figurenwerk kaum einmal eine gesangliche Stimmführung erkennen. Eher handelt es sich um melodische Instrumentalismen. Beispielhaft hierfür ist das Thema der *D-Dur-Fuge* (BWV 532):

Die der Organistenhand angepaßten ›Spielfiguren‹ bestehen beinahe nur aus Sechzehntel-Folgen und überwiegend aus Sekund-Fortschreitungen. Das Thema erhält seinen musikalischen Wert auch dadurch, daß es rhythmisch und melodisch keinesfalls kompliziert erscheint. Es zerfällt in drei Teile (A, B, C). Im Teil A erklingt viermal hintereinander dieselbe Figur. Mit ihr umspielt Bach den Grundton d′, wodurch dieser – gleich zu Anfang des Stückes – gefestigt wird. Die mehrfache Wiederholung der Figur – sie findet sich später oft in Etüden – wirkt in gewisser Hinsicht motorisch. In Analogie zu der optischen Erscheinung auf dem Notenblatt wurde diese Tonfolge in der Kompositionslehre des 17. und 18. Jahrhunderts *circolo mezzo*, Halbkreis, genannt. Der »circolo mezzo«, so Walther 1732 in seinem *Musicalischen Lexicon*, »ist eine aus vier Noten bestehende, und die Gestalt eines *halben Circuls* vorstellende Figur«, bei welcher die 2. und 4. Note gleich und die 1. und 3. verschieden seien.[5]
Der Teil B des Themas ist eine aus fünf gleich gebauten Gliedern bestehende Sequenzkette. Sie leitet – würden in den einzelnen Gliedern die jeweils ersten Töne isoliert – sekundweise vom h′ zum d′ abwärts (vgl. die eingekreisten Noten). Die Kette ist eine *Repetitio per gradus*,[6] deren einzelne Glieder auf benachbarten Tonstufen wiederholt werden. Diese Art der Repetition wirkt ein wenig abwechslungsreicher als jene auf derselben Stufe, die Bach im ersten Teil des Themas (A) verwendete. Die *Repetitio per gradus* steht der musikalisch-rhetorischen Figur der *Climax* (griech.; Leiter, Treppe) nahe, die Walther allerdings auf aufsteigende Sequenzen beschränkt wissen wollte. Auch die in der Rhetorik gelehrte *Climax* ist in gewisser Weise eine weiterführende Wiederholung in fortschreitender Steigerung, eine Anknüpfung an das Vorausgegangene auf einer neuen Ebene wie zum Beispiel in der Wendung »Jauchzet und singet, singet und rühmet, rühmet und lobet!«. Die Analogien sprachlicher und musikalischer Syntax reichen bis in die Zellen der barocken Musik und damit auch derjenigen Bachs hinein. Die Instrumentalmusik, die ja der menschlichen Stimme nicht bedarf, bleibt davon nicht ausgeschlossen.

Bisher weist das Thema lediglich formelhafte Elemente auf, wie sie aus der barocken Musik und ihrer Kompositionslehre kaum wegzudenken sind. Insofern kann von einer individuellen schöpferischen Leistung Bachs eigentlich noch nicht die Rede sein. Doch ist im abschließenden Teil C die schematisierende Setzweise ein wenig durchbrochen. Vor allem die synkopierte Note zu Beginn (d'), aber auch der punktierte Ton in der Mitte (c') lockern das starr wirkende Gefüge ein wenig auf. Der gebrochene D-Dur-Dreiklang am Schluß trägt freilich wieder recht formelhafte Züge. Er erinnert in gewisser Hinsicht an die Manier einer »Harpeggiatur« (vgl. S. 110). Hingegen ist der Schlußton des Themas, die Quinte (a) über dem Grundton (d), ungewöhnlich. Dessenungeachtet steht in diesem letzten Thementeil wie im Anfangsteil A der Grundton der Tonart, das d' bzw. der darüber ›arpeggierende‹ Dreiklang, im Mittelpunkt des Geschehens.
Würde das Thema von allem clavieristisch-ornamentalen Beiwerk befreit, so bliebe als Gerüst übrig: der Grundton d' (Teil A), der Sekundgang h'–d' (Teil B) und abschließend wieder das d' bzw. der Dreiklang darüber (Teil C). Vom Grundton ausgehend und zu ihm zurücklenkend, ist die melodische Grundlinie strukturell in mancher Hinsicht wie bei einer bilateralen Symmetrie gestaltet:

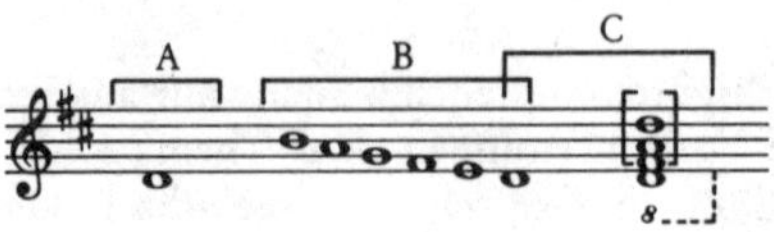

Dieses Thema der *D-Dur-Fuge* ist typisch für den frühen Stil Bachs. Weil es den ganzen Satz beherrscht, hat dieser insgesamt – zumal für einen Hörer von heute, der die Expressivität der romantischen Musik kennt – einen gewissen statischen Charakter angenommen. Der wenig modulierfähige Klang der Orgel verstärkt diesen Eindruck noch. Daran kann letztlich auch nichts ändern, daß Bach in den Zwischenspielen einzelne Gedanken (Figuren) des Themas ausarbeitet und sie fortspinnt.
Von anderen Voraussetzungen als eine Fuge ausgehend, weisen demgegenüber die Dreiklangsbrechungen des *A-Dur-Präludiums* (BWV 536) eher eine sinnlich-klangliche Konzeption auf:

Diese drei Takte am Beginn des Präludiums setzen sich aus recht einfachen Spielfiguren zusammen. Es handelt sich um zwei durch eine Pause voneinander getrennte Abschnitte (A, B), wobei im Teil B der Teil A beinahe notengetreu von A-Dur nach D-Dur transponiert ist. Beide Teile werden von einem aufwärts geführten ›arpeggierenden‹ Akkord eingeleitet. Hierauf folgt, jeweils um eine Oktave nach unten versetzt, dreimal hintereinander derselbe abwärts fallende gebrochene Dreiklang. Auch bei dieser Kompositionsweise ist eine gewisse Schematisierung, die die kleinsten musikalischen Zellen besetzt hält, schwerlich zu übersehen.

Bach komponierte keineswegs nur solche langgliedrigen, formelhaften und rhythmisch-melodisch wenig profilierten Themen wie in der *D-Dur-Fuge*. Manche Fugenthemen sind nachgerade prägnant und kurz erfunden. Als Beispiel sei das Thema der *Fuge d-Moll* (BWV 539) genannt. Es erscheint wie aus einer einzigen Zelle gebaut. Deren Zentrum liegt zunächst in dem Ton a′ und verlagert sich dann auf das g′. Zwar ließ Bach, als er das Stück ausarbeitete, keinen Zweifel daran, daß es sich um das Thema einer Fuge handelt. Steht die Tonfolge jedoch isoliert auf dem Papier, erweckt sie eher den Anschein eines scharf konturierten Motivs als eines Themas im üblichen Sinne:

Beide Setzweisen, die rhythmisch und melodisch markante und die weniger profilierte Linienführung, kombinierte Bach öfter, indem er zu Beginn einen prägnant herausgemeißelten Themenkopf setzte und die Melodie dann in weniger plastisch wirkenden Spielfiguren auslaufen ließ. Dies hat den Vorteil, daß das Thema, jedesmal wenn es neu einsetzt, sofort aus dem polyphonen Gewebe herausgehört werden kann. Dadurch wird die formale Gliederung der Fuge leichter erkennbar. Das Thema der *Fuge g-Moll* (BWV 535) zerfällt in drei Abschnitte (A, B, C):

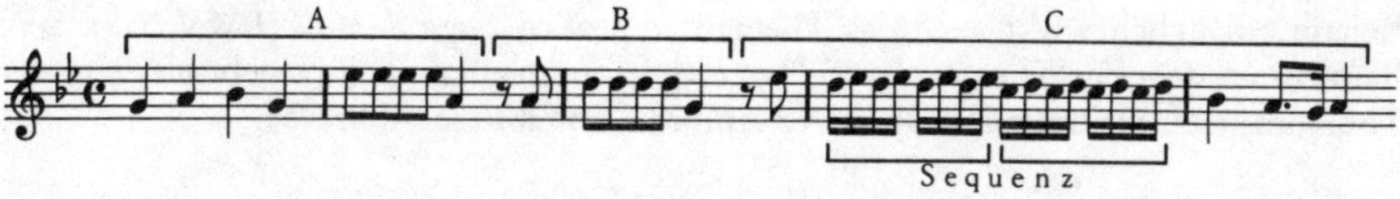

Der markant gearbeitete Themenkopf dieser Fuge beginnt mit einer ruhigen Viertel-Bewegung. Aufgrund ihres rhythmischen Gleichmaßes sowie metrischer und melodischer Ähnlichkeiten erinnert die Tonfolge an die Spielfigur zu Anfang der *D-Dur-Fuge*. Doch kommt der Charakter clavieristischen Spielwerkes wegen des langsamen Tempos hier nicht zum Tragen. Der zweite Teil des Themenbeginns (T. 2) ist kaum melodisch, wohl aber ausgeprägt rhythmisch erfunden; den gleichmäßigen Gang in Vierteln kontrastiert eine Tonrepetition in Achteln. Teil B nimmt die Repetition einen Ton tiefer – beinahe in einer Sequenz – auf. Das Ende des Themas im Teil C ist durch eine weitere Verkleinerung der Notenwerte in einer etwas eintönigen, kaum profilierten Sechzehntel-Sequenz markiert. Doch schwingt die starre Motorik schematisch nebeneinandergestellter Nachbartöne in einer ruhigen und zugleich ein wenig originelleren Viertel-Bewegung aus. Das Thema nimmt seinen Ausgang also in langsamen Vierteln, die zu Achteln verkleinert werden und in Sechzehntel-Figuren sich verdichten, um dann ruhig auszuklingen. Hier liegt nicht melodisch, wohl aber in der rhythmischen Grundstruktur in gewisser Weise eine bilaterale Symmetrie vor.

Diese Beispiele zeigen Merkmale der Orgelmusik, wie sie außer bei Bach auch bei anderen Komponisten des Barock zu finden sind. Bach findet erst dort zu sich selbst, wo er seine Themen weniger figurativ und in kleingliedrigen Spielfiguren setzt, sondern in weit ausschwingenden Intervallräumen. Hier nehmen die thematischen Vorgaben und damit die Stücke als Ganzes unüberhörbar eine dynamische Intensität an. So füllt er in der *F-Dur-Fuge* (BWV 540) in einem chromatischen Gang zunächst die untere Terz des Grundtons f aus, um dann in einem Sextsprung den in der Themenmitte stehenden, synkopisch gesetzten Ton b (T. 3/4) zu erreichen. Der Sextsprung und die Synkopierung verleihen der Melodie einen vorwärts drängenden Charakter. Der Stau löst sich auf, indem Bach das Thema abschließend in Sekund-Schritten wieder zum f zurückfallen läßt (T. 4–6). Aus dem Grundton der Tonart auslenkend und zu ihm zurückführend, ist – ähnlich wie beim thematischen Grundgerüst der *D-Dur-Fuge* – auch hier der melodische Kern in seiner Grundstruktur in einer bilateralen Symmetrie geformt:

Wo Bach die Themen in dieser Weise raumgreifend und zugleich gesanglich komponierte, orientierte er sich nicht an der Fingersetzung eines Organisten. Hier bestimmen innermusikalische Gesetzmäßigkeiten den Bau der Melodie. Doch bleibt zu bedenken, daß auch in diesem Fall die Intensität und die Dynamik der Musik durch den gleichmäßig starren Klang der Orgel nivelliert werden. Das Thema scheint einem Melodieinstrument, das in der Lautstärke und klanglichen Farbgebung nuanciert schattieren kann, angemessener zu sein.
Relativ gesanglich wirkt auch das Thema der großen *Fuge d-Moll* (BWV 538). Sein Bauplan ist dem des Themas der *F-Dur-Fuge* prinzipiell ähnlich. Doch schwingt der Tonraum noch weiträumiger aus. Der Ambitus umfaßt eine Oktave:

Hier ist, anders als in Bachs Frühwerk, die melodische Linie aus einem einzigen Guß geformt. Die Glieder des Themas sind nicht wie Elementarteilchen additiv, unverbunden nebeneinandergesetzt, sondern erwecken den Eindruck, als hätten sie sich aus einem Kern entfaltet, als wären sie zwingend aufeinander abgestimmt worden. Auch in diesem Thema steht der höchste Ton, das d'', als synkopierte Note in der Mitte (T. 4/5). Erreicht wird er durch drei in Synkopen endende Quartsprünge. Im Unterschied zu der thematischen Vorgabe der *F-Dur-Fuge*, in der Bach den Hochton mit einem einzigen synkopisch endenden Sextsprung errang, wird die Klimax also erst nach drei Anläufen erreicht. Dadurch erscheint die thematische Dynamik mehr noch als dort intensiviert. In beiden Fällen leitet Bach nach dem Hochton sekundweise zur Ausgangsnote zurück.
Die melodische Abfolge der ersten vier Töne im abgebildeten Thema der *d-Moll-Fuge* ist identisch mit derjenigen des Themenkopfes der *g-Moll-Fuge*. Die Tonfolge wurde

vorhin (vgl. S. 125) in einen Zusammenhang mit der Spielfigur zu Beginn der *D-Dur-Fuge* gebracht. Dabei ist auf den Verlust eben dieses Spiel-Charakters hingewiesen worden. Wie dieser nun geradezu in sein Gegenteil, nämlich in eine gesangliche Linie, verkehrt werden kann, wird bei der *d-Moll-Fuge* erkennbar, in der Bach die noch langsamer zu spielenden Töne unterschiedlich rhythmisierte und generell in den Zusammenhang einer intensiveren Dynamik stellte. Bei diesem Thema kann von einer figurativen Schematisierung nicht die Rede sein. Doch verwendete Bach auch hier jenen öfter anzutreffenden Thementypus, dem man eine bilaterale Symmetrie zuschreiben kann. Sie ist in diesem Falle – wegen der Synkopierungen – sowohl rhythmisch als auch melodisch verursacht, wie die Ausschreitung des Oktavraumes zwischen den Tönen d' und d'' zeigt:

Auch das Thema der *d-Moll-Fuge* kann nicht mit spieltechnisch-clavieristischen Maßstäben gemessen werden und trägt keineswegs motorischen Charakter. Dies ist sicherlich auch auf das Dilemma von Bachs Orgelkompositionen – und nicht nur der seinigen – zurückzuführen, das ein Dilemma des Instrumentes selbst ist. Denn wo Bach der Orgel adäquate Spielfiguren schrieb, nahm die Komposition gleichförmige, monotone Züge an. Hielt er sich dagegen nicht strikt an die durch die Orgel gegebenen Realisierungsmöglichkeiten, dann behindert deren mechanische Klangerzeugung die Entfaltung der melodischen Sprengkraft, der kompositorischen Dynamik und wirkungsspezifischen Intensität, die er dem Werk strukturell verliehen hatte. Auch hier wird erkennbar, daß der Komponist nicht voraussetzungslos über das ihm zur Verfügung stehende Tonmaterial gebieten kann.

Das belegen zum Beispiel Arnold Schönbergs Transskriptionen von Orgelkompositionen für das Orchester.[7] Durch sie scheint die dynamische Wirkkraft des Originals erst richtig zur Entfaltung gebracht. Schönberg nahm einen fulminanten Orchesterapparat zu Hilfe. Außer dem üblichen Streichersatz verwendete er eine doppelte Holzbläser-Besetzung mit Piccolo-Flöte, Baß-Klarinette, Kontrafagott; vierfaches Blech mit Tuba; außerdem Harfe, Celesta, Glockenspiel und Schlaginstrumente wie Pauken und Bekken. Aufgrund einer nuancierten Mischung und Kontrastierung der für die Orchesterinstrumente typischen Klangfarben wird der Eindruck farbenreicher Gemälde erweckt. Die von Bach vorgezeichnete Struktur des Satzes nimmt deutlichere Konturen an, als dies auf der Orgel möglich wäre.[8]

Beispielhaft für ein Werk, das im Laufe der Geschichte neue Dimensionen annahm, ist die *Orgelfuge Es-Dur* (BWV 552,2) aus dem 3. Teil der *Clavier-Übung*, 1928 von Schönberg für Orchester bearbeitet. Nicht von ungefähr kommt es, daß er gerade diese Fuge zur Bearbeitung wählte. Hier erweist sich Bach als ein Meister im Umgang mit großen Formen. Von Kleingliedrigkeit und einem Auseinanderfallen der Abschnitte oder Teile ist nirgends etwas zu bemerken. Vielmehr offenbart das Original ein untrügliches Gespür für einen in sich geschlossenen, großflächig angelegten Satzaufbau, dessen einheitliche Architektonik auf einem genau durchdachten Grundplan zu basieren scheint.

Der von Bach ausgeführte Bauplan rechnet mit dem wirkungsintensiven Mittel einer zunehmenden Steigerung und Verdichtung. Die 5stimmige Fuge beginnt im langsamen Allabreve-Takt. Das erste Thema setzt sich aus halben und Viertel-Noten zusammen. Es folgt ein Abschnitt im 6/4-Takt. Hier wird das zweite Thema eingeführt, das ausschließlich aus Achteln besteht. Der letzte Teil ist im 12/8-Takt notiert, wiederum mit einem neuen Thema, das nun aus Achteln und Sechzehnteln gebildet ist. Demnach wird in jedem neuen Großabschnitt der Grundschlag der Takte kürzer, und zugleich nimmt das neu eingeführte Thema kleinere Notenwerte an. Es entsteht der Eindruck einer fortschreitenden Beschleunigung:

Thema I

Thema II

Thema III

Auch bei diesem Werk hat es den Anschein, als ob die Intention Bachs, ein Stück zu schreiben, dessen zielstrebig angelegte Bogenform voll Spannung und Intensität ist, durch den wenig biegsamen Klang gerade der barocken Orgel nicht adäquat zur Geltung gebracht werden könne. Es kommt hinzu, daß die Orgeln, die Bach zur Verfügung hatte, auch für damalige Verhältnisse nur von mittelmäßiger Qualität waren. Im Nachruf auf Bach ist vermerkt, es habe ihm, »wie er oftmals zu bedauren pflegte, doch nie so gut werden können, eine recht grosse und recht schöne Orgel zu seinem beständigen Gebrauche gegenwärtig zu haben. Dieses beraubet uns noch vieler schönen und nie gehörten Erfindungen im Orgelspielen, die er sonst zu Papiere gebracht, und gezeiget haben würde, so wie er sie im Kopfe hatte.«[9]

Einer Orchestrierung, die von Erfahrungen mit der Musik des 19. und 20. Jahrhunderts ausgeht, sind demgegenüber andere Möglichkeiten gegeben. Daß eine Fuge trotz ihres durchsichtig rationalen Charakters keineswegs blutarm sein muß, scheint Bachs *Es-Dur-Fuge* erst in der Zusammenschau mit Schönbergs Orchestrierung vollauf zu bestätigen. Hingewiesen sei etwa auf den Beginn, der bei Schönberg mit Klarinetten besetzt ist. Bach akzentuierte hauptsächlich im ersten Thema den melodischen Aspekt, und in der Tat entstehen jetzt, wo der relativ matte und leblos wirkende Klang der Orgel durch modulationsfähige Melodieinstrumente abgelöst ist, nuanciert abgeschattete gesangliche Linien voll Wärme und Lebendigkeit.

In der Instrumentierung überhöhte Arnold Schönberg die von Bach komponierte dreiteilige Steigerungsform der Fuge zum Dramatischen hin. Er tat dies auf zweierlei Art: Großflächig, indem er die drei Abschnitte durch unterschiedliche Klangfarben voneinander absetzte. Und im Detail, indem er den Gebrauch der Instrumente nach und nach, beinahe unmerklich, zuspitzte. Sehr verhalten beginnt Schönberg mit dem nur von der Klarinette vorgetragenen ersten Thema. Es schließt sich ein Klarinettensatz an, in dem das Thema die verschiedenen Stimmen durchwandert. Allmählich treten auch andere Blasinstrumente hinzu. Im zweiten Teil dominieren die Streicher. Am Ende des Werkes bringt Schönberg das volle Orchester klangstark, beinahe apotheo-

tisch zum Einsatz. Dem Schlußakkord setzt er – fast zu vordergründig – einen publikumswirksamen Beckenschlag auf.
In einem Brief vom 1. Januar 1938 hatte Anton Webern bezüglich seiner Bearbeitung des Ricercar aus dem *Musikalischen Opfer* (BWV 1079) an den Dirigenten Hermann Scherchen geschrieben: »Ja, gilt es nicht zu erwecken, was hier noch in der Verborgenheit dieser abstrakten Darstellung durch Bach selbst schläft und für fast alle Menschen dadurch einfach noch gar nicht da oder mindestens völlig unfaßbar ist? Unfaßbar als Musik!«[10] Weberns Worte gelten sicherlich auch für Schönbergs Bearbeitung der *Es-Dur-Fuge*, durch die dynamische Werte intensiviert wurden, die im Rückblick auf die Epoche Bachs, den Barock, blasser erscheinen, als sie im 20. Jahrhundert wirken. Möglich wurde dies durch eine Expressivität, die zwar zu Bachs Zeit latent schon vorhanden war, aber erst, nachdem die Mittel bereitstanden, lange nach Bach freigesetzt, ›geweckt‹ werden konnte.[11]

Präludium, Toccata, Fantasie

Bach stellte der im strengen (kontrapunktischen) Stil und nach einem fest umrissenen Bauplan geschriebenen Fuge meistens einen freier gestalteten Satz voran. Charakteristisch für diese Folge ist das Paar Präludium und Fuge.
So wird meist die *Fuge Es-Dur* (BWV 552,2) zusammen mit dem *Präludium Es-Dur* (BWV 552,1) gespielt, das Arnold Schönberg ebenfalls orchestrierte. Unserem Vorhaben getreu, das Werk Bachs nicht nur als ein Produkt seiner Zeit zu verstehen, sondern ebenso aus der Perspektive seiner Rezeptionsgeschichte, sei auch hier auf Schönbergs Orchesterfassung eingegangen. Sie arbeitet Aspekte des Ausdrucks und der Form heraus, die einen Fingerzeig darauf geben, welche Vorstellungen Bach selbst innerlich von dem Werk gehabt haben mag, Vorstellungen, die auf der Orgel nicht adäquat realisiert werden können.
Auch diese Instrumentierung ist eine schöpferische Nachzeichnung des musikalischen Originals. Es entsteht der Eindruck eines plastischen Bildes, die motivischen Zusammenhänge sind auf das genaueste herausgemeißelt. Durch den Einsatz der Orchesterinstrumente wird erkennbar, wie expressiv, fast lyrisch Bachs Musik an manchen Stellen sein könnte. Es ist eine Expressivität, von der man meinen möchte, sie sei erst im 19. Jahrhundert möglich geworden. Indessen läßt das folgende, dem Original entnommene Notenbeispiel unschwer deutlich werden, daß es in der Tat nur des gekonnten Einsatzes variabler und ausdrucksfähiger Melodieinstrumente bedarf, um Bach als einen bisweilen expressiven Lyriker zu erkennen. Die chromatischen Tonfolgen, die Vorhaltsbildungen und gehäuften Synkopen sprechen eine deutliche Sprache (*Es-Dur-Präludium*, T. 44–48):

Die klangstarke Orchestrierung Schönbergs ruft den Eindruck einer großangelegten, pompösen Festmusik wach. Es nimmt sich beinahe so aus, als hätte er bei der Bearbeitung die festlichen Orchestersuiten von Bach vor Ohren gehabt. Hierauf deutet zum Beispiel der spezifische Einsatz der Pauke, die Bach etwa in seiner *3.* und *4. Orchestersuite* (BWV 1068, 1069) verwendete. Wenn man Schönbergs Orchesterfassung hört und darauf das Original für Orgel, könnte man meinen, das Original habe das Gewand gewechselt: Der Charakter des Kirchlichen, bei Bach durch die Konnotationen des Orgelklanges festgelegt, ist in Schönbergs Bearbeitung vollständig verschwunden. Bei ihm erscheint die Komposition von Grund auf weltlich. Und diese Hörerfahrung schlägt sich im nachhinein, wenn auch in einer abgeschwächten Form, ebenfalls bei der Rezeption des originalen Orgelsatzes nieder. Die Gegenüberstellung läßt auf eine unmittelbare Weise erkennen, daß zwischen dem kirchenmusikalischen und weltlichen Schaffen Bachs tatsächlich kein Bruch besteht, daß er jedwede Musik auch zur »Recreation des Gemüths« schrieb.
Auch wenn es in manchen Ohren befremdlich klingen mag: Bach kann mit Hilfe Schönbergs auf eine neue Art erfahren werden. Der veränderte Eindruck steht nicht unversöhnlich quer zu dem historisch ›Objektiven‹ des Originals. Eher ist auch hier das geschichtlich Gegebene durch den Filter der nachfolgenden Zeit gegangen, um es in einer solchermaßen gewandelten Form und in einer ›Objektivität‹, die die Historie nach Bach nicht ausschließt, der Gegenwart neu zu präsentieren. In dem Aufsatz *Bach gegen seine Liebhaber verteidigt* schrieb Theodor W. Adorno: »Wäre Bach wirklich mit den Orgeln und Cembali und gar den dünnen Chören und Orchestern seiner Epoche zufrieden gewesen, so besagte das gar nicht, daß diese der Substanz seiner Musik gerecht werden.«[12] Die musikalische und konnotative Substanz des Orgelpräludiums nimmt, um Adornos Gedanken ohne Einschränkung weiterzuführen, deutlichere und zeitgemäßere Konturen an, wenn das Stück nicht allein den Organisten oder historischen Orgeln überlassen bleibt, sondern gleichermaßen in Formen einhergeht, die instrumentationstechnisch und ästhetisch erst in der Geschichte nach Bach möglich wurden. Zugleich wird erkennbar, daß das objektive Werk *an sich* eine Schimäre ist. Sofern es ein Werk *für* den Interpreten oder *für* den Hörer ist und in den geschichtlichen Epochen unterschiedlich interpretiert und gehört wird, wird das ›Objektive‹ an ihm stets subjektiv erfahren und vermittelt.
Die Interpretation Schönbergs, mit der er sozusagen auf den weltlichen Anteil in der Orgelmusik Bachs aufmerksam machte, ist in gewisser Weise von Bach selbst legitimiert. Insofern nämlich, als er in das Werk kompositorische Verfahrensweisen einfließen ließ, die im Bereich der weltlichen Musik, so in der französischen Ouvertüre, gebräuchlich waren. Trotz des subjektiven Eingriffes durch Schönberg und dem daraus resultierenden Wandel der originalen Erscheinungsform ist die *Substanz* des Werkes demnach in einem wesentlichen Teil erhalten geblieben.
Der französischen Ouvertüre ähnlich (vgl. dazu S. 155 ff.), hatte Bach in dem Orgelpräludium zwei grundsätzlich verschiedene Kompositionsweisen nebeneinandergestellt: Einen Teil, der mehr dem freieren Stil zuneigt und – worauf im Originaldruck auch die Überschrift *Praeludium pro Organo pleno* hindeutet – als ein klangstarker Akkordsatz konzipiert ist, und einen Abschnitt, der geringstimmiger und nach Art der Fuge, d. h. linear und eher im strengen Stil komponiert ist. Der erste Teil wird zum Ende hin in den wesentlichen Zügen wieder aufgenommen. Soweit die Gegenüberstellung eines

relativ freien und eines strengen Kompositionsstils auch für das Satzpaar Präludium–Fuge verbindlich war, schmolz Bach Elemente der französischen Ouvertüre, des Präludiums und der Fuge in einem einzigen Satz zusammen.

Daß Bach, als er das Orgelpräludium verfaßte, Verfahrensweisen der französischen Ouvertüre tatsächlich mitbedachte, kann durch einen Vergleich mit dem Einleitungssatz der *Orchestersuite D-Dur* (BWV 1068) nachgewiesen werden:

Typisch für den ersten Teil der französischen Ouvertüre ist nicht nur der wuchtige Akkordsatz, sondern ebenso die öfter anzutreffende rhythmische Figur (T. 1, 2 und 5), Punktierungen (T. 3, 4 usw.) sowie die Figur der *Tirata*, ein »langes geschwindes Läufflin«, welches »gradatim [...] durchs Clavier hinauff oder hervnter«[13] führt und sozusagen ornamental zwei Haupttöne einer melodischen Linie miteinander verbindet bzw. auf einen Hauptton hinzielt (T. 4 und 7 im Continuo). Die genannten Charakteristika finden sich alle auch im 1. Teil des erwähnten Orgelpräludiums. Aus ihm seien hier zwei Ausschnitte wiedergegeben (T. 1–6, T. 51–57):

Johann Sebastian Bach, Anfang des *Es-Dur-Präludiums für Orgel* (BWV 552,1) aus dem 3. Teil der *Clavier-Übung*. Erstdruck. Wahrscheinlich hat Bach selbst die Druckplatte gestochen

Das Thema, das Bach im fugierten Teil des *Es-Dur-Präludiums* bearbeitete, ist alles andere als clavieristisch erfunden. Die für Sechzehntel-Folgen relativ großen Intervallsprünge, bei denen der 1. und 3. sowie der 2. und 4. Ton identisch sind (vgl. T. 2), deuten eher auf virtuose Streicherfiguren (T. 131–133):

Tatsächlich verwendete Bach etwa im letzten Satz des *4. Brandenburgischen Konzerts G-Dur* für 2 Flöten, Violine und Orchester (BWV 1049) in der virtuos gestalteten Stimme der Soloviolinе prinzipiell ähnliche Figuren:

Generell erinnert die im Orgelpräludium zu beobachtende Kontrastierung zwischen dem vollstimmigen Akkordsatz und dem geringstimmigen linearen Satz auch an das Prinzip des Konzertierens mit dem hierfür typischen Wechsel von Tutti und Solo. Und

wirklich finden sich in diesem Präludium auch Elemente des Concerto. Einem solistischen Konzertieren scheinen zum Beispiel die zwei folgenden Takte nachempfunden. Die beiden oberen Stimmen lösen sich in der Sechzehntel- und Halbe-Bewegung wechselseitig ab, während die dritte Stimme in gleichmäßigen Vierteln fortschreitet (*Es-Dur-Präludium*, T. 75/76):

An einer anderen Stelle ist die Sechzehntel-Bewegung zweier Stimmen zu einer parallelen Terzführung (bzw. oktaviert zu Dezimen) vereint (T. 82):

Beide Verfahrensweisen wandte Bach ähnlich im Concertino des letzten Satzes aus dem *2. Brandenburgischen Konzert* (BWV 1047) an (T. 33–39):

Sofern die französische Ouvertüre typisch französische Stilmerkmale aufweist, die Fuge charakteristisch für Deutschland ist und das Prinzip des Konzertierens aus Italien kommt, sofern all dies zutrifft, trägt das *Orgelpräludium Es-Dur* in der Tat ›internationale‹ Züge. Bach verwendete Elemente, die er in der französischen und italienischen Musik vorfand, nicht nur in den hierfür typischen Gattungen. Darüber hinaus sind sie bei ihm in den deutschen und in seinen persönlichen Stil amalgamiert. Ebenso wird erkennbar, daß eine musikalische Gattung, auch wenn der Titel eines Stückes sie nennt, nicht immer in ihrer reinen Ausprägung vorliegen muß; häufig verbindet sie sich mit Elementen anderer Gattungen und Formen. Ein Kennzeichen der Bachschen Musik ist die Synthese.
Anders als bei der Fuge ist die formale Gestaltung oder der Kompositionsstil des Präludiums nicht durch enge Grenzen festgelegt. Manche Präludien bestehen aus-

schließlich aus Arpeggien,[14] andere sind zum Beispiel in einer linearen Zweistimmigkeit komponiert.[15] Die Offenheit der Gattung dürfte damit zusammenhängen, daß das Präludium ursprünglich dem Bereich der Improvisationspraxis entstammte, wie sie vor allem von den Organisten gepflegt wurde. Michael Praetorius hatte in diesem Zusammenhang das Wort »präambulieren« verwendet.[16] Bach schrieb in der Leipziger Gottesdienstordnung vom 1. Advent 1723: »Praeludieret auf das Kyrie«, »Praelud: auf den Choral«, »Praelud. auf die Music« usw.[17] Das »Praeludieren« erfolgte in der Art eines improvisierten Orgelvorspiels bzw. als ein von Noten abgespieltes Choralvorspiel. Der Charakter des einleitenden Vorher-Spielens findet sich bereits im lateinischen Wort *Praeludium* ausgedrückt (von *praeludere* ›vorher spielen‹). Der Fuge als dem ›Haupt-Spiel‹ ging sozusagen ein intonierendes Vor-Spiel voraus; die Wortableitung läßt das unterschiedliche Gewicht der beiden aufeinander bezogenen Gattungen erkennen.

Das Vorspiel zur Fuge konnte auch eine *Toccata* sein. Prinzipiell besteht kaum ein Unterschied zwischen ihr und dem Präludium. In den Handschriften sind Bachs *Dorische Toccata* (BWV 538) und die *Toccata F-Dur* (BWV 540) sogar als Präludien angeführt. Schon Michael Praetorius hatte die Toccata ein »Praeambulum, oder Praeludium« genannt, »welches ein Organist [. . .] ehe er ein [. . .] Fugen anfehet, aus seinem Kopff vorher fantasirt«. Auch hier ist von einer mehr oder weniger spontanen Erfindung die Rede. Darüber hinaus macht der Wolfenbütteler Kapellmeister auf den Zusammenhang zwischen der auf dem Tasteninstrument gespielten Toccata und den Spielmöglichkeiten dieses Instrumentes aufmerksam. Die Toccata, so schreibt Praetorius, sei »ein durchgriff oder begreiffung des Claviers«.[18]

Auch die *Fantasie* kann als ein solches Vorher-Spiel betrachtet werden, wie es Bach etwa in der *Chromatischen Fantasie und Fuge d-Moll* (BWV 903) tat. Schon der Ausdruck »Fantasie« deutet den Charakter des Improvisatorischen an. Die Nachbarschaft von Präludium, Toccata und Fantasie belegte ebenfalls Praetorius; er schrieb, der Organist »fantasiere« die – »Praeludium« genannte – Toccata »aus seinem Kopff«. Allerdings ist das freie Moment der Improvisation, zumal ja die den Fugen vorangestellten Vor-Spiele aufgeschrieben sind, bei Bach gebunden. Ihre Herkunft bleibt manchmal dennoch erkennbar. Der in seiner Zerklüftung und wegen der vielen Fermaten sowie durch eine rhythmisch uneinheitliche Konzeption fast rhapsodisch wirkende Beginn der *d-Moll-Toccata* (BWV 565) trägt unverkennbar improvisatorische Züge:

Im allgemeinen liegt es im Wesen eines musikalischen Werks begründet, daß die Komposition und ihre Wiedergabe zwei verschiedenen Arbeitsprozessen unterliegen. Bei der Improvisation verhält es sich anders. In ihr fallen beide zusammen. Das ›Werk‹

entsteht dann erst während seiner ›Wiedergabe‹; Erfindung und musikalische Darbietung sind eins. Der Hörer gewinnt den Eindruck, er wohne dem Entstehungsprozeß einer Komposition bei. Bewußt scheint Bach bei der *d-Moll-Toccata* auf dieses gewisse Maß an Unmittelbarkeit abgehoben zu haben, die sonst eher der ›schriftlosen‹ als der schriftlich fixierten Musik eigentümlich ist.

Aller scheinbaren Spontaneität zum Trotz ist die Toccata jedoch genau durchdacht. Das Unisono, das Bach zu Beginn setzte, enthält den Keim des später verarbeiteten Fugenthemas schon in sich. Denn wie dort die Quinte von a′ nach d′ durch einen abwärts geführten Sekundgang aufgefüllt wird, so ist es bei den (im folgenden Beispiel eingekreisten) unteren Tönen dieser thematischen Vorgabe der Fall. Auch die innere Verbindung des freier gestalteten Formteils der Toccata mit ihrem ein wenig strenger konzipierten fugierten Abschnitt läßt die Eigenart Bachscher Kompositionskunst erkennen, Verschiedenes zu einer durchgängigen Einheit zusammenzubinden. Von diesem Prinzip her dürfte es auch zu verstehen sein, daß Bach in seinen Orgel- und Clavierwerken nicht nur typische Spielfiguren der Organisten und Cembalisten setzte, sondern manchmal auch solche, die der Musik für Streicher nahestehen. Das Fugenthema trägt zweifellos auch violinistische Züge:

Choralbearbeitung

Für die Orgel verfaßte Bearbeitungen des evangelischen Kirchenliedes finden sich seit dem Beginn des 17. Jahrhunderts bei Jan Pieters Sweelinck und Michael Praetorius. Auch diese Gattung dürfte aus der improvisatorischen Praxis heraus entstanden sein: Zum Choral als der Hauptstimme fand der Organist Gegenstimmen hinzu. Ähnlich könnte es noch bei jenem am 1. Advent 1723 in Leipzig stattgefundenen Gottesdienst gewesen sein, von dem Bach schrieb: »Praelud[ieret]: auf den Choral« (vgl. S. 55).

Von Johann Sebastian Bach sind ungefähr 170 Choralbearbeitungen für Orgel schriftlich überliefert (die Echtheit ist nicht überall bestätigt). Sie sind überwiegend in Sammelwerken aufgeschrieben. Die in Weimar angelegte Sammelhandschrift des *Orgel-Büchleins* enthält 46 Orgelchoräle, zum Teil in mehreren Fassungen, die größtenteils wahrscheinlich in der Zeit zwischen 1714 und 1717 niedergeschrieben wurden (BWV 599–644). Relativ viele Choralbearbeitungen erschienen noch zu Bachs Lebzeiten im Druck, was auf sein Ansehen als Organist zurückgehen dürfte. 1746/50 verlegte Georg Schübler in Zella (Thüringen) *Sechs Chorale von verschiedener Art* (BWV 645–650). Mindestens 5 davon sind Bearbeitungen aus Kantaten. Für den Druck vorbereitet wurden von Bach am Ende seines Lebens weitere 17 große Choralbearbeitungen (BWV 651–667) (seine letzte Komposition *Vor deinen Thron tret' ich*, BWV 668, wird dieser Sammlung zu Unrecht zugeordnet). Der 1739 im Selbstverlag erschienene 3. Teil der *Clavier-Übung* enthält 21 Choralbearbeitungen (BWV 669–689). Außerdem sind die bei dem Nürnberger Balthasar Schmid um 1748 erschienenen *Kanonischen Veränderungen über das Weihnachtslied: Vom Himmel hoch, da komm' ich her* (BWV 769) zu nennen.

In den Choralbearbeitungen ging Bach mit den originalen Melodien viel rigoroser um, als es Schönberg mit Bach tat. Bei Bach sind dem Original nicht nur neue Instrumentalfarben aufgesetzt, die Melodie selbst erscheint häufig verändert. Da ihr andere Stimmen hinzugefügt sind, ist sie strukturell Bestandteil eines völlig neuen Zusammenhanges. Dies geht öfter so weit, daß der bearbeitete Choral von dem figurativen Gewebe des polyphonen Stimmensatzes in den Hintergrund gerückt erscheint. Das motivisch und rhythmisch bedingte Eigengewicht der choralunabhängigen Stimmen erdrückt gleichsam die chorale Vorlage.

Insofern Bach Kirchenlieder aufgreift, die schon vor seiner Zeit entstanden sind, wächst den originalen Chorälen eine über ihre Entstehungszeit hinausweisende Dimension zu. Das historisch ›Objektive‹ des ursprünglichen Chorals wird dem Hörer auch hier in einer subjektiven Weise vorgestellt. Doch erhält der Eingriff Bachs, wie bei Schönberg, seine Legitimation dadurch, daß der Bearbeiter ästhetisch und stilistisch die Mittel seiner Zeit aufgreift und auch Erfahrungen einbringt, die vor ihm andere Komponisten machten, als sie Choräle bearbeiteten. Dadurch nimmt der Choral gewissermaßen eine zweite, ebenfalls auf dem Boden der Historie gegründete ›Objektivität‹ an. Die dritte, von Voraussetzungen des 20. Jahrhunderts geprägte ›Objektivität‹ erfährt er, wenn ein Komponist wie Schönberg Bachs Choralbearbeitungen für Orgel nun für das Orchester setzt.

Ein Charakteristikum der Choralbearbeitungen für die Orgel ist es, daß die Choräle ohne Text vorgetragen werden. Das Wesen choralgebundener Orgelmusik kann aber in seiner Substanz erst dann richtig erfaßt werden, wenn die ursprünglichen Textvorgaben mit berücksichtigt werden. Bach hat dazu offenbar Hilfestellungen gegeben. Denn nicht selten spiegelt sich in seinen Bearbeitungen der Kern des Textgehaltes wider, beispielsweise im affektiven Duktus der neu erfundenen Stimmen. Manchmal scheint Bach eine an die vorgegebene Melodie geknüpfte Sentenz des Textes musikalisch sogar erst richtig zum Vorschein gebracht zu haben. Nur so konnte auch die Orgelmusik ohne Gesang dazu beitragen, dem »Gemüth« des Kirchgängers einen konkreten religiösen Gedanken zu vermitteln (vgl. S. 69).

Dem Affekt der (geistlichen) Freude zum Beispiel war es angemessen, daß Bach in einigen Bearbeitungen Tanztypen einfließen ließ, wenn auch stark stilisiert. Die Choralbearbeitung *Schmücke dich, o liebe Seele* (BWV 654) erinnert an den Typ der Sarabande, die Bearbeitung *Von Gott will ich nicht lassen* (BWV 658) an die Allemande. Die Melodie des Chorals *In dir ist Freude* war ursprünglich ein venezianisches Tanzlied. Das in der ersten Liedzeile wie ein Motto ausgesprochene Wort »Freude« scheint Bach in seinem gleichnamigen Orgelchoral (BWV 615) denn auch zu dem spezifischen Habitus des Orgelsatzes inspiriert zu haben. Er wird sozusagen von einer ›hüpfenden‹ Achtel-Bewegung durchzogen:

Gewiß hat Bach diesen Orgelchoral selbst in einer Kirche gespielt und somit, historische Epochen übergreifend, die Intentionen derer fortgesetzt, die aus der Tanzmelodie ein protestantisches Kirchenlied gemacht hatten. Denn auch in seiner Bearbeitung ist das Tanzlied – es hat bei ihm die nunmehr dritte Gestalt angenommen – dem historisch, geographisch und rezeptionsmäßig typischen Umkreis, dem es entstammte, entzogen. Auch Bach stellte die Tanzmelodie in eine Umgebung, die von den Ursprüngen in Italien weit entfernt erscheint. Nicht jedoch ist bei ihm eine wesentliche konnotative Substanz aus dem Lied verschwunden: der Affekt der Freude. Nur ist der Gegenstand dieser Emotion nicht mehr weltlicher Natur, sondern geistlich geprägt. Denn wie der Text des Chorals sagt, liegt die Ursache der freudigen Stimmung in Christus. Schönberg hat in seinen Bach-Bearbeitungen das geistliche Moment zugunsten des Weltlichen zurückgedrängt, in dem evangelischen Kirchenlied wurde das Profane ins Geistliche überhöht – Bach hingegen ließ in seiner Bearbeitung des Chorals wiederum das weltliche Moment mehr ›zu Tone‹ kommen.
Neben dem Orgelchoral im engeren Sinn, von dem bisher hauptsächlich die Rede war, finden sich bei Bach auch andere Typen der Choralbearbeitung, so die *Choralfuge* bzw. *-fughetta*. In ihr ist das musikalische Thema aus der ersten Zeile eines Kirchenliedes gewonnen. Diese Liedzeile enthält oft einen zentralen Gedanken des Textes. Er wird dem Hörer in der Fuge oder Fughetta unaufhörlich eingeprägt, indem die Liedzeile als Fugenthema ständig wiederholt wird. Obwohl der Text auch hier fehlt, kann er folglich, sofern er nur dem Hörer bekannt ist, gewissermaßen im vorbewußten Teil seines »Gemüthes« intensiv weiterwirken.[19]
In der *Fughetta super: Dies sind die heil'gen zehen Gebot'* (BWV 679) verwendete Bach als Thema die erste Zeile des gleichnamigen Kirchenliedes, das schon in Vopelius' *Neu Leipziger Gesangbuch* von 1682 abgedruckt war. Der Text des ursprünglichen Chorals beginnt mit dem Demonstrativpronomen »dies«; es weist auf die Gebote Gottes hin.

Die fünffache Tonrepetition am Anfang der Choralmelodie scheint den Ernst und hinweisenden Charakter der Worte ins Unerbittliche zu steigern, die Unerschütterlichkeit der Zehn Gebote findet darin musikalisch ihren Ausdruck. Bach verstärkte das Demonstrative des Textes und der Melodie auf zweifache Art: einmal dadurch, daß er diese Choralzeile zum (ständig wiederkehrenden) Thema der Fughetta machte; andererseits durch Steigerung sogar der fünffachen Tonwiederholung. Er dehnte sie zu einer sage und schreibe dreizehnfachen, nur dreimal von größeren Intervallsprüngen unterbrochenen Tonrepetition aus (eigentlich sind es vierzehn wiederholte Töne, bei Vopelius dagegen sechs). Die musikalische und textliche Substanz der originalen Chorzeile erscheint so in hohem Maße gesteigert. Der musikalischen Monotonie des Themas zum Trotz war diese Übersteigerung tatsächlich angebracht, wenn das Instrumentalstück, das ohne Text auskommen muß, im religiösen Sinn sprachfähig sein sollte. Gerade die Orgelbearbeitung durch Bach verwies unüberhörbar auf das Eindringliche der Zehn Gebote. Etwas derart Demonstratives dürfte im Herzen des Kirchgängers seine Wirkung getan haben:

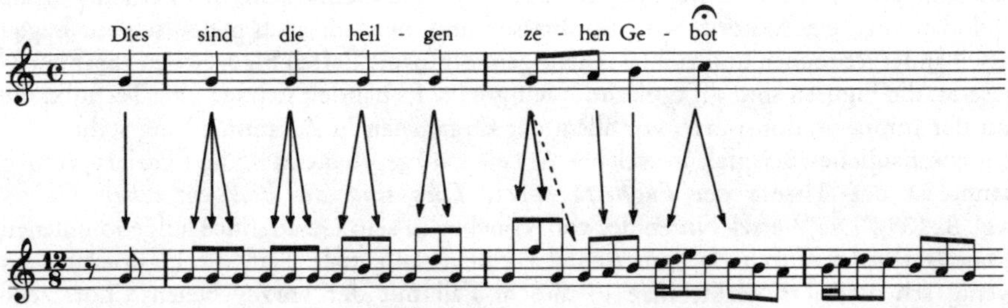

Ein prinzipiell anders gestalteter Werktyp der Choralbearbeitung ist die *Choralfantasie*, wie sie in Bachs *Christ lag in Todesbanden* (BWV 718) vorliegt. Die Großabschnitte unterscheiden sich durch die Choralzeilen, die in ihnen bearbeitet sind, sowie durch unterschiedliche Satztechniken: Bach verwendet die Technik des Fugato, ein Zeilenabschnitt erinnert an die Gigue, in einem anderen erklingen Echoeffekte, im letzten Großabschnitt ist der Cantus firmus in lang ausgehaltenen Noten gesetzt. Zwar löste sich Bach von der Textvorlage des gesungenen Chorals, dessenungeachtet hielt er bei der musikalischen Formung seiner Bearbeitung an der Zeilenfolge fest. Die Gestalt des Choraltextes bestimmte also die musikalische Formgebung durch den Bearbeiter mit. Das macht den spezifischen Charakter dieser ausschließlich aus Tönen bestehenden »Klang-Rede« aus, um ein Wort zu verwenden, das Bachs Zeit bereits kannte.

Im Jahre 1737 schrieb Johann Mattheson, »daß bey Instrumental-Sachen alles beobachtet werden müsse was die Setz-Kunst von den Vocal-Melodien erfordert: ja offt ein mehres«.[20] Bach hat sich bei seinen Choralbearbeitungen an diese Devise offenbar gehalten. Die Bearbeitungen für Orgel lassen erkennen, daß die Instrumentalmusik nicht in jedem Fall so selbständig ist, wie es zunächst den Anschein hat. »Der erste Unterschied zwischen einer Vocal- und Instrumental-Melodie«, so Mattheson, bestehe »darin, daß jene, so zu reden, die Mutter; diese aber die Tochter ist.«[21] Als »Tochter« scheint die instrumentale Musik Verfahrensweisen der vokalen Musik übernommen zu haben, und damit auch solche der sprachlichen Gliederung. Ein vermittelnder Zwischenträger könnten Gattungen wie die Choralbearbeitungen gewesen sein. Sie reichen in beide Bereiche, in den Bezirk der Vokal- und in den der Instrumentalmusik hinein.

Als ein anderer Werktyp sei die *Choralpartita* wenigstens genannt. Sie stellt gewissermaßen einen Variationszyklus dar, dessen einzelne Abschnitte häufig von organistischen bzw. clavieristischen Spielfiguren und Passagen durchzogen sind, wie in den *Partite diverse* (BWV 766–768), die Bach in seiner Jugend, ungefähr mit fünfzehn Jahren, schrieb.

Bei dem Typ des Orgelchorals, wie er im *Orgel-Büchlein* (BWV 599–644) vorliegt, wird die – meist in der Oberstimme liegende – Choralmelodie ohne Zäsur vorgetragen. Die Folge der Choralzeilen wird also nicht durch Vor- oder Zwischenspiele unterbrochen, wie es sonst häufig der Fall ist. Die Gegenstimmen sind prägnant gesetzt, oft haben sie einen motivischen Charakter. Auch hier ist ein wesentliches Mittel der Erfindung die Figuration. Was eine Figurierung ist, beschrieb Friedrich Erhard Niedt im zweiten Teil seiner *Musicalischen Handleitung* (Hamburg ²1721): Es sollen »aus gantzen oder halben Täcten, mit Manier, 2, 4, 8 oder 16 Noten« gemacht werden.[22] Eine Melodie, auch ein Akkord, wird rhythmisch und meistens auch melodisch sozusagen auseinandergebrochen und zu kleingliedrigen, oft formelhaften Figuren neu zusammengesetzt; die Figuren sind oft typische Spielfiguren. Es handelt sich um eine Technik, die mit der Improvisationspraxis vor allem der Organisten in Zusammenhang steht.

Ein anschauliches Beispiel, in welcher Art eine vorgegebene Melodie figuriert werden kann, ist das Thema der *Fughetta super: Dies sind die heil'gen zehen Gebot'* (vgl. S. 139). Die Viertel-Noten des von Vopelius in sein Gesangbuch aufgenommenen Chorals wurden durch Bach in Achtel-›Triolen‹ aufgeteilt. Daß die Figurierung ein wenig schematisiert wirkt, mag in diesem Fall mit der vorgegebenen Choralzeile zusammenhängen. Da sie im wesentlichen aus einer Tonrepetition besteht, waren die Möglichkeiten zur Veränderung von vornherein beschränkt.

Mehr Abwechselung kann erreicht werden bei variierender Figurierung fortschreitender Intervalle. In solchen Fällen scheint Mattheson schon eher recht zu behalten, »daß zwar im Grunde der [vorgegebene] Satz sein Esse behalte; doch aber dahin diminuirt, zertheilt und zergliedert werde, daß er mehr Leben, Stärcke, Anmuth und Zierrath bekomme«.[23] Das »Esse«, das wesensmäßige Sein der beiden ersten Noten in dem Choral *Mit Fried' und Freud' ich fahr' dahin*, wie Bach ihn in einem Satz des *Orgel-Büchleins* in der höchsten Stimme verwendete (BWV 616), ist der Quintsprung von d' nach a':

In der Stimme darunter paraphrasiert Bach dieses Intervall, indem er in einer Sequenz viermal hintereinander das rhythmische Motiv  so setzt, daß die Quinte der Oberstimme eine Oktave tiefer in Sekund-Schritten aufgefüllt erscheint. Bach bringt Leben in den Choral, indem er aus einem »halben Tact« – so lange dauert der erste Ton des Chorals – »mit Manier« insgesamt 12 Töne macht, die als Sechzehntel und Zweiunddreißigstel gesetzt sind (vgl. T. 1, erste Hälfte).

Der aus dem ersten Intervall des Chorals gewonnene »Zierrath« verselbständigt sich im Laufe der Bearbeitung zu einem hauptsächlich von den beiden mittleren Stimmen verarbeiteten Motiv. Doch spielt jetzt nicht mehr die Auffüllung des Quint-Intervalls eine wesentliche Rolle, sondern nur die rhythmische Folge  sowie generell die sekundweise Aneinanderreihung von Tönen, gleichgültig ob sie aufwärts oder abwärts erfolgt.

Dem Choral in der Oberstimme und den beiden mittleren Stimmen setzte Bach im Pedal ein anderes, weniger virtuos gestaltetes Motiv entgegen. Rhythmisch besteht es gleichbleibend aus 4 Sechzehnteln sowie daran anschließenden Achteln unterschiedlicher Anzahl: 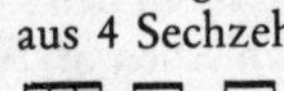 (vgl. T. 1 im Pedal). In der Sechzehntel-Figur sind stets zwei Terzsprünge sequenzierend aneinandergereiht; auch diese Figur tritt aufwärts und abwärts in Erscheinung. Die erste Terz im aufwärts geleiteten Terzenmotiv scheint eine Reduktion der ersten 3 Töne des vorher genannten Motivs der Mittelstimmen zu sein. Melodisch fällt jetzt der mittlere Ton jener 3 Noten sozusagen aus, wodurch ein Sprung entsteht. Der zweite Terzsprung ist analog hierzu eine Reduktion des 4. bis 6. Tons dieses Motivs. Insgesamt scheinen die Sechzehntel der Pedalstimme also durch eine Verkürzung der ersten 6 Töne des Mittelstimmenmotivs entstanden zu sein.

Folglich liegt der Schlüssel zum Verständnis der Bearbeitung Bachs in dem zu Anfang gesetzten Quint-Intervall des Chorals. Aus ihm leitet sich das Motiv der Mittelstimmen ab, und aus diesem wiederum das Motiv im Pedal. Die figurativen »Zierrathe« der Bearbeitung sind folgerichtig aufeinander und, mehr noch, auf ein wesensmäßiges »Esse« des Chorals abgestimmt. Aus einem einzigen Intervall, der Keimzelle des Stückes, wächst ein überwältigendes Figurenwerk heraus; die Komposition erscheint wie ein einheitlicher Wurf.

Weltliche Instrumentalmusik

Rekapitulieren wir: Bevor Bach, achtunddreißigjährig, in Leipzig Thomaskantor wurde, hatte er über neun Jahre lang als Hoforganist, »Cammermusicus« und Konzertmeister am Weimarer Hof gedient; ungefähr sechs Jahre war er Hofkapellmeister in Köthen gewesen. Vor seiner Leipziger Zeit arbeitete er also fünfzehn Jahre lang im weltlichen Bereich des Hofes und nur fünf Jahre, als Organist in Arnstadt und Mühlhausen, stand er im Dienst einer städtischen Pfarrei. Bach einen geistlichen Komponisten zu nennen, wie geschehen, ist also nur unter Vorbehalten gerechtfertigt. Von diesen Überlegungen ausgehend, sei im folgenden die vor Leipzig geschriebene weltliche Musik in den Mittelpunkt gerückt. Es handelt sich in erster Linie um höfische Instrumentalmusik, und nachdem bei der Charakterisierung der Orgelwerke der deutsche Stil das Thema war, wird nun zunächst von einer ausländischen Stilbeeinflussung die Rede sein.[24] Später sollen auch andere als nationale Eigenarten des Stils in die Betrachtung einbezogen werden.
Walther nannte 1732 im *Musicalischen Lexicon* die verschiedenen Stilarten seiner Zeit, »als da sind: der alte und neue Styl; der Italiänische, Frantzösische, Teutsche-Styl etc. Der Kirchen Opern- und Cammer-Styl etc. Der lustige, fröliche, bunte, scharffe, ebenträchtige, ausdruckende, ehrbare, ernsthaffte, majestätische Styl; der natürliche, fliessende, zärtliche, bewegende Styl; der grosse, hohe, galante Styl; der gewöhnliche, gemeine, niederträchtige, kriechende Styl etc.«.[25] Die Kriterien, an denen Walther die Stile maß, gehen vom Affekt der Musik aus (lustig usw.), vom Raum, in dem sie erklingt (Kirche, Oper, Kammer), vom Land, aus dem die Schreibweise kommt (Italien, Frankreich, Deutschland), und vom historischen Ort, an den sie gebunden ist (alter Stil – neuer Stil). Wenden wir uns zuerst dem »italiänischen Styl« zu.

Der italienische Stil

Im 17. Jahrhundert führten italienische Komponisten wie Corelli, Torelli, Legrenzi, Vivaldi und Albinoni der für Streicher komponierten Musik entscheidende Impulse für ihre weitere Entwicklung zu. Hier seien Stilmerkmale der italienischen Streichermusik am Beispiel des Venezianers Antonio Vivaldi diskutiert und Berührungspunkte zwischen dem Instrumentalwerk Bachs und der italienischen Musik herausgearbeitet.

Die Werke Vivaldis, aber auch generell die italienische Streichermusik, zeichnen sich in den schnellen Sätzen durch eine kraftvolle, temperamentgeladene Tonsprache aus. Oft erklingt über längere Partien hinweg derselbe Rhythmus, nur selten richtet er sich einmal gegen das Metrum. Dies verleiht der Musik in gewissem Sinne einen motorischen Charakter. Ebenso sind die melodieführenden Stimmen in straffen Linien gezeichnet, plastisch und prägnant. Unter solchen Voraussetzungen brachte die ›musikantische‹ Erfindungskraft der Italiener eingängige, leicht ins Ohr fallende Kompositionen hervor. Ein Beispiel: Vivaldis *Violinkonzert G-Dur* op. 7, Nr. 2. Der Einleitungssatz wird in den drei oberen Stimmen (Violine solo, Tuttiviolinen I, II) zunächst von einer rhythmisch gleichmäßigen, den 2/4-Takt akzentuierenden Viertel- und später von einer ebenso unbeugsamen Achtel-Bewegung beherrscht. In den beiden unteren Stimmen (Viola, Continuo) grundierte Vivaldi diesen Bewegungsverlauf durch Viertel und auftaktige Achtel, die ebenfalls das metrische Gleichmaß betonen. Durch das unnachgiebige, hartnäckige Herausmeißeln des rhythmisch-metrischen Grundrisses, das den ganzen Satz über spürbar bleibt, wuchs der Musik in gewissem Sinne ein ›ostinater‹ Charakter zu. Wie angedeutet, hinterließen ähnliche Wesenszüge, freilich nicht so besitzergreifend, ihre Spuren auch im Werk Bachs (vgl. S. 113 f.).

Parallelen zwischen Bachs Musik und diesem Violinkonzert liegen, wie nachgewiesen werden soll, auch bei der Erfindung der melodischen Linien vor. Vivaldis Konzert beginnt in den drei höchsten Stimmen mit der Tonfolge g″, fis″, g″. In dieser Konstellation wird der Grundton g″ der das Werk beherrschenden Tonart G-Dur durch die untere Nebennote fis″ präzisierend herausgearbeitet. Es folgt der Quartsprung d″–g″, der, markant gesetzt, ebenfalls die Hervorkehrung des g″ zum Ziele hat. Die plastisch niedergeschriebene Viertel-Bewegung des Anfangs mündet schließlich in eine schnellere Achtel-Bewegung, bei der die einzelnen Töne nicht so deutlich ins Gehör fallen:

Bach kannte dieses Konzert von Vivaldi. Er übertrug es auf das Tasteninstrument (BWV 973), wobei er die melodieführenden Partien in die höchste Stimme der rechten Hand legte. In Bachs Übertragung sehen die Takte folgendermaßen aus:

Die Modellierung des – transkribierten – Anfangsthemas von Vivaldi entspricht in manchem der Konzeption des Fugenthemas aus dem Presto im letzten Satz des *4. Brandenburgischen Konzerts G-Dur* (BWV 1049):

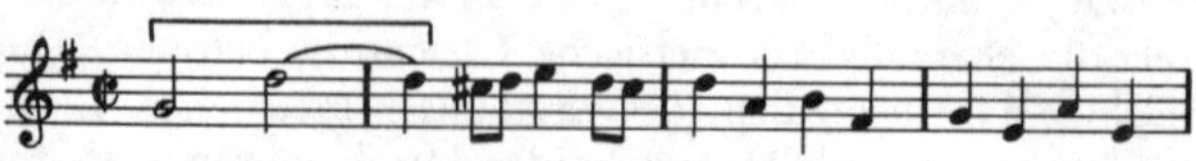

Bach leitete das Fugenthema mit einem markanten Quintsprung ein, dessen Töne g′–d″ die Tonart G-Dur befestigen. Während sich bei Vivaldi die Viertel-Bewegung des Beginns zu einer Achtel-Bewegung verkürzt, gerinnt bei Bach die Halbe-Bewegung schließlich zu einer Viertel-Bewegung. Beide Male sind die Bewegungsverhältnisse prinzipiell ähnlich.
Wie bei Vivaldi ist also auch bei Bach der Anfang des Themas deutlich herausgemeißelt, wogegen am Ende die einzelnen Töne nicht so klar durchzuhören sind. Ebenso wird beide Male das Themenende durch eine längere Folge abwärts gerichteter Intervalle erreicht. Doch nicht nur die Struktur der Themen läßt ähnliche Merkmale erkennen, die melodischen Verwandtschaften können auch am Detail verfolgt werden. Denn die abwärts geführte Tonfolge in den Takten 3 und 4,1 des *Brandenburgischen Konzerts* entspricht notengetreu dem Abwärtsgang von Takt 5 und 6,1 im Violinkonzert Vivaldis, nur daß die Abwärtsführung bei Bach (unteres Notenbeispiel) eine Quarte tiefer transponiert erscheint:

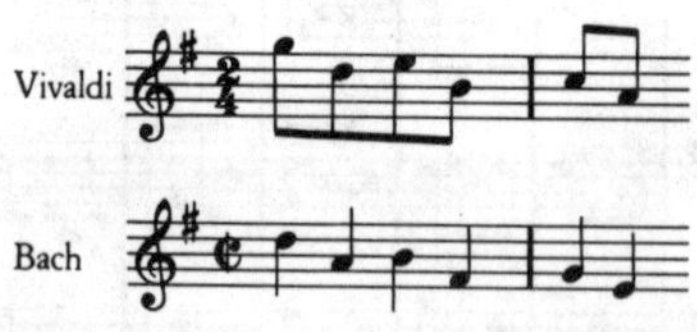

Die auch in anderen Kompositionen zu beobachtende Häufung von Ähnlichkeiten zwischen der Musik Vivaldis und dem Werk Bachs deutet darauf hin, daß es sich nicht um zufällige Analogien handelt. Eine Stilbeeinflussung scheint tatsächlich vorzuliegen, zumal sich Bach, wie die Transkription zeigt, mit Vivaldi intensiv auseinandersetzte. Dies besagt nicht, daß Bach bei der Erfindung des im *4. Brandenburgischen Konzert* verwendeten Themas das Konzert von Vivaldi direkt vor Ohren gehabt haben mußte. Weitaus wahrscheinlicher ist es, daß die Verbindungslinien untergründig verliefen. Dies war sicherlich auch der Fall, als Bach im *Konzert für 2 Violinen und Orchester d-Moll* (BWV 1043) das Fugenthema des Vivace konzipierte. Es verläuft folgendermaßen:

Das Thema ist offensichtlich im italienischen Stil gehalten. Darauf deutet die markante Sprache, mit der zu Beginn der Tonraum über d′ definiert wird (T. 1 und 2,1), und auch die Hervorkehrung des metrischen Grundrisses durch die bündige, straff organisierte Achtel-Bewegung erinnert an die italienische Streichermusik. Allerdings wirkt die durch einen Septimensprung erreichte Synkope, die im zweiten Takt das c″ besetzt hält, wie ein Impuls, der das rhythmisch-metrische Gleichmaß aufbrechen will.
Läßt man die Transposition außer acht, so ist der Anfang dieses Themas mit dem Allegro einer *g-Moll-Violinsonate* von Vivaldi (nach dem Werkverzeichnis von A. Fanna, 1967: F. XIII, Nr. 15) identisch:

Die Ähnlichkeit beider Themenanfänge ist frappierend. Doch bricht die Identität der Themen in dem Augenblick zusammen, in dem Vivaldi die Melodie allzu gleichförmig zu gestalten beginnt. Die durch einen Auftakt erreichte Sechzehntel-Sequenz des zweiten Taktes der Vivaldi-Sonate konnte in Bachs Konzert darum keine Entsprechung finden, weil die Musik von Bach generell farbiger, abwechslungsreicher und, wertend gesagt, differenzierter gestaltet ist, als es in der italienischen Streichermusik meistens der Fall war. Statt der motorisch wirkenden Sechzehntel-Sequenz leitete Bach den zweiten Teil seines Themas denn auch mit der dem Metrum sich entgegenstemmenden Synkopierung ein.
Trotz des engen Verwandtschaftsgrades muß es auch in diesem Fall offenbleiben, ob sich Bach auf Vivaldi direkt bezog. Melodiebildungen wie die zu Anfang der Sonate waren bei den generell unter italienischem Einfluß stehenden deutschen Komponisten zu sehr verbreitet, als daß man auf eine unmittelbare Übernahme schließen könnte. Möglicherweise war auch hier jene »Quelle der Erfindung« am Werk, von der der Musikschriftsteller Mattheson schrieb: »Wiederum kan es auch manchesmahl von ungefehr kommen, daß einer auf gewisse Gänge geräth, die schon vorher hie und da anzutreffen sind, auf solche Wege, die bereits andre Leute betreten haben; ohne daß jener seine Gedancken darauf gerichtet, oder sich dieselbigen Sätze ausdrücklich erlesen hätte.«[26] Auch Johann Sebastian Bach betrat schon begangene Wege und erschloß sich dadurch neue Gänge. In Anlehnung an die italienische Kompositionstechnik, ihre Motiv- und Themensprache, entwickelte er seine eigene Gedankenwelt. Dies war im Barock eine allgemein übliche Vorgehensweise, es war ein schöpferisches Nachgestalten und Fortbilden.
Die Tendenz Bachs, in produktiver Weise an Stilmerkmale der italienischen Musik anzuknüpfen, ist auch am 2. Satz des *3. Brandenburgischen Konzerts* (BWV 1048) erkennbar. Dort stellt er in den ersten drei Takten der Violin- und Violachöre

(Violine I–III, Viola I–III) die wesentlichen Elemente vor, die den Satz prägen und auf eine ›ostinate‹ Weise immer wieder zu Gehör gebracht werden. Die Takte sind wie folgt komponiert:

Es sind drei Elemente, die sich den ganzen Satz über ›hartnäckig‹ behaupten: Akkordbrechungen, wie sie vor allem im ersten Takt von den Violen gespielt werden, Tonwiederholungen, die u. a. im zweiten Takt in der höchsten Stimme erklingen, und Sechzehntel-Formationen, die beispielsweise die Violinen im ersten Takt vortragen (ihre Anfänge sind im Notenbeispiel als *Groppo* bezeichnet). Diese melodischen Elemente kombinierte Bach im Verlauf des Satzes auf unterschiedliche Weise, er tauschte sie in ihrer Folge aus, verkürzte oder verlängerte sie oder ließ einzelne Glieder aus den Zusammenschlüssen herausfallen. Diese Technik, dasselbe auf immer wieder andere Weise zu ›sagen‹, kennzeichnet auch die Streichermusik der Italiener, besonders die Tutti-Partien der italienischen Concerti. Die Eingängigkeit der italienischen Violinmusik beruht bis zu einem gewissen Grad auf diesem Mittel der ›Eloquenz‹. Indem Bach sich in dem *Brandenburgischen Konzert* daran orientierte, zielte er auf eine leicht faßliche Durchhörbarkeit und starke ›Überredungskraft‹ dieser typisch höfischen Unterhaltungsmusik.

Doch nicht nur die formale Gestaltung dieses Satzes ist auf eine gewisse Verständlichkeit ausgerichtet. Auch die genannten melodischen Elemente selbst sind es; ihr einfaches Idiom erweckt den Eindruck einer prägnant-plastischen Tonsprache. Ihrem Zusammenhang mit der italienischen Musik soll im folgenden nachgegangen werden. Denn auch bei den Italienern finden sich häufig gebrochene Akkorde, Tonrepetitionen und Groppi.

An auffälligen Stellen sind diese drei Tonkonstellationen zum Beispiel im *Concerto für 2 Violinen, Violoncello und Orchester* op. 3, Nr. 11 aus Vivaldis *L'estro armonico* gesetzt. So leitete Vivaldi das Concerto mit einer ausgedehnten, kanonischen Folge des gebrochenen d-Moll-Dreiklangs ein (T. 1–5), desjenigen Akkordes, der die Grundlage des in d-Moll geschriebenen Werkes bildet. An ihn schließt sich, abwechselnd von der 2. und 1. Solovioline vorgetragen, 14 Takte lang u. a. die Repetition des Grundtons d' an (T. 6–20):[27]

Auch der Groppo ist an einer herausragenden Stelle gesetzt. Wo der 1. Satz, dramatisch gearbeitet, seinem Ende, dem Höhepunkt zustrebt, verwendete ihn Vivaldi, durch einen Orgelpunkt grundiert, in den zwei höchsten Stimmen als Terzen kombiniert (T. 93–95):

Seine Bezeichnung hat der *Groppo* vom Erscheinungsbild auf dem Notenblatt. Hierzu merkte Wolfgang Caspar Printz im 1689 erschienenen *Compendium Musicae Signatoriae et Modulatoriae Vocalis* an: »Groppo ist eine lauffende Figur, so sich überwaltzet, wie eine Kugel; daher sie auch den Nahmen hat; formiret im Schreiben einen halben Kreiß, und besteht in vier geschwinden Noten, deren erste und dritte einerley, die andere und vierte unterschiedene Stellen haben.«[28] In dem Vivaldi-Beispiel verläuft die »überwaltzende Kugel« des *Groppo* überall aufwärts. Demgegenüber ließ Bach sie im Allegro des *3. Brandenburgischen Konzerts* zuerst aufwärts und dann abwärts rollen (vgl. S. 146).

Die von Bach, Vivaldi und anderen recht häufig verwendete Figur leitete sich ursprünglich aus der italienischen Verzierungskunst her, besonders aus derjenigen der italienischen Sänger. So hatte schon 1593 der Sänger Giovanni Luca Conforto in einer Schrift *Breue et facile maniera d'essercitarsi [...] a far passaggi* verschiedene Formen des Groppo genannt.[29] Es handelte sich um trillerartige Tonfolgen, die am Ende von Melodieabschnitten improvisierend vorzutragen waren. Mit der Zeit befreiten sich die Groppo-Bildungen von ihrem ausschließlich auszierenden Charakter. Die Komponisten integrierten sie in den Verlauf der melodischen Linien selbst, so daß sie nicht mehr nur improvisiert, sondern auch als wesentlicher Bestandteil der Melodik verwendet wurden; das war vor allem in der Instrumentalmusik der Fall. Dieses Stadium ist spätestens mit Vivaldi erreicht, und auch Bach verwendete den Groppo in dem zitierten Beispiel aus dem *Brandenburgischen Konzert* als ein auskomponiertes, die melodische Stimmführung konturierendes Element. Allerdings muß darauf hingewiesen werden, daß melodische Bildungen wie der Groppo oder die Dreiklangsbrechungen und Tonrepetitionen dem Werk Bachs nicht allein aus italienischen Quellen zuflossen. Es handelt sich um zu elementare Tonfolgen, als daß ihre Herkunft einzig einem einzigen, hier dem italienischen, Traditionszusammenhang zugeschrieben werden könnte.

Bisher war vor allem von den Melodiebildungen in den schnellen Sätzen die Rede, nun sollen auch die langsamen Sätze in den Blick genommen werden. Denn auch hier bestehen – untergründig – Verbindungslinien zwischen Bach und den Italienern. Wiederum wird als Bezugspunkt zunächst Vivaldi genannt als einer der markantesten Vertreter der italienischen Streichermusik. Er komponierte seine Concerti meistens in drei Sätzen, wobei die bündige Tonsprache der schnelleren Ecksätze in der Regel durch einen kantablen, langsamen Mittelsatz kontrastiert wird. Dies ist zum Beispiel in seinem *Concerto a-Moll für 2 Violinen und Streichorchester* op. 3, Nr. 8 der Fall.[30] Hier führen im Larghetto die beiden obligaten Violinen (über einem ostinaten Baßthema) ein inniges Duett aus:

Reduzieren wir die ersten vier Takte der zunächst von der Violine I vorgetragenen Melodie auf ihr Grundgerüst, so ergibt sich das folgende Bild:

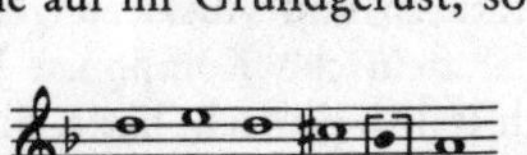

Es handelt sich um eine gesangliche Linie, deren Zwischentöne nicht mehr (aber auch nicht weniger) als »Zierrath« sind. Die Tendenz, die Melodien der langsamen Sätze auszuzieren, trieb Bach recht weit voran. So findet sich im Adagio des *1. Brandenburgischen Konzerts* (BWV 1046) die folgende Melodie; ihr Grundgerüst erscheint durch die ausgeschriebenen Verzierungen so verdunkelt, daß es zum Teil nicht mehr richtig zu erkennen ist:

Auch im Andante des *Italienischen Konzerts F-Dur* (BWV 971), von Bach für ein zweimanualiges Cembalo komponiert, verlegte er die ›eigentliche‹ Form der Melodie, ihr kantables Grundgerüst, gewissermaßen in den Hintergrund, wogegen die das Gerüst umrankenden Ornamente in ein klareres Licht getaucht sind. Trotzdem ist, wie im vorigen Beispiel so auch hier, der der Melodie innewohnende Ausdruck keineswegs erstickt. Im Gegenteil, die Auszierungen sind ein wesentliches Element des affektiven Gestus, der die Musik prägt:[31]

Eine dem Ohr sich einschmeichelnde Kantabilität wie in den beiden letztgenannten Beispielen findet sich bei Bach manchmal auch in den langsamen Sätzen der Sonaten für ein Melodieinstrument (Flöte, Geige, Gambe) und obligate Begleitung oder Basso continuo: Über der Baßstimme als dem tragenden Fundament entfaltet sich eine gesangliche Linie, die sehr ausdrucksvoll erfunden und an vielen Stellen offensichtlich ornamental gearbeitet ist. Bei einer obligaten Begleitung schrieb Bach die Melodie nicht selten auch der rechten Hand des Cembalisten zu. Da der Ton des Cembalo wenig modulationsfähig ist und rasch verklingt, kann auf diesem Instrument, der Orgel ähnlich, nicht ausgesprochen melodiös gespielt werden. Auch darum bot es sich an, daß Bach die Melodien nicht in lang ausgehaltenen Noten niederschrieb, sondern ornamentierte. Der Charakter des melodisch Expressiven ging auf dem Cembalo deswegen nicht verloren. Ein ausgewogener Dialog zwischen dem Melodie- und dem Tasteninstrument wurde grundsätzlich möglich. Indem Bach die beiden Instrumente öfter wechselseitig in den Vorder- oder Hintergrund rückte, stehen sie, ähnlich wie im Larghetto von Vivaldi, als gleichwertige Partner Rede und Antwort.

Der zuweilen pointierte Gebrauch der Verzierungen in den langsamen Sätzen Bachs, der weit über die Gepflogenheiten der italienischen Streichermusik hinausgeht, erinnert in gewisser Weise auch an die Improvisationspraxis der italienischen Sänger. Vor allem sie versahen ihre Arien, hauptsächlich dann, wenn sich, wie im *da capo*, einzelne Partien darin wiederholten, mit immer neuen Koloraturen und Auszierungen, und zwar auch in den langsamen Sätzen. So berichtet der deutsche Komponist Johann Joachim Quantz, der 1724–27 eine Lehrreise u. a. nach Italien gemacht hatte, über den 1705 in Neapel geborenen Sänger Farinelli (der eigentlich Carlo Broschi hieß): »In den willkürlichen Auszierungen des Adagio war er sehr fruchtbar, aber das Feuer seiner Jugend, sein großes Talent, der allgemeine Beifall und die fertige Kehle machten, daß er dann und wann zu verschwenderisch damit umging.«[32]

Offenkundig bestehen also zwischen der Verzierungskunst Bachs und der der Italiener Berührungspunkte; die Gemeinsamkeit scheint dabei vor allem in der Tendenz zur Virtuosität zu gründen. Das Virtuosentum beherrschte nicht nur die italienische Oper, es kennzeichnet auch die italienische Violinmusik bis zu einem gewissen Grad. Als Bei-

Johann Sebastian Bach, Beginn der *Sonate für Violine solo a-Moll* (BWV 1003). Autograph in der hier besonders kraft- und schwungvoll erscheinenden Handschrift des Komponisten

spiel hierfür diene eine Passage aus dem *Violinkonzert D-Dur* von Tartini. Deren Schwierigkeit steht Bach in seinen virtuosesten Werken in nichts nach, so etwa in den *Sonaten und Partiten für Violine solo* (BWV 1001–1006) oder in der Solovioline des *4. Brandenburgischen Konzerts* (BWV 1049; vgl. Abb. oben und Notenbeispiel S. 133):

Tatsächlich berichtet Quantz von Tartini, den er persönlich gehört hatte: »Die größten Schwierigkeiten führte er, ohne sonderliche Mühe, sehr rein aus. Die Triller, sogar die Doppeltriller, schlug er mit allen Fingern gleich gut. Er mischte, sowohl in geschwinden als langsamen Stücken, viele Doppelgriffe mit unter und spielte gern in der äußersten Höhe. Allein sein Vortrag war nicht rührend und sein Geschmack nicht edel, vielmehr der guten Singart gantz entgegen.«[33]

In der Bewunderung für das virtuose Spiel von Tartini klingt Kritik am Ornamental-Virtuosen an. Quantz ging ästhetisch von anderen Voraussetzungen als die Italiener aus und vermißte deswegen in Tartinis Geigenkünsten die »gute Singart«. »Die italiänische Art zu spielen«, so Quantz generell, sei »willkührlich, ausschweifend, gekünstelt, dunkel, auch öfters frech und bizarr, schwer in der Ausübung; sie erlaubet viel Zusatz von Manieren [...]; sie erwecket aber bey den Unwissenden mehr Verwunderung, als Gefallen«.[34] Sein Vergleich der italienischen »Spielart« mit der französischen fiel zugunsten letzterer aus, sie sei zwar »sklavisch, doch modest, deutlich, nett und reinlich im Vortrage, [...] jedermann begreiflich, und bequem für die Liebhaber«.[35] Tatsächlich stieß der übermäßige Gebrauch virtuoser Auszierungen, wie er in der italienischen Musik zu beobachten war, in Frankreich auf Ablehnung. Dies wußte der Deutsche Quantz, wobei er den Franzosen recht gab: »Die Franzosen legen den Italiänern, nicht ganz und gar ohne Grund, zur Last, daß sie in den Arien, ohne Unterschied, zu viel Passagien anbringen. Es ist zwar wahr, daß [...] die Passagien eine ausnehmende Zierde im Singen sind. Es ist aber auch nicht zu läugnen, daß die Italiäner hierinne bisweilen zu weit gehen [...].«[36]

Legte man an den italienischen Ornamentalstil dieses strenge Maß der Beurteilung an, dann mußte, vom Blickwinkel der Franzosen aus gesehen, auch die Verzierungskunst Bachs Kritik erfahren. Tatsächlich rügte der Deutsche Johann Adolph Scheibe, dessen Musikauffassung ebenfalls auf französischen Kriterien des Natürlichen, Schönen und Gesanglichen beruhte, bei ihm – neben anderem, wie wir sahen (vgl. S. 114 ff.) – das Fehlen des »natürlichen« Ausdrucks und bemängelte an Bach: »Alle Manieren, alle kleine Auszierungen, und alles, was man unter der Methode zu spielen verstehet, druckt er mit eigentlichen Noten aus; und das entziehet seinen Stücken nicht nur die Schönheit der Harmonie, sondern macht auch den Gesang durchaus unvernehmlich.«[37]

Da Bach auch im Andante des *Italienischen Konzerts* die Verzierungen in die Komposition integrierte, weshalb er sie in »eigentlichen Noten ausgedruckt« hat, hätte Scheibe dieses Werk in seine Kritik eigentlich einbeziehen müssen. Doch brachte er die einseitige Stellungnahme, die er Bach gegenüber bewies, hier ins rechte Lot. Wie zuvor schon im *Critischen Musicus* vom 22. Dezember 1739 lobte er das Konzert auch in einer Abhandlung über das Instrumentalkonzert aus dem Jahre 1745 in überschwenglicher Weise. Das Musikstück, so Scheibe, sei »auf die beste Art eingerichtet [...], die nur in dieser Art zu setzen anzuwenden ist«. Ja, Scheibe stellte das *Italienische Konzert* seinen Landsleuten schlechterdings als ein Vorbild hin und meinte, Ausländer würden es kaum erreichen: »Ein so großer Meister der Musik, als Herr Bach ist, [...] mit dem wir den Ausländern ganz sicher trotzen können, mußte es auch seyn, uns in dieser Setzart ein solches Stück zu liefern, welches den Nacheifer aller unserer großen Componisten verdienet, von den Ausländern aber nur vergebens wird nachgeahmet werden.«[38] Da sich der »gekünstelte«, passagenreiche Stil der Italiener von der »modesten«, »netten« Musik der Franzosen offensichtlich unterscheidet, soll nun auch der französische Stil, sofern er sich in Bachs Werk zeigt, näher ins Blickfeld rücken.

Der französische Stil

Selbstverständlich sind die französischen und italienischen Merkmale bei Bach nicht strikt geschieden. So enthalten die italienisch beeinflußten *Brandenburgischen Konzerte* auch typisch französische Tanzsätze wie das Menuett. Und an Techniken des *style brisé* erinnert es, wenn im Allegro des *5. Brandenburgischen Konzerts D-Dur* (BWV 1050) die Melodie im Cembalo so gestaltet ist, daß ein Sekundgang (vgl. die eingekreisten Noten) immer wieder vom Ton a″, einem latenten Orgelpunkt, unterbrochen wird:

Als *style brisé*, gebrochenen Stil, hatte Denis Gaultier in seinen *Pièces de luth* (1669) den Stil des Lautensatzes bezeichnet: Die Akkorde werden arpeggierend, gebrochen gespielt, so daß ihre Töne nicht gleichzeitig, sondern nacheinander erklingen. Der akkordische Satz und die Stimmführung treten hierbei in ein eigentümliches Verhältnis. Der Komponist hebt einzelne Töne der arpeggierten Akkorde, beispielsweise deren Spitzentöne oder die tiefsten Noten, durch die besondere Setzweise hervor, so daß innerhalb des (gebrochenen) Akkordsatzes melodische Zusammenhänge, gesangliche Linien entstehen können. Der *style brisé* resultierte anfänglich aus den beschränkten Spielmöglichkeiten des Lauteninstrumentes. Da auf der Laute eine ausgeprägte polyphone Stimmigkeit nicht leicht zu realisieren ist, behalf man sich, indem der (arpeggierte) Akkordsatz in eine gewisse Scheinpolyphonie überführt wurde. Die französischen Clavecinisten verwendeten den *style brisé* dann jedoch auch in der Musik für Tasteninstrumente.
In dem Beispiel aus dem *5. Brandenburgischen Konzert* wandte Bach die Technik des *style brisé* nun nicht auf einen gebrochenen Akkordsatz an, sondern sozusagen auf eine gebrochene Melodie. Die Unterbrechung des melodischen Grundgerüstes durch den latenten Orgelpunkt unterhöhlt dieses gewissermaßen. Doch anders als bei dem

»Zierrath« beispielsweise des Adagio im *1. Brandenburgischen Konzert* ist das Gerüst nirgends vom Zusammenbruch bedroht, es bleibt »jedermann begreiflich«. Bach scheint die Eleganz der melodischen Linie vor der Folie des Orgelpunktes sogar erst ins rechte Licht gesetzt zu haben. Etwas komplizierter verhält es sich mit dem Menuett aus der für Clavier geschriebenen *3. Französischen Suite* (BWV 814). Auch hier verwendete Bach an den *style brisé* erinnernde Techniken, er brach die obere Stimme ebenfalls auseinander:

Die untersten Töne der von der rechten Hand gespielten Oberstimme treten zu eigenen ›Melodiefloskeln‹ zusammen (vgl. die eingekreisten Noten: d″–cis″–d″/h′–ais′–h′). Diese Floskeln werden von den Obertönen der Stimme unterbrochen. Außerdem wird die Floskel des 2./3. Taktes (h′–ais′–h′) in der Baßstimme vorausgenommen bzw. nachgeahmt. Umgekehrt kann das in der Oberstimme ständig wiederkehrende fis″ wie ein Orgelpunkt (als Halteton) aufgefaßt werden, der von den Melodiefloskeln (und dem h″) unterbrochen wird. Mit Hilfe zweier Stimmen ruft Bach demnach den Eindruck einer gewissen Dreistimmigkeit hervor.

Der *style brisé* und ihm verwandte Techniken finden sich bei Bach besonders häufig in den *Sonaten und Partiten für Violine solo* (BWV 1001–1006) oder in den *Suiten für Violoncello solo* (BWV 1007–1012). Den Mangel der Einstimmigkeit wiegt er durch die Tendenz zur Scheinpolyphonie auf, so daß man an manchen Stellen meinen möchte, es handele sich um mehr als nur eine einzige Stimme, Bach habe einen mehrstimmigen Satz komponiert.

Das folgende Beispiel aus dem 1. Satz (Prélude) der *5. Suite c-Moll für Violoncello solo* (BWV 1011), in einer ähnlichen Technik gesetzt wie die beiden letzten, belegt das noch einmal. Die tiefen Töne treten hier zu korrespondierenden ›Bruchstücken‹ zusammen, von denen jedes das Intervall einer Terz ausfüllt (d–e–f / es–f–g / g–as–b / f–g–as / es–f–g). Auch diese Melodiefloskeln sind von repetierenden Tönen unterbrochen (c′, d′, f′, es′, d′), oder umgekehrt: der repetierende Ton (Halteton) wird durch die melodischen Figuren aufgebrochen. Die latente Zweistimmigkeit derart diffizil komponierter Partien wird nur dann richtig hörbar, wenn der Interpret die Melodietöne leicht hervorhebt, dadurch etwa, daß er auf ihnen ein wenig anhält (in einem etwas anderen Zusammenhang empfahl im Jahre 1741 Jean-Philippe Rameau: »An Stellen, wo man zwei oder mehrere Noten nicht leicht zusammen spielen kann, arpeggiert man sie [. . .], wobei man auf derjenigen Note anhält, von welcher aus die Melodie weitergeht«[39]):

Von dieser *5. Suite c-Moll für Violoncello* liegt eine *Bearbeitung in g-Moll für Laute* (BWV 995) vor, die geradezu den Beweis unserer These liefert. Der Vergleich beider Fassungen zeigt, daß Bach in der Cello-Suite in einer einzigen Stimme tatsächlich das Konzentrat eines mehrstimmigen Satzes geben und so den Eindruck einer – nichtexistenten – Mehrstimmigkeit erzielen wollte. Denn im Unterschied zu dem Werk für Cello läßt der Lautensatz anstatt der latenten Zweistimmigkeit oft eine reale Zweistimmigkeit erkennen, es erklingen zusätzlich Baßtöne, ebenso sind Mittelstimmen eingefügt, die das harmonische Gerüst auffüllen. Weiterhin hält der Lautenist Töne, die auf dem Cello nur kurz erklingen, länger aus. Und schließlich führte Bach im Prélude und in der Gigue der Lauten-Fassung sogar eine zweite relativ selbständige Stimme ein, die in der Gigue die andere Stimme auch imitiert.

Sofern die auf dem *style brisé* basierenden Techniken eine gewisse Mehrstimmigkeit vorspiegeln, die realiter nicht komponiert wurde, haftet ihnen ein Moment des Illusorischen an. Es kommt jenem »Illusionsprinzip« nahe, das Theodor W. Adorno hinsichtlich der *Tripelfuge cis-Moll* aus dem 1. Teil des *Wohltemperierten Claviers* konstatierte. Die 5stimmige Fuge, so Adorno, kenne »eine Engführung, die man pseudo-zehnstimmig genannt hat; durch immer erneut sich überschneidende Themeneinsätze wird eine Vielheit nichtexistenter Stimmen vorgespiegelt. [...] Mitten in dem nach herrschender Ansicht so strengen Fugenwesen hat sich ein den Tricks barocker Architektur vergleichbares Illusionsprinzip eingenistet. [...] Musik, von der man denken möchte, daß sie, weil sie nichts darstellt, auch nichts fingieren muß, hat trotzdem am Illusionscharakter teil, an dem, was dann die Spekulation des deutschen Idealismus den ästhetischen Schein nannte.«[40]

Bisher war von einem aus Frankreich kommenden Stilprinzip die Rede, das bei Bach nicht an eine bestimmte Gattung gebunden ist. Nun sollen auch gattungsspezifische Eigentümlichkeiten des französischen Stils beleuchtet werden, zunächst am Beispiel der französischen Ouvertüre.

Johann Joachim Quantz merkte zur Ouvertüre an, sie erfordere »einen prächtigen und gravitätischen Anfang, einen brillanten, wohl ausgearbeiteten Hauptsatz, und eine gute Vermischung verschiedener Instrumente [...]. Ihr Ursprung kömmt von den Franzosen her.« Quantz, der vor allem die Einleitungssätze französischer Opern im Blick hatte, nannte als »gute Muster« die Ouvertüren des in Paris lebenden Komponisten Jean-Baptiste Lully. Allerdings seien sie von »deutschen Componisten, unter andern vornehmlich *Händel* und *Telemann*, [...] weit übertroffen« worden; es ginge darin »den Franzosen mit ihren Ouvertüren fast, wie den Italiänern mit ihren Concerten«.[41]

Hätte Quantz nicht vor allem auf die Opern-Ouvertüre abgehoben, dann hätte er gewiß auch die Ouvertüren von Bach als ein Vorbild anführen können. Auch er komponierte den ersten Teil »prächtig«, »gravitätisch«, das diesem Charakter angemessene Tempo ist langsam, getragen. Und typisch französisch sind ebenfalls die punktierten Noten, die öfter mit Triller besetzt sind, sowie die kurzen, auftaktigen Tonfolgen, mit denen sie vorbereitet werden. Man vergleiche hierzu den Beginn der Ouvertüre von Bachs *h-Moll-Suite* (BWV 1067) im Beispiel auf der folgenden Seite.

Wie die beschriebenen Notenwerte seiner Ansicht nach zu spielen waren, schildert Quantz so: »Die Note mit dem Puncte wird mit Nachdruck markiret, und unter dem Puncte der Bogen abgesetzet. [...] und soferne nach einem Puncte oder einer Pause

[...] dreygeschwänzte Noten folgen; so werden solche, besonders in langsamen Stücken, nicht allemal nach ihrer Geltung, sondern am äußersten Ende der ihnen bestimmten Zeit, und in der größten Geschwindigkeit gespielet; wie solches in Ouvertüren [...] öfters vorkömmt. Es muß aber jede von diesen geschwinden Noten ihren besondern Bogenstrich bekommen: und findet das Schleifen wenig statt.«[42]

Auf den ersten Teil der französischen Ouvertüre folgt gewöhnlich, so auch bei Bach, der zweite in einem lebhafteren Tempo. Als »wohl ausgearbeiteter Hauptsatz«, wie Quantz ihn charakterisierte, ist er imitatorisch bzw. fugiert gestaltet. Seiner Brillanz wären die würdig einherschreitenden punktierten Noten hinderlich, weshalb sie hier keine Rolle spielen. Doch verwendete Bach nicht den von Quantz zitierten zweiteiligen Typ der Ouvertüre, sondern den dreiteiligen. Darum folgt bei ihm auf den »Hauptsatz« ein weiterer Großabschnitt, in welchem die Gestaltung des Anfangs wieder aufgenommen wird.

Dieser symmetrisch gearbeitete Typ der dreiteiligen Ouvertüre (A, B, A) liegt zum Beispiel in den *4 Orchestersuiten* (BWV 1066–1069) vor. Sie werden in den überlieferten Quellen rundweg »Ouvertüren« genannt, wobei sich die Bezeichnung des charakteristischen Einleitungssatzes auf das ganze Werk niederschlug. Es handelt sich um Ouvertüren-Suiten, in denen nach der Ouvertüre Tanzsätze folgen. Auch Komponisten wie Muffat, Johann Kaspar Ferdinand Fischer, Johann Philipp Krieger, Fux, Telemann und Händel haben diese besondere Form, die in Deutschland und Österreich recht beliebt war, gepflegt.

Die Franzosen verwendeten punktierte Rhythmen zusammen mit auftaktigen Sechzehntel- und Zweiunddreißigstel-Bildungen nicht nur in der Ouvertüre, sie waren bei ihnen allgemein sehr verbreitet. Ebenso findet sich diese Setzweise auch bei Bach gelegentlich in anderen Gattungen. Sogar ein so ›unfranzösisch‹ wirkendes Werk wie die *Kunst der Fuge* (BWV 1080) enthält einen Satz in diesem »stylo francese« (vgl. das Notenbeispiel auf S. 156 unten), wie die Beischrift beim *Contrapunctus VI* (Erstdruck) verdeutlicht.

Auch der Duktus des Themas – und damit der ganze Satz – der *5. Fuge D-Dur* (BWV 850) aus dem 1. Teil des *Wohltemperierten Claviers* ist in vergleichbarer Weise durch Zweiunddreißigstel-Bildungen auf unbetonter Taktzeit und punktierte Rhythmen gekennzeichnet, das Thema ist darum bis zu einem gewissen Grad »in stylo francese« geschrieben. Von der Vermischung der französischen Stilart mit der für Deutschland typischen Fugentechnik geht dabei ein eigentümlicher Reiz aus:

Desgleichen sind die fugierten Giguen Bachs ein anschauliches Exempel für die in einem längeren historischen Prozeß erfolgte Vermengung des deutschen und französischen Stils. Das rhythmische Muster der Gigue ist im $\frac{3}{4}$-Takt zum Beispiel ♪ | ♩. ♪♩. ♬♩. ♬ | ♪, im $\frac{6}{8}$-Takt setzt es sich aus diesen Rhythmen zusammen: ♪ | ♩. ♬♩, auch ♪ | ♩♪♩. Ursprünglich leitet sich die Gigue vom Typ eines Tanzliedes keltischen Ursprungs her, dann aber ging sie in England, Frankreich, Italien und Deutschland eigene Wege. Bach komponierte sie in der *6. Englischen Suite* (BWV 811) als Doppelfuge (Schlußsätze schrieb er ja öfter in einer fugierten Technik, des eindrucksvollen Abschlusses wegen). Diese Verbindung der Gigue mit der typisch deutschen Fugentechnik hat ihr Vorbild vor allem in der französischen Musik für ein Tasteninstrument. Denn auch bei Chambonnière (*Pièces de clavessin*, 1670), Couperin, d'Anglebert und Lebègue enthält der Tanzsatz oft imitatorische, fugenartige Abschnitte, ohne allerdings durchgehend als Fuge komponiert zu sein. Als ausgesprochene Fuge findet sich die Gigue in Deutschland dann bei Komponisten wie Froberger, Reinken, Kuhnau, Lübeck und Böhm. Von hier aus führt die Traditionskette schließlich zu Bach. So erfand dieser das Thema der Gigue aus der *1. Französischen Suite d-Moll* (BWV 812) mit auftaktigen Zweiunddreißigstel-Bildungen im punktierten Rhythmus sozusagen »in stylo francese«, wogegen er es wie in einer Fuge, also mittels einer typisch deutschen Technik, durchführte:

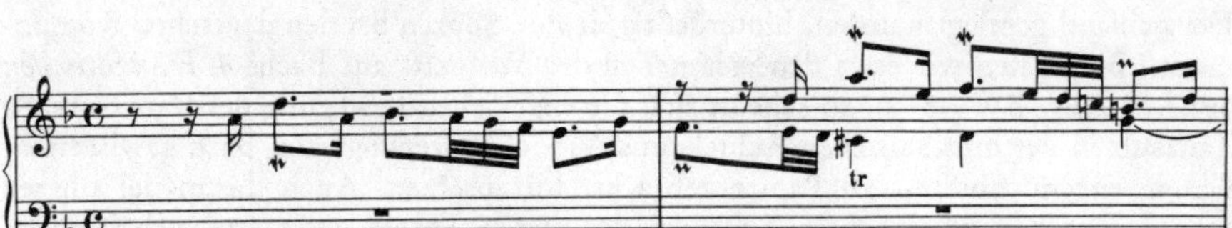

Die Franzosen stellten das Thema im zweiten Teil der Gigue gern in der Umkehrung vor. So auch Bach zu Beginn des zweiten Teils der Gigue in der *1. Französischen Suite*:

Der »modeste«, »nette« Charakter der französischen Musik, von dem Quantz sprach, zeigt sich vor allem in ihren der Tanzmusik nahestehenden Sätzen. Da auch Bach französische Tanzsätze wie das Menuett, die Courante, Gavotte, Bourée oder den Passepied komponierte, so etwa in den *4 Orchestersuiten* (BWV 1066–1069), ist die »bescheidene« französische Kompositionsweise bei ihm besonders in diesen Tänzen präsent. Freilich ist die Einfachheit der musikalischen Faktur nicht ausschließlich ein Merkmal französischer Tänze, sondern für dieses Genre allgemein typisch. Sie resultiert aus den Erfordernissen des Tanzes. Denn auf eine komplizierte, »gekünstelte« Musik zu tanzen, dürfte schwerfallen.

Die gattungsbedingte Durchsichtigkeit der Tanzsätze Bachs – und anderer Barockkomponisten – erweist sich darin, daß sie, anders als etwa ein gut Teil der Orgelmusik, mehr homophon als polyphon gesetzt sind. Die Kompositionstechnik ist weniger an der traditionellen Generalbaßlehre und schon gar nicht am Kontrapunkt ausgerichtet. Vielmehr sind die meist kurzen Sätze in einem einfachen, zugleich zeitgemäßen Stil gehalten, der auch akkordisches Denken einschließt. Bach nannte die *Französischen Suiten* einfach »Suites pour le Clavessin«, Suiten für das Cembalo. Dennoch fehlt das spielerisch-virtuose Figurenwerk, das er sonst gern in seiner Claviermusik verwendete. Auch kommen kaum einmal markant-profilierte Themen vor, die durchzuführen wären. Beides hätte dem wenig anspruchsvollen Charakter der Gattung widersprochen. Denn obwohl nicht zum Tanzen gedacht, sind die Sätze – sozusagen imaginativ – auf tänzerische Bewegungen abgestimmt.

Die besondere Faktur der französischen Tanzmusik, ihr graziöses, zierliches Wesen ist eine Folge des französischen Tanzstils. Denn die Aristokraten tanzten den französischen Gesellschaftstanz (Hoftanz) in ebenderselben Weise: grazil und ›sittsam‹; sie tanzten mit engen Schritten und ohne Sprünge. Da die französischen Tänze auch in Deutschland gepflegt wurden, hinterließen sie ihre Spuren bei den deutschen Komponisten. Betrachten wir etwa den ersten Teil des Menuetts aus Bachs *4. Französischen Suite Es-Dur* (BWV 815), so scheint sich die enge Schrittbewegung des französischen Tanzstils in der musikalischen Achtel- und Viertel-Bewegung, von Bach gewissermaßen in engem Abstand zu Papier gebracht, fortzusetzen. Auch die in der oberen Stimme auf den zwei letzten Schlägen des ersten Taktes gesetzten vorhaltartigen

Bildungen wirken »graziös« und »nett«. Dabei ist, was Quantz zur Spielweise des Menuetts für Streicher anmerkte, sicherlich auch auf dieses Menuett übertragbar, das Bach für ein Tasteninstrument schrieb. »Ein Menuet«, schrieb Quantz, »spiele man hebend, und markire die Viertheile mit einem etwas schweren, doch kurzen Bogenstriche [...].«[43] Dem Bogenstrich entspräche auf dem Clavier der Druck auf die Tasten. Bei Anwendung dieser Empfehlung kommt der tänzerisch-graziöse Charakter eines Menuetts schön zur Geltung:

Diese in einem einfachen Stil komponierten Takte wären gewiß nicht unter Scheibes Verdikt des »Ausgekünstelten«, »Schwülstigen« oder »Verworrenen« gefallen. Vielleicht hätte man auf sie sogar tanzen können. Allerdings war Bachs ›Tanzmusik‹ dafür im allgemeinen zu kunstvoll erfunden, zu stilisiert. Er griff in die rhythmischen, melodischen und harmonischen Elemente des ursprünglichen Tanzes, sogar in das Tempo ein, um sie neu zu gestalten. Zwar ist auch bei stilisierten Sätzen der Charakter des jeweiligen Tanzes in Grundzügen gemeinhin erkennbar. Das Typische, Unverwechselbare und Normative, das rhythmische Grundmuster beispielsweise, bleibt als Folie bestehen. Doch wird es infolge einer künstlicheren, individuelleren Gestaltung in eine gewisse Distanz gerückt. Wie weit Bach die Stilisierung trieb, ist an der Allemande aus der *Partita I für Violine solo h-Moll* (BWV 1002) erkennbar:

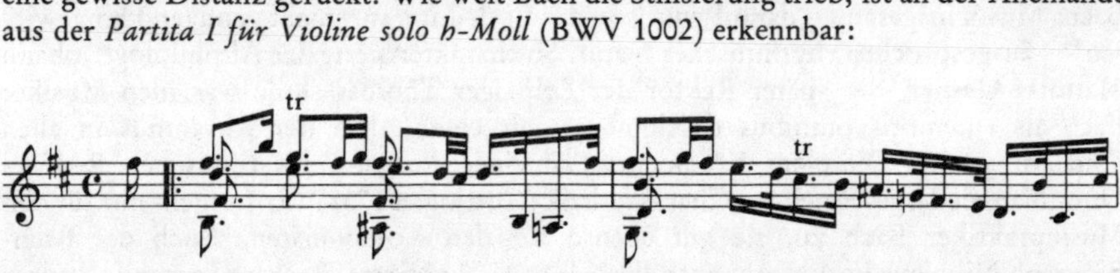

Zwar sind die rhythmischen Grundschläge (Viertel) dieses gravitätischen Schreittanzes noch durchhörbar, doch rückte Bach sie in den Hintergrund, indem er zwischen sie viele, mit typisch französischen Punktierungen versehene, kleinere Notenwerte einfügte, die das Notenbild nun prägen. Dadurch verlor der Tanzsatz die ihm eigentümliche tänzerische Grazie, sein »bescheidenes«, leicht faßliches Wesen, er nahm einen ausgesprochen virtuosen Charakter an, der Züge einer vom Tanz emanzipierten

musikalischen Autonomie erkennen läßt. Auf ihn im ursprünglichen Tanzrhythmus zu schreiten, erscheint nicht mehr möglich. Ein offenkundiger Verlust des tänzerischen Charakters kennzeichnet alle Tanzsätze der *Partiten und Sonaten für Violine solo* (BWV 1001–1006) und *Suiten für Violoncello solo* (BWV 1007–1012).
Nach diesem Blick auf den Kompositionsstil der Tanzsätze abschließend ein Wort zum Gehalt der Tanzmusik allgemein. 1739 schrieb der vielzitierte Hamburger Musikgelehrte und Kapellmeister Johann Mattheson, »daß auch so gar in kleinen, schlechtgeachteten Tantz-Melodien die Gemüths-Bewegungen so sehr unterschieden seyn müssen, als Licht und Schatten immermehr seyn können«. Jeder »Tantz-Melodie« liege ein anderer Affekt, eine andere »Gemüths-Bewegung« zugrunde: »[...] bey einer Chaconne [ist] der Affect schon viel erhabener und stöltzer, als bey einer Passacaille. Bey einer Courante ist das Gemüth auf eine zärtliche Hoffnung gerichtet. [...] Bey einer Sarabande ist lauter steife Ernsthafftigkeit anzutreffen; [...] bey einer Bouree wird auf Zufriedenheit und ein gefälliges Wesen gezielet; [...] bey einer Giqve auf Hitze und Eifer; bey einer Gavotte auf jauchzende oder ausgelassene Freude; bey einem Menuet auf mässige Lustbarkeit u. s. w.«[44] Infolge der gleichbleibenden, stets charakteristischen »Bewegung« des Rhythmus, der Melodie sowie generell der Satzstruktur wirkt ein Tanzsatz in hohem Maße geschlossen. Darum drückt sich in ihm – das ganze Stück über – ein einheitlicher Affekt, eine prinzipiell gleichbleibende »Gemüths-Bewegung« aus, die den Hörer recht unmittelbar anzusprechen, zu rühren imstande ist. Es zeigt sich auch hier, daß nicht nur die Vokalmusik, sondern ebenso die instrumentale Musik zur ›Sprache‹ befähigt ist. Und wie alle Tänze, so sind auch diejenigen Bachs dazu geeignet, das »Gemüth« der (Musik-)Liebhaber zu »ergötzen«. Diese Auffassung wird durch eine Anmerkung auf der Titelseite zum Erstdruck des 1. Teils der *Clavier-Übung* (BWV 825–830) bestätigt. Die Übung, so heißt es dort, bestehe »in Praeludien, Allemanden, Couranten, Sarabanden, Giguen, Menuetten, und andern Galanterien; Denen Liebhabern zur Gemüths Ergoetzung verfertiget von Johann Sebastian Bach«.[45]
Sofern Bach in den stilisierten Tanzsätzen den Charakter des zugrunde gelegten Tanztyps, dessen musikalische Grundbewegung, beibehielt, scheint auch in ihnen der spezifische Grundaffekt des jeweiligen Tanzes, seine eigentümliche »Gemüths-Bewegung«, hindurch; wegen der Stilisierung allerdings ein wenig verschleiert. Doch ist Bachs Musik insgesamt – darauf wurde in der Bach-Literatur nicht genügend hingewiesen[46] – ausgesprochen rhythmischer Natur. So charakterisierte der Altphilologe Johann Matthias Gesner, der später Rektor der Leipziger Thomasschule war, den Musiker Bach als »membris omnibus rhythmicus«, als einen, dem der Rhythmus in allen Gliedern stecke. Diese im Kommentar zu einer Ausgabe des römischen Redners Quintilian niedergeschriebene Charakteristik (Göttingen 1738)[47] trifft nicht nur für den Musikpraktiker Bach zu, sie gilt ebenso für den Komponisten. Auch der Bach-Biograph Nikolaus Forkel erkannte dies, als er 1802 notierte, Bach sei imstande, »sogar seinen Fugen bei allem künstlichen Gewebe ihrer einzelnen Stimmen ein so auffallendes, charaktervolles, vom Anfange bis ans Ende ununterbrochenes und leichtes rhythmisches Verhältnis zu geben, als wenn sie nur Menuetten wären«.[48]
Das ausgeprägt rhythmische Empfinden Bachs weist seinem Œuvre insgesamt einen ausgesprochen affektiven Charakter zu, der das »Gemüth« zweifellos in Mit-Leidenschaft ziehen kann. Dabei sah man im Barock und auch später prinzipiell einen Zu-

sammenhang zwischen rhythmischen Bewegungen bzw. »Taktbewegungen« und emotionalen Bewegungen (»Gemüths-Bewegungen«, »Gemüths-Ergötzung«). Beispielsweise schrieb Johann Philipp Kirnberger, ein Schüler Bachs, der »die Methode des sel. Joh. Seb. Bach auf Grundsätze zurück zu führen und seine Lehren [...] der Welt [...] vor Augen zu legen gesuchet«:[49] »Muntere Empfindungen verlangen überhaupt eine geschwinde Taktbewegung; aber durch die Art der charakteristischen Bewegungen der Theile des Takts, oder die rhythmischen Schritte, kann der Ausdruck tändelnd, oder schmeichelnd, oder frölich, oder zärtlich, oder pathetisch werden.«[50] Auch Bach ging mit charakteristischen »Taktbewegungen«, mit »rhythmischen Schritten« also, den Bewegungen des »Gemüthes« nach. Dies trägt zu einer erhöhten Wirksamkeit seines Werkes bei. Freilich erfordert der bewegungsmäßige Gestus in der Musik Bachs, in welcher der beherrschende Rhythmus oft einen ganzen Satz über anhält, vom Interpreten gleichwohl eine lebendig fließende, keinesfalls eine gleichmäßig starre »Bewegung«.

Der alte Stil

Französischer und italienischer Stil waren insgesamt Teil einer zu Bachs Lebzeiten aktuellen Schreibart, die man summarisch den »neuen Stil« nannte. Ihm stand der »alte Stil«, die unmodern gewordene Tradition, gegenüber; beide betrachtete Walther in seinem Lexikon als Gegensatzpaar (vgl. S. 142). Die alte Art der Komposition stand dem *stylus moteticus* nahe, dem motettischen Stil, zu dem Walther anmerkte: »Er begreifft die Fugen, allabreven, doppelte Contrapuncte, und Canones oder Fugen in Consequenza, und demnach den stylum Canonicum in sich.«[51] Wo in der alten Schreibart des *stylus moteticus* und *stylus canonicus* komponiert wurde, entstanden streng kontrapunktische, polyphone Werke. In Bachs *Musikalischem Opfer* (BWV 1079) ist diese *ars canonica* direkt genannt; das Widmungsexemplar für König Friedrich II. enthält die Beischrift: »Regis Jussu Cantio Et Reliqua Canonica Arte Resoluta« – »Das vom König befohlene Thema und das übrige, das nach der Ars canonica gelöst wurde«.[52]

Dem alten Stil hatte sich Bach besonders intensiv in seinem letzten Lebensjahrzehnt zugewandt – eine Haltung, wie sie hernach etwa Mozart und Beethoven einnahmen, die beide in ihren späten Werken gleichermaßen zu einer alten, eben der polyphonen Schreibart neigten. Als Stilmittel verwendete Bach Kanontechniken, Fugentechniken, strenge Variationstechniken und Cantus-firmus-Techniken. Typisch für die Schreibweise sind u. a. die *Clavier-Übung* III (1739; *Präludium und Tripelfuge Es-Dur, Orgelchoräle, 4 Duette*), *Clavier-Übung* IV (1742; *Aria mit verschiedenen Veränderungen* »vors Clavicimbal mit 2 Manualen« – die sogenannten *Goldberg-Variationen*), das *Wohltemperierte Clavier* I und II (Teil I 1722, Teil II 1744; Präludien und Fugen), *Einige kanonische Veränderungen über das Weihnachtslied: Vom Himmel hoch, da komm' ich her,* »vor die Orgel mit 2. Clavieren und dem Pedal« (um 1748), das *Musikalische Opfer* (1747) und die *Kunst der Fuge* (1749/50).

Diese nach den Erfordernissen des strengen Kontrapunktes geschriebenen Werke konservativen Charakters stehen in einem eklatanten Gegensatz zu der eher homophon-akkordischen Schreibweise, die sich, ausgehend von der Monodie Italiens, seit dem 17. Jahrhundert durchzusetzen begonnen hatte und am Ende des 18. Jahrhunderts mit dem Begriff »homophonische Setzart« belegt wurde.[53] Anders als im kontrapunktisch-polyphonen Satz, in dem die einzelnen Stimmen melodisch und rhythmisch relativ selbständig sind, unterwerfen sich die Stimmen im neuzeitlich-homophonen Satz einer in ein Gefüge von Akkorden eingebetteten Hauptstimme, in der Regel der höchsten Stimme. Doch nicht nur dieser ›modernen‹ Setzart widersprechen die genannten Werke. Größtenteils zwischen 1740 und 1750 entstanden, stehen sie zugleich im Gegensatz zu dem musikalischen Geschmack, der sich seit den dreißiger Jahren des 18. Jahrhunderts in einer neuen Generation, auch bei den Söhnen Bachs, durchgesetzt hatte, den Forderungen nach einem empfindsamen, galanten, »natürlichen« Stil. Dies wird klarer, wenn der etwas allgemeine Begriff des »alten Styls« in der eingeschränkteren Bedeutung des italienischen Terminus *stile antico* verwendet wird.[54]

Im *stile antico* erscheinen die in den Kompositionen des »neuen Stils« gemeinhin zutage tretenden Affekte, die »Gemüths-Bewegungen«, infolge der polyphonen, nach den Regeln des (veralteten) Kontrapunktes gesetzten Schreibart zurückgedrängt. Dies war vor dem Barock auch in der kontrapunktischen Chorpolyphonie von Ockeghem bis Willaert oder bei Palestrina der Fall. Anders als in der textbezogen-affektiven Musik beispielsweise Monteverdis waren die Worte, da in den verschiedenen Stimmen nicht zugleich vorgetragen, nur schwer verständlich. Barocker Auffassung zufolge fehlte einer derartigen Musik der »natürliche« Ausdruck. Ein noch im Barock geschriebenes Lehrbuch des *stile antico* ist der *Gradus ad Parnassum* (Wien 1725) des Österreichers Johann Joseph Fux. Weit verbreitet, hatte es auch Bach in seiner Bibliothek stehen. Als ein Beispiel für den alten Stil sei das *Musikalische Opfer* (BWV 1079) angeführt. Das ihm zugrunde liegende Thema enthält in der Mitte einen chromatischen Gang, der die abwärts geleitete Sexte vom g″ zum h′ auffüllt (T. 3–7):

So schon im thematischen Vorwurf präsent, überzieht die Chromatik dann das gesamte Werk. Doch kann sich die Affektwirkung, die den chromatischen Tonfolgen gemeinhin unterlegt ist (vgl. S. 60 ff.), das Emotionsfeld von Leid und Schmerz im *Musikalischen Opfer* kaum richtig durchsetzen. Einerseits wird sie, wie zum Beispiel in dem das Stück eröffnenden 3stimmigen Ricercar, durch den intensiven Gebrauch der Chromatik nivelliert. Andererseits sprengt das äußerst kunstvoll gearbeitete Stimmgewebe des kontrapunktischen Satzes die affektive Wirkungskraft. Aus der kontrapunktischen Setzweise resultiert eine Musik, die in ihrer ausgeprägten Regelhaftigkeit und ihrem streng durchgearbeiteten Ordnungsgefüge fast einen abstrakten Charakter zu haben scheint.

Auch die Fugen und Kanons der *Kunst der Fuge* (BWV 1080) sind im *stile antico* komponiert, und wie im *Musikalischen Opfer* beziehen sich alle Sätze auf ein und dasselbe Thema. Mit seiner kunstvollen, nur musikalischen Gesetzmäßigkeiten folgenden Verarbeitung, der Durchführung des Themas, die in hohen Graden ›logisch‹ und konzentriert erscheint, demonstriert Bach, welche Möglichkeiten die Kunst der Fugenkomposition generell bietet. Darum muß das Thema besonders sorgfältig erfunden sein.

An seinem Beginn ist zunächst einmal die Tonart des Werkes festgelegt, d-Moll. In gleichmäßig fortschreitenden Halbe-Noten erklingt der gebrochene d-Moll-Dreiklang (T. 1/2). Es folgt, in der Themenmitte stehend, der Ton cis′ (T. 3). Als Leitton zielt er auf den Grundton d′, damit die Melodie auf ihm gewissermaßen haltmache. Bach kommt diesem Gesetz der Melodik mit einer Verzögerungstechnik nach: Zunächst streift er das d′ nur (T. 3), und erst nachdem er die obere Terz von d′, die durch den Ton f′ (T. 4) markiert ist, in einem aufwärts und abwärts geführten Sekundgang durchlaufen hat (T. 3/4), kommt das Thema im Grundton d′ (T. 5) zur Ruhe. Rhythmisch wird der durch das cis′ hervorgerufene Bewegungsimpuls dadurch intensiviert, daß nach diesem Ton die Noten zunehmend verkürzt sind (statt Halbe-Noten Viertel, dann Achtel); das Thema lautet in der Urgestalt:

In den einzelnen Sätzen verwendet es Bach entweder in dieser Urgestalt oder in einer veränderten Form. Zum Beispiel werden alle Intervalle umgekehrt, so daß die Töne in der entgegengesetzten Richtung voranschreiten (aus der aufsteigenden Quinte d′–a′ wird die fallende Quinte a′–d′, usw.; *Contrapunctus III* und *IV* der Erstausgabe):

Oder er verfaßte Gegenfugen, in denen zugleich die Urgestalt des Themas und seine Umkehrung erklingen, jeweils bei ursprünglicher oder bei veränderter Zeitdauer der Noten (*Contrapunctus V, VI, VII* der Erstausgabe). Es finden sich eine Tripelfuge über zwei neue Themen und das variierte Hauptthema (*Contrapunctus VIII* der Erstausgabe), Spiegelfugen über Varianten des Themas oder über das variierte Thema und seine Umkehrung, ein Kanon in Gegenbewegung und Vergrößerung, ein anderer in der Oktave, einer in der Dezime, einer in der Duodezime.

Sicherlich hat Bach gewußt, daß der Stil derart kunstvoll komponierter Werke wie das *Musikalische Opfer* oder die *Kunst der Fuge* alt, sogar veraltet war und von der Mehrzahl der Zeitgenossen, zumindest von der jüngeren Generation, nicht mehr goutiert wurde. In einer Eingabe vom 23. August 1730 an den Rat der Stadt Leipzig hatte er schon geschrieben, »der gusto« habe »sich verwunderens-würdig geändert, dahero auch die ehemalige Arth von Music unseren Ohren nicht mehr klingen will«, die zu seinen Lebzeiten erfolgten Veränderungen des musikalischen Geschmacks also wahrgenommen. In der gleichen Eingabe, also lange bevor er in pointierter Weise auf die alte Schreibart zurückzugreifen liebte, forderte er von den Ratsherren Musiker, »so den itzigen musicalischen gustum assequiren, die neüen Arthen der Music bestreiten, mithin im Stande seyn können, dem Compositori und deßen Arbeit satisfaction zu geben«.[55]

Für das Urteil der Zeitgenossen aufschlußreich ist eine Kontroverse zwischen Scheibe und dem Musik- und Naturwissenschaftler Lorenz Christoph Mizler, einem Bach-Schüler: Scheibe beklagte sich in einem an Johann Mattheson gerichteten Brief 1738 über die Künstlichkeit und Mühsamkeit »Bachischer Kirchen-Stücke«. Die Briefstelle

erschien im Druck,[56] woraufhin Mizler im 6. Teil seiner *Musikalischen Bibliothek* (Leipzig 1739–54) Bach verteidigte. Zwar habe sich »Herr Bach manchmahl [...] nach den Zeiten der Musik vor 20 und 25 Jahren gerichtet. Er kan es aber auch anders machen, wenn er will.« Zumindest die Kantate *Willkommen! Ihr herrschenden Götter der Erden* (BWV Anh. 13) mit dem Text von Gottsched (die Musik ist verschollen) sei vom »Herrn Capellmeister Bach [...] vollkommen nach dem neuesten Geschmack eingerichtet gewesen, und von iedermann gebillichet worden. So wohl weiß der Herr Capellmeister sich nach seinen Zuhörern zu richten.«[57]
Als eine Bestätigung dieser Ansicht mag gelten, daß Bach oft einen gewissen Ausgleich zwischen der »ehemaligen Arth von Music« und den »neüen Arthen« fand. »Die Bachischen Fugen«, bezeugt Kirnberger, »unterscheiden sich [...] vor allen andern eben dadurch, daß bey ihm alle Schönheiten, Rhythmus, Melodie und Karakter so, wie in allen andern seiner Stücken vereiniget sind.«[58] Zwar schrieb Bach keine ausgesprochen empfindsame oder galante Musik, wie es während seiner beiden letzten Lebensjahrzehnte in der jüngeren Generation Mode war, doch stehen einige der Gelegenheitswerke diesem Musikgenre durchaus nahe. Genannt sei die Arie *Das ist galant* aus der Kantate *Mer hahn en neue Oberkeet* (BWV 212), die 1742 uraufgeführt wurde, als die Bauern von Kleinzschocher und Knauthain ihre neue Herrschaft, den Kammerherrn Carl-Heinrich von Dieskau, feierten. Sogar dem *Musikalischen Opfer*, sonst typisch für den alten Stil, fügte Bach eine Triosonate im zeitgemäßen Stil ein. Dies gilt mindestens für das Andante dieser Sonate. Die in Terzen und Sexten geführte Seufzermelodik trägt in der Tat empfindsame Züge:

Dieses Andante bestätigt unsere Beobachtung, daß Bach bei der Fassung der langsamen Sätze in den Sonaten für ein Melodieinstrument mit Begleitung manchmal zu der zeitgemäßen italienischen Schreibart neigte (vgl. S. 150). Anders verhält es sich dagegen mit den schnellen Sätzen, vor allem wenn das Cembalo obligat behandelt ist. Hier tendierte Bach gern zu dem älteren kontrapunktischen Stil – die Triosonate BWV 1079 dient auch dafür als Beweis. Vor allem die letzten Sätze sind häufig in der Art einer Fuge geschrieben, doch sind die Zwischenspiele vom Thema mehr oder weniger unabhängig konzipiert und haben Eigengewicht. Die formale Anlage ist oft *da capo* gestaltet, Fugen im strengen Sinne sind es also nicht. Man wird daher sagen dürfen, daß in den Sonaten Bachs sich die Formmittel des älteren Stils mit Elementen des neueren durchaus verbinden.
Polyphon komponiert sind die *6 Sonaten für Orgel* (BWV 525–530). Es handelt sich im Prinzip um die Faktur eines Triosatzes, denn der Organist spielt mit beiden Händen und auf dem Pedal jeweils eine selbständig geführte Stimme. Ähnliches gilt für die Sonaten für ein Melodieinstrument und obligates Cembalo. Hier wird die höchste

Stimme vom Melodieinstrument vorgetragen, die mittlere liegt in der rechten Hand des Cembalisten und die untere in seiner linken. In dem folgenden Beispiel (*Sonate h-Moll*, BWV 1030, Andante) ist die eigenständige Führung der Stimmen deutlich erkennbar. Die Faktur des Satzes weist offenkundig Merkmale der kontrapunktisch-polyphonen Setzart auf. Dagegen entspricht die melodische Gestaltung mit ihren chromatischen und rhythmischen Eigenheiten (Triolen u. a.) einem neueren »Gusto«:

Resümieren wir: Bach beherrschte mehrere nationale, dazu ältere und neuere Stile und Ausdrucksweisen der Musik, die alle in seinem Personalstil amalgamiert sind. Dadurch wuchs seinem Werk ein Horizont zu, der verschiedene Länder und unterschiedliche Perioden der Musikgeschichte umfaßt. Die Spannweite seiner Musik ist in besonderer Weise an jenen Werken erkennbar, die er im alten Stil bzw. im *stile antico* schrieb. Sie weisen – darauf wurde an anderer Stelle abgehoben – über sich selbst hinaus in die Zukunft. Diese Auffassung wird durch eine Bemerkung Mizlers bekräftigt, den Bach nach eigenen Worten in der *Musica practica* »informiert« hatte.[59] Denn zweifellos sind auch Bachs Kompositionen »alten Styls« eingeschlossen, wenn Mizler zu den Fundamenten des Kontrapunktes ausführt, sie würden »sich auf die unveränderlichen Regeln der Harmonie gründen, welche allezeit gewesen sind, die noch sind, und auch iederzeit bleiben müssen«.[60]

Mizlers Wort hat sich, so will es scheinen, in der Folgezeit am Werk Johann Sebastian Bachs bewahrheitet – und nicht nur an seinem. Lange noch blieb er vor allem als ein Kontrapunktiker bekannt; dies dürfte auch damit zusammenhängen, daß gegen Ende seines Lebens überwiegend solche Kompositionen im Druck vorlagen, die er im älteren Stil verfaßt hatte. Es ist bezeichnend, daß Mozart und Beethoven gerade Fugen, kontrapunktische Werke also, zur Bearbeitung heranzogen, wenn sie sich mit Bach auseinandersetzten. Gleichermaßen griffen Komponisten wie Brahms, Reger, Busoni, Hindemith oder Strawinsky vor allem auf den alten Stil in der Musik Bachs zurück. Noch heute, da der *stile antico* kompositorisch längst der Vergangenheit angehört, haftet ihm die Aura einer die Zeiten übergreifenden, quasi zeitlosen Schreibart an. Diese Zeitlosigkeit, die – und dies ist nur scheinbar ein Paradoxon – erst in der Geschichte sich erweist, deutet die Perspektive einer Wirklichkeit an, in der Vergangenheit, Gegenwart und Zukunft zusammengeschlossen sind.

Vokalmusik

Von den über tausend überlieferten Werken Johann Sebastian Bachs ist ungefähr die Hälfte für Instrumente komponiert (BWV 525–1080), die andere Hälfte für Gesang (BWV 1–524). Innerhalb des Vokalwerkes überwiegt die geistliche Musik. Sie entstand vor allem in der Leipziger Zeit, in den letzten siebenundzwanzig Jahren seines Lebens.

Der beträchtliche Umfang der geistlichen Vokalmusik resultiert u. a. daraus, daß in Leipzig an jedem Sonn- und Festtag des Kirchenjahres eine Kantate aufgeführt werden mußte, also ungefähr 60 Kantaten im Jahr. Aus dieser Zeit sind drei Kantatenjahrgänge überliefert, die er zu Beginn seiner Amtszeit quasi als Fundus angelegt hatte (1723/24, 1724/25, 1725/26). Bei Aufführungen späterer Jahre griff er darauf zurück. Insgesamt aber sind von Bach weit mehr als 200 Kantaten bekannt,[61] wovon ungefähr 30 für weltliche Zwecke bestimmt waren. Man könnte heute drei Jahre lang an jedem Sonn- und Feiertag eine andere Bach-Kantate zu Gehör bringen.

An geistlicher Vokalmusik schrieb Bach außer den Kantaten Motetten (BWV 225–231), Messen (BWV 232–236), das Magnificat (BWV 243), Passionen und Oratorien (BWV 244, 245, 248, 249a), 4stimmige Choräle (BWV 250–438), Lieder und Arien (BWV 439–518). Wie die geistlichen Kantaten wurden die weltlichen Vokalwerke meistens für eine bestimmte Gelegenheit komponiert. Zum Beispiel entstand die weltliche Kantate *Weichet nur, betrübte Schatten* (BWV 202) für eine Hochzeit. Auch für Leipziger Universitätsfeiern schrieb Bach vokale Festmusiken. Hierzu gehört das »Dramma per musica« *Zerreißet, zersprenget, zertrümmert die Gruft* (BWV 205), aufgeführt zum Namenstag des Dozenten Müller am 3. August 1725. Nachdem am 11. Dezember 1726 ein Dr. Kortte seine Antrittsvorlesung als außerordentlicher Professor der Rechtswissenschaft gehalten hatte, wurde er – sicher beziehungsvoll – mit der Kantate *Vereinigte Zwietracht der wechselnden Saiten* (BWV 207) besungen. Die Kantate *Erwählte Pleißenstadt* (BWV 216a) war für den Rat der Stadt Leipzig bestimmt. Mit Werken wie *Schwingt freudig euch empor* (BWV 36c) oder *Mer hahn en neue Oberkeet* (*Bauernkantate*, BWV 212) wurden adlige Personen und angesehene Bürger geehrt. Der kurfürstlich-königlichen Familie des sächsischen Hofes empfahl sich der um einen Hoftitel bemühte Thomaskantor mit Werken wie *Blast Lärmen, ihr Feinde! verstärket die Macht* (BWV 205a), aufgeführt bei der Krönungsfeier Augusts III. am 19. Februar

1734, oder *Preise dein Glücke, gesegnetes Sachsen* (BWV 215) zum Jahrestag von Augusts Königswahl am 5. Oktober 1734. Die vor seiner Leipziger Zeit komponierten vokalen Festmusiken schrieb Bach für die Fürstenhäuser von Weimar, Weißenfels und besonders für den Anhalt-Köthenischen Hof.
Im folgenden wird vor allem von den geistlichen Kantaten die Rede sein. Sie stehen nicht nur quantitativ im Zentrum der geistlichen Vokalmusik, sondern tragen auch kompositorisch in mancher Hinsicht für das gesamte vokale Werk exemplarische Züge.[62] Da zwischen dem geistlichen und weltlichen Œuvre die Grenzen, wie mehrfach betont, fließend sind, gelten die über die geistlichen Kantaten gemachten Aussagen im Prinzip auch für das weltliche Vokalwerk. Ein Mißverständnis wäre es indessen, sähe der Leser in der häufigeren Nennung geistlicher Vokalwerke eine Bestätigung der in der Bach-Literatur öfter vertretenen Ansicht, zwischen der geistlichen und der weltlichen Vokalmusik von Bach bestünde qualitativ ein merkliches Gefälle.

Die Kantate[63]

Die erste überlieferte Kantate ist wahrscheinlich *Aus der Tiefen rufe ich, Herr, zu dir* (BWV 131), 1707/08 entstanden, als Bach in Mühlhausen Organist der St.-Blasius-Kirche war. Im Gegensatz zu späteren Kantaten, die eine gewisse Schematisierung der Form manchmal nur schwer verbergen können (vgl. S. 196 f.), erscheint der formale Aufbau verhältnismäßig undogmatisch. An die Kantate des 17. Jahrhunderts anknüpfend, folgen einander in sich ruhende, deutlich voneinander abgegrenzte Abschnitte. Doch sind auch Teile zusammengefügt, die ohne Trennung, unmittelbar auseinander hervorgehen und deren Divergenz trotzdem größer ist als es bei der bloßen Folge von Abschnitten der Fall wäre. Sie tendieren zu musikalischen Sätzen, ohne es tatsächlich zu sein. Beispielhaft dafür ist der nicht unterbrochene Anschluß einer Arie an einen Chorsatz.
In Bachs frühesten Kantaten, bis 1708, sind die solistischen Vokalpartien arios gehalten. Der melodische Bau ist relativ einfach, liedhaft. Die dreiteilige *da capo*-Form (im Schema A B A) breit angelegter Arien, später manchmal allzu undifferenziert verwendet, fand auf diese Weise noch keinen Einlaß. Ebenso fehlen die Rezitative. Der Text besteht hauptsächlich aus Bibelworten und den Versen eines Chorals. So dienten der Kantate *Aus der Tiefen rufe ich, Herr, zu dir* der 130. Psalm und zwei Strophen eines Kirchenliedes von Bartholomäus Ringwaldt (*Herr Jesu Christ, du höchstes Gut*, 1588) als Textvorlage. Ferner gehören zu dieser Werkgruppe die folgenden Kantaten: der für eine Trauerfeier geschriebene »Actus tragicus« *Gottes Zeit ist die allerbeste Zeit* (BWV 106), wahrscheinlich 1707 entstanden; die Kantate *Gott ist mein König* (BWV 71), die am 4. Februar 1708 aus Anlaß des Ratswechsels in Mühlhausen aufgeführt wurde; die wahrscheinlich 1708 entstandene Kantate *Der Herr denket an uns* (BWV 196), in der nur ein Psalmwort, nicht ein Kirchenlied, vertont ist; die vielleicht 1707/08 komponierte Osterkantate *Christ lag in Todesbanden* (BWV 4), der nun kein Bibelwort, sondern ausschließlich ein Osterlied zugrunde liegt. Bei der zuletzt genannten Kantate handelt es sich um Choralvariationen *per omnes versus*, durch alle Strophen hindurch, wobei die Melodie des Kirchenliedes in allen sieben Strophen variiert erscheint.
Nach seiner Anstellung am Hof in Weimar, und hauptsächlich wohl seit 1714, als er

höfischer Konzertmeister geworden war, machte sich Bach einen neuen Kantatentyp zu eigen. Entscheidenden Anteil an dessen textlicher Ausprägung hatte der an St. Jacobi in Hamburg wirkende Pfarrer Erdmann Neumeister, ein orthodoxer Theologe. Anstelle von Bibelwort und Choraltext stehen bei ihm neu gedichtete Verse im Mittelpunkt der Kantatentexte. An Formverläufe der Oper anknüpfend, sollten sie, wie Neumeister meinte, vor allem als Rezitative und Arien vertont werden (vgl. S. 101). Bach hielt sich an diese Empfehlung.

Die meisten Kantatentexte, die Bach in Weimar vertonte, schrieb jedoch der Weimarer Oberkonsistorialsekretär Salomon Franck. Im Prinzip sind sie in der Art des Neumeisterschen Typus verfaßt; als Beispiel sei die am 22. April 1714 in der Schloßkapelle zu Weimar uraufgeführte Kantate *Weinen, Klagen, Sorgen, Zagen* (BWV 12) genannt. Dagegen stammt der Text der ebenfalls 1714 entstandenen Kantate *Nun komm, der Heiden Heiland* (BWV 61), deren Aufführung für den 1. Adventssonntag gedacht ist, von Erdmann Neumeister. Der Kantate *Der Himmel lacht! die Erde jubilieret* (BWV 31), zum 21. April des darauffolgenden Jahres 1715 komponiert, liegt wiederum ein Text von Salomon Franck zugrunde; Bach entnahm ihn dem Kantatenjahrgang *Evangelisches Andachts-Opffer*, den Franck für die Kirchenmusik der Weimarer Schloßkapelle verfaßt hatte. Demselben Text-Buch entstammt auch die Kantate *Komm, du süße Todesstunde* (BWV 161), die am 6. Oktober 1715 in der Schloßkapelle des Weimarer Hofes uraufgeführt wurde.

In Köthen, nach 1717, und 1723–50 in Leipzig, baute Bach die bisher erarbeiteten Formen seines Vokalwerkes weiter aus. Die Leipziger Kantaten lassen dabei eine noch intensivere Beschäftigung mit den Chören erkennen, hatte er jetzt doch die Thomaner. Auffällig sind daneben die hohen Anforderungen an die Virtuosität der Instrumentalsolisten. Der größte Teil des Jahrganges, den Bach in seinem zweiten Leipziger Amtsjahr, 1724/25, verfaßte, enthält Choralkantaten, Kantaten also, die, den Choralbearbeitungen für Orgel ähnlich, auf der Grundlage eines evangelischen Kirchenliedes entstanden sind. Von dieser Gattung soll zunächst die Rede sein.

Choralbearbeitung: Eingangs- und Schlußchor

In der Choralkantate sind einzelne Strophen der Choralvorlage eigenständigen musikalischen Sätzen zugeordnet. Vom Choral abhängige und choralunabhängige Sätze können aufeinander folgen. Die Choralmelodie wird, verändert oder unverändert, entweder vom Chor vorgetragen oder von den Vokalsolisten, eventuell auch von beiden. Bei Choralbearbeitungen für einen Chor sind zwei Grundtypen zu unterscheiden: der einfache Kantionalsatz – meist als Schlußchor – und der kompliziertere polyphone Chorsatz, der gewöhnlich am Beginn steht.

Ein Kantionalsatz umfaßt in der Regel vier Stimmen, die Melodie des Chorals liegt – ohne wesentliche Veränderungen – entweder im Tenor oder Diskant, die übrigen Stimmen schreiten mit ihr meistens im gleichen Rhythmus fort, der Satz insgesamt ist also homorhythmisch komponiert. Liegt die Choralmelodie im Diskant und handelt es sich um einen Generalbaßsatz, dann besteht der Kernsatz, das Satzgerüst, aus der Choralmelodie in der höchsten Stimme und dem Baß als tiefster Stimme, wogegen die Mittelstimmen wie Füllstimmen wirken. Zum erstenmal tritt der Kantionalsatz mit dem evangelischen Kirchenlied im Diskant in einer Sammlung des württembergischen Hofpredigers Lukas Osiander auf. Im Druck seiner 1586 in Nürnberg erschienenen *Fünfftzig Geistlichen Lieder vnd Psalmen* nennt er die Zwecksetzung dieser Gattung. Die Lieder und Psalmen seien »also gesetzt, das ein gantze Christliche Gemein durchauß mit singen kan«. »Der gemein Mann« solle »verstehen«, »was es für ein Psalm ist. [. . .] Darumb hab ich den Choral inn den Discant genommen, damit er ja kenntlich, vnd ein jeder Leye mit singen könne.«[64] Ein Kantionalsatz im Sinne Osianders liegt bei Bach beispielsweise im Schlußchor der Kantate *Wer nur den lieben Gott läßt walten* (BWV 93) vor. Unzweifelhaft versteht auch hier »der gemein Mann« den Text des Chorals und könnte »ein jeder Leye« der Kirchengemeinde die Choralmelodie mitsingen:

In ihrer strikten Unterwerfung unter den Bewegungsablauf der vorgegebenen Melodie wirken die von Bach komponierten Stimmen wie eine Projektion des Chorals. Man erkennt dies etwa an den Abschnittsbildungen des 4stimmigen Satzes. Es liegen insgesamt vier Abschnitte (ohne Wiederholung) vor, von denen jeder zwei bis drei Takte umfaßt. Diese Periodik resultiert aus der Gliederung des Chorals, die sich in dem Satz Bachs wiederholt.

Die Zäsuren der Kirchenmelodie sind ihrerseits eine Folge der poetologisch-syntaktischen Anordnung der in Musik gesetzten Worte. Die gleichmäßige Aufteilung des Textes in Verse und (Haupt- sowie Neben-)Sätze verlangte von Georg Neumark, dem Komponisten des Chorals (1657), eine hierzu analoge Abschnittsbildung in der Melodieführung. Jede Textzeile gab so das Maß für jede Melodie-›Zeile‹. Dadurch wurde Neumark dem Anspruch gerecht, ein geschlossenes, einheitliches Kirchenlied zu schaffen, das Osianders Forderung in Text und künstlerischer Gestaltung nachkam.

Der musikalische Wert von Choralsätzen des beschriebenen Typs besteht also in der Einfachheit und Durchsichtigkeit der Komposition, in ihrer Verständlichkeit für den »gemeinen Mann«. Weil Bach Kantionalsätze bevorzugt an den Schluß der Kantaten legte, entsteht der Eindruck, er wollte den Hörer am Ende der Darbietung in eine unangestrengte Ruhe und Besinnlichkeit entlassen. Der Wirksamkeit des originalen Kirchenliedes eingedenk, beschränkte er seine kompositorischen Eingriffe auf ein Minimum. Dadurch, daß die Choralmelodie unverändert bleibt, das Original also leicht zu identifizieren ist, lenkt Bach die Aufmerksamkeit von seiner Musik ab und zurück auf das kirchliche Lied in seiner ursprünglichen Gestalt und Wirkung.

Mit ebenso unmißverständlicher – und doch bescheidener – Gebärde unterstreicht er auch den originalen Choraltext, der dem Werk sein ›außermusikalisches‹ Gepräge gibt. Denn er zitiert nicht allein die Choralmelodie notengetreu, sondern zugleich den Text der Choralstrophe klar vernehmbar, ohne dichterische Einschübe oder Auslassungen. Im Schlußsatz dieser Kantate zieht Bach, zusammen mit dem Dichter des Chorals, gewissermaßen das Fazit, die Summe seiner »Predigt in Tönen«. Diese hatte im Eingangschor mit den Worten begonnen: »Wer nur den lieben Gott läßt walten und hoffet auf ihn allezeit, den wird er wunderlich erhalten.« Nun endet sie, indem der Gedanke des Anfangs wieder aufgenommen wird: »Denn welcher seine Zuversicht auf Gott setzt, den verläßt er nicht.«

Anders verhält es sich in den Sätzen vor dem Schlußchor der Kantate. Dort ist der originale Choral manchmal bis zur Unkenntlichkeit zurückgenommen, zumal wenn er in ein dichtes Geflecht von Stimmen eingeschlossen ist. Nirgends liegt er so klar zutage wie am Schluß. Es drängt sich daher die Vermutung auf, Bach habe die Kantate zu diesem Ende hin angelegt, mit dem Schlußchor sei, wie nach einer langwierigen Suche, das Ziel, der Höhepunkt erreicht, und dieses Ziel sei die Präsentation des Chorals in seiner unverstellten Gestalt. Anders als etwa in der Musik der Romantik (man denke an Schlußsätze von Sinfonien) ist die Klimax der Choralkantate nicht durch die Ballung musikalischer Mittel wie Tempo, Lautstärke, Instrumentierung und kompositorische Dichte erzielt; der Schluß wirkt im Gegenteil durch die faszinierende Kraft des Einfachen; statt der komplizierten Setzweise der vorausgegangenen Abschnitte eine völlige Zurücknahme der Mittel.

Das ist um so auffälliger, als wir gewohnt sind, das musikalische Thema unverhüllt am Beginn eines Satzes zu finden, wie in den Hauptkompositionsformen der abendländischen Musikgeschichte, der Variation, der Sonate und Sinfonie, dem Streichquartett oder der Fuge. Folglich muß man sich wohl vorstellen, daß die Melodie Neumarks jedem (evangelisch-lutherischen) Kirchgänger jener Zeit so vertraut gewesen ist, daß er sie erkannte, auch wenn er nur Anklänge daran hörte. Wenn man so will, resultiert die spezifische Form dieser Kantate aus einem vom Autor vorgetäuschten ›Wissensvorsprung‹ des Rezipienten gegenüber dem Komponisten. Weil der Hörer von Anfang an weiß, wie das originale ›Thema‹, der Choral, lautet, dieses aber erst am Schluß in seiner ›eigentlichen‹ Gestalt erklingt, ist er dem augenblicklichen Verlauf der Komposition immer ein wenig voraus. In gewisser Weise lebt die Rezeption aus dem Vergnügen, die Abweichungen vom Choral stets auf das originale Kirchenlied zu beziehen. Am Schluß wird der Hörer dann durch die Präsentation der ursprünglichen Gestalt sozusagen belohnt.

Mit Bachs Zeit verglichen, sind die Texte und Melodien des protestantischen Chorals heute viel seltener bekannt. Zumal einem Nicht-Protestanten dürfte die Identifizierung einer evangelischen Kirchenmelodie nicht immer leicht fallen; es gelten daher andere Voraussetzungen für die Aneignung von Bachs Choralkantaten. Im übrigen dürften die Texte, die Bach seinen musikalischen ›Predigten‹ zugrunde legte – vorausgesetzt, man nimmt die Worte überhaupt wahr –, bei vielen Hörern heute ins Leere stoßen (vgl. S. 193 ff.). Mit den Rezeptionsbedingungen hat sich notwendigerweise auch die ursprüngliche, von Bach intendierte Erscheinungsweise des Werkes selbst geändert. Dieses existiert ja realiter nur, insofern es vorgetragen und wahrgenommen wird. Der Wahrnehmende trägt die Modalitäten seiner Aneignung dem Werke zu, so daß es durch ihn moduliert erscheint. Aus den – durch den Lauf der Geschichte bedingten – Änderungen der Rezeptionsweisen folgt, daß die Erscheinungs- und Existenzweise des Rezipierten, in diesem Falle die Existenz des Werkes von Bach, immer wieder eine andere ist. Das Œuvre Bachs nahm folglich seit seinem Tod stets neue Schattierungen an und erscheint heute anders als im Barock.

Als zweiter Typ der vokalen Choralbearbeitung wurde der polyphone Chorsatz genannt. In ihm sind die neu erfundenen Stimmen nicht in demselben Maß auf das vorgegebene Kirchenlied fixiert wie in einer kantionalen Bearbeitung. Häufig wirken sie nachgerade wie Gegenstimmen zum Choral. Von ihm als dem *Cantus firmus* unterscheiden sie sich dadurch, daß sie in kleineren, schnelleren Notenwerten verlaufen. Es kommt hinzu, daß die originale Kirchenmelodie oft vehementen Eingriffen ausgesetzt ist. Die differenzierte Komponierweise läßt kaum Raum für jene gleichmäßigen, synchronen Abschnittsbildungen, die für den Kantionalsatz kennzeichnend sind.

In dem polyphonen Satzgewebe der Choralbearbeitung dieses Typs erklingen oft mehrere Wörter zugleich. Darum kann der Hörer den Text akustisch nicht immer einwandfrei wahrnehmen. Im Gegensatz zu den kantionalen Bearbeitungen, die dem Predigtcharakter der Kantate, deren gottesdienstlicher Funktion – wegen der Durchhörbarkeit der Texte – in einem starken Maß entgegenkommen, erscheint bei den polyphonen Choralbearbeitungen die außermusikalische Zwecksetzung eher ein wenig zurückgedrängt. So, als wolle sich mit der kunstvollen Verselbständigung der Stimmen gegenüber dem originalen Kirchenlied ein Moment musikalischer Autonomie, wenn auch nur am Rande, in Erinnerung bringen.

Zwischen den entgegengesetzten Typen der kantionalen und der polyphonen Choral-

Zur Choralkantate BWV 93: *Wer nur den lieben Gott läßt walten*

bearbeitung bestehen Übergangsstufen. So ist der Eingangschor der Kantate *Wer nur den lieben Gott läßt walten* überwiegend polyphon gearbeitet. Doch finden sich in ihm auch Abschnitte homophonen, kantionalen Charakters. Dies ist vor allem dort der Fall, wo im Sopran der Cantus firmus mit der originalen Melodie Neumarks von 1657 mehr oder weniger identisch ist (T. 10–14, 19–21, 32–34 u. a.). Beispielsweise ist an der Stelle, an der Bach die erste Choralzeile durchführt (T. 10–14), von der originalen Melodie nur der Schluß – die fallende Terz h'–g' – durch Einschub eines Tons zu einem Sekundgang (über dem Wort »walten«) erweitert. Dadurch entsteht dort ein kleines Melisma. Sonst jedoch beließ es Bach bei dem ursprünglichen Verlauf des Kirchenliedes (in dem auf S. 172 wiedergegebenen Schema ist die originale Choralzeile Neumarks im 1. Notensystem aufgezeichnet, im 2. Notensystem befindet sich deren Bearbeitung durch Bach; er transponierte die Melodie um eine Terz nach oben).
In diesen Takten sind auch die dem Choral hinzugefügten Chorstimmen der originalen Kirchenmelodie weitgehend angepaßt. Die homorhythmische Setzweise läßt kaum Raum für eine selbständige Entfaltung der Chorstimmen. Aufgrund der syllabischen (silbenweisen) Textvertonung ist der Text des Chorals deutlich vernehmbar. Alles also scheint auf den Choral ausgerichtet zu sein. Und doch wird der syllabisch-kantionale Chorsatz zum Zeilenende hin polyphon aufgelockert und endet mit einem großen Melisma, das sich von der Kirchenmelodie augenscheinlich löst (T. 13). Der Orchestersatz ist gegenüber dem Chorsatz sogar von Anfang an eigenständig (T. 10–14):

Im Eingangschor der Kantate führt Bach sämtliche Zeilen des Chorals prinzipiell ähnlich durch wie hier. Doch sind die ›Durchführungen‹ der einzelnen Choralzeilen voneinander getrennt.[65] Sie werden von Abschnitten eingeleitet, in denen der Typ der polyphonen Bearbeitung vorherrscht. Es handelt sich um Vorausimitationen, in denen die originalen Choralzeilen in abgeänderter Form gewissermaßen vorbereitet werden. Die Stimmen imitieren sich und setzen fugiert ein (zur Vorausimitation der 1. Choralzeile siehe im Schema S. 172 das 3. und 4. Notensystem). Die vorbereitende Funktion der Imitation wird in den eher kantionalen Takten, die nachfolgen, kraft der ›Durchführung‹ der entsprechenden Choralzeile dann eingelöst (auf die im Schema wiedergegebene Vorausimitation von T. 7–10 folgt die Choral-›Durchführung‹, T. 10–14, die oben aufgezeichnet ist).

In den Vorausimitationen erscheinen die Choralzeilen, bevor sie als Cantus firmus in ihrer eigentlichen Gestalt erklingen, in verhüllter Form. Die Verschleierung des Originals in diesen polyphonen Abschnitten und die stückweise Preisgebung des ursprünglichen Chorals in den mehr kantionalen Partien mögen wirkungsästhetisch ihren Grund darin haben, daß der Hörer schon hier, zu Beginn der Kantate, darauf neugierig gemacht werden sollte, ob und wie das Kirchenlied später sozusagen im Originalton zu hören ist. Die Anklänge an den Choral, und krasser noch: das ›Verraten‹ von Zeilen der Kirchenmelodie, waren insofern gefordert, als der Hörer am Anfang des Stückes darauf gestoßen werden mußte, daß in dieser Kantate ein Choral verarbeitet wird.

Darüber hinaus kann die Zerlegung des Cantus firmus in einzelne Teile als eine

Orientierungsmarke angesehen werden, die Bach dem Hörer gab, damit er erkennt, wie die Erfüllung seiner Erwartung, nämlich die Präsentation des Chorals in seiner integren Gestalt, am Ende aussehen wird. Um den Hörer ahnen zu lassen, was ihn im Schlußchor erwartet, mußte Bach sozusagen ein wenig des Erwarteten, aber eben nur ein wenig, von Anfang an preisgeben.

Demnach ist ein wesentliches Moment für die vorläufige Nicht-Erfüllung der Hörerwartung dadurch gegeben, daß Bach den Choral über weite Teile der Kantate hin gewissermaßen unkenntlich macht. Als ein wichtiges Mittel der Verschleierungstechnik setzt er die Ausschmückung der originalen Melodie ein. In der Vorausimitation der 1. Choralzeile sieht das so aus, daß der Choral im Sopran eigentlich nur im 1. Takt (T. 7 des Satzes) richtig durchhörbar ist (vgl. hierzu auf S. 172 bei der Vorausimitation die eingekreisten Noten, deren Melodieverlauf dem originalen Kirchenlied entspricht). Danach sind in das Original der Kirchenmelodie derart viele kleine, sich um die Choraltöne wie um feste Punkte rankende Noten eingelassen, daß die choralen Stützpunkte (vgl. wiederum die eingekreisten Noten) von ihnen überwuchert und zurückgedrängt scheinen. In der Mitte und gegen Ende der Vorausimitation kann der Hörer die Fixtöne des Chorals kaum mehr erkennen (vgl. den Sopran in T. 8/9).

Das lange Melisma über dem Wort »walten« bewirkt eine – durch ornamentales Figurenwerk hervorgerufene – Erweiterung und Dehnung der originalen Melodie. Doch ist die Kirchenmelodie zugleich auch reduziert. Denn der drittletzte Ton des Originals (dort gesungen auf »läßt«) findet in der melismatischen Partie keine Entsprechung. Nachdem am Anfang der Vorausimitation die Grundfesten des Chorals, seine originalen Töne, mehr oder weniger unangetastet blieben, werden sie späterhin durch ein wucherndes Figurenwerk unterhöhlt. Gegen Ende der Choralzeile ist die musikalische Demontage so weit vorangetrieben, daß das Original in sich zusammenzufallen droht. Jetzt sind die Anklänge an den Choral derart zurückgedrängt, daß der Hörer sich in seiner Erwartung getäuscht sieht, die originale Choralzeile tatsächlich dargeboten zu bekommen. Und was für die Musik gilt, trifft – modifiziert – auch für den Text zu. Die Anfangsworte der Choralzeile sind deutlich vernehmbar. Deren Schlußwort (»walten«) indessen ist aufgrund der ausgedehnten Ornamentik in zwei weit auseinanderliegende Teile gesprengt. Der ursprüngliche Wortzusammenhang kann kaum mehr wahrgenommen werden.

Der melismatische »Zierrath«, den Bach in die Kirchenmelodie einließ, verleiht dem solcherart veränderten Choral ein beschränktes Maß an musikalischer Autonomie. Die den Choral demontierenden Verzierungen gewinnen ein von funktionalen Rücksichten weitgehend gelöstes Eigenleben. Sie folgen nicht so sehr dem Gesetz der Textverdeutlichung als innermusikalischen Rücksichten. Dies wird durch einen Rückgriff gewissermaßen auf den Formelschatz der barocken Musik bewerkstelligt. Es handelt sich hauptsächlich um zwei Elemente, deren Bach sich in dem Melisma bedient. Zum einen ist es der wiederholte Wechsel zwischen einem Ton und seinem Nebenton (Sopran T. 8):

Zum anderen ist es die sequenzierende Kette dieser Figur im folgenden Takt 9:

Im Sopran erscheint die Figur viermal, im Alt dreimal hintereinander in einem sekundweisen Abstieg. Zugleich sind beide Stimmen durch Sextenparallelen miteinander gekoppelt. Da die ersten 3 Töne dieser Figur mit den ersten 3 Noten der zuerst genannten Tonfolge identisch sind, kann sie als eine Weiterentwicklung, sozusagen als ihre Fortspinnung, betrachtet werden.

Andererseits sind die ersten 4 Noten dieser Figur wie ein aufsteigender Groppo gesetzt; in ihm sind die 1. und 3. Note identisch, die 2. und 4. haben verschiedene Tonhöhen. Die (insgesamt) 6 Töne der Figur könnten demnach auch als eine Erweiterung des Groppo aufgefaßt werden. Diese Interpretation wird durch einen Vergleich mit dem Thema II der *Orgelfuge Es-Dur* (BWV 552,2) gestützt: Es basiert auf der nämlichen 6tönigen Figur, die dreimal hintereinander erklingt. Eingeleitet wird es von einem Groppo, aus dem sich folgende Figurenkette entwickelt:

Die Verwandtschaft der Auszierung am Ende der Choralzeile mit diesem Orgelthema dürfte zufällig sein. Die Nachbarschaft der beiden Tonfolgen mag damit zusammenhängen, daß ein Komponist des Barock über einen recht großen Fundus von Tonkonstellationen verfügte, die sich im Laufe der Zeit wie zu Formeln verfestigt hatten. Es ist bemerkenswert, daß Bach dieselbe Formel einmal ornamental und das andere Mal als strukturellen Bestandteil eines Themas verwendete. Und von Belang ist es auch, daß sie sowohl vokal als auch instrumental eingesetzt ist. Tatsächlich nahm die Figur in der sequenzierenden Kette der Kantate einen instrumentalen Charakter an. Diese Auffassung wird dadurch belegt, daß Bach im Eingangschor der Kantate den zu 6 Tönen erweiterten Groppo der vokalen Vorausimitation (T. 8/9) aus der Violine I der instrumentalen Einleitung beinahe notengetreu, wenn auch um einen Ton höher transponiert, übernahm:

Instrumentale Einleitung (Violine I)

Vorausimitation (Sopran)

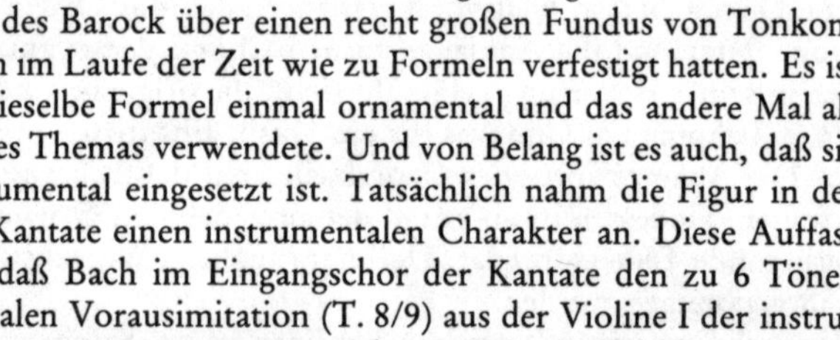

In der Vorausimitation stockte Bach die gesungene Choralmelodie also auf, indem er sie ›instrumental‹ auszierte. Die Einführung instrumentaler Elemente in die vokalen

Stimmen geht mit einer gewissen Abkehr von dem das Wort verdeutlichenden Vokalstil einher. Die den Text vernachlässigenden Instrumentalismen verstärken die Tendenz zur musikalischen Autonomie.
Nun findet sich in dem Abschnitt, in dem Bach die 1. Choralzeile als Cantus firmus durchführt, unter dem lang ausgehaltenen letzten Ton der Zeile im Alt, Tenor und Baß ebenfalls der erweiterte Groppo. Er tritt dort insgesamt elfmal auf (vgl. im Notenbeispiel auf S. 173/174 T. 12/13). Dies bedeutet, daß selbst hier, wo der originale Choral verhältnismäßig deutlich zu hören ist, die ihm innewohnende Kraft (*vis*) der Textverkündigung durch eine instrumentale Stimmführung überwuchert wird. Zu der an dieser Stelle zu beobachtenden Auflockerung der eher homophonen, kantionalen Setzweise durch polyphone Techniken tritt als ein weiteres Moment die Auflockerung durch das instrumentale Figurenwesen hinzu. Überall dort, wo sich die instrumentale Setzweise im Chorsatz durchsetzen will, scheint dessen funktionaler Charakter tatsächlich bedroht zu sein, wenn auch nur geringfügig.
Zusammenfassend soll festgehalten werden, daß eine gewisse Einheit in diesem Choralchor nicht nur durch die ›Durchführung‹ der Choralzeilen als Cantus firmus oder durch die sie vorbereitenden Vorausimitationen erzielt wird. Darüber hinaus entsteht ein durchgängiger Zusammenhang durch die aus dem Instrumentalvorspiel gewonnenen Auszierungen. Sie verbinden die instrumentalen Teile mit den vokalen. Das instrumentale Figurenwerk überzieht den ganzen Satz wie ein Netz, in dem ein Faden an den anderen geknüpft ist. Der vom Text ablenkende instrumentale Charakter dieses Gewebes ändert die auf die religiöse Meditation ausgerichtete Zwecksetzung des Choralsatzes in Ansätzen um zu musikalischer Selbständigkeit, ästhetischer Autonomie. Die Abweichung vom bearbeiteten Choral erscheint indessen notwendig, wenn die Erwartung des Hörers, das Kirchenlied später in einer unverstellten Form präsentiert zu bekommen, nicht vorschnell erfüllt werden soll. So gesehen, dient die Abweichung letztlich also doch der christlichen Kontemplation, einem religiösen Zweck.

Zur Choralbearbeitung zweier Rezitative

Dem Eingangschor der Choralkantate *Wer nur den lieben Gott läßt walten* schließt sich ein für Baß gesetztes Rezitativ an. An ihm soll erläutert werden, wie Bach den gleichnamigen Choral in einem Rezitativ bearbeitet.
Dem 5. Notensystem im Schema auf S. 172 ist zu entnehmen, daß die ersten 5 Töne der Baßstimme in ihrem melodischen Verlauf mit dem Beginn der originalen Choralmelodie identisch sind (vgl. die eingekreisten Noten). Erst gegen Ende der 1. Zeile greift Bach in das Original ein, indem er einige Töne wegfallen läßt. Doch versieht er die entsprechende Stelle mit neuen Noten, so daß die Reduktion des Chorals bis zu einem gewissen Grad aufgewogen erscheint. Im Prinzip handelt es sich um dasselbe Verfahren wie bei der zuvor besprochenen Vorausimitation der 1. Choralzeile im Eingangschor. Auch dort läßt Bach den originalen Choral am Anfang der Zeile unversehrt und weicht erst später von ihm ab. In beiden Fällen haben die Abweichungen einen ornamentalen Charakter, sie schmücken die originale Choralzeile sozusagen aus.
Das Verfahren, einen ›Gedanken‹ (hier den Choral) durch Einfügen neuer Elemente (Töne) ausschmückend zu verändern, hat übrigens seine Entsprechung in der Literatur.

Der musikalischen Ornamentik entspricht dort die Ausschmückung eines gesprochenen Gedankens durch Umschreibung und Paraphrase. Als Beispiel diene das *Meien-Lied* des Philipp von Zesen, der das Leuchten der Sterne so ›ornamentierte‹:

> GLimmert ihr sterne,
> schimmert von ferne,
> blinkert nicht trübe,
> flinkert zu liebe
> dieser erfreulichen lieblichen zeit.

In vergleichbarer Weise ist im Rezitativ der Kantate der originale Text der 2. Choralstrophe ornamental verändert. In dem Kirchenlied heißt es: »Was hilft es, daß wir alle Morgen beseufzen unser Ungemach?« Der Bearbeiter des Textes erweiterte diesen Satz zu der Frage: »Was hilft es, daß wir alle Morgen mit Seufzen von dem Schlaf aufstehn, und mit beträntem Angesicht des Nachts zu Bette gehn?« Der Morgen erscheint auf den Tag und die Nacht hin ausgedehnt. Wie das Seufzen mit dem morgendlichen Aufstehen einen Zusammenhang bildet, ist auch der Hinweis auf das verweinte Gesicht konkret und wirklichkeitsnah. Ohne Zweifel trägt die ›Ornamentierung‹ des Choraltextes zu dessen Veranschaulichung, zu einer noch ausgeprägteren Bildlichkeit bei. Dieses Verfahren der bildhaften, verdeutlichenden Umschreibung scheint durch eine Formulierung am Beginn der 2. Choralstrophe initiiert zu sein. Dort steht der Satz: »Was helfen uns die schweren Sorgen?« Der bearbeitende Textdichter beantwortet die Frage so: »Sie drücken uns das Herz mit Zentner-Pein, mit tausend Angst und Schmerzen.« Dieses Frage- und Antwortspiel wiederholt sich mit der 2. Zeile des originalen Chorals, sie lautet: »Was hilft uns unser Weh und Ach?« Erneut legt der Bearbeiter des Textes dem Sänger eine Antwort in den Mund, die den rhetorischen Charakter der Frage unterstreicht: »Es bringt nur bittres Ungemach.« Wenn in dem Rezitativ der Sänger so die von ihm gestellten Fragen selbst beantwortet, entsteht der Eindruck, er halte mit sich ein Zwiegespräch, einen inneren Dialog oder ›Zwiegesang‹. Zum Vergleich sei die Bearbeitung neben den originalen Text der 2. Strophe gestellt:

Original	*Bearbeitung*
Was helfen uns die schweren Sorgen?	*Was helfen uns die schweren Sorgen?* Sie drücken nur das Herz Mit Zentner-Pein, mit tausend Angst und Schmerzen.
Was hilft uns unser Weh und Ach?	*Was hilft uns unser Weh und Ach?* Es bringt nur bittres Ungemach.
Was hilft es, daß wir alle Morgen *Beseufzen unser Ungemach?*	*Was hilft es, daß wir alle Morgen* Mit Seufzen von dem Schlaf aufstehn Und mit beträntem Angesicht des Nachts zu Bette gehn?
Wir machen unser Kreuz und Leid *Nur größer durch die Traurigkeit.*	*Wir machen unser Kreuz und Leid* Durch bange Traurigkeit nur größer. Drum tut ein Christ viel besser, Er trägt sein Kreuz mit christlicher Gelassenheit.

Bach zeichnete das Vorgehen des Textbearbeiters, die im Choral gestellten (rhetorischen) Fragen paraphrasierend zu beantworten, musikalisch nach. Wo der originale Text des Chorals zu hören ist, hält auch der Komponist sich mehr oder weniger an die Choralmelodie. Dagegen ist die Musik bei den Neu-Dichtungen meistens unabhängig vom Choral erfunden. Die choralabhängigen Takte sind rhythmisch und melodisch arios durchgeformt, wogegen die choralunabhängigen Antworten eher an dem freieren Sprechgesang des Rezitativs orientiert sind. Die textliche Trennung zwischen den (originalen) Fragen und den (neu gedichteten) Antworten erfährt ihre Entsprechung in der Musik also großenteils durch die wechselnde Anwendung zweier verschiedener musikalischer Mittel. Wie der Bearbeiter des Textes mit seinen Interpolationen den originalen Wortlaut präzisierend ausgestaltet, ornamentiert Bach die Liedmelodie dadurch, daß er zwischen die bearbeiteten Choralzeilen choralunabhängige Takte einfügt. Und wie der Textbearbeiter den Choraltext mit seinen Einschüben in einer bestimmten Weise interpretiert, so deutet Bach die originale Kirchenmelodie in seinem Sinne um, wenn er sie mit Zusätzen versieht.

Die Kantate *Wer nur den lieben Gott läßt walten* enthält ein zweites Rezitativ, diesmal für Tenor. Es läßt ähnliche Merkmale erkennen wie das eben besprochene Baß-Rezitativ. Zwischen die bearbeiteten Choralzeilen sind auch hier Takte eingefügt, die textlich und musikalisch vom originalen Choral kaum unmittelbar abhängen. Trotzdem verdeutlichen sie den Choral, interpretieren ihn gewissermaßen. Soweit sich der Textbearbeiter in den Einschüben der Bildersprache bedient, erscheint der Choraltext auch hier ausgeschmückt. Der Text wirkt konkreter, noch anschaulicher. So sind zum Beispiel die beiden ersten Zeilen der bearbeiteten Choralstrophe durch eine Bild-Folge miteinander verknüpft:

Denk nicht in deiner Drangsalshitze
Wenn Blitz und Donner kracht
Und dir ein schwüles Wetter bange macht,
Daß du von Gott verlassen seist.

Die »Drangsalshitze« eines Menschen, der meint, er sei von Gott verlassen, wird durch die Vorstellung von Blitz, Donner und schwülem Wetter noch gesteigert. Durch den Zusatz solcher Passagen erscheint die den Kirchgänger in ihren Bann ziehende Wirkkraft (*vis*) des Textes ungleich größer als im Original. In seiner Vertonung verstärkt Bach sie noch. Die Drastik der sprachlichen Bilder setzt sich in musikalischen Tableaus fort, in der klangmalerischen Bearbeitung durch den Komponisten. Nachdem die Komposition anfänglich ruhig voranschritt, schlägt sozusagen der Blitz auch musikalisch ein: als grell auffahrender Septimensprung im Tenor (T. 2, b′–as″ über »wenn Blitz«). Es folgt das Krachen des Donners, im Continuo hörbar gemacht durch ›polternde‹ Zweiunddreißigstel-Bewegungen (T. 2/3). Die Schwüle des Wetters wird dann in dumpf wirkenden Tonwiederholungen ausgelegt. Wie der Textdichter auf den vorgegebenen Choraltext reagiert, indem er in seinem »Gemüth« konkrete Bilder erstehen läßt, so malt Bach diese Tableaus des dichterischen Vorstellungsvermögens musikalisch nach, indem er sie mit ›sprechenden Tönen‹ grundiert. Ohne unbedingt redundant zu wirken, erscheint die sprachliche Ausschmückung des Text-Originals durch die musikalische Ornamentierung verdoppelt:

Ein Vergleich zwischen den textlichen und den musikalischen Bearbeitungen von Chorälen läßt erkennen, daß in beiden Verfahren ähnliche Prinzipien walten. Sie lassen sich so zusammenfassen: Aus dem originalen Text können einzelne Wörter oder Satzglieder, auch ganze Sätze herausfallen. Das gleiche gilt für die originale Kirchenmelodie, aus der Töne, aber auch ganze Liedzeilen ausgespart werden. Andererseits besteht die Möglichkeit, Wörter des Chorals durch neue zu ersetzen, ebenso Töne der Kirchenmelodie. Darüber hinaus können neue Wörter oder Sätze in den ursprünglichen Text ornamentartig eingefügt werden, ohne daß das Text-Original beschnitten würde. Die musikalischen Ergänzungen innerhalb der originalen Liedzeile treten häufig als ornamentierende Melismen auf. Doch können die kompositorischen Zusätze auch zwischen zwei Choralzeilen eingelassen werden. Schließlich ist es eine Folge des Predigtcharakters geistlicher Musik, daß der Textbearbeiter den Chorälen innerlich vorzustellende Bilder einfügt. Die Verbildlichung des Textes kann durch die Musik klanglich fort-gebildet werden.
Tatsächlich liegen der Bearbeitung eines Chorals ähnliche Verfahren zugrunde wie der Predigt eines Pastors. Denn auch dieser greift, wenn er predigt, immer wieder auf ein Thema zurück; in der Regel ist es ein an den Anfang gestelltes Bibelwort. Das Bibelzitat ›variiert‹ er dann, er schmückt es aus, führt die Gedanken weiter, stellt sie in neue Zusammenhänge oder veranschaulicht sie durch konkrete Bilder. Der Eloquenz des Predigers entspricht die ›Beredsamkeit‹ Bachs, wenn er in seinen musikalischen ›Predigten‹ als ›Thema‹ ein evangelisches Kirchenlied zitiert, um es in seiner Weise ›zum Sprechen zu bringen‹.

Vokale und instrumentale Choralbearbeitung

Bei einer Choralbearbeitung für Orgel kann der Text, da er stumm bleibt, weder einen Eingriff noch eine Bearbeitung erfahren. Trotzdem bestehen auch hier Analogien zu der Bearbeitung eines Choraltextes. So kommt es vor, daß zwischen die Zeilen der bearbeiteten Kirchenmelodie Vor- und Zwischenspiele eingefügt sind (vgl. dazu S. 140). Auf die Ebene der Textbearbeitungen übertragen, entspräche dies jenen Interpolationen, bei denen der Verfasser, wie in den angeführten Rezitativen, zwischen zwei Textzeilen des originalen Chorals als Neudichtungen weitere (Halb-)Sätze einfügt. Zwar kann in einer Choralbearbeitung für Orgel der Text des Kirchenliedes realiter nicht gehört werden, doch hintergründig bleibt er mitsamt seinen Veränderungen, Auslassungen und Einschüben spürbar; er war den zeitgenössischen Hörern durchaus präsent.

Der Zusammenhang zwischen der Bearbeitung textlicher Vorlagen und der Bearbeitung von Kirchenmelodien für die Orgel könnte durch die Behandlung von Chorälen in der vokalen Musik, besonders durch die Choralkantate, vermittelt sein. Die Vokalmusik wäre, so gesehen, ein Verbindungsglied zwischen den rein textlichen Bearbeitungen und den Orgelbearbeitungen. Die gesungene Musik steht denn auch zwischen der Dichtung als einer reinen Wort-Kunst, die ohne Noten auskommt, und der Instrumentalmusik, welche – sozusagen als ›reine‹ Musik – des Wortes unmittelbar nicht bedarf. In der Vokalmusik verbindet sich die Wort-Kunst mit der Ton-Kunst. An Johann Mattheson anknüpfend, der das Verhältnis zwischen vokaler und instrumentaler Melodie mit dem Verwandtschaftsgrad von Mutter und Tochter verglichen hatte, ließe sich das Bild ausmalen und die Genealogie künstlerischer Gattungen zurückverfolgen bis zur Dichtung als einer Stammutter der vokalen und durch sie auch der instrumentalen Musik.[66]

Wollte man dieses Bild dann auf die Bearbeitung von Chorälen übertragen, so hätte die vokale Bearbeitung die Orgelbearbeitung gewissermaßen hervorgebracht, wogegen die Vokalbearbeitung selbst von der (rein) textlichen Bearbeitung gezeugt wäre. Doch ist hier nicht der Ort, die Verwandtschaftsverhältnisse der Künste zu diskutieren. Statt dessen soll an konkreten Beispielen demonstriert werden, inwiefern Bach bei der Bearbeitung von Chorälen in der Vokal- und Instrumentalmusik (Musik für Orgel) ähnlich verfuhr.

Dem genannten Tenor-Rezitativ der Kantate *Wer nur den lieben Gott läßt walten* geht ein Duett für Sopran und Alt voraus. Außer der Wiederholung einzelner Zeilen oder Halbsätze erfährt der Text keine Eingriffe. Die Choralmelodie wird in diesem Satz nicht gesungen, sondern instrumental vorgetragen. Die beiden Violinen und die Viola spielen sie als Cantus firmus (T. 1–17):

Da die originale Choralmelodie ohne Text erklingt, wogegen die Worte des Kirchenliedes außerhalb des choralen Cantus firmus zu hören sind, erscheint die Einheit von Wort und Gesang, die zuvor für den Choral galt, zerschnitten. Die textlose Gestaltung der Choralmelodie kann als ein Hinweis darauf gewertet werden, daß diese Bearbeitung den instrumentalen Choralbearbeitungen (für die Orgel) besonders nahesteht. Im folgenden soll geklärt werden, wieweit das Duett Prinzipien der Bearbeitung und musikalischen Gestaltung enthält, die Bach auch in diesen Choralbearbeitungen anwandte.

Auch in dem Duett der Kantate ist der (instrumentalen) Cantus-firmus-Durchführung der einzelnen Liedzeilen jeweils eine – von Sopran und Alt gesungene – Vorausimitation vorangestellt.[67] In der Imitation vor der 1. Choralzeile kommt dem Rhythmus , gesungen auf den Wortteil »Freuden« (von »Freuden-Stunden«), eine besondere Bedeutung zu. Er ist ein prägendes Motiv, vor allem im Continuo. Die drei ersten Takte werden dort beinahe nur von ihm ausgefüllt, und auch später greift Bach den Rhythmus immer wieder auf. Das Wort »Freuden« wird dem inneren Ohr des Hörers – ohne daß es akustisch wahrzunehmen wäre – pausenlos zugespielt. Unausgesprochen, aber dennoch wie ein textliches Motto wirkend, durchzieht dieses Musik gewordene Wort die Fundamentalstimme und grundiert damit den ganzen Satz.

Der Ausdruck »Freude« trifft den Gehalt der 4. Choralstrophe in seinem Kern. Denn Freude ist auch ein Motiv, an das der unbekannte Textdichter anknüpfte, als er die Strophe niederschrieb. Sie rührt daher, daß, wie es in den beiden letzten Zeilen der Strophe heißt, Gott herbeikommt, »eh wir uns versehn, und lässet uns viel Guts geschehn«.

Es wurde darauf hingewiesen, daß in Bachs Orgelchoral *In dir ist Freude* (BWV 615) dasselbe Wort »Freude« aufgrund einer bestimmten rhythmischen Bewegung der Musik konnotativ eingeschrieben ist, und, da sich dieser Choral ursprünglich von einem venezianischen Tanzlied herleitet, die Rhythmik auf bestimmte Körperbewegungen bezogen werden kann (vgl. S. 137 f.). Nun hat auch hier im Duett der mit dem Wort »Freude« verbundene Rhythmus  einen gewissen tänzerisch-bewegungsmäßigen Charakter. Strukturell deuten dies die beiden in der Mitte stehenden Sechzehntel-Noten an. Bei ihnen wäre, um es in der Sprache eines Tanzlehrers von heute zu sagen, ein Wechselschritt angebracht. Sowohl in dem Orgelchoral als auch im Duett erscheint das beherrschende Textelement ›Freude‹ also über den Umweg eines – nicht wirklich auszuführenden – Tanzes in die Noten eingelassen. Daß auch nach der Auffassung des Barock im Tanz sich Affekte wie Fröhlichkeit und Heiterkeit äußerten, hatte ja der Leipziger Tanzlehrer Gottfried Taubert bezeugt, für den das Tanzen »ein Kenn-Zeichen der in dem menschlichen Hertzen verborgenen Fröligkeit« war.[68]

Das für Bachs Technik der polyphonen Choralbearbeitung kennzeichnende Verfahren, die als Cantus firmus durchgeführten Liedzeilen mit einer Vorausimitation einzuleiten, wie im Eingangschor und im bezeichneten Duett der Kantate *Wer nur den lieben Gott läßt walten*, wandte schon Johann Pachelbel in den Choralbearbeitungen für Orgel an. In seiner Bearbeitung des Chorals *Allein Gott in der Höh' sei Ehr'* liegt die originale Kirchenmelodie in der höchsten Stimme des Orgelsatzes. Die mittlere Stimme imitiert sie im voraus (vgl. die eingekreisten Noten in beiden Stimmen):

Nach Friedrich Blume hat Bach diese Technik der Vorausimitation vor allem an der Orgelmusik Pachelbels kennengelernt.[69] Dies würde bedeuten, daß der Konnex von vokaler und instrumentaler Choralbearbeitung nicht allein auf einer einseitigen Beeinflussung der Orgelmusik durch die Vokalmusik gründet. Mindestens ebenso stark dürfte der Einfluß in umgekehrter Richtung gewesen sein. Mit der Metaphorik Matthesons ausgedrückt, wäre dies, als ob die Tochter (Instrumentalmusik) auch die Mutter (Vokalmusik) manches gelehrt hätte. Es mag sich um ein wechselseitiges Geben und Nehmen ›innerhalb derselben Familie‹ gehandelt haben.
Es war für Bach eine Selbstverständlichkeit, die Technik der Vorausimitation auch in den Choralbearbeitungen für Orgel zu nutzen. Dies erweist sich schon an der Tatsache, daß er das Duett der Kantate *Wer nur den lieben Gott läßt walten* später zu einem Orgelsatz (BWV 647) umarbeitete:

Das Orgelstück wurde nach 1746 in Leipzig von Johann Georg Schübler, Bachs Schüler, zusammen mit fünf anderen sogenannten *Schüblerischen Chorälen* (BWV 645–650) zum Druck befördert. Mit einer Ausnahme (BWV 646), bei der ein Nachweis nicht möglich ist, sind alle *Schübler-Choräle* Umarbeitungen älterer Kantatensätze.

Auch dieses Vorgehen Bachs ist ein Hinweis darauf, daß er zwischen vokaler und instrumentaler Musik, in diesem Falle zwischen der geistlichen Vokalmusik und der Orgelmusik, prinzipiell keinen Unterschied machte. Was die Umarbeitung des Duetts zu dem Orgelsatz betrifft, so änderte Bach die Noten nur geringfügig. Den im Duett von der Violine I, II und Viola vorgetragenen Cantus firmus legte er ins Pedal, die Partien des Alt und Sopran wies er der rechten Hand des Organisten zu, die Continuo-Stimme dessen linker (vgl. das Notenbeispiel auf S. 184 mit dem auf S. 181/182 wiedergegebenen Duett).
Hat der Hörer im Duett das Freudenmotiv erkannt, so mag er es sich in der Orgel-Übertragung aufs neue erschließen. Allerdings wird der Versuch dadurch erschwert, daß der Text des Chorals hier unmittelbar keine Hilfe leistet. Völlig zu verstehen ist der außermusikalische Gehalt des Orgelsatzes nur durch jenes Duett hindurch, im Vergleich mit ihm und seiner Textvertonung. Demnach gäbe die als erstes ausgeführte vokale Choralbearbeitung einen Hinweis darauf, wie das als eine Übertragung nachträglich zu Papier gebrachte Instrumentalstück aufzufassen ist. Die eine Komposition würde sich durch das Wissen von der anderen erklären, die Musik selbst triebe in gewisser Weise Interpretationsversuche.
Bei dem Duett und seiner Bearbeitung kann kaum von verschiedenen Kompositionen die Rede sein. Kompositorisch-strukturell ist nichts geändert, die Umarbeitung betrifft eher die Instrumentierung als die musikalische Substanz. Damit steht das Verfahren Prinzipien des Parodierens nahe. Auch hier handelt es sich also um eine offene Musik, ein ›offenes Werk‹ gewissermaßen, das nicht durch eine unwiderruflich festgelegte Form der Darbietung eingeengt ist.

Der Instrumentalstil in Chören und Arien

Ebenso bearbeitete Bach den Choral *Mit Fried' und Freud' ich fahr' dahin* sowohl in einer Kantate (BWV 125):

als auch für die Orgel (BWV 616). Doch ist hier der Orgelsatz nicht aus dem Vokalsatz hervorgegangen wie beim Schübler-Choral BWV 647; es liegen zwei selbständige Kompositionen vor. Daß Bach dennoch einen vergleichbaren Weg der Bearbeitung wählte, sei im folgenden erläutert.

Wir haben festgestellt, daß die Quinte das Intervall ist, das die Orgelbearbeitung *Mit Fried' und Freud' ich fahr' dahin* wesentlich prägt. Sie ist gleichsam ein Kennzeichen des Kirchenliedes selbst wie auch der mehrstimmigen Bearbeitung durch Bach (vgl. S. 140 ff.). Die aus der Kirchenmelodie abgeleitete Quinte spielt auch in der Kantate eine wichtige Rolle: Sogleich zu Beginn des Eingangschores wird sie im instrumentalen Vorspiel zunächst von der Flöte (T. 1) und dann imitierend von der Oboe (T. 3) vorgestellt. Auch die anderen Stimmen nehmen sie auf, sie erscheint in der

Continuo-Stimme mehrmals in der Umkehrung, wobei Bach sie von verschiedenen Tonstufen aus fallen läßt (vgl. T. 5–7).

Daß Bach im Orchestersatz einer Kantate kompositorisch ähnlich verfuhr wie in einem Orgelsatz, zumal wenn er denselben Choral zu bearbeiten hatte, ist nicht verwunderlich. Als weiteres Beispiel sei der einleitende Chor der Kantate *Christ lag in Todesbanden* (BWV 4) angeführt. Dort verwendete Bach in den Instrumenten den Rhythmus . Sich wechselweise ergänzende Rhythmen dieser Art finden sich auch in den Clavier- und Orgelpartiten. Was spräche auch dagegen, bei beiden – instrumentalen – Besetzungen ähnliche Mittel zu verwenden?

Bedenklicher erscheint es, wenn Bach Sing-Stimmen setzte, als komponiere er für Orchester- oder Tasteninstrumente. Seine Neigung, hin und wieder Chorsätze der menschlichen Stimme inadäquat zu komponieren, wurde schon im Hinblick auf den Eingangschor der Kantate *Wer nur den lieben Gott läßt walten* (BWV 93) angemerkt. Der besondere Reiz der in der chorischen Vorausimitation der 1. Choralzeile gesetzten Melismen, die wir dort als instrumentales Figurenwerk interpretiert haben (vgl. S. 174 ff.), besteht ja darin, daß der spezifische Charakter der Chorstimmen und, mehr noch, die gesangliche Linie der originalen Kirchenmelodie verfremdet, zerstört erscheint.

Derselbe Verfremdungseffekt, bewirkt durch einen intensiven Gebrauch instrumentaler Auszierungen, ist häufiger noch in Bachs Arien zu erkennen. Auch in ihnen ist die kantable Linienführung durch instrumental wirkende Kolorierungen – im Wortsinn: ›farbige Ausschmückungen‹ –, durch den Einlaß quasi-instrumentaler Farbwerte also, manchmal im Kern bedroht. Dies trifft vor allem für jene Arien zu, in denen die Gesangsstimme von einem obligaten Instrument begleitet wird. Die Gesangspartien wechseln dann mit dem Melodieinstrument häufig ab. Es entsteht der Eindruck, der Sänger stünde mit dem Instrumentalisten in einem Dialog. Den beiden Musikern ist ein ähnliches musikalisches Material zugewiesen, mit dem sie umzugehen haben. Nicht immer ist es primär melodisch, eher schon instrumental erfunden. In der Arie Nr. 13 der *Johannespassion* (BWV 245) *Ich folge dir gleichfalls* folgt an der wiedergegebenen Stelle die Flöte der Gesangsstimme:

Ähnlich verhält es sich in der Arie Nr. 15 *Frohe Hirten, eilt, ach eilet* des *Weihnachtsoratoriums* (BWV 248):

Hier folgt der Tenor der Solo-Flöte. Die Gesangsstimme scheint beinahe noch virtuoser gestaltet zu sein als die Stimme der Solo-Flöte. An manchen Stellen besteht sie fast nur aus Ornamenten. Die Überwucherung der Melodie durch eine Unzahl kleingliedriger Verzierungen erinnert an den »italienischen Gusto«, den Bach in einer ähnlichen Weise im Andante des *Italienischen Konzerts* (BWV 971) zum Ausdruck brachte. Die Linienführung der Melodie erscheint mit musikalischen Ornamenten derart überladen, daß es nicht leicht fällt, das Grundgerüst zu erkennen. Der überbordende, gewissermaßen barocke Gebrauch in Noten ausgedruckter »Manieren« macht, wie Johann Adolph Scheibe generell zu Bachs Musik anmerkte, den »Gesang« in der Tat »unvernehmlich«.

Kompositionen dieser Art mag Moritz Hauptmann gemeint haben, als er in einem Brief an Franz Hauser schrieb: »Soll denn die Singstimme mit dem gesungenen Wort nichts anderes zu thun haben, als in einer canonischen Nachahmung mit der *Oboe di Caccia* oder *d'Amore* fortgehen? Wenn dem Instrumente die Worte nicht fehlen, hat sie die Singstimme zu viel. [...] Bachs Sologesänge können vom polyphonischen Instrumentalsatz sich nicht losmachen.«[70] In einem am 15. Februar 1859 an Johannes Brahms gerichteten Brief findet sich dieser Gedanke in einer noch schärferen Formulierung: »Diese Liebe [zu Bach] kann mich aber nicht blind machen für Styllosigkeit, denn so

muß ichs nennen wenn eine Singstimme mit Worten vom Komponisten nicht anders wie eine Oboe behandelt wird, sich überhaupt immer mit Instrumenten, als ebenbürtige, contrapunktisch herumwinden muß. Es wird sehr respectabel sein wenn ein Sänger auch solchen Gesang leisten kann, das ist eine Virtuosität, zu verlangen ist es nicht, denn es ist nicht zu verlangen, daß eine Oboe und Geige singen können.«[71]
Sein Unbehagen hätte Moritz Hauptmann ebenso über die Arie Nr. 41 des *Weihnachtsoratoriums* äußern können. Sie ist für Tenor, 2 Soloviolinen und Continuo gesetzt.[72] Zu Beginn tragen alle drei Instrumentalstimmen nacheinander dieselbe Partie vor, schließlich wird die ›Melodie‹ vom Tenor gesungen. Doch kann die alles andere als gesangliche Führung der Melodie nicht befriedigen:

Die instrumentale Konzeption dieser Singstimme könnte damit zusammenhängen, daß die Arie nach Art einer Fuge gestaltet ist. Fugenkompositionen stehen ja der instrumentalen Musik näher als der vokalen. Der instrumentale Charakter ist im Ausschnitt des Notenbeispiels an drei Momenten erkennbar: Vom Ideal einer gesanglichen Stimmführung aus – das Bach freilich nicht anstrebte – ist es, erstens, ein Unding, den Tenor mit einem in derart kurzen Noten vorgeschriebenen Oktavsprung auf einer betonten Taktzeit beginnen zu lassen; das wäre einem Instrument eher angemessen als einer Singstimme. Zweitens enthält das Thema eine für die Instrumentalmusik typische Figur, den (aufsteigenden) Groppo. Dem ersten Groppo ist, drittens, eine vierfache Tonrepetition vorangestellt – auch dies eigentlich keine Gesangsfigur. Sie, die man *Schwärmer* oder *Bombo* nannte, hatte Printz 1689 beschrieben als »eine einfache bleibende Figur, so in vier geschwinden in einer Clave bleibenden Noten bestehet«. In der Vokalmusik werde sie nicht gebraucht, zumindest nicht in dieser Form.[73]
Sogar fünfmal hintereinander setzte Bach denselben Ton in der Einleitungsarie der Kantate *Bereitet die Wege, bereitet die Bahn* (BWV 132). Ja, man könnte von einer zehnfachen Tonwiederholung sprechen, denn die Tonfolge wird, nur von einem zweifachen Quintsprung unterbrochen, auf der gleichen Stufe repetiert. Die melodische Bewegung ist gleichsam zu unbewegten Punkten erstarrt, der Gesang des Gesanglichen entkleidet, die Überreste sind zu einem gleichförmigen Rhythmus geschrumpft:

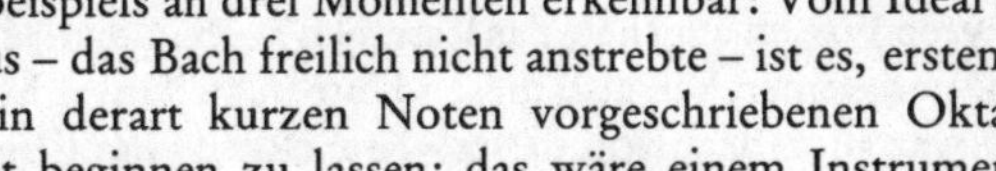

Die Tonwiederholungen im Einklang mit den beiden Quintsprüngen erinnern an den Eingangschor des *Weihnachtsoratoriums.* Auch hier schloß Bach die Tonrepetition mit einem größeren Intervallsprung ab. Statt der Quinte ist es deren Umkehrung, die Quarte:

Auf den Zusammenhang dieser Stelle mit den das Oratorium eröffnenden, notengetreu in den Chorsatz übernommenen Paukenschlägen wurde bereits hingewiesen (vgl. S. 99 f.). In solchen Passagen, in denen Bach die Gesangsstimme wie eine Paukenstimme komponiert hat, scheint die Verfremdung des Gesangs durch instrumentale Mittel auf die Spitze getrieben. Verfolgt der Hörer die einzelnen Stimmen des Eingangschores, so stößt er in der Tat über weite Teile hinweg nur auf wenige Partien, die wirklich melodisch zu nennen wären.

So läßt sich zusammenfassend in zweierlei Hinsicht eine Überfremdung der vokalen Stimmen durch instrumentale Farbwerte und Effekte feststellen: Zum einen wird die Vokalstimme von kurzatmigen Melismen, instrumentalen Spielfiguren derart durchsetzt und in die Länge gezogen, daß von einer melodischen Gestaltung eigentlich nicht die Rede sein kann; in anderen Fällen ging Bach entgegengesetzt vor, hier ist die melodische Linie so verkürzt, daß sie im Extrem nur noch aus einem Rhythmus besteht.

1737 schrieb Johann Mattheson im *Kern Melodischer Wißenschafft*: »Die meisten Organisten, so selber keine Sänger gewesen, liegen in diesem Spittal kranck, und wissen offt nicht einmahl, was die Ursache dieser Kranckheit sey: sie dencken, was auf ihrer Orgel mit zehn Fingern und zween Füssen angehet, das lasse sich auch in dem eintzigen Röhrlein der Kehle wohl thun, und bemercken also diesen Unterschied ihrer Melodien gar schlecht.«[74] Offensichtlich war auch Bach von dieser »Kranckheit« der Organisten befallen, wenn er für das »Röhrlein« der menschlichen Stimme Melodien erfand. Die Instrumentalismen seiner Vokalmusik sind nur so zu erklären, daß er auch dann instrumental dachte, wenn er Werke für Gesangssolisten oder einen Chor schrieb. Sogar in der gesungenen Musik konnte er seine Herkunft als Organist nur schwer verleugnen. In bezug auf die *Inventionen* wurde schon erläutert, inwiefern der Fingersatz des Clavierspielers die Kompositionen prägte (vgl. S. 86). Zudem ist der Groppo, der das Thema der Tenor-Arie Nr. 41 aus dem *Weihnachtsoratorium* erheblich bestimmt, bis zu einem gewissen Grad eben eine instrumentale, aus dem Fingersatz eines Clavierspielers zu erklärende Spielfigur.[75] Schon darum scheint es kein völlig abwegiger Gedanke, größere Abschnitte dieser wie eine Fuge gestalteten Arie einmal auf der Orgel zu spielen. Wenn das Pedal mitbenutzt würde, wäre das spieltechnisch möglich. Auch ästhetisch scheint Bach das starr wirkende ›Fugen‹-Thema eher der Orgel und ihrer Mechanik auf den Leib geschrieben, als die Möglichkeiten einer ausdrucksstarken Gesangsstimme ganz ausgeschöpft zu haben.

Daß Bach die Stimmen manchmal so komponierte, daß man meinen möchte, ein Claviervirtuose solle sie vortragen, nicht aber ein Flötist oder gar Sänger, machte einen wesentlichen Punkt in der Kritik Scheibes aus. 1738 schrieb er, auf den Thomaskantor bezogen: »Da aber so wohl die Verschiedenheit der Instrumenten, als auch die Kehlen der Sänger keinesweges nach dem Claviere zu beurtheilen sind, so muß auch nothwendig bey der Composition musicalischer Stücke mehr auf die Natur eines jeden Instrumentes und einer jeden Singestimme gesehen werden, als blos allein auf die Stärke eines einzigen Instrumentes.«[76]

Fast zweihundert Jahre später bemängelte Ferruccio Busoni die aus dem Clavierstil resultierende Maßlosigkeit vieler Arien in der *Matthäuspassion* (BWV 244) ebenfalls. Nachdem er die Passion in Basel gehört hatte, berichtete er am 31. Mai 1919 in einem Brief an den Schweizer Komponisten Hans Huber: »Jetzt setzt der Gesang ein, meist im Charakter einer Mittelstimme von einer Klavierfuge: die Wendungen sind erstaunlich mannigfaltig, jedoch im Grunde maßlos gestaltet und im Sinne einer Durchführung ad infinitum.«[77] Eine Gegenüberstellung der Alt-Arie Nr. 6 *Buß und Reu* (T. 29–32) aus der *Matthäuspassion*:

Matthäuspassion
Arie Nr. 6
Singstimme

und der mittleren Stimme (T. 8–10) der 3stimmigen *Fuge c-Moll* (BWV 849) aus dem 1. Teil des *Wohltemperierten Claviers*:

Fuge c-Moll
Mittelstimme

zeigt, daß die Mittelstimme dieser Clavierfuge gesanglicher gestaltet ist als die Alt-Arie. Die Arie wirkt weniger plastisch als die Clavierstimme. Durch eine Pause getrennt, entwickelt sich eine Sequenz, deren bizarrer Sept- bzw. Sextsprung der menschlichen Stimme wenig angemessen ist. Offensichtlich hielt Bach sich nicht an den von Mattheson im *Kern Melodischer Wissenschafft* formulierten Unterschied zwischen vokalen und instrumentalen Melodien, wonach »*melodia vocalis* keine solche Sprünge, als *instrumentalis*, zuläßt«.[78]

Allerdings komponierte nicht nur Bach vokale Stimmen wie instrumentale; dies war im Barock allgemein verbreitet. Musikschriftsteller wie Mattheson oder Scheibe, die für die Vokal- und die Instrumentalmusik unterschiedliche Idiome forderten, vertraten demgegenüber bereits eine Ästhetik der neuen Zeit. Bach konnte durchaus auf eine gewisse Tradition zurückblicken. Denn schon im 17. Jahrhundert waren die Gesangsstimmen in Kantaten, Oratorien oder in der Oper bisweilen instrumental geformt; ganz besonders war dies bei den virtuosen Verzierungen der italienischen Opernsänger der Fall. Ja, bereits die Vokalmusik der Niederländer trug gelegentlich instrumentale Züge, was Bezeichnungen wie *Missa trombetta* (Gaffori?), *Missa tubae* (Cousin, um 1450) oder *Gloria ad modum tubae* (Dufay) erkennen lassen; diese Titel deuten eine Einwirkung bestimmter Instrumente auf den Vokalsatz an.

Dessen ungeachtet trieb Bach den instrumentalen Stil in der gesungenen Musik besonders weit. Dabei brachte die forciert instrumentale Kompositionsweise nicht nur ästhetische Probleme mit sich, sondern auch solche der Aufführungspraxis. Auch dies erkannte Scheibe, der am 14. Mai 1737 im *Critischen Musicus* über Bach Klage führte: »Weil er nach seinen Fingern urtheilt, so sind seine Stücke überaus schwer zu spielen; denn er verlangt die Sänger und Instrumentalisten sollen durch ihre Kehle und Instrumente eben das machen, was er auf dem Claviere spielen kan. Dieses aber ist unmöglich.«[79] Der Magister Birnbaum räumte in seiner Erwiderung vom Januar 1738 ein, der Instrumentalstil Bachs müsse den Sängern zwar Schwierigkeiten bereiten, doch unüberwindlich seien diese nicht: »Es ist alles möglich wenn man nur will [...]. Ist es dem Herrn Hof-Compositeur [Bach] nichts unmögliches, mit zwey händen sachen auf dem clavier vollkommen wohl und ohne den geringsten fehler zu spielen [...]: wie sollte das einem gantzen Chore, welches aus so viel persohnen besteht, davon jede nur auf eine stimme achtung zu geben hat, unmöglich seyn?«[80]

Wie Birnbaum an anderer Stelle berichtet, hatte Scheibe Bach vorgeworfen, er schreibe »nur für große Virtuosen, und überlegt dabey nicht, daß man in einem musikalischen Chore niemals lauter Virtuosen antreffe«.[81] Birnbaum verteidigte Bach, auf die Leipziger Thomaschöre direkt Bezug nehmend: »Allein, da freylich der Herr Hofcompositeur so glücklich nicht ist, seine Stücke allezeit lauter Virtuosen vorlegen zu können, so bemüht er sich doch zum wenigsten, theils, die es noch nicht sind, durch Angewöhnung an etwas schwere Stücke, dazu zu machen: theils bedient er sich, wo dieses nicht möglich ist, allerdings der nöthigen Behutsamkeit, seine Arbeit nach der Fähigkeit derer, die sie aufführen sollen, einzurichten.«[82]

Birnbaum meint offensichtlich die Einteilung der Thomaner in vier Chöre von unterschiedlicher Qualität und die Rücksichten, die Bach darauf zu nehmen hatte. Den Grund für den hohen Schwierigkeitsgrad der Vokalwerke sieht er im Bemühen des Thomaskantors, aus den Schülern Virtuosen zu machen. Natürlich ist es zweifelhaft, ob dies der richtige Weg gewesen war. Bach selbst bestätigt aber in dem »höchstnöthigen Entwurff einer wohlbestallten Kirchen Music« vom 23. August 1730, daß durch »bißherige reception so vieler untüchtigen und zur music sich gar nicht schickenden Knaben, die Music nothwendig sich hat vergeringern und ins abnehmen gerathen müßen«.[83] Die in die Thomaskantorei aufgenommenen Schüler könnten nicht einmal eine Sekunde richtig singen, ihre Musikalität ließe zu wünschen übrig. Ohne einen angemessenen Unterricht genossen zu haben und ohne ganz takt- und tonfest zu sein, würden sie den zum Gottesdienst singenden Chören zugeteilt.[84]

Unter solchen Voraussetzungen – wenn Bach sie zutreffend beschreibt – können die Thomaner das zum Teil immens schwere Werk ihres Kantors nicht in befriedigender Weise zu Gehör gebracht haben. Auch wenn die schwierigen Stücke, wie es heißt, von »brauchbaren« Sängern vorgetragen wurden, so scheint doch die Vermutung berechtigt, Bach habe die Thomaner manchmal überfordert. Daß die Musik während der Amtszeit Bachs notwendig sich »vergeringerte und ins abnehmen gerieth«, mag großenteils an ihnen gelegen haben. Doch wie sollten – im besten Fall – »brauchbare« Schüler einigermaßen qualitätvolle Aufführungen zuwege bringen, wenn ihnen derart diffizile Werke vorgesetzt wurden?

Zu einer Kritik des Textes und der Arien heute

Ei, wie vergnügt
Ist mir mein Sterbekasten,
Weil Jesus mir in Armen liegt!
So kann mein Geist recht freudig rasten!

Diesen Text von Christian Friedrich Henrici, einem »berühmten deutschen Poeten«,[85] der unter dem Pseudonym Picander schrieb (u. a. mehrere Kantatentexte für Bach), vertonte der Thomaskantor in der Kantate *Ich lasse dich nicht, du segnest mich denn* (BWV 157). Die Begründung, warum es ein Vergnügen sei, mit Jesus im Grabe zu liegen, lautet:

Ich bin erfreut,
Das Elend dieser Zeit
Noch von mir heute abzulegen;
Denn Jesus wartet mein im Himmel mit dem Segen.

Die Verse bringen einen zentralen Gedanken barocken Lebensgefühls zum Ausdruck: »das Elend dieser Zeit« und die Erlösung durch den Tod. Diese Thematik klingt in den von Bach vertonten Kantatentexten recht oft an. Er mag dafür ganz persönliche Gründe gehabt haben. Denn schon in früher Jugend verlor er beide Eltern, nach dreizehnjähriger Ehe starb, fünfunddreißigjährig, seine erste Frau, und dreizehn seiner Kinder verschieden noch zu seiner Lebzeit.

Das Leiden an der Zeit war, in den Worten des Dichters, so groß, daß der Tod wie ein Vergnügen erscheinen mußte. Dabei läßt die poetischer Imagination entsprungene ›Lust‹, Christus zu umarmen und so mit ihm im Sarg zu liegen, Anklänge an die religiöse Brautmystik erkennen, die in Jesus den Seelenbräutigam des ihn liebenden Menschen sah. Der Text steht in der Tradition der christlichen Mystik des 14. Jahrhunderts, des Meister Eckhart, Johannes Taulers, Heinrich Seuses und anderer. (Noch 1657 gab Johannes Scheffler, der sich Angelus Silesius nannte, einer Schrift den Titel *Seelenlust oder Geistliche Hirtenlieder der in ihren Jesum verliebten Psyche.*)

Der Konkretheit dieser Anschauungsweise liegt eine recht urtümliche Begrifflichkeit zugrunde, die offenkundig auch pietistisch geprägt ist. Seit dem frühen 17. Jahrhundert begann sich nämlich das mystisch-pietistische Andachtslied durchzusetzen. Es zeichnet sich durch eine gewisse Jesusfrömmigkeit aus, verbunden mit subjektiven religiösen Gefühlen. Der individuelle, den einzelnen Menschen in Beschlag nehmende Charakter der Christus entgegengebrachten Emotionen äußerte sich zum Beispiel in dem häufigen Gebrauch von Wörtern wie »mein« oder »ich« (»Ich-Lieder«). So heißt es bei Johann Wolfgang Franck *Jesu, meine Freude*, bei Paul Gerhardt *Ich steh an deiner Krippen hier* oder *Auf, auf, mein Herz, mit Freuden*, bei Johann Schop *Werde munter mein Gemüte* und bei Johann Georg Ebeling *Warum sollt ich mich denn grämen*. Im Gegensatz zu dem in der Kirche gesungenen Gemeindelied waren solche Lieder für die private Andacht gedacht, doch wollten die Pietisten sie in der ersten Hälfte des 18. Jahrhunderts auch in den öffentlichen Gottesdienst einführen. Daß sie damit Erfolg hatten, lassen viele von Bach vertonte Kantatentexte erkennen. So beginnt auch eine Tenor-Arie in der Kantate *Ich lasse dich nicht, du segnest mich denn* mit den Worten:

Ich halte meinen Jesum feste
Ich laß ihn nun und ewig nicht.

Und in dem nachfolgenden Tenor-Rezitativ heißt es:

Mein lieber Jesu du,
Wenn ich Verdruß und Kummer leide,
So bist du meine Freude,
In Unruh meine Ruh
Und in der Angst mein sanftes Bette.

Der heute auf den ersten Blick befremdlich erscheinende, ja fragwürdige Charakter solcher Worte verliert also manches von seiner Fremdheit, wenn die Texte aus ihrer Zeit heraus verstanden werden. Doch woraus resultiert die Fragwürdigkeit heute? Henrici selbst meinte ja, »dass er bethen soll, das ist kein Werck vor ihn«. Statt der geistlichen Poesie lägen ihm weltliche Gedichte näher, und er wolle lieber vier Hochzeitslieder singen, »als nur einen Grabe-Seuffzer zu erzwingen«.[86] Hundert Jahre später, am 8. April 1827, schrieb dann Carl Friedrich Zelter in einem Brief über Bach an Goethe: »Das gröste Hinderniß in unserer Zeit liegt freilich in den ganz verruchten deutschen Kirchentexten, welche dem polemischen Ernste der Reformation unterliegen indem sie durch einen dicken Glaubensqualm den Unglauben aufstören, den niemand verlangt.«[87] Zelter bemühte sich, die Vokalmusik Bachs der Öffentlichkeit bekannt zu machen. Seiner Meinung nach war die Vernebelung durch einen »dicken Glaubensqualm«, der die Texte trübe, durch die historische Nähe des Barock zur Reformation verursacht. Zelter brachte das Unbehagen seiner Zeit wohl nicht viel anders zum Ausdruck, als es heute formuliert würde, ist doch der geschichtliche Abstand zur Reformation noch größer geworden und das Verhältnis zu Kirche und Religion distanzierter, kühler als selbst in der Epoche der deutschen Klassik und des Frühbiedermeier.

Einem Menschen des 20. Jahrhunderts fällt es tatsächlich schwer, zu den von Bach vertonten Texten einen unmittelbaren Bezug zu finden. Mit den geschichtlichen Bedingungen der Rezeption hat sich nicht zuletzt der Sprachgebrauch tiefgreifend gewandelt, ein Bild, das im »lieben Jesu« ein »sanftes Bette« sieht, reizt daher unweigerlich zum Lächeln, wenn nicht zum Widerspruch. Dem heutigen Leser bzw. Hörer, dem sich ein solches barockes Sprachbild abgelöst von seinem zeitgeschichtlichen Kontext präsentiert, muß es notwendigerweise wie ein ›schlechter Witz‹ vorkommen. Der ursprünglich tiefe Ernst des Textes verkehrt sich dadurch in sein Gegenteil.

Ähnlich verhält es sich mit dem zu Beginn dieses Abschnitts zitierten Bild, demzufolge ein Verstorbener zusammen mit Jesus, den er umarmt hält, im »Sterbekasten« liegt. Die Drastik dieser Metapher hat im Barock gewiß ihre Wirkung getan. Doch muß sie heute ins Leere stoßen. Zwar enthält das Bild immer noch eine tröstliche Aussage, trotzdem wirkt die ins Detail gehende Konkretheit heute zu aufdringlich, als daß sie ohne weiteres akzeptiert werden könnte. Die Farben des Sprachbildes erscheinen zu dick aufgetragen und dürften dadurch für viele regelrecht kitschig wirken.

Auch die inhaltliche Aussage dieser Zeilen ist heute nur schwer nachvollziehbar. In der gegenwärtigen Zeit, die, bestenfalls, Angst vor dem Sterben hat, in welcher der Abbruch des Lebens, recht besehen, jedoch tabuisiert wird, erscheint die Vorstellung, der Tod bringe Vergnügen, eine heitere Empfindung mit sich, kaum richtig glaubhaft.

Die fröhliche Unbefangenheit, von der die Todessehnsucht mancher Bachscher Kantatentexte zeugt, scheint einer vergangenen Epoche anzugehören. Auch mit derartigen Ursachen mag es zusammenhängen, daß viele der von Bach vertonten Gedichte heute schlichtweg nicht mehr wahrgenommen werden. Sie sind aus dem Bewußtsein der Gegenwart ausgelöscht, ihr »Glaubensqualm« wurde von der die Zeiten überdauernden Schönheit der Bachschen Musik völlig erstickt.

Der Niveauunterschied zwischen Musik und Text ist aber besonders in der weltlichen Vokalmusik des Barock spürbar. Anläßlich des Geburtstages seines Dienstherrn, des Fürsten Leopold von Anhalt-Köthen, komponierte Bach zum 10. Dezember 1718 die Glückwunschserenata *Der Himmel dacht' auf Anhalts Ruhm und Glück* (BWV 66a).[88] Dem Textdichter Christian Friedrich Hunold, genannt Menantes, fielen u. a. die folgenden Verse ein:

> Nun dieser Fürsten Tugend-Gold
> Gläntzt in dem Theuren LEOPOLD.
> So bringe dann bis an der Sterne Achsen
> Den edlen Zweig der Hochgepriesnen Sachsen.

Die Einfallslosigkeit der Reime in diesem weltlichen Gelegenheitsgedicht, die Unbeholfenheit des Bildes, in dem die Sachsen, »Hochgepriesen«, mit den Achsen der Gestirne in Verbindung gebracht sind, die Pathetik der Fürstenverehrung generell, all dies spricht einen Menschen der Gegenwart kaum mehr an. Dabei dürfte die Geringschätzung vieler von Bach vertonter Gedichte nicht nur aus dem zeitlichen Abstand zum Barock resultieren, gewiß spielt auch der Mangel an literarischer Qualität eine Rolle. Manche Gedichte sind in der Tat kaum erträglich; man kann sie allenfalls als historische Zeugnisse zur Kenntnis nehmen, einen ästhetischen Genuß vermögen sie nicht zu vermitteln.

Indessen, auch die zweifelhafte Qualität vieler Texte ist bis zu einem gewissen Grad zeitbedingt. So handelte es sich bei dem Gedicht Hunolds um einen Gebrauchstext, der einem bestimmten gesellschaftlichen Zeremoniell unterlag. Und bestimmte Reimvokabeln waren bei Nutzartikeln für einmalige Gelegenheiten Teil des dichterischen Repertoires. Weil er das wußte, versuchte Herzog Christian von Sachsen-Weißenfels die Reimklingelei und andere Unsitten der Hofdichter abzustellen; in den an seinem Hof zur Tafel dargebotenen Musikstücken käme eben das Wort »Wonne« zu häufig vor, »und die Reime, so sich auf *Sachsen, Wachsen, Achsen* endigen«.[89]

Uns kommt es darauf an festzuhalten, daß barockes Wort und barocke Musik als Einheit aufgenommen werden müssen, gerade weil heute infolge veränderter ästhetischer Anschauungen und Rezeptionsweisen in Musik gesetzte Texte allgemein weniger Interesse finden und die Aufmerksamkeit mehr auf die Musik als auf die ›Botschaft‹ der Worte gerichtet ist. Wird Bachs Vokalmusik, ob geistlich oder weltlich, primär, ja ausschließlich der Musik wegen gehört, ist sie um einen wesentlichen Teil ihres Sinnes beraubt. Die Musik erlangt dann auch ein Maß an Selbständigkeit, das nicht den eigentlichen Intentionen entspricht. So wird ganz deutlich, in welchem Maße eine gewisse Autonomisierung der Bachschen Vokalmusik heute durch die Zeitbedingtheit der Texte verursacht ist.

Anders als mit den Neudichtungen verhält es sich bei Versen aus evangelischen Chorälen oder Abschnitten des Evangeliums, die Bach als Textvorlagen benutzte. Sie

haben ihre Gültigkeit nicht verloren, sind vielen noch immer bekannt, vergrößern aber gerade dadurch die Niveauunterschiede zu den – vor allem den Arien zugrundegelegten – zeitgenössischen Texten. Ferruccio Busoni, gewiß ein Verehrer Bachs und deshalb unser unverdächtiger Zeuge, schrieb nach der Basler Aufführung der *Matthäuspassion* am 31. Mai 1919 an Hans Huber, in der Passion sei »die Arie das lähmende, profanierende Moment, die jeweilige Betrachtung des bezopften Bigotten, und schon die Disharmonie zwischen diesen Texten und jenen des Evangeliums ist derart verwundend, daß ich mich wundere, wie noch nie jemand dagegen protestierte«.[90]
Vor dem Hintergrund des nüchtern berichtenden Evangeliumstextes und vom Standpunkt eines Menschen des 20. Jahrhunderts aus betrachtet, kann man Busoni nicht widersprechen. Werfen wir nur einen Blick auf die Alt-Arie Nr. 6 der *Matthäuspassion*:

Buß und Reu
Knirscht das Sündenherz entzwei,
Daß die Tränen meiner Zähren
Angenehme Spezerei,
Treuer Jesu, dir gebären.

Zu beachten ist hier jedoch nicht allein die Unbedenklichkeit in Fragen des guten Geschmacks, sondern auch die Unbekümmertheit in der Verwendung poetischer Bilder.
Ferruccio Busoni übte nun aber nicht nur an den Arientexten der *Matthäuspassion* Kritik. Ihm mißfiel auch ihre musikalische Gestaltung. Im selben Brief schrieb er, daß die Arien »unter sich schematisch« seien. »Beobachten wir den Vorgang: eine Introduktion eröffnet die Arie, meist mit einem zwecklos gewählten Soloinstrument; von dieser Einleitung sind die vier ersten Takte oft schön inspiriert, der Nachsatz spinnt aber Quintenzirkel-Sequenzen weiter. Hiemit ist aber der Inhalt der ganzen, erst beginnenden Arie bereits erschöpft.«[91]
Busonis Beobachtungen lassen sich am Beispiel der Arie *Buß und Reu* (Arie Nr. 6 der *Matthäuspassion*) verifizieren: Außer vom Basso continuo wird diese Alt-Arie von zwei Querflöten begleitet. Die Flöten stellen das musikalische Material, das sie in der Komposition bearbeiten, in den ersten vier Takten der instrumentalen Einleitung vor; sie ist gewissermaßen die Introduktion der Arie. Tatsächlich sind die genannten Takte »schön inspiriert«, doch tritt in den Flötenstimmen später nur vereinzelt etwas Neues hinzu. Im achttaktigen »Nachsatz« der »Introduktion« spinnt Bach die ersten vier Takte sequenzierend weiter (Busoni: »Quintenzirkel-Sequenzen«):

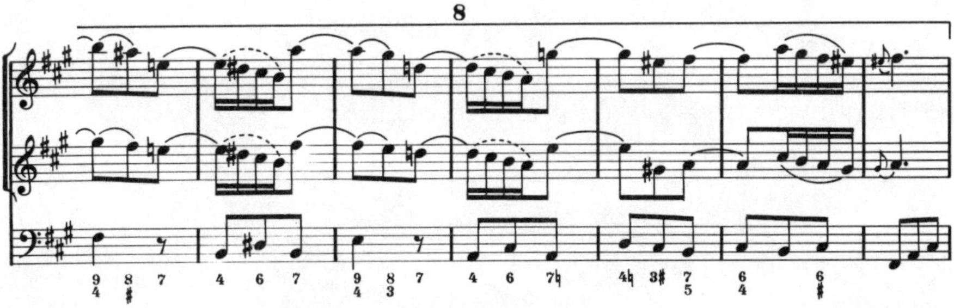

Die von Busoni bemängelte Beschränkung der musikalischen Gedanken auf die »schön inspirierten« Erfindungen des Beginns ist eine Folge des ostinaten Charakters Bachscher Musik. Dadurch, daß er sich im Verlauf des Satzes immer wieder auf das an den Anfang gestellte Ausgangsmaterial bezog, verlieh Bach der Arie eine relative Geschlossenheit. So betrachtet, kann Busonis Einwand also in einen Vorzug umgemünzt werden (zum Ostinato bei Bach vgl. S. 113 f.). Er hätte bei der Aufschlüsselung des Vorganges, der in den Arien zu einer gewissen Schematisierung führe, auch die in der venezianischen Oper ausgebildete und von den deutschen Barockkomponisten übernommene *da capo*-Form (A B A) nennen können. Bei dieser Gestaltung eines musikalischen Satzes wird am Ende der oft ausgedehnte erste Teil des Satzes wieder aufgenommen. Kennt man dieses Verfahren und wiederholt es sich – wie zum Beispiel in der *Matthäuspassion* – fortgesetzt, so wirkt es eintönig mit seinen Längen.

Indessen hatte Busoni eine weiter reichende Art der Schematisierung im Blick, als er unter dem Eindruck jener Basler Aufführung der (ungekürzten) *Matthäuspassion* schrieb, die Passion sei ihrer Form nach »fast wie ein Tapetenmuster nach dem Schema: Chor, Rezitativ, Choral, Arie«.[92] Es ist schon richtig: Im Werk Bachs findet sich neben der schöpferischen Durchdringung der verschiedensten Formen und Gattungen auch die Tendenz, musikalische Formverläufe oder Satzfolgen unbesehen, schematisiert zu übernehmen. Weitgehend könnte man diesen Sachverhalt mit der Verpflichtung des Thomaskantors, an jedem Sonn- und Feiertag neue Produktionen zu präsentieren, erklären. Die von Amts wegen geforderten Quantitäten dürften nur mit einer gewissen Routine zu leisten gewesen sein; eine gelegentliche Erstarrung der Formen, wie sie auch bei anderen Komponisten des Barock beobachtet werden kann, war die notwendige Folge.

Seinen bereits zitierten Brief vom 15. Februar 1859 an Johannes Brahms schloß der Thomaskantor Moritz Hauptmann mit den Worten: »Für Manchen ists der Name Bach, der ihm gefallen läßt, was ihm entschieden nicht gefallen kann; ein anderer kennt ihn wirklich, ist aber so verbissen, daß er keinen Unterschied mehr macht zwischen vortrefflichem und geringerem, der wenn S. Bach Albrecht Dürer wäre, auch vor der Architectur seiner Randzeichnungen himmeln würde, wie er bei mancher nicht geschmackvollen Zuthat von Bach himmelt, die nicht ihm, die nur seiner Zeit gehört. Die Enthusiasten beider Art wissen das Schönste und Größte an ihm oft gerade nicht zu würdigen.«[93] Die Sätze haben ihre Aktualität nicht verloren.

Anhang

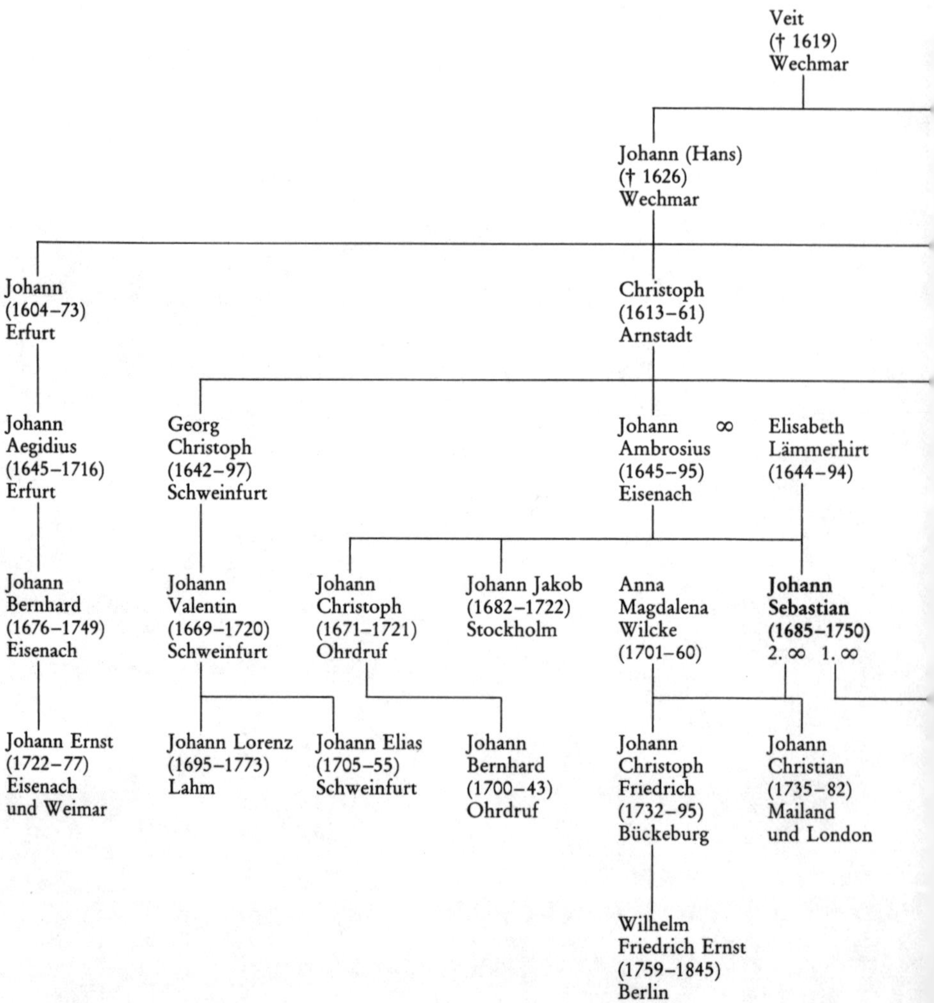
Veit
(† 1619)
Wechmar
Johann (Hans)
(† 1626)
Wechmar
Johann
(1604–73)
Erfurt
Christoph
(1613–61)
Arnstadt
Johann
Aegidius
(1645–1716)
Erfurt
Georg
Christoph
(1642–97)
Schweinfurt
Johann
Ambrosius
(1645–95)
Eisenach
∞
Elisabeth
Lämmerhirt
(1644–94)
Johann
Bernhard
(1676–1749)
Eisenach
Johann
Valentin
(1669–1720)
Schweinfurt
Johann
Christoph
(1671–1721)
Ohrdruf
Johann Jakob
(1682–1722)
Stockholm
Anna
Magdalena
Wilcke
(1701–60)
Johann
Sebastian
(1685–1750)
2. ∞ 1. ∞
Johann Ernst
(1722–77)
Eisenach
und Weimar
Johann Lorenz
(1695–1773)
Lahm
Johann Elias
(1705–55)
Schweinfurt
Johann
Bernhard
(1700–43)
Ohrdruf
Johann
Christoph
Friedrich
(1732–95)
Bückeburg
Johann
Christian
(1735–82)
Mailand
und London
Wilhelm
Friedrich Ernst
(1759–1845)
Berlin

Stammtafel der Familie Bach

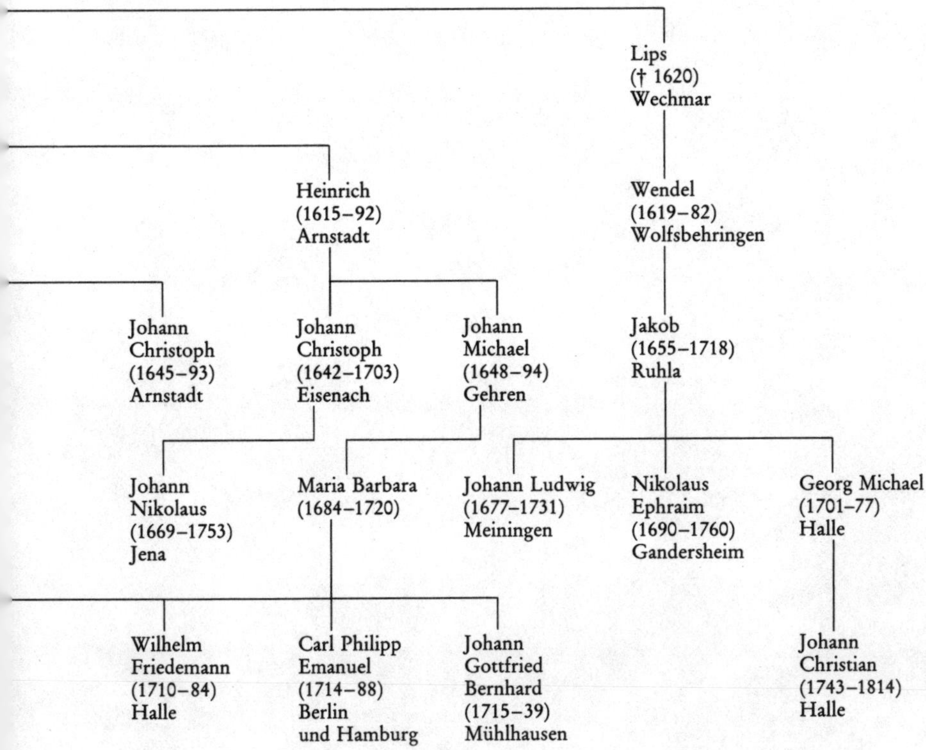

Anmerkungen

Erster Teil

1 *Schriftstücke von der Hand Johann Sebastian Bachs*, krit. Gesamtausg., vorgel. und erl. von W. Neumann und H.-J. Schulze, Leipzig / Kassel [usw.] 1963 (Bach-Dokumente, Bd. 1, hrsg. vom Bach-Archiv Leipzig; Suppl. zu: Johann Sebastian Bach, *Neue Ausgabe sämtlicher Werke*), S. 255. [Im folgenden zit. als: *Bach-Dokumente* I.] – *Ungern:* Es ist nicht das (heutige) Staatsgebiet Ungarn gemeint, sondern der böhmisch-mährische Raum. – *Cythringen:* Cithrinchen, ein kleines Lauteninstrument.

2 Vgl. zum Folgenden: *Die Musik in Geschichte und Gegenwart (MGG)*, Allgemeine Enzyklopädie der Musik, hrsg. von F. Blume, Bd. 14, Kassel [usw.] 1968, Art. »Zunftwesen«, Sp. 1434–52.

3 Zit. nach: R. Wustmann, »Sächsische Musikantenartikel (1653)«, in: *Neues Archiv für Sächsische Geschichte und Altertumskunde* 29 (1908) H. 1/2, S. 105.

4 Zit. nach: W. Gurlitt, »Die Hamburger Grünrolle vom Jahre 1691«, in: *Sammelbände der Internationalen Musikgesellschaft*, Jg. 14, 1912/13, Leipzig [o. J.], S. 215.

5 Zit. nach: R. Dammann, *Der Musikbegriff im deutschen Barock*, Köln 1967, S. 437.

6 Zit. nach: G. Fock, *Der junge Bach in Lüneburg. 1700–1702*, Hamburg 1950, S. 37.

7 Ebd., S. 17 f.

8 Ebd., S. 13.

9 Ebd., S. 15, 14.

10 Ebd., S. 76.

11 Ebd., S. 15.

12 Ebd.

13 Ebd., S. 75.

14 *Dokumente zum Nachwirken Johann Sebastian Bachs 1750–1800*, vorgel. und erl. von H.-J. Schulze, Leipzig / Kassel [usw.] 1972 (Bach-Dokumente, Bd. 3, hrsg. vom Bach-Archiv Leipzig; Suppl. zu: Johann Sebastian Bach, *Neue Ausgabe sämtlicher Werke*), S. 288. [Im folgenden zit. als: *Bach-Dokumente* III.] – *Nescio:* Ich weiß nicht.

15 *Fremdschriftliche und gedruckte Dokumente zur Lebensgeschichte Johann Sebastian Bachs 1685–1750*, krit. Gesamtausg., vorgel. und erl. von W. Neumann und H.-J. Schulze, Leipzig / Kassel [usw.] 1969 (Bach-Dokumente, Bd. 2, hrsg. vom Bach-Archiv Leipzig; Suppl. zu: Johann Sebastian Bach, *Neue Ausgabe sämtlicher Werke*), S. 11. [Im folgenden zit. als: *Bach-Dokumente* II.]

16 *Bach-Dokumente* II, S. 11 f.

17 Ebd.

18 Ebd., S. 11.

19 Ebd., S. 20.

20 Ebd., S. 21.

21 Ebd., S. 17.

22 Vgl. J. Mattheson, *Grosse General-Baß-Schule. Oder: Der exemplarischen Organisten-Probe Zweite, verbesserte und vermehrte Auflage [...]*, Hamburg 1731; Faks.-Nachdr. Hildesheim 1968, S. 42.

23 *Bach-Dokumente* II, S. 20.

24 Vgl. im folgenden ebd., S. 15 ff. – *sufficient:* genügend.

25 Ebd., S. 19.

26 E. Herlitz, *Musicomastix. Eine Comoedia von dem Music Feinde* (1606); zit. nach: H. Engel, *Musik und Gesellschaft. Bausteine zu einer Musiksoziologie*, Berlin 1960, S. 157.

27 Mattheson, *Grosse General-Baß-Schule*, S. 31.
28 Zit. nach: Engel, *Musik und Gesellschaft,* S. 157.
29 Vgl. im folgenden M. Seiffert, »Seb. Bach's Bewerbung um die Organistenstelle an St. Jakobi in Hamburg 1720«, in: *Archiv für Musikwissenschaft* 3 (1921) S. 123 ff.
30 Mattheson, *Grosse General-Baß-Schule*, S. 34 f.
31 *Bach-Dokumente* II, S. 78.
32 Zit. nach: Seiffert, »Seb. Bach's Bewerbung um die Organistenstelle an St. Jakobi in Hamburg 1720«, S. 124.
33 *Bach-Dokumente* II, S. 187.
34 Mattheson, *Grosse General-Baß-Schule*, S. 31.
35 *Bach-Dokumente* II, S. 187.
36 Ebd.
37 Rostock, Stadtarchiv RM, *Spielleute Rulle* (1600); zit. nach: *Die Musik in Geschichte und Gegenwart*, Bd. 14, Sp. 1443.
38 Vgl. Seiffert, »Seb. Bach's Bewerbung um die Organistenstelle an St. Jakobi in Hamburg 1720«, S. 126 f.
39 Zit. nach: W. Freytag, *Musikgeschichte der Stadt Stettin im 18. Jahrhundert*, Greifswald 1936 (Pommernforschung, R. 5: Studien zur Musik in Pommern), S. 5. Vgl. auch Engel, *Musik und Gesellschaft*, S. 213.
40 *[...] E. E. Rahts der Stadt Braunschweig publicirte Kleider-Ordnung* (erlassen 1704); zit. nach: D. Krickeberg, *Das protestantische Kantorat im 17. Jahrhundert. Studien zum Amt des deutschen Kantors*, Berlin 1965 (Berliner Studien zur Musikwissenschaft, Bd. 6), S. 111.
41 J. Mattheson, *Exemplarische Organisten-Probe [...]*, Hamburg 1719, S. 7.
42 *Bach-Dokumente* II, S. 23.
43 Ebd., S. 24 f.
44 Ebd.
45 *Bach-Dokumente* I, S. 154.
46 Ebd., S. 152 f. – *inventionibus:* Erfindungen. – *admirabel concordiren:* wunderbar zusammenstimmen. – *Item:* Ebenso.
47 *Bach-Dokumente* III, S. 284 f.
48 Die im vorliegenden Buch durchgängig verwendete Schreibweise »Clavier« (vgl. lat. *clavis* ›Taste‹) soll andeuten, daß die entsprechenden Kompositionen meist nicht ausschließlich für ein einziges Tasteninstrument gedacht waren. Zu der Gruppe der »clavierten Instrumente« gehörten Cembalo, Spinett, Orgel u. a. Das Clavichord war das »Fundament aller Clavirten Instrumenten« (Praetorius).
49 *Bach-Dokumente* I, S. 107.
50 Ebd., S. 19. – *consumtionen:* Aufwendungen.
51 Ebd.
52 Ebd., S. 19 f.
53 *Bach-Dokumente* II, S. 33.
54 Ebd., S. 405.
55 Ebd., S. 53.
56 Ebd.
57 Ebd., S. 62 f.
58 Zit. nach: H. Engel, *Johann Sebastian Bach*, Berlin 1950, S. 21.
59 *Bach-Dokumente* II, S. 53.
60 J. Mattheson, *Das Beschützte Orchestre, oder desselben Zweyte Eröffnung*, Hamburg 1717, S. 222. – *aestimiren:* schätzen.
61 *Bach-Dokumente* II, S. 61.
62 Ebd., S. 49.

63 *Bach-Dokumente* I, S. 24. – *solche tour:* einen solchen Streich.
64 *Bach-Dokumente* II, S. 51. Allerdings wären zu den genannten Beträgen Einkommen aus sogenannten Akzidentien hinzugekommen; vgl. hierzu S. 39.
65 *Bach-Dokumente* II, S. 65. – *dimission:* Entlassung. – *arrêtiret:* festgesetzt.
66 *Bach-Dokumente* I, S. 67.
67 *Bach-Dokumente* II, S. 73.
68 Ebd., S. 83, 68.
69 Vgl. Engel, *Musik und Gesellschaft*, S. 128.
70 M. Opitz, *Buch von der Deutschen Poeterey* (1624), hrsg. von C. Sommer, Stuttgart 1970 [u. ö.] (Reclams Universal-Bibliothek, Nr. 8397 [2]), S. 69.
71 J. Mattheson, *Grundlage einer Ehren-Pforte, woran der Tüchtigsten Capellmeister, Componisten, Musikgelehrten, Tonkünstler etc. Leben, Wercke, Verdienste etc. erscheinen sollen*, Hamburg 1740; vollständiger, originalgetreuer Neudr. mit gelegentlichen bibliogr. Hinweisen und Matthesons Nachträgen, hrsg. von M. Schneider, Berlin 1910, S. XXXII.
72 Die genannten Titel finden sich z. B. im Erstdruck der *Partita I B-Dur* (BWV 825) aus dem Jahre 1726 und der *Clavier-Übung*, 1. Teil (BWV 825–830), aus dem Jahre 1731; vgl. *Bach-Dokumente* I, S. 224 und S. 232.
73 *Bach-Dokumente* I, S. 74. – *conferiren:* erteilen, gewähren.
74 *Bach-Dokumente* II, S. 278.
75 A. Adler, *What Life Should Mean to You*, Boston 1931, S. 197 f. Vgl. auch A. Adler, *Praxis und Theorie der Individualpsychologie*, München 1920.
76 *Bach-Dokumente* I, S. 242.
77 Ebd., S. 217 f.
78 Opitz, *Buch von der Deutschen Poeterey*, S. 5.
79 A. Gryphius, *Absurda Comica. Oder Herr Peter Squentz, Schimpff-Spiel* (1658), in: *Gryphius' Werke*, hrsg. von H. Palm, Berlin/Stuttgart [1883] (Deutsche Nationalliteratur, Bd. 29), S. 199.
80 J. Mattheson, *Der Vollkommene Capellmeister, Das ist Gründliche Anzeige aller derjenigen Sachen, die einer wissen, können, und vollkommen inne haben muß, der einer Capelle mit Ehren und Nutzen vorstehen will*, Hamburg 1739; Faks.-Nachdr., hrsg. von M. Reimann, Kassel [usw.] ^{2}1969 (Documenta Musicologica, R. 1, Bd. 5), S. 7 (»Zuschrifft«).
81 Zit. nach: Engel, *Musik und Gesellschaft*, S. 130.
82 Zit. nach: L. Nowak, *Joseph Haydn. Leben, Bedeutung und Werk*, Zürich/Leipzig/Wien 1951, S. 168 f.
83 *Bach-Dokumente* III, S. 285.
84 Mattheson, *Der Vollkommene Capellmeister*, S. 482.
85 *Bach-Dokumente* II, S. 333.
86 Ebd., S. 76.
87 Zit. nach: Engel, *Musik und Gesellschaft*, S. 134.
88 *Bach-Dokumente* I, S. 67. – *Inclination:* Neigung.
89 *Bach-Dokumente* II, S. 93. – *recommendiren:* empfehlen.
90 *Bach-Dokumente* I, S. 175.
91 Ebd., S. 67.
92 Ebd. – *favorable:* günstig. – *mutation:* Wechsel (von Köthen nach Leipzig).
93 Ebd.
94 Ebd., S. 64.
95 Ebd., S. 53. – *Chori Musici Lipsiensis:* des Leipziger Musikchores.
96 Ebd., S. 67 f.
97 Ebd.; *Bach-Dokumente* II, S. 119; *Bach-Dokumente* I, S. 192 ff., 112 f.
98 Am 13. November 1723, also kurz nach der Anstellung Bachs in Leipzig, wurde eine neue Schulordnung der Thomasschule publiziert. Am 3. Dezember 1723 beklagte sich Bach dar-

über, daß ihm »in der Neuen Ordnung die accidentia gar sehr geschmälert wären« (vgl. *Bach-Dokumente* I, S. 176).

99 *Bach-Dokumente* I, S. 23 f. Zur Stellenbesetzung in Halle vgl. S. 28.

100 *Bach-Dokumente* I, S. 23.

101 Ebd., S. 67 f. – *ordinairement:* gewöhnlich.

102 Zit. nach: B. Knick (Hrsg.), *St. Thomas zu Leipzig. Schule und Chor. Stätte des Wirkens von Johann Sebastian Bach. Bilder und Dokumente zur Geschichte der Thomasschule und des Thomanerchores mit ihren zeitgeschichtlichen Beziehungen*, mit einer Einf. von M. Mezger, Wiesbaden 1963, S. 142.

103 Ebd., S. 171. – *Decuriones:* Anführer.

104 Abdruck des *Entwurffs* in: *Bach-Dokumente* I, S. 60 ff. Vgl. zur Qualität der Thomaner auch S. 40 f.

105 *Bach-Dokumente* I, S. 62 f. – *perfectioniren:* vervollkommnen. – *distinguiren:* auszeichnen. – *beneficia:* Begünstigungen. – *ceßiren:* aufhören.

106 Zit. nach: Krickeberg, *Das protestantische Kantorat im 17. Jahrhundert*, S. 118. – *Praeceptores:* Lehrer. – *Salaria:* Gehälter. – *Alimenta:* Unterhalt.

107 Zit. nach: Knick (Hrsg.), *St. Thomas zu Leipzig*, S. 153. – *Zugang:* Unterstützung. – *causiret:* verursacht. – *Alumnorum:* Internatsschüler. – *Kofend:* Dünnbier.

108 Ebd., S. 148.

109 Ebd., S. 150. – *Pasquille zu machen:* Schmähschriften zu verfassen.

110 Vgl. *Bach-Dokumente* II, S. 490 ff.

111 Abdruck in: *Bach-Dokumente* II, S. 93 ff. und S. 96 f.

112 Ebd., S. 96.

113 Ebd., S. 94.

114 *Bach-Dokumente* I, S. 175.

115 Vgl. *Bach-Dokumente* II, S. 136.

116 Ebd., S. 205. Doch wurde Pezold am 8. Februar 1731 zum Konrektor eingesetzt. Bald darauf, am 30. Mai 1731, starb er.

117 Es wäre interessant, Bachs Bildungsgrad anhand der von ihm verfaßten Schriftstücke zu untersuchen. Die Wortwahl und manche ›Schachtelsätze‹ wirken manchmal ein wenig unbeholfen, selbst wenn man die Amtssprache und barocke Stilallüren überhaupt berücksichtigt. Als Beispiel sei ein Satz aus dem Entlassungsgesuch an den Stadtrat von Mühlhausen (25. Juni 1708) zitiert: »Wenn auch ich stets den Endzweck, nemlich eine regulirte kirchen music zu Gottes Ehren, und Ihren Willen nach, gerne aufführen mögen, und sonst nach meinem geringen vermögen der fast auf allen Dorfschafften anwachsenden kirchen music, und offt beßer, als allhier fasonierten harmonie möglichst aufgeholffen hätte, und darümb weit u. breit, nicht sonder kosten, einen guthen apparat der auserleßensten kirchen Stücken mir angeschaffet, wie nichts weniger das project zu denen abzuhelffenden nöthigen Fehlern der Orgel ich pflichtmäßig überreichet habe, und sonst aller Ohrt meiner Bestallung mit Lust nachkommen währe: so hat sichs doch ohne wiedrigkeit nicht fügen wollen, gestalt auch zur zeit die wenigste apparence ist, daß es sich anders, obwohl zu dieser kirchen selbst eigenen Seelen vergnügen künfftig fügen mögte, über dießes demüthig anheim gebende, wie so schlecht auch meine Lebensarth ist, bey dem Abgange des Haußzinses, und anderer eüßerst nöthigen consumtionen, ich nothdürfftig leben könne« (*Bach-Dokumente* I, S. 19).

118 Zit. nach: Krickeberg, *Das protestantische Kantorat im 17. Jahrhundert*, S. 121. – *Latinitate:* Latein. – *Exercitium:* Übung. – *Studio Compositionis:* Kompositionsstudium.

119 Ebd., S. 173.

120 Bachs Tätigkeit als Musikpraktiker zeigt sich beispielhaft auch in der Leitung des Leipziger »Collegium Musicum«. Hierzu ausführlich S. 77 ff.

121 *Bach-Dokumente* I, S. 177.

122 *Bach-Dokumente* II, S. 205.

123 Bach bezieht sich im Erdmann-Brief auf das Jahr 1729. Damals gab es in Leipzig 1194 »Leichen«, 75 weniger als im Jahr zuvor. 1723 waren es 1269 »Leichen« gewesen. Demnach scheint die »Lufft« 1729 in Leipzig nicht gar so ungesund gewesen zu sein, wie Bach es darstellte (vgl. S. 39 f.).

124 *Bach-Dokumente* I, S. 67. – *eine convenable station:* eine geeignete Stelle. – *recommendation:* Empfehlung.

125 *Bach-Dokumente* II, S. 274. – *testimonia:* Zeugnisse. – *ein alter Species Thaler:* ein altes Talerstück.

126 Man bedenke nur, daß Bach in der Rangfolge des Lehrerkollegiums direkt auf den Konrektor folgte, und vergleiche hiermit die Stellung eines Musiklehrers an einer Schule heute!

127 *Bach-Dokumente* II, S. 182.

128 *Bach-Dokumente* I, S. 54 f.

129 Zu der Werkgruppe des alten Stils konkreter S. 78 ff. und S. 161 ff.

130 Vgl. im folgenden *Bach-Dokumente* II, S. 461 ff., und *Bach-Dokumente* I, S. 124 ff.

131 *Bach-Dokumente* II, S. 463.

132 Ebd., S. 462.

133 *Bach-Dokumente* I, S. 125.

134 *Bach-Dokumente* II, S. 462; *Bach-Dokumente* I, S. 125.

135 Ebd.

136 *Bach-Dokumente* I, S. 125. – Am 10. Dezember 1749 berichtete Bach Einicke von der baldigen Drucklegung der Rezension. Dabei erwähnte er eine in demselben Jahr erschienene Streitschrift Matthesons. Falls dieser Schrift Widerlegungen folgen würden, so Bach, zweifle er nicht daran, »es werde des Auctoris Dreckohr gereiniget, und zur Anhörung der Musik geschickter gemachet werden« (ebd., S. 122). Auch dieser Satz, ein halbes Jahr vor seinem Tod niedergeschrieben, kennzeichnet die deftige, emotionale Sprache, mit welcher der Thomaskantor gegen seine Kontrahenten vorging. Ein Jahr nach Bachs Tod, 1751, publizierte Mattheson die von Einicke übermittelte Briefstelle zusammen mit dessen Bericht über die Vorgänge um Schröters Rezension. Zu dem Ausdruck »Dreckohr«, mit dem Bach ihn bedacht hatte, merkte Mattheson an: »Expression basse & dégoutante; indigne d'un Maitre de Chapelle; pauvre allusion au mot: Rector« – »Gemeiner und geschmackloser Ausdruck; eines Kapellmeisters unwürdig; armselige Anspielung auf das Wort: Rektor« (*Bach-Dokumente* II, S. 462).

137 *Bach-Dokumente* II, S. 462.

138 Ebd., S. 463. – *zu imputiren:* anzulasten.

139 Ebd., S. 463 f. – *in culpa:* in der Schuld.

140 Ebd., S. 478 f.

Zweiter Teil

1 F. E. Niedt, *Musicalische Handleitung [...] vom General-Bass*, Hamburg 1700; zit. nach: *Bach-Dokumente* II, S. 334. – Über Bachs Musikauffassung liegen nur wenige Äußerungen von ihm selbst vor. Darum muß im folgenden hauptsächlich auf fremde Zeugnisse zurückgegriffen werden.

2 *Bach-Dokumente* II, S. 333.

3 Ebd., S. 334.

4 Vgl. hierzu P. Riessler, *Altjüdisches Schrifttum außerhalb der Bibel*, Augsburg 1928, S. 378 und S. 392.

5 Ambrosius, *Opera omnia. Ennarationes in XII psalmos davidicos. In psalmum primum ennaratio*, Kap. 2, in: *Patrologiae cursus completus. Series Latina*, hrsg. von J.-P. Migne, T. 14, Paris 1844, Sp. 921.

6 Näheres zur Engelsmusik bei R. Hammerstein, *Die Musik der Engel. Untersuchungen der Musikanschauung des Mittelalters*, Bern/München 1962. Zur Teufelsmusik vgl. R. Hammerstein, *Diabolus in Musica. Studien zur Ikonographie der Musik im Mittelalter*, Bern/München 1974 (Neue Heidelberger Studien zur Musikwissenschaft, Bd. 6).

7 *Musica Enchiriadis. Scholien*, in: *Scriptores ecclesiastici de musica sacra potissimum*, hrsg. von M. Gerbert, Bd. 1, St. Blasien 1784, S. 195.

8 M. Luther, *Encomion musices* (1538), in: *D. Martin Luthers Werke*, krit. Gesamtausg., ⟨Weimarer Ausg.⟩, [Abt. 1], Bd. 50, Weimar 1914, S. 369.

9 A. Werckmeister, *Musicalische Paradoxal-Discourse [...]*, Quedlinburg 1707; reprogr. Nachdr. in: A. W., *Hypomnemata Musica und andere Schriften*, Hildesheim / New York 1970, S. 13.

10 Zit. nach: *Gesamtausgabe der Musicalischen Werke von Michael Praetorius*, Bd. 17, bearb. von W. Gurlitt, Wolfenbüttel/Berlin 1930, S. VII f. – *Stuel des Lambs:* Stuhl des Lamm Gottes, d. h. Christus.

11 *Kurtzgefaßtes Musicalisches Lexicon, Worinnen Eine nützliche Anleitung und gründlicher Begriff von der Music enthalten [...]*, Chemnitz 1737, Neuaufl. ebd. 1749; reprogr. Nachdr. Leipzig 1975, S. 247.

12 Luther, *Encomion musices*, S. 373.

13 A. Werckmeister, *Musicae mathematicae hodegus curiosus oder Richtiger Musicalischer Weg-Weiser*, Frankfurt/Leipzig 1687; reprogr. Nachdr. Hildesheim / New York 1972, S. 140.

14 Ebd., S. 141.

15 J. G. Walther, *Praecepta der Musicalischen Composition* (1708), hrsg. von P. Benary, Leipzig 1955 (Jenaer Beiträge zur Musikforschung, Bd. 2), S. 14. – Walthers Großvater und Bachs Mutter waren Halbgeschwister. J. S. Bach hatte die Patenschaft des ältesten Sohnes von Walther übernommen. Ihre Freundschaft dürfte von Weimar herrühren, wo beide zur selben Zeit angestellt waren, Walther als Organist. Hier schrieb er auch die zitierte Kompositionslehre.

16 Walther, *Praecepta der Musicalischen Composition*, S. 14.

17 Werckmeister, *Musicalische Paradoxal-Discourse*, S. 26. – *Inventor:* Erfinder, Urheber.

18 Gleiches gilt für das Verständnis der Dichtkunst. Vgl. hierzu M. Opitz, *Buch von der Deutschen Poeterey* (1624), hrsg. von C. Sommer, Stuttgart 1970 [u. ö.] (Reclams Universal-Bibliothek, Nr. 8397 [2]), S. 12: »DIe Poeterey ist anfanges nichts anders gewesen als eine verborgene Theologie, vnd vnterricht von Göttlichen sachen.«

19 Bach besaß in seiner Bibliothek 18 Folianten mit Werken Luthers. Theologisch dürfte er vor allem an ihm sich orientiert haben. Näheres hierzu bei R. A. Leaver, »Bach und die Lutherschriften seiner Bibliothek«, in: *Bach-Jahrbuch 1975*, Berlin 1975, S. 124 ff.

20 M. Luther, *Von Ordnung Gottesdiensts in der Gemeine* (1523), in: *D. Martin Luthers Werke*, [Abt. 1], Bd. 12, Weimar 1891, S. 37.

21 M. Luther, in: *D. Martin Luthers Werke*, [Abt. 3], *Tischreden*, Bd. 6, Weimar 1921, Nr. 7034. – *den nähesten Locum:* den nächsten Platz, Rang.

22 Luther, *Encomion musices*, S. 372.

23 M. Luther, in: *D. Martin Luthers Werke*, [Abt. 3], *Tischreden*, Bd. 2, Weimar 1913, Nr. 2545.

24 Ebd., Nr. 1258.

25 Brief Luthers an G. Spalatin (1523), in: *D. Martin Luthers Werke*, [Abt. 4], *Briefwechsel*, Bd. 3, Weimar 1969, S. 220.

26 Luther in der Vorrede zur 1. Aufl. des Wittenberger *Geistlichen Gesangbüchlein* von J. Walther (1524); vgl. *D. Martin Luthers Werke*, [Abt. 1], Bd. 35, Weimar 1923, S. 474.

27 *Bach-Dokumente* I, S. 248.

28 E. Neumeister, *Geistliche Cantaten statt einer Kirchen-Music*, 5 Jgg., 1700–16; zusammengefaßt in: E. N., *Fünffache Kirchen-Andachten*, Leipzig 1716/17; vgl. ebd., Vorw. – Auch Bach vertonte Texte von Neumeister.

29 Zit. nach: A. Schering, in: *Denkmäler Deutscher Tonkunst* 58/59 (1918); in Neuaufl. hrsg. und krit. rev. von H. J. Moser, Wiesbaden/Graz 1957, S. XXXIII.
30 Walther, *Praecepta der Musicalischen Composition*, S. 158.
31 Vgl. J. Kuhnau, *Six Biblical Sonatas for Keyboard* (1700), hrsg. von K. Stone, New York 1953, S. X.
32 J. G. Walther, *Musicalisches Lexicon oder Musicalische Bibliothec*, Leipzig 1732; Faks.-Nachdr., hrsg. von R. Schaal, Kassel [usw.] ³1967 (Documenta Musicologica, R. 1, Bd. 3), S. 34. – Walthers Lexikon enthält auch einen Artikel über J. S. Bach. Zumindest der 1728 als Vorabdruck erschienene Anfang des Lexikons mit dem Buchstaben A muß Bach bekannt gewesen sein. In einer Nachricht der *Leipziger Post-Zeitungen* vom 18. April 1729 ist vermerkt: »Bey erwehntem Capell-Meister Bach ist auch zu haben Herrn Joh. Gottfried Walthers, musicalischen Lexicons Litera A. vor 2 gl.« (*Bach-Dokumente* II, S. 191).
33 Walther, *Musicalisches Lexicon*, S. 148.
34 *Bach-Dokumente* II, S. 316.
35 *Bach-Dokumente* II, S. 352. Vgl. auch A. Schmitz, *Die Bildlichkeit der wortgebundenen Musik Johann Sebastian Bachs*, Mainz 1950, S. 37 ff.
36 J. Mattheson, *Der Vollkommene Capellmeister [...]*, Hamburg 1739; Faks.-Nachdr., hrsg. von M. Reimann, Kassel [usw.] ²1969 (Documenta Musicologica, R. 1, Bd. 5), S. 236.
37 Ebd., S. 239 f.
38 *Bach-Dokumente* II, S. 352.
39 Als Bach lebte, war die Zeit der *Musica poetica* eigentlich vorüber. Doch findet sich diese Bezeichnung, ohne daß hier die musikalisch-rhetorischen Figuren erklärt würden, noch in der Kompositionslehre von Bachs Freund Johann Gottfried Walther (*Praecepta der Musicalischen Composition*, 1708). In Walthers *Musicalischem Lexicon* (1732) werden viele Figuren auch beschrieben. Daß sie verwendet wurden, auch ohne daß ihre Bezeichnung oder Bedeutung bekannt war, bestätigte 1739 Johann Mattheson. Er rügte die Blindheit solcher Komponisten: »Viele werden hiebey dencken, wir haben dergleichen Dinge und Figuren nun schon so lange angebracht, ohne zu wissen, wie sie heissen oder was sie bedeuten: können uns auch forthin wol damit behelffen, und die Rhetoric an den Nagel hängen. Diese kommen mir noch lächerlicher vor, als der bürgerliche Edelmann beym *Molière*, der vorher nicht gewust hatte, daß es ein Pronomen sey, wenn er sagte: *ich, du, er*; oder daß es ein Imperativus gewesen, da er zu seinem Knechte gesprochen: *Komm her!*« (Mattheson, *Der Vollkommene Capellmeister*, S. 243 f.)
40 Vgl. Schmitz, *Die Bildlichkeit der wortgebundenen Musik Johann Sebastian Bachs*, S. 59 f.
41 J. N. Forkel, *Allgemeine Geschichte der Musik*, Bd. 1, Leipzig 1788, S. 57.
42 J. Chr. Gottsched, *Versuch einer Critischen Dichtkunst* (1751), in: J. Chr. G., *Ausgewählte Werke*, hrsg. von J. Birke und P. M. Mitchell, Bd. 6, hrsg. von J. und B. Birke, Berlin / New York 1973 (Ausgaben Deutscher Literatur des XV. bis XVIII. Jahrhunderts), S. 324.
43 Bernhard lehnte für den Gang den Begriff ›Chromatik‹ ab. Näheres hierzu bei H. H. Eggebrecht, *Heinrich Schütz. Musicus poeticus*, Göttingen 1959 (Kleine Vandenhoeck-Reihe, Nr. 84), S. 49.
44 Eggebrecht, *Heinrich Schütz*, S. 30.
45 Zit. nach: Eggebrecht, *Heinrich Schütz*, S. 79.
46 Vgl. J. Burmeister, *Musica poetica*, Rostock 1606; Faks.-Nachdr., hrsg. von M. Ruhnke, Kassel 1955 (Documenta Musicologica, R. 1, Bd. 10).
47 Ein anderes eindringliches Beispiel für Bachs Kunst des chromatischen Ausdrucks in der Instrumentalmusik ist die *Chromatische Fantasie und Fuge d-Moll* für Cembalo (BWV 903).
48 Walther, *Praecepta der Musicalischen Composition*, S. 158. – Ähnliche ›Fehler‹, wie Bach sie machte, kamen öfter vor. Im 2. Akt von S. Th. Stadens *Seelewig* (1644) singt Künsteling in einer Arie die Worte: »Welche befreiet von Trauren und Weinen.« Da nicht von Trauern und Weinen die Rede ist, sondern von deren Befreiung, ist auch hier die textausdeutende

Chromatik ›falsch‹ angewandt. Das Notenbeispiel ist abgedruckt bei P. Keller, *Die Oper Seelewig von Sigmund Theophil Staden und Georg Philipp Harsdörffer*, Bern/Stuttgart 1977 (Publikationen der Schweizerischen Musikforschenden Gesellschaft, Ser. 2, Bd. 29), S. 76. – *Cede dolor ... flentium:* Weiche, Leid, weiche, Trauer und die Tränen der Weinenden.

49 Walther, *Musicalisches Lexicon*, S. 34. – *periodus:* Satz.

50 D. Speer, *Grund-richtiger kurtz leicht und nöthiger Unterricht der Musicalischen Kunst*, 2., stark umgearb. und erw. Aufl., Ulm 1697.

51 Walther, *Musicalisches Lexicon*, S. 41.

52 Walther, *Praecepta der Musicalischen Composition*, S. 158.

53 *Bach-Dokumente* I, S. 150.

54 Luther nannte die Musik »domina et gubernatrix affectuum humanorum« (Luther, *Encomion musices*, S. 371). Er lehnte sich an Überlegungen des Musiktheoretikers Johannes Tinctoris (gest. 1511) an, die dieser in seinen *Complexus effectuum* äußerte. Vgl. J. Tinctoris, *Opera theoretica*, ed. A. Seay, Bd. 2, [Dallas] 1975 (American Institute of Musicology; Corpus Scriptorum de Musica, Bd. 22), S. 165 ff.

55 M. Spiess, *Tractatus musicus*, Augsburg 1745/46.

56 M. Praetorius, *Polyhymnia Caduceatrix et Panegyrica* (1619), in: *Gesamtausgabe der Musicalischen Werke von Michael Praetorius*, Bd. 17, S. VII.

57 Doch wollte z. B. der Pietist Gottfried Vockerrod die reine Instrumentalmusik nicht gelten lassen. Vgl. G. Vockerrod, *Mißbrauch der freyen Künste insonderheit der Music [...]*, Frankfurt 1697, und *Wiederholetes Zeugnüß der Wahrheit, Gegen die verderbte Music [...]*, Frankfurt/Leipzig 1698.

58 Das Gedicht steht unter dem Stich eines anonymen Meisters (1715/25) in Johann Christoph Weigels *Musicalischem Theatrum*, Nürnberg [um 1720]; Faks.-Nachdr., hrsg. von A. Berner, Kassel [usw.] ^{2}1964. Die Abbildung zeigt einen Paukenspieler.

59 Es handelt sich um die Parodie eines Chorsatzes. Ihn hatte Bach zuvor zur Huldigung einer weltlichen Fürstin komponiert (vgl. S. 98 f.). – Auf den Gebrauch der Pauke ist in dem erwähnten Gedicht hingewiesen: »Bey der Fürsten Lust bleib ich niemahl dahinden.« Davor steht der Satz: »Man bringet keinen Sieg, ohn meinen Schall, zuwegen.« Tatsächlich fand die Pauke u. a. in der Militärmusik, in der fürstlichen Hofmusik und in der Kirchenmusik Verwendung. Ihr Einsatz in den unterschiedlichsten Musiksparten dürfte mit der gezielten Signalwirkung dieses Instruments zusammenhängen. Es verkündete Ruhm oder war doch einem ihm nahestehenden Bedeutungsfeld verbunden: militärischer Sieg, Ruhm des Fürsten (die Pauke als fürstliches Repräsentationsinstrument), Gottes Ruhm. Offensichtlich war der ›Sprach-Ausdruck‹ der (Instrumental-)Musik nicht auf den geistlichen Raum beschränkt. Er fand sich prinzipiell in allen Bereichen der Musik.

60 Mit dem Wort »Odem« (Atem; Seele) ist sicher auch, analog zum Atem der menschlichen Stimme, der Pfeifenwind der Orgel gemeint.

61 Zit. nach: K. F. Müller, *Der Kantor. Sein Amt und seine Dienste*, Gütersloh 1964, S. 75.

62 Zit. nach: H. H. Eggebrecht, »Zwei Nürnberger Orgel-Allegorien des 17. Jahrhunderts. Zum Figur-Begriff der Musica Poetica«, in: *Musik und Kirche* 27 (1957) S. 176.

63 Doch lehnten die Calvinisten das Orgelspiel – zumindest bis zur Delfter Synode (1638) – ab.

64 Praetorius, *Polyhymnia Caduceatrix et Panegyrica*, S. VII.

65 Walther, *Musicalisches Lexicon*, S. 584.

66 Werckmeister, *Musicae mathematicae hodegus curiosus*, S. 140.

67 *Bach-Dokumente* I, S. 177.

68 Werckmeister, *Musicae mathematicae hodegus curiosus*, S. 140.

69 Dies wird auch anhand des Parodieverfahrens nachgewiesen; vgl. S. 94 ff.

70 *Bach-Dokumente* I, S. 57. – *employ:* Anstellung. – *Fiat:* Es geschehe.

71 Ebd., S. 137.

72 Ebd., S. 67. – *vociret:* berufen.

73 Zit. nach: H. Zenck, »Grundformen deutscher Musikanschauung«, in: *Jahrbuch der Akademie der Wissenschaften in Göttingen*, Göttingen 1940/41, S. 33.
74 W. C. Printz, *Historische Beschreibung der edelen Sing- und Klingkunst*, Dresden 1690; Faks.-Nachdr., hrsg. von O. Wesseley, Graz 1964 (Die großen Darstellungen der Musikgeschichte in Barock und Aufklärung, Bd. 1), S. 170 und S. 173.
75 *Bach-Dokumente* I, S. 236 f.
76 Vgl. ebd., S. 224, 227, 230.
77 *Bach-Dokumente* II, S. 334.
78 Mattheson, *Der Vollkommene Capellmeister*, S. 5.
79 Zit. nach: C. Dahlhaus, *Musikästhetik*, Köln 1967 (Musik-Taschenbücher. Theoretica, Bd. 8), S. 28.
80 I. Kant, *Kritik der Urteilskraft*, Berlin 1790, § 44.
81 K. W. F. Solger, *Vorlesungen über Ästhetik*, hrsg. von K. W. L. Heyse, Leipzig 1829; reprogr. Nachdr. Darmstadt 1973, S. 341.
82 W. H. Wackenroder / L. Tieck, *Phantasien über die Kunst* (1799), in: W. H. Wackenroder, *Sämtliche Schriften*, hrsg. von K. O. Conrady, Hamburg 1968, S. 188.
83 C. Dahlhaus, »Zur Entstehung der romantischen Bach-Deutung«, in: *Bach-Jahrbuch 1978*, Berlin 1978, S. 192 ff.
84 Vgl. *Bach-Dokumente* II, S. 234 f.
85 L. Chr. Mizler, *Neu eröffnete Musikalische Bibliothek oder gründliche Nachricht nebst unpartheyischem Urtheil von musikalischen Schriften und Büchern*, Bd. 1, Leipzig 1739; reprogr. Nachdr. Hilversum 1966, S. 64.
86 Doch führte Bach mit dem »Collegium Musicum« auch Musik mit funktionalem Charakter auf, so vor allem Huldigungsmusiken für angesehene Persönlichkeiten. Vgl. W. Neumann, »Das ›Bachische Collegium Musicum‹«, in: *Bach-Jahrbuch 1960*, Berlin 1960, S. 5 ff.
87 Zit. nach: Neumann, »Das ›Bachische Collegium Musicum‹«, S. 20.
88 W. Siegmund-Schultze, *Johann Sebastian Bach. Genie über den Zeiten*, München 1978, S. 18.
89 *Bach-Dokumente* II, S. 20. – *confundiret:* verwirrt.
90 Auch die Komponisten nach Bach verwendeten natürlich kontrapunktische und fugenmäßige Stilmittel, im 19. Jahrhundert etwa Mendelssohn oder Reger. Doch griffen sie in der Regel auf die Barockmusik und besonders auf Bach zurück, weshalb diese Techniken als doppelt veraltet gelten können.
91 Zit. nach: A. Schering, *Johann Sebastian Bach und das Musikleben Leipzigs im 18. Jahrhundert*, Leipzig 1941, S. 200.
92 In einer Kritik der Uraufführung von Schönbergs *Variationen für Orchester* op. 31 – Schönberg zitiert darin die Töne B–A–C–H, wie er selbst anmerkte, als »Hommage à Bach« – schrieb Adolf Weißmann: »Abseits der Musik, als Einsamer, wandelt er [Schönberg] stolz auf seine Einsamkeit.« (Zit. nach: C. Dahlhaus, *Arnold Schönberg. Variationen für Orchester, op. 31*, München 1968 (Meisterwerke der Musik, Bd. 7), S. 30.
93 *Bach-Dokumente* II, S. 301. Zur Kontroverse zwischen Scheibe und Birnbaum über den neuen Geschmack in der Musik vgl. S. 114 ff.
94 J. N. Forkel, *Über Johann Sebastian Bachs Leben, Kunst und Kunstwerke*, Leipzig 1802; nach der Orig.-Ausg. neu hrsg. von J. Müller-Blattau, Augsburg 1925.
95 Ebd., S. 58 f.
96 In der Reinschrift nannte Bach die *3stimmigen Inventionen* »Sinfoniae«. Im 1720 begonnenen *Clavierbüchlein für Wilhelm Friedemann* heißen sie »Fantasiae«. Die *2stimmigen Inventionen* sind dort »Praeambula«. Die Titelseite des Reinschrift-Autographs ist abgedruckt in: *Bach-Dokumente* II, S. 220 f. – *progreßen:* Fortschritten.
97 E. L. Gerber, *Historisch-Biographisches Lexicon der Tonkünstler*, Bd. 1, Leipzig 1790, Sp. 492.
98 Forkel, *Über Johann Sebastian Bachs Leben, Kunst und Kunstwerke*, S. 59.

99 *Bach-Dokumente* I, S. 220 f.
100 Forkel, *Über Johann Sebastian Bachs Leben, Kunst und Kunstwerke*, S. 58.
101 Ebd., S. 58 f.
102 Die *Inventionen* im strengen Sinn des Wortes eine ›funktionale Musik‹ zu nennen wäre falsch. Als Unterrichtsmusik sind sie aber funktional intendiert. Unübersehbar ist ihr funktionaler Charakter.
103 *Bach-Dokumente* II, S. 346. Zu der Kontroverse zwischen Scheibe und Birnbaum siehe S. 114 ff.
104 *Bach-Dokumente* I, S. 127. Zum Zusammenhang der Trias Clavierspiel–Generalbaß–Komposition siehe S. 109 ff.
105 Vgl. *Bach-Dokumente* I, S. 221.
106 Opitz, *Buch von der Deutschen Poeterey*, S. 23 f.
107 *Bach-Dokumente* II, S. 300.
108 Ebd., S. 353.
109 Walther, *Praecepta der Musicalischen Composition*, S. 15.
110 Vgl. *Bach-Dokumente* I, S. 214. – *sich habilitiren:* sich geschickt erweisen, Geschicklichkeit erwerben.
111 Anhand von Formulierungen auf den Titelseiten weist Klaus-Jürgen Sachs nach, daß der Hauptzweck der *Inventionen* in der spieltechnischen Unterweisung liege, wogegen der kompositorische Aspekt ein Nebenzweck sei. Beim *Orgel-Büchlein* sei es genau umgekehrt. Es setze spieltechnisch die in den *Inventionen* erreichten Fertigkeiten des Manualspiels voraus. Kompositorisch werde hier als »Lehrziel« die »hohe Schule der Figuration« angestrebt, was Kenntnisse von der »Basis generalbaßmäßiger ›Grund-Sätze‹« voraussetze (K.-L. Sachs, »Die ›Anleitung…, auff allerhand Arth einen Choral durchzuführen‹, als Paradigma der Lehre und der Satzkunst Johann Sebastian Bachs«, in: *Archiv für Musikwissenschaft* 37, 1980, S. 135 ff.).
112 *Bach-Dokumente* I, S. 219.
113 Keller, *Die Oper Seelewig von Sigmund Theophil Staden und Georg Philipp Harsdörffer*, S. 47.
114 »Aut prodesse volunt aut delectare poetae« (V. 333). Näheres zur Rückbeziehung zu Horaz bei J. Birke, *Christian Wolffs Metaphysik und die zeitgenössische Literatur- und Musiktheorie: Gottsched, Scheibe, Mizler*, Berlin 1966, u. a. S. 16 und S. 32. – Opitz zufolge ist »der Poeterey vornemster zweck« die »vberredung vnd vnterricht auch ergetzung der Leute« (Opitz, *Buch von der Deutschen Poeterey*, S. 17).
115 Werckmeister, *Musicae mathematicae hodegus curiosus*, Titelbl.
116 J. Mattheson, *Critica Musica [...]*, Bd. 2, Hamburg 1725; Faks.-Nachdr. Amsterdam 1964, S. 161.
117 Beim *Clavierbüchlein für Wilhelm Friedemann* ist die pädagogische Zwecksetzung auch an den zu Beginn niedergeschriebenen »Claves signatae« (Notenschlüssel), Manierentabellen und Fingersätzen erkennbar; vgl. Abb. S. 81.
118 Vgl. hierzu F. Otterbach, *Die Geschichte der europäischen Tanzmusik. Einführung*, Wilhelmshaven 1980, S. 111 ff.
119 E. Hanslick, *Vom Musikalisch-Schönen. Ein Beitrag zur Revision der Ästhetik der Tonkunst*, Leipzig 1854, Wiesbaden [16]1966, S. 58.
120 J. H. Zedler (Hrsg.), *Großes vollständiges Universal-Lexicon aller Wissenschaften und Künste*, Bd. 41, Leipzig/Halle 1744, S. 1436.
121 W. C. Briegel, *Musicalisches Tafel-Confect*, Frankfurt a. M. 1672, Vorr.
122 Zit. nach: J. Ulsamer / K. Stahmer, *Musikalisches Tafelkonfekt*, Würzburg 1973, S. 58.
123 R. Jauering, »Johann Sebastian Bach in Weimar. Neue Forschungsergebnisse aus Weimarer Quellen«, in: *Johann Sebastian Bach in Thüringen. Festgabe zum Gedenkjahr 1950*, hrsg. von H. Besseler und G. Kraft, Weimar 1950, S. 105.
124 Ebd. – *Hofbande:* Hofkapelle.

125 *Bach-Dokumente* II, S. 45.
126 Vgl. A. Dürr, Kritischer Bericht zu: Johann Sebastian Bach, *Neue Ausgabe sämtlicher Werke*, Ser. 1, Bd. 35, Leipzig / Kassel [usw.] 1964, S. 39 ff.
127 Ebd., S. 158.
128 Keller, *Die Oper Seelewig von Sigmund Theophil Staden und Georg Philipp Harsdörffer*, S. 34.
129 E. Reimer, »Bachs Jagdkantate als profanes Ritual. Zur politischen Funktion absolutistischer Hofmusik«, in: *Musik und Bildung* 71 (1980) S. 674–683.
130 Mattheson, *Der Vollkommene Capellmeister*, S. 7 (»Zuschrifft«).
131 Vgl. auch A. Dürr, *Die Kantaten von Johann Sebastian Bach*, Bd. 2, Kassel [usw.] / München 1971, S. 647.
132 Kant, *Kritik der Urteilskraft*, § 44.
133 Zit. nach: W. Jerger, »Ein unbekannter Brief Johann Gottfried Walthers an Heinrich Bokemeyer«, in: *Die Musikforschung* 6 (1954) S. 207.
134 L. Finscher, »Zum Parodieproblem bei Bach«, in: *Bach-Interpretationen*, hrsg. von M. Geck, Göttingen 1969, S. 94.
135 In einem etwas anderen Sinn als hier spricht Hans Heinrich Eggebrecht bezüglich der Beethoven-Rezeption von »Begriffsfeldern«; vgl. H. H. Eggebrecht, *Zur Geschichte der Beethoven-Rezeption. Beethoven 1970*, Wiesbaden 1972 (Abhandlungen der Mainzer Akademie der Wissenschaften und der Literatur, Geistes- und sozialwissenschaftliche Klasse, Nr. 3). Zofia Lissa verwendet den Ausdruck »semantische Felder«; vgl. Z. Lissa, »Ebenen des musikalischen Verstehens«, in: Z. L., *Neue Aufsätze zur Musikästhetik*, Wilhelmshaven 1975, S. 55 ff.
136 J. E. Altenburg, *Versuch einer Anleitung zur heroisch-musikalischen Trompeter- und Paukker-Kunst*, Halle 1795, S. 26.
137 *Bach-Dokumente* II, S. 423.
138 Zit. nach: A. Schering, »Über Bachs Parodieverfahren«, in: *Bach-Jahrbuch 1921*, Leipzig 1921, S. 54.
139 Ebd., S. 54.
140 Vgl. J. J. Fux, *Gradus ad Parnassum*, Wien 1725; vorgel. von A. Mann, Graz 1967 (J. J. F., *Sämtliche Werke*, hrsg. von der J.-J.-Fux-Gesellschaft, Graz, Bd. 7,1), S. 242 f.
141 Zit. nach: Schering, »Über Bachs Parodieverfahren«, S. 54 f. – *Diversion:* Unterschied. – *c'est à dire:* das heißt.
142 Neumeister, *Geistliche Cantaten statt einer Kirchen-Music*, Jg. 1704; *Fünffache Kirchen-Andachten*, Vorw. – Bach lernte die Kantatendichtungen Neumeisters wahrscheinlich um 1711 kennen. Die aus dem Jahr 1714 überlieferten Kantaten zeigen zum erstenmal Züge des Neumeisterschen Kantatentyps. Vgl. hierzu A. Dürr, *Studien über die frühen Kantaten Johann Sebastian Bachs*, Leipzig 1951 (Bach-Studien, Bd. 4); 2., verb. und erw. Aufl., Wiesbaden 1977, S. 59 ff.
143 Bei J. S. Bach sind die folgenden weltlichen Kantaten »Dramma per musica« genannt: BWV 201, 205, 206, 207, 207a, 213, 214, 215, 249b. Auch hier sei eine eingehendere Untersuchung angeregt, inwieweit die Werke im Ansatz nur szenisch gedacht sind oder ob sie tatsächlich auch auf der Bühne realisiert werden könnten.
144 Neumeister, *Geistliche Cantaten statt einer Kirchen-Music*, Jg. 1704; Neumeister, *Fünffache Kirchen-Andachten*, Vorw.
145 Chr. Gerber, *Historie der Kirchen-Ceremonien in Sachsen*, Dresden/Leipzig 1732. Der in Frage kommende Abschnitt ist abgedruckt bei F. Smend, *Bach in Köthen*, Berlin 1951, S. 135 f.
146 Gerber, *Historie der Kirchen-Ceremonien in Sachsen*, S. 134. – *defendiren:* verteidigen.
147 *Bach-Dokumente* I, S. 177.
148 F. Busoni, »Zum Entwurfe einer szenischen Aufführung von J. S. Bachs Matthäuspas-

sion«, in: F. B., *Von der Einheit der Musik [...]. Verstreute Aufzeichnungen*, Berlin 1923, S. 341 ff.

149 Brief vom 31. Mai 1919 an Hans Huber, in: *Briefe Busonis an Hans Huber*, hrsg. von E. Refardt, Zürich/Leipzig [1939] (127. Neujahrsblatt der Allgemeinen Musikgesellschaft in Zürich auf das Jahr 1939), S. 43.

150 Zit. nach: Schering, »Über Bachs Parodieverfahren«, S. 55.

151 J. Schmidt, »Je höher der Anspruch, desto tiefer der Fall. Die Katastrophen der Saison: MacMillans ›Isadora‹ in London, Neumeiers ›Matthäus-Passion‹ in Hamburg, Panows ›Krieg und Frieden‹ in Berlin«, in: *Ballett-Info. Aktuelle Monatszeitung für Ballett und Tanztheater* 4 (1981) Nr. 7, S. 14.

152 Mattheson, *Der Vollkommene Capellmeister*, S. 161 ff.

153 Gerber, *Historie der Kirchen-Ceremonien in Sachsen*, S. 134.

154 Walther, *Musicalisches Lexicon*, S. 139.

155 S. de Brossard, *Dictionnaire de musique* (1703), Faks.-Nachdr. der 2. Ausg. 1705, Hilversum 1965 (Dictionarium musicum, Bd. 1).

156 Praetorius, *Polyhymnia Caduceatrix et Panegyrica*, S. XIII.

157 G. Taubert, *Rechtschaffener Tantzmeister oder gründliche Erklärung der Frantzösischen Tantz-Kunst*, Bd. 1, Leipzig 1717; reprogr. Nachdr., hrsg. von K. Petermann, München/Leipzig 1976 (Documenta Choreologica, Bd. 22,1), Vorr. S. 7.

158 Zit. nach: Ph. Spitta, *Johann Sebastian Bach*, Bd. 1, Leipzig 1873.

159 Taubert, *Rechtschaffener Tantzmeister*, Vorr. S. 7.

160 Das Parodieverfahren wird heute vor allem in der Unterhaltungsbranche angewendet. Aus ökonomischen Gründen verlängert man den Erfolg eines Schlagers, indem man ihm einen neuen Text unterlegt. Ein Sonderfall des Parodierens liegt vor, wenn heute einem ›Instrumental-Hit‹ nachträglich erst ein Text hinzugefügt wird. Oder umgekehrt: Einem Evergreen wird der Text genommen. Das Verfahren hat es mit einem bewährten Prinzip des Unterhaltungsgeschäftes zu tun, welches lautet: Aus alt mach neu. Die Unterhaltungsproduzenten können sich hier auf eine Tradition berufen, die bis zu Bach (und weiter) zurückreicht. Aber auch Bach kann ein gewisser Geschäftssinn nicht abgesprochen werden. Auch bei ihm dürfte die Anwendung des Parodieverfahrens bis zu einem gewissen Grad aus ökonomischen Gründen erfolgt sein. Er ersparte sich dadurch viel Arbeit.

161 Forkel, *Über Johann Sebastian Bachs Leben, Kunst und Kunstwerke*, S. 59.

162 Carl Philipp Emanuel Bach im Brief vom 13. Januar 1775 an Johann Nikolaus Forkel; vgl. *Bach-Dokumente* III, S. 289.

163 *Bach-Dokumente* I, S. 127.

164 Vgl. *Bach-Dokumente* II, S. 334, und im vorliegenden Buch S. 51.

165 J. D. Heinichen, *Der Generalbaß in der Composition*, Dresden 1728; reprogr. Nachdr. Hildesheim / New York 1969, S. 1.

166 Walther, *Praecepta der Musicalischen Composition*, S. 41 und S. 104.

167 Heinichen, *Der Generalbaß in der Composition*, S. 556.

168 Im 14. Jahrhundert waren Theoretiker der Auffassung, bestimmte Intervalle würden ›streben‹ (*tendere*). Im Barock schrieben J. G. Walther und andere von der »Resolution« (Auflösung) der Dissonanzen. Zum Strebecharakter der Intervalle im Mittelalter vgl. W. Frobenius, *Johannes Boens Musica und seine Konsonanzenlehre*, Stuttgart 1971 (Freiburger Schriften zur Musikwissenschaft, Bd. 2), und F. Otterbach, *Kadenzierung und Tonalität im Kantilenensatz Dufays*, München/Salzburg 1975 (Freiburger Schriften zur Musikwissenschaft, Bd. 7), S. 11 ff. und S. 19 ff.

169 Vgl. W. Heimann, *Der Generalbaß-Satz und seine Rolle in Bachs Choral-Satz*, München 1973 (Freiburger Schriften zur Musikwissenschaft, Bd. 5), S. 154 ff. Carl Dahlhaus zufolge ist »Bachs *chromatische Harmonik* [...] neu nicht im Sinne vereinzelter, voraussetzungs- und folgenloser ›Kühnheiten‹, sondern das Neue verdankt seinen Ursprung ›kleinen Differenzen‹

von traditionellen Formeln« (C. Dahlhaus, »Versuch über Bachs Harmonik«, in: *Bach-Jahrbuch 1956*, Berlin 1956, S. 80).

170 Walther, *Musicalisches Lexicon*, S. 455.

171 Auch dies kommt bei Bach vor, z. B. in der Kantate *Weinen, Klagen, Sorgen, Zagen* (BWV 12) und entsprechend in deren Parodie im *Crucifixus* der *h-Moll-Messe* (BWV 232); vgl. auch S. 61.

172 J. Ph. Kirnberger, *Gedanken über die verschiedenen Lehrarten in der Komposition, als Vorbereitung zur Fugenkenntniß*, Berlin 1782; reprogr. Nachdr. Hildesheim / New York 1974, Anh. S. 4.

173 Zur Geschlossenheit in Bachs Musik vgl. auch S. 84. Zu ihrem offenen Charakter – er resultiert aus außermusikalischen Zwecksetzungen – siehe S. 107 ff.

174 Trotzdem hielten noch bis um 1800 Theoretiker wie Sulzer (1771–74) oder J. Chr. Koch (1802) an der Einheit des Affektes fest. – In einem Brief vom 26. September 1781 setzte Wolfgang Amadeus Mozart das Klanggeschehen der bekannten Osmin-Arie aus dem 1. Akt der *Entführung aus dem Serail* mit der Affekt-Dynamik eines Menschen analog, der sich in einen immer bedrohlicheren Zorn hineinsteigert. Je stärker Osmins Wut, desto ›geschwinder‹ sind die Noten, die er singt, und desto rascher ist das Zeitmaß, welches er anschlägt. Die Stelle mit den Worten »Drum beim Barte des Propheten«, schreibt Mozart, sei »zwar im nemlichen tempo, aber mit geschwinden Noten – und da sein [Osmins] zorn immer wächst, so muß das [die Arie beschließende] allegro aßai – ganz in einem andern zeitmaas [wir dürfen hinzufügen: in einem schnelleren], und in einem andern Ton – eben den besten Effect machen; denn, ein Mensch der sich in einem so heftigen zorn befindet, überschreitet alle ordnung, Maas und Ziel, er kennt sich nicht – so muß sich auch die Musick nicht mehr kennen« (*Mozart. Briefe und Aufzeichnungen*, Gesamtausg., hrsg. von der Internationalen Stiftung Mozarteum Salzburg, gesammelt und erl. von W. A. Bauer und O. E. Deutsch, Bd. 3, Kassel [usw.] 1963, S. 162). Eine Ästhetik, für die es auch nur denkbar war, daß die Kunst einem Menschen zum Ausdruck verhelfe, der »alle Ordnung, Maß und Ziel« überschreitet, so daß sogar die Musik sich »nicht mehr kennt«, konnte zu der zu durchgängiger Einheit gewordenen »maßvollen« Musik Bachs kaum mehr ein unmittelbares Verhältnis haben. Dabei ist Mozart noch das gelindeste Beispiel für »Maßlosigkeit« in der Musik. Er wird – im Gegenteil – häufig als ein Muster für musikalisches Maß und Ordnung zitiert. Eine rigorose Überschreitung des Regulären ist eher für die Zeit nach der Klassik charakteristisch.

175 *Bach-Dokumente* II, S. 297.

176 Ebd., S. 432. Auch Schröter war der Meinung, der »critische Musicus« habe »den berühmten Herrn Capellmeister Bach heftig angestochen«.

177 Ebd., S. 361.

178 Ebd., S. 286.

179 Ebd., S. 353.

180 Ebd., S. 301.

181 Ebd., S. 317.

182 J. A. Scheibe, *Compendium Musices Theoretico-practicum* (um 1728–36); zit. nach: P. Benary, *Die Deutsche Kompositionslehre des 18. Jahrhunderts*, Leipzig 1961 (Jenaer Beiträge zur Musikforschung, Bd. 3), Anh. S. 5.

183 *Bach-Dokumente* II, S. 316.

184 Ebd., S. 362.

185 Ebd., S. 318.

186 Ebd., S. 302.

187 Ebd., S. 287.

188 Ebd., S. 307.

189 Eine Polarisierung der Begriffe ›kompliziert‹–›einfach‹ ist in den verschiedenen Kunstdisziplinen sowie allgemein in der Ästhetik manchmal zu finden. Auch der Umschlag vom einen

Extrem in das andere ist kennzeichnend für die Geschichte der Künste. In unserem Jahrhundert war dies in den siebziger Jahren der Fall, als kompliziertere Verfahrensweisen in der Musik – genannt sei die serielle Kompositionstechnik – von einer Tendenz hin zum Einfacheren abgelöst wurden (vgl. das Schlagwort von der ›Neuen Einfachheit‹).

Dritter Teil

1 *Bach-Dokumente* III, S. 288.
2 Vgl. W. Schmieder, *Thematisch-systematisches Verzeichnis der musikalischen Werke von Johann Sebastian Bach*, Bach-Werke-Verzeichnis (BWV), Leipzig 1950, Wiesbaden [5]1973.
3 Zur pädagogischen Zwecksetzung des *Orgel-Büchleins* siehe S. 86 ff.
4 *Bach-Dokumente* I, S. 88. – *intricater:* heikler. – *choisiren:* auswählen. – *capacitè:* Fähigkeit. – *executiren:* ausführen.
5 J. G. Walther, *Musicalisches Lexicon oder Musicalische Bibliothec*, Leipzig 1732; Faks.-Nachdr., hrsg. von R. Schaal, Kassel [usw.] [3]1967 (Documenta Musicologica, R. 1, Bd. 3), S. 166.
6 Vgl. zu diesem Ausdruck H. H. Eggebrecht, *Heinrich Schütz. Musicus poeticus*, Göttingen 1959 (Kleine Vandenhoeck-Reihe, Nr. 84), S. 50.
7 Schönberg richtete im Jahr 1922 die beiden Orgel-Choralvorspiele *Schmücke dich, o liebe Seele* (BWV 654) und *Komm, Gott, Schöpfer, Heiliger Geist* (BWV 667) für Orchester ein. 1928 tat er dasselbe mit Bachs *Präludium und Fuge Es-Dur* (BWV 552), die im folgenden besprochen werden. – In diesem Zusammenhang sei auch Anton Weberns 1934/35 erstellte Bearbeitung des *6stimmigen Ricercar* aus dem *Musikalischen Opfer* (BWV 1079) genannt. 1935 nahm Alban Berg für den 2. Satz seines Violinkonzertes Bachs Choral-Satz *Es ist genug* (BWV 60) zur Vorlage.
8 Es ließe sich einwenden, daß, träfe das Gesagte zu, Bach selbst die in Frage kommenden Stücke statt für Orgel für das Orchester geschrieben hätte. Doch wurde von einem Organisten nun einmal Orgelmusik verlangt. Außerdem kann kaum in Abrede gestellt werden, daß, was die Realisierung einer Komposition betrifft, im Barock weit weniger auf eine differenzierte Gestaltung der Klangfarben Wert gelegt wurde als später.
9 *Bach-Dokumente* III, S. 88.
10 *Anton Webern*, Wien 1955 (Die Reihe. Informationen über serielle Musik, hrsg. von H. Eimert unter Mitarb. von K.-H. Stockhausen), S. 26.
11 Die beschriebenen klanglichen Vorgänge bleiben ohne das Hörbeispiel blaß. Eine ausdrucksstarke Interpretation von Bachs/Schönbergs *Präludium und Fuge Es-Dur* (BWV 552) findet sich auf einer Schallplatte mit Bach-Bearbeitungen Schönbergs, Weberns und Mahlers unter Leitung des Dirigenten Gennadij Roshdestwenskij (Ariola-Eurodisc 200 074-366). Man achte hier etwa auf den Übergang vom zweiten zum dritten Abschnitt der Fuge. Durch einen agogischen Vortrag, der fast romantisch wirkt, klingt das Ende des zweiten Teils breit ausladend und im Tempo verzögert, um dann in den straff und recht schnell gespielten letzten Großabschnitt einzumünden.
12 Th. W. Adorno, »Bach gegen seine Liebhaber verteidigt«, in: Th. W. A., *Prismen. Kulturkritik und Gesellschaft*, Frankfurt a. M. 1955, Nachdr. ebd. 1969, S. 174.
13 M. Praetorius, *Syntagma musicum*, T. 3: *Termini musici*, Wolfenbüttel 1619; Faks.-Nachdr., hrsg. von W. Gurlitt, Kassel [usw.] [2]1967 (Documenta Musicologica, R. 1, Bd. 15), S. 236.
14 Vgl. als Beispiel das *Präludium C-Dur* (BWV 846) aus dem 1. Teil des *Wohltemperierten Claviers.*
15 Vgl. das *Präludium c-Moll* (BWV 848) aus dem 1. Teil des *Wohltemperierten Claviers.*
16 Praetorius, *Syntagma musicum*, T. 3, S. 152.
17 *Bach-Dokumente* I, S. 248.

18 Praetorius, *Syntagma musicum*, T. 3, S. 23. – Übrigens wird an dem Zitat sehr schön deutlich, inwiefern der Ausdruck »Begriff« tatsächlich mit dem Greifen der Hände zu tun hat. Darüber hinaus führt Praetorius aus, »Toccata« leite sich vom italienischen Wort »toccare« her (von lat. *tangere* ›berühren‹), »vnd Toccato, tactus: So sagen auch die Italiäner; Toccate un poco: Das heist, beschlagt das Instrument, oder begreifft die Clavier ein wenig« (ebd., S. 23). – *anfehet:* anfängt.

19 Jedermann kennt dies auch heute, wenn ihm ein Lied – oft ist es nur die erste Zeile daraus – nicht ›aus dem Kopf‹ gehen will. Die gehörte Melodie ist einem häufig präsenter als der Text. Von ihm sind nur noch ›Reizwörter‹ übriggeblieben. Sofern diese – mit der Musik verbunden – stimmungsmäßige Werte annehmen, fallen sie vom Kopf gewissermaßen ins »Gemüth«. Dort können sie ›vorbewußt‹ wirksam sein.

20 J. Mattheson, *Kern Melodischer Wißenschafft [...]*, Hamburg 1737; reprogr. Nachdr. Hildesheim / New York 1976, S. 108 f.

21 Ebd., S. 60.

22 Zit. nach: K.-J. Sachs, »Die ›Anleitung..., auff allerhand Arth einen Choral durchzuführen‹, als Paradigma der Lehre und der Satzkunst Johann Sebastian Bachs«, in: *Archiv für Musikwissenschaft* 37 (1980) S. 151.

23 J. Mattheson in einer Anmerkung in F. E. Niedts *Musicalischer Handleitung vom General-Bass* (T. 2, 1700); zit. nach: Sachs, »Die ›Anleitung..., auff allerhand Arth einen Choral durchzuführen‹, als Paradigma der Lehre und der Satzkunst Johann Sebastian Bachs«, S. 142.

24 Zum französischen und italienischen Einfluß in der Orgelmusik siehe S. 130 ff.

25 Walther, *Musicalisches Lexicon*, S. 584.

26 J. Mattheson, *Der Vollkommene Capellmeister [...]*, Hamburg 1739; Faks.-Nachdr., hrsg. von M. Reimann, Kassel [usw.] ^{2}1969 (Documenta Musicologica, R. 1, Bd. 5), S. 122.

27 J. S. Bach übertrug das Concerto auf die Orgel (BWV 596), er kannte es also ebenfalls gut. Sein ältester Sohn Wilhelm Friedemann schrieb auf die erste Seite des Manuskripts: »di W. F. Bach manu mei Patris descriptum.« Wilhelm Friedemann gab sich fälschlich als Verfasser der Orgeltranskription aus. Schon Karl Friedrich Zelter, der Friedemann persönlich kannte, zweifelte dessen Urheberschaft an. In einer Goethe zugesandten Abschrift eines Briefes vom 13. März 1829 an Friedrich Konrad Griepenkerl in Braunschweig äußerte er sich recht kritisch über die Orgelbearbeitung. Das »Orgelconcert«, so Zelter, sei »ein mühsam gearbeitetes Wesen ohne Geist! – Wie! ohne Geist? – Ja, ja und ich bin stark versucht es sogar für unfriedemannisch zu halten. Gewiß ist Ihnen bekannt, daß der alte Bach sein vierclavieriges Concert [BWV 1065] von dem alten ehrlichen Vivaldi, Note für Note, abgeschrieben und nur einen Ton tiefer transponirt hat [...] ich möchte mich nicht gern irren, dieses Friedemannsche Orgelconcert für eine eben solche Arbeit zu erklären, weil – nicht eine Klaue von einem Bachschen Gedanken, dagegen aber Fäuste voll damaligem Violingesäusel drin ist [...] ich sollte mir aufbinden lassen daß ein so knöcherner kanonischer Eingang [vgl. das Notenbeispiel S. 147/148] [...] ein echtes Werk sey eines so edeln Geistes wie Friedemann Bach? – Uebrigens soll Anton Vivaldi keineswegs damit gescholten seyn, es ist nur kein Friedemann, wie dieser lange kein Sebastian« (zit. nach: H.-J. Schulze, »Johann Sebastian Bachs Konzertbearbeitungen nach Vivaldi und anderen – Studien- oder Auftragswerke?«, in: *Deutsches Jahrbuch der Musikwissenschaft für 1973–1977*, hrsg. von R. Eller, Jg. 18, Leipzig 1978, S. 81 f.).

28 W. C. Printz, *Compendium Musicae Signatoriae et Modulatoriae Vocalis*, Dresden 1689; reprogr. Nachdr. Hildesheim / New York 1974, S. 48.

29 Vgl. G. L. Conforto, *Breue et facile maniera d'essercitarsi [...] a far passaggi*, Rom 1593; in Faks. mit Übers. hrsg. von J. Wolf, Berlin 1922 (Veröffentlichungen der Musik-Bibliothek Paul Hirsch, Frankfurt a. M.).

30 Auch dieses Werk gehört zu der Sammlung von Vivaldis um 1715 erschienenen *Estro Armonico*. Bach arbeitete es zu dem *Orgelkonzert a-Moll* (BWV 593) um. – Übrigens ist die Etymologie des Begriffs »Concerto« für die Musizierweise bei dieser Gattung aufschlußreich.

Das italienische Wort *Concerto* leitet sich von ital. *concertare* ab, das wiederum verwandt ist mit lat. *conserere* ›zusammenfügen‹. Doch wurde *Concerto* irrtümlich auch von lat. *concertare* ›wettstreiten‹ abgeleitet. Die gegensätzliche (richtige und falsche) Wortableitung, die Doppeldeutigkeit der Bezeichnung spiegelt die Sache wider: Im Concerto ›streiten‹ die dem Tutti gegenübergestellten Solo-Instrumente mit dem Orchester-Ensemble, indem sie mit ihm in Übereinkunft treten, mit ihm sich ›zusammenfügen‹. Die Solisten und das Orchester stehen in einem dialektischen Verhältnis: einander gegenübergestellt, sind sie doch aufeinander bezogen. Mit diesem Typ des italienischen Concerto setzte sich Bach u. a. in den *Brandenburgischen Konzerten* (BWV 1046–1051) auseinander. Jedoch nannte er selbst sie auf französisch »Concerts avec plusieurs instruments«.

31 Das *Italienische Konzert* bezieht seinen Namen aus dem Titelblatt des Erstdrucks des 2. Teils von Bachs *Clavier-Übung*. Er besteht, wie es heißt, »in einem Concerto nach Italiaenischen Gusto und einer Overture nach Französischer Art«. – Im Jahr 1909 ›dekolorierte‹ Wanda Landowska das Andante des *Italienischen Konzerts*. In den 49 Takten fand sie über 150 Verzierungen. Bach selbst hatte nur 16 durch Zeichen u. ä. kenntlich gemacht (vgl. W. L., *Musique ancienne*, Paris 1909, [6]1921, New York 1926).

32 Zit. nach: A. Schering, *Handbuch der Musikgeschichte bis zum Anfang des 18. Jahrhunderts*, Leipzig 1914; reprogr. Nachdr. Hildesheim/Wiesbaden 1976, S. 555.

33 Zit. nach: H. Engel, *Das Instrumentalkonzert*, Leipzig 1932, S. 73.

34 J. J. Quantz, *Versuch einer Anweisung, die flûte traversière zu spielen; mit verschiedenen, zur Beförderung des guten Geschmackes in der praktischen Musik dienlichen Anmerkungen begleitet, und mit Exempeln erläutert*, Berlin 1752; Faks.-Nachdr. der 3. Aufl. Berlin 1789, hrsg. von H. P. Schmitz, Kassel [usw.] [3]1968 (Documenta Musicologica, R. 1, Bd. 2), S. 324.

35 Ebd.

36 Ebd., S. 318. – Quantz war ein profunder Kenner nicht nur der deutschen, sondern ebenso der italienischen und französischen Musikpraxis. Er schrieb ungefähr 300 Konzerte, die an Vivaldi orientiert sind.

37 *Bach-Dokumente* II, S. 286.

38 Ebd., S. 374.

39 J.-Ph. Rameau, »Avis pour la viole«, in: J.-Ph. R., *Pièces de clavecin en concerts*, Paris 1741; abgedr. in: J.-Ph. R., *Œuvres complètes*, hrsg. unter der Ltg. von C. Saint-Saëns, Bd. 2, Paris 1896, S. XXI [Übers. von F. Otterbach].

40 Th. W. Adorno, »Der mißbrauchte Barock«, in: Th. W. A., *Ohne Leitbild. Parva Aesthetica*, Frankfurt a. M. 1967, [2]1968, S. 145.

41 Quantz, *Versuch einer Anweisung, die flûte traversière zu spielen*, S. 300 f.

42 Ebd., S. 270.

43 Ebd., S. 271.

44 Mattheson, *Der Vollkommene Capellmeister*, S. 208.

45 *Bach-Dokumente* I, S. 232.

46 Vgl. jedoch in neuerer Zeit D. Finke-Hecklinger, *Die Tanzcharaktere in Johann Sebastian Bachs Vokalmusik*, Trossingen 1970.

47 Vgl. *Bach-Dokumente* II, S. 332.

48 J. N. Forkel, *Über Johann Sebastian Bachs Leben, Kunst und Kunstwerke*, Leipzig 1802; nach der Orig.-Ausg. neu hrsg. von J. Müller-Blattau, Augsburg 1925, S. 52.

49 J. Ph. Kirnberger, *Gedanken über die verschiedenen Lehrarten in der Komposition, als Vorbereitung zur Fugenkenntniß*, Berlin 1782; reprogr. Nachdr. Hildesheim / New York 1974, Anh. S. 5.

50 J. Ph. Kirnberger, *Die Kunst des reinen Satzes in der Musik*, 2 Tle., Berlin 1771–76; reprogr. Nachdr. [in 1 Bd.] Hildesheim / New York 1968, T. 2, S. 111.

51 Walther, *Musicalisches Lexicon*, S. 585.

52 *Bach-Dokumente* I, S. 243.

53 So bei J. Chr. Koch, *Musikalisches Lexikon*, Frankfurt a. M. 1802.

54 Vgl. im folgenden Chr. Wolff, *Der Stile Antico in der Musik Johann Sebastian Bachs. Studien zu Bachs Spätwerk*, Wiesbaden 1968 (Beihefte zum Archiv für Musikwissenschaft, Nr. 6).

55 *Bach-Dokumente* I, S. 63. – *gusto:* Geschmack. – *assequiren:* begreifen, verstehen. – *satisfaction:* Befriedigung.

56 »Sendschreiben an Sr. HochEdl. Herrn Capellmeister Mattheson, über den Kern melodischer Wissenschaft, von dem Verfasser des sogenannten Critischen Musici abgelassen«, in: *Gültige Zeugnisse über die jüngste Matthesonisch-Musicalische Kern-Schrifft, Als ein Füglicher Anhang derselben, zum Druck befördert von Aristoxen, dem jüngern* ⟨d. i. wahrscheinlich Mattheson⟩ *[...]*, Hamburg 1738, S. 11. Vgl. auch *Bach-Dokumente* II, S. 307.

57 *Bach-Dokumente* II, S. 336.

58 Kirnberger, *Gedanken über die verschiedenen Lehrarten in der Komposition*, Anh. S. 6.

59 Vgl. *Bach-Dokumente* II, S. 247.

60 Vgl. ebd.

61 Darunter befinden sich viele Parodien.

62 Die Beschränkung auf eine einzige Gattung und auf wenige exemplarische Werke, die detailliert zu analysieren sind, ist wie schon in den vorausgegangenen Kapiteln durch die Fülle des vorliegenden Materials geboten. Bewußt schließt der Verfasser die allseits bekannten Werke aus der Darstellung zum Teil aus.

63 Vgl. im folgenden A. Dürr, *Die Kantaten von Johann Sebastian Bach*, 2 Bde., Kassel [usw.] / München 1971, [3]1979.

64 L. Osiander, *Geistliche Lieder vnd Psalmen. Mit vier Stimmen auff Contrapunctsweise (für die Schulen vnd Kirchen im löblichen Fürstenthumb Würtenberg) also gesetzt, das ein gantze Christliche Gemein durchauß mit singen kan*, Nürnberg 1586, Vorr.

65 Mit dem Ausdruck ›einen Choral durchführen‹ wurden im Barock besonders Choralbearbeitungen für die Orgel belegt. Doch kann dieser Begriff auch auf entsprechende Vokalkompositionen angewendet werden.

66 Zu Mattheson vgl. S. 139. – Die beschriebenen ›Abstammungsverhältnisse‹ sind weniger unter einem historischen als vor allem unter einem systematischen Aspekt zu betrachten. Neben der Dichtung mag eine ›Stammutter‹ der Musik auch die (körperliche) Bewegung sein. In der griechischen Antike bildeten Poesie, (tänzerische) Bewegung und Musik zunächst eine ungebrochene Einheit, *musiké* genannt. Werke der Dichtung wurden hier mit musikalischen und zugleich bewegungsmäßigen Mitteln vorgetragen. Erst nachdem der Verband der *musiké* zerbrochen war, bildeten sich die getrennten Disziplinen Dichtung, Tanz und Musik heraus. Im mittelalterlichen Minnesang bildeten Dichtung und Musik noch immer eine Einheit.

67 Vgl. im obigen Notenbeispiel T. 1–5 und T. 8–12. Im Schema S. 172 (zweites System von unten) sind die Verwandtschaftsverhältnisse der 1. Zeile des originalen Chorals mit der 1. Vorausimitation (Sopran) durch Noteneinkreisungen kenntlich gemacht.

68 G. Taubert, *Rechtschaffener Tantzmeister oder gründliche Erklärung der Frantzösischen Tantz-Kunst*, Bd. 1, Leipzig 1717; reprogr. Nachdr., hrsg. von K. Petermann, München/Leipzig 1976 (Documenta Choreologica, Bd. 22,1), S. 7. Vgl. hierzu auch S. 104.

69 F. Blume, *Geschichte der evangelischen Kirchenmusik*, 2., neubearb. Aufl., hrsg. unter Mitarb. von L. Finscher, A. Adrio und W. Blankenburg, Kassel [usw.] 1965, S. 177.

70 *Briefe von Moritz Hauptmann an Franz Hauser*, hrsg. von A. Schöne, Bd. 2, Leipzig 1871, S. 167. – Die Arie Nr. 15 des *Weihnachtsoratoriums* ist die Parodie einer Alt-Arie aus der Kantate *Tönet, ihr Pauken! Erschallet, Trompeten!* (BWV 214). Dort ist das obligate Instrument mit einer Oboe d'amore besetzt.

71 Der Brief ist abgedruckt bei E. R. Jacobi, »›Vortrag und Besetzung Bach'scher Cantaten- und Oratorienmusik‹. Ein unbekannter Brief von Moritz Hauptmann an Johannes Brahms (15. Februar 1859)«, in: *Bach-Jahrbuch 1969*, Berlin 1969, S. 78 ff.

72 Diese Arie ist eine Parodie der Tenor-Arie *Auf meinen Flügeln sollst du schweben* aus der Kantate *Laßt uns sorgen, laßt uns wachen* (BWV 213).
73 Printz, *Compendium Musicae Signatoriae et Modulatoriae Vocalis*, S. 49. – *Clave:* Tonstufe.
74 Mattheson, *Kern Melodischer Wißenschafft*, S. 63.
75 Zur Tenor-Arie siehe S. 189. – Der häufige Gebrauch derartiger Spielfiguren wird heute ein wenig abschätzig ›Organisten-Zwirn‹ genannt.
76 *Bach-Dokumente* II, S. 318.
77 *Briefe Busonis an Hans Huber*, hrsg. von E. Refardt, Zürich/Leipzig [1939] (127. Neujahrsblatt der Allgemeinen Musikgesellschaft in Zürich auf das Jahr 1939), S. 43. – Zu Busonis Einschätzung der *Matthäuspassion* siehe auch S. 102 f.
78 Mattheson, *Kern Melodischer Wißenschafft*, S. 63.
79 *Bach-Dokumente* II, S. 286.
80 Ebd., S. 303 f.
81 Ebd., S. 357.
82 Ebd.
83 *Bach-Dokumente* I, S. 62. – *reception:* Aufnahme.
84 Ebd.
85 J. H. Zedler (Hrsg.), *Großes vollständiges Universal-Lexicon aller Wissenschaften und Künste*, 64 Bde., 4 Suppl.-Bde., Halle/Leipzig 1732–54; reprogr. Nachdr. Graz 1961–64.
86 Zit. nach: F. Zander, »Die Dichter der Kantatentexte Johann Sebastian Bachs. Untersuchungen zu ihrer Bestimmung«, in: *Bach-Jahrbuch 1968*, Berlin 1968, S. 22.
87 Ebd., S. 9.
88 Es ist nur der Text und die geistliche Parodie *Erfreut euch, ihr Herzen* (BWV 66) erhalten.
89 Zit. nach: A. Werner, *Städtische und fürstliche Musikpflege in Weissenfels*, Leipzig 1911, S. 143.
90 *Briefe Busonis an Hans Huber*, S. 43.
91 Ebd.
92 Ebd.
93 Zit. nach: Jacobi, »›Vortrag und Besetzung Bach'scher Cantaten- und Oratorienmusik‹«, S. 83.

Ausgewählte Literatur

Adlung, J.: Musica mechanica organoedi. Faks.-Nachdr. der Ausg. 1768 [postum ersch.]. Hrsg. von Chr. Mahrenholz. Bd. 1. Kassel 1931.

Adorno, Th. W.: Bach gegen seine Liebhaber verteidigt. In: Th. W. A.: Prismen. Kulturkritik und Gesellschaft. Frankfurt a. M. 1955. Nachdr. ebd. 1969.

– Der mißbrauchte Barock. In: Th. W. A.: Ohne Leitbild. Parva Aesthetica. Frankfurt a. M. 1967. ²1968.

Agricola, J. F. / Bach, C. Ph. E.: Denkmal dreyer verstorbener Mitglieder. In: L. Chr. Mizler: Neu eröffnete Musikalische Bibliothek [...]. Bd. 4. T. 1. Leipzig 1754. Faks.-Nachdr. u. d. T.: Der Nekrolog auf Johann Sebastian Bach. Hrsg. von Chr. Trautmann. Leipzig/Hannover 1965.

Altenburg, J. E.: Versuch einer Anleitung zur heroisch-musikalischen Trompeter- und Paukker-Kunst. Halle 1795.

Altnikol, J. Chr.: Befiehl du deine Wege. Motette in 4 Stimmen. Leipzig 1934. (Veröffentlichungen der Neuen Bachgesellschaft. Jg. 35. H. 1.)

Arfken, E.: Das Weimarer Orgelbüchlein von Johann Sebastian Bach. Diss. Göttingen 1966.

Bach, J. S.: Neue Ausgabe sämtlicher Werke. Hrsg. vom Johann-Sebastian-Bach-Institut Göttingen und vom Bach-Archiv Leipzig. Bd. 1 ff. Leipzig / Kassel [usw.] 1954 ff.

– Schriftstücke von der Hand Johann Sebastian Bachs. Krit. Gesamtausg. Vorgel. und erl. von W. Neumann und H.-J. Schulze. Leipzig / Kassel [usw.] 1963. (Bach-Dokumente. Bd. 1. Hrsg. vom Bach-Archiv Leipzig. Suppl. zu: Johann Sebastian Bach: Neue Ausgabe sämtlicher Werke.)

– Fremdschriftliche und gedruckte Dokumente zur Lebensgeschichte Johann Sebastian Bachs 1685–1750. Krit. Gesamtausg. Vorgel. und erl. von W. Neumann und H.-J. Schulze. Leipzig / Kassel [usw.] 1969. (Bach-Dokumente. Bd. 2. Hrsg. vom Bach-Archiv Leipzig. Suppl. zu: Johann Sebastian Bach: Neue Ausgabe sämtlicher Werke.)

– Dokumente zum Nachwirken Johann Sebastian Bachs 1750–1800. Vorgel. und erl. von H.-J. Schulze. Leipzig / Kassel [usw.] 1972. (Bach-Dokumente. Bd. 3. Hrsg. vom Bach-Archiv Leipzig. Suppl. zu: Johann Sebastian Bach: Neue Ausgabe sämtlicher Werke.)

– Bilddokumente zur Lebensgeschichte Johann Sebastian Bachs. Pictorial Documents of the Life of Johann Sebastian Bach. Hrsg. vom Bach-Archiv Leipzig unter Ltg. von W. Neumann. Leipzig / Kassel [usw.] 1979. (Bach-Dokumente. Bd. 4. Hrsg. vom Bach-Archiv Leipzig. Suppl. zu: Johann Sebastian Bach: Neue Ausgabe sämtlicher Werke.)

– Briefe. Gesamtausg. Hrsg. von H. und E. H. Müller v. Asow. Regensburg 1938. ²1950. (Deutsche Musikbücherei. Bd. 1.) [Vgl. dazu W. Schmieder, in: Bach-Jahrbuch 1940–48. Leipzig 1949. S. 126 ff.]

[–] Faksimile-Reihe Bachscher Werke und Schriftstücke. Hrsg. vom Bach-Archiv Leipzig. Leipzig 1955 ff.

[–] Sämtliche von Johann Sebastian Bach vertonte Texte. Hrsg. von W. Neumann. Leipzig 1956. Neuausg. ebd. 1967 [mit einer Zusammenfassung der neuen Chronologie]; 1974.

[Bachfest.] [...] Deutsches Bachfest der Neuen Bachgesellschaft. [Einzelbde., jeweils hrsg. anläßlich der Deutschen Bachfeste.] Bd. 36 ff. Leipzig 1959 ff.

Bachforschung und Bachinterpretation heute. Wissenschaftler und Praktiker im Dialog. Bericht über das Bachfest-Symposium 1978 der Philipps-Universität Marburg. Hrsg. von R. Brinkmann. Leipzig 1981.

Bach-Gedenkschrift 1950. Hrsg. von K. Matthaei. Zürich 1950.

Bach-Interpretationen. W. Blankenburg zum 65. Geburtstag. Hrsg. von M. Geck. Göttingen 1969. (Kleine Vandenhoeck-Reihe. Nr. 291.)

Bach-Jahrbuch. Leipzig 1904 ff. Im Auftrag der Neuen Bachgesellschaft hrsg. [seit 1953] von A.

Dürr und W. Neumann. Berlin 1953ff. [Inhaltsverz. sämtlicher bisher erschienenen *Bach-Jahrbücher* in: Jg. 50, 1963/64.]
Bach-Probleme. Hrsg. von H. H. Dräger und K. Laux. Leipzig 1950.
The Bach-Reader. Hrsg. von H. Th. David und A. Mendel. New York 1945. 2., rev. Ausg. ebd. 1966.
Bach-Studien 5. Eine Sammlung von [14] Aufsätzen. Hrsg. von R. Eller und H.-J. Schulze. (W. Neumann zum 65. Geburtstag.) Leipzig 1975.
Bach-Urkunden. Hrsg. von M. Schneider. Leipzig 1918. (Veröffentlichungen der Neuen Bachgesellschaft. Jg. 17. H. 3.)
Johann Sebastian Bach. Hrsg. von W. Blankenburg. Darmstadt 1970. (Wege der Forschung. Bd. 171.)
Johann Sebastian Bach. Das spekulative Spätwerk. München 1981. (Musik-Konzepte. Bd. 17/18.)
Johann Sebastian Bach in Thüringen. Festgabe zum Gedenkjahr 1950. Hrsg. von H. Besseler und G. Kraft. Weimar 1950.
Johann Sebastian Bachs Unterschriften. Leipzig 1972. (Mitgliedsgabe der Neuen Bachgesellschaft.)
Johann Sebastian Bach. Zeit, Leben, Wirken. Hrsg. von B. Schwendowius und W. Dömling. Kassel [usw.] 1976.
Basso, A.: Frau Musika. La Vita e le Opere di J. S. Bach. Turin 1979.
Benary, P.: Die Deutsche Kompositionslehre des 18. Jahrhunderts. Leipzig 1961. (Jenaer Beiträge zur Musikforschung. Bd. 3.)
Bericht über die wissenschaftliche Bachtagung [...] 1950. Hrsg. von W. Vetter, E. H. Meyer und H. H. Eggebrecht. Leipzig 1951.
Bericht über die wissenschaftliche Konferenz zum III. Internationalen Bach-Fest der DDR, Leipzig 1975. Leipzig 1977.
Besch, H.: Johann Sebastian Bach. Frömmigkeit und Glaube. Gütersloh 1938. Kassel ²1950.
Besseler, H.: Johann Sebastian Bach. In: Die großen Deutschen. Bd. 2. Berlin 1935. Neuausg. ebd. 1956.
– Bach und das Mittelalter. In: Bericht über die wissenschaftliche Bachtagung [...] 1950. Hrsg. von W. Vetter, E. H. Meyer und H. H. Eggebrecht. Leipzig 1951.
– Bach als Wegbereiter. In: Archiv für Musikwissenschaft 12 (1955).
– Fünf echte Bildnisse Johann Sebastian Bachs. Kassel 1956. [Vgl. dazu G. v. Dadelsen, in: Musikforschung 10 (1957); die Kontroverse ebd. 11 (1958); A. Dürr, in: Musica 12 (1958).]
Bitter, C. H.: Johann Sebastian Bach. 2 Bde. Berlin 1865. 4 Bde. Dresden ²1880.
Blankenburg, W.: Einführung in Bachs h-moll-Messe. Kassel 1950. ³1974.
– Theologische und geistesgeschichtliche Probleme der gegenwärtigen Bachforschung. In: Theologische Literaturzeitung 78 (1953).
– Zwölf Jahre Bachforschung. In: Acta musicologica 37 (1965).
– Das Verhältnis von geistlicher und weltlicher Musik im Werk J. S. Bachs. Kassel [usw.] 1968.
Blume, F.: Johann Sebastian Bach im Wandel der Geschichte. Kassel 1947.
– Johann Sebastian Bach. In: Die Musik in Geschichte und Gegenwart (MGG). Allgemeine Enzyklopädie der Musik. Hrsg. von F. B. Bd. 1. Kassel 1949–51.
– Umrisse eines neuen Bach-Bildes. In: Musica 16 (1962).
– Geschichte der evangelischen Kirchenmusik (1931). 2., neubearb. Aufl. Hrsg. unter Mitarb. von L. Finscher, A. Adrio und W. Blankenburg. Kassel [usw.] 1965.
– Der junge Bach. Wolfenbüttel 1967. (Jahresgabe der Internationalen Bach-Gesellschaft. 1967.)
Bodky, E.: Der Vortrag der Klavierwerke von Johann Sebastian Bach. Tutzing 1970.
Boettcher, H.: Bachs Kunst der Bearbeitung. In: Von deutscher Tonkunst. Festschrift zu P. Raabes 70. Geburtstag. Hrsg. von A. Morgenroth. Leipzig 1942.
Boulez, P.: Bach als Kraftmoment. In: P. B.: Anhaltspunkte. Essays. Stuttgart/Zürich 1975.
Boyd, M.: Bachs Instrumental Counterpoint. London 1967.

Brainard, P.: Bach's Parody Procedure and the St. Matthew Passion. In: Journal of the American Musicological Society 22 (1969).
Brandt-Buys, H.: De passies van Johann Sebastian Bach. Leiden 1950.
Breckhoff, W.: Zur Entstehungsgeschichte des zweiten Wohltemperierten Klaviers von Johann Sebastian Bach. Diss. Tübingen 1965.
Breig, W.: Zur Harmonik von Bachs f-moll-Sinfonia. In: E. Doflein. Festschrift zum 70. Geburtstag. Hrsg. von L. U. Abraham. Mainz 1972.
– Bachs Goldberg-Variationen als zyklisches Werk. In: Archiv für Musikwissenschaft 32 (1975).
Briegel, W. C.: Musicalisches Tafel-Confect. Frankfurt a. M. 1672.
Brossard, S. de: Dictionnaire de musique (1703). Faks.-Nachdr. der 2. Ausg. 1705. Hilversum 1965. (Dictionarium musicum. Bd. 1.)
Brückner, C.: Johann Sebastian Bach, »Dritter Theil der Clavier Übung«. Zürich 1973.
Buchet, E.: J. S. Bach. L'œuvre et la vie. Paris 1963.
– Jean Sébastien Bach. Après deux siècles d'études et de témoignages. Paris 1968.
Burmeister, J.: Musica poetica. Rostock 1606. Faks.-Nachdr. Hrsg. von M. Ruhnke. Kassel 1955. (Documenta Musicologica. R. 1. Bd. 10.)
[Busoni:] Briefe Busonis an Hans Huber. Hrsg. von E. Refardt. Zürich/Leipzig [1939]. (127. Neujahrsblatt der Allgemeinen Musikgesellschaft in Zürich auf das Jahr 1939.)
Carell, N.: Bach's Brandenburg Concertos. Foreword by Y. Menuhin. London 1963.
– Bach, the Borrower. London 1967.
Chailley, J.: Les passions de J.-S. Bach. Paris 1963.
– L'art de la fugue de J.-S. Bach. Paris 1971. (Au-delà des notes. Bd. 1.)
– Les chorales pour orgue de J.-S. Bach. Paris 1974. (Au-delà des notes. Bd. 5.)
Cherbuliez, A. E.: Johann Sebastian Bach. Olten 1946. ^{2}1947.
Chiapusso, J.: J. S. Bach's World. Bloomington/London 1968.
Cole, F. E.: Bach's »Goldberg Variations«. Diss. Columbia University. New York 1966.
Czaczkes, L.: Analyse des Wohltemperierten Klaviers. Form und Aufbau der Fuge bei Bach. 2 Bde. Wien 1956–63.
– Bachs Chromatische Fantasie und Fuge. Form und Aufbau. Die Arpeggienführung. Wien 1971.
Dadelsen, G. v.: Bemerkungen zur Handschrift Johann Sebastian Bachs. Trossingen 1957. (Tübinger Bach-Studien. Bd. 1.)
– Beitrag zur Chronologie der Werke Johann Sebastian Bachs. Trossingen 1958. (Tübinger Bach-Studien. Bd. 4/5.)
Dahlhaus, C.: Versuch über Bachs Harmonik. In: Bach-Jahrbuch 1956. Berlin 1956.
– Arnold Schönberg. Variationen für Orchester, op. 31. München 1968. (Meisterwerke der Musik. Bd. 7.)
– Über Altes und Neues in Bachs Werk. In: E. Doflein. Festschrift zum 70. Geburtstag. Hrsg. von L. U. Abraham. Mainz 1972.
– Zur Entstehung der romantischen Bach-Deutung. In: Bach-Jahrbuch 1978. Berlin 1978.
Danckert, W.: Beitrag zur Bach-Kritik I. Kassel 1934. (Jenaer Studien zur Musikwissenschaft. Bd. 1.)
David, H. Th.: J. S. Bach's Offering. New York 1945.
David, J. N.: Die zweistimmigen Inventionen von Johann Sebastian Bach. Göttingen 1957. (Kleine Vandenhoeck-Reihe. Nr. 34.)
– Die dreistimmigen Inventionen von Johann Sebastian Bach. Göttingen 1959. (Kleine Vandenhoeck-Reihe. Nr. 75–77.)
– Das Wohltemperierte Klavier. Göttingen 1962.
David, W.: Johann Sebastian Bachs Orgeln. Berlin 1951.
Davis, R. C.: Self Parody Among the Cantatas of J. S. Bach. 2 Bde. Diss. Boston University 1962.
Day, J. C. F.: The Literary Background to Bach's Cantatas. London 1961. New York 1967.
Dehnert, M.: Das Weltbild Johann Sebastian Bachs. Leipzig 1948. ^{2}1949.

Dickinson, A. E. F.: The Art of Bach. London 1936. ²1950.
– Bach's Fugal Works. New York 1956.
Donington, R.: Tempo and Rhythm in Bach's Organ Music. London 1960. (School of Bach Playing for the Organist. Bd. 3.)
– »Amore Traditore«. A Problem Cantata. In: Studies in 18th-Century Music. A tribute to K. Geiringer on his 70th birthday. Hrsg. von H. C. Robbins Landon in Zsarb. mit R. E. Chapman. London 1970.
Dürr, A.: Studien über die frühen Kantaten Johann Sebastian Bachs. Leipzig 1951. (Bach-Studien. Bd. 4.) 2., verb. und erw. Aufl. Wiesbaden 1977.
– Zur Chronologie der Leipziger Vokalwerke J. S. Bachs. In: Bach-Jahrbuch 1957. Berlin 1957. 2. Aufl., mit Anm. und Nachtr. vers. Kassel [usw.] 1976. (Musikwissenschaftliche Arbeiten. Bd. 26.)
– Johann Sebastian Bach. Weihnachts-Oratorium BWV 248. München 1967. (Meisterwerke der Musik. Bd. 8.)
– Die Kantaten von Johann Sebastian Bach. 2 Bde. Kassel [usw.] / München 1971. ³1979.
Dufourcq, N.: Johann Sebastian Bach. Paris 1947. ²1949.
– J.-S. Bach. Le maître de l'orgue. Paris 1948. ²1973.
Efrati, R. R.: Johann Sebastian Bach. Die Interpretation der Sonaten und Partiten für Violine solo und der Suiten für Violoncello solo. Zürich / Freiburg i. Br. 1979.
Eggebrecht, H. H.: Über Bachs geschichtlichen Ort. In: Deutsche Vierteljahrsschrift für Literaturwissenschaft und Geistesgeschichte 31 (1957).
– Zwei Nürnberger Orgel-Allegorien des 17. Jahrhunderts. Zum Figur-Begriff der Musica Poetica. In: Musik und Kirche 27 (1957).
– Heinrich Schütz. Musicus poeticus. Göttingen 1959. (Kleine Vandenhoeck-Reihe. Nr. 84.)
Ehmann, W.: »Concertisten« und »Ripienisten« in der h-moll-Messe von Johann Sebastian Bach. In: Musik und Kirche 30 (1960). [Auch separat Kassel 1961.]
Eller, R.: Vivaldi – Dresden – Bach. In: Beiträge zur Musikwissenschaft 3 (1961).
Emery, W.: Bach's Ornaments. London 1953. ²1961.
Engel, H.: Das Instrumentalkonzert. Leipzig 1932.
– Johann Sebastian Bach. Berlin 1950.
– Musik und Gesellschaft. Bausteine zu einer Musiksoziologie. Berlin 1960.
Engler, K.: G. Pölchau und seine Musikalien-Sammlung. Ein Beitrag zur Überlieferung Bachscher Musik im 19. Jahrhundert. Diss. Tübingen 1970.
Eppstein, H.: Studien über Johann Sebastian Bachs Sonaten für ein Melodieinstrument und obligates Cembalo. Uppsala 1966. (Acta Universitatis Upsaliensis – Studia musicologica Upsaliensia. N. S. Bd. 2.)
Ernst, F.: Bach und das Pianoforte. Frankfurt a. M. 1964. (Schriftenreihe »Das Musikinstrument«. Bd. 6.)
Fenner, J.: Aussagemöglichkeiten barocker Musik [...] untersucht an verschiedenen Orgelwerken J. S. Bachs. Kassel [usw.] 1972.
Finke-Hecklinger, D.: Die Tanzcharaktere in Johann Sebastian Bachs Vokalmusik. Trossingen 1970. (Tübinger Bach-Studien. Bd. 6.)
Finlay, I.: Johann Sebastian Bachs weltliche Kantaten. Diss. Göttingen 1950.
– Bach's Secular Cantata Texts. In: Music and Letters 31 (1950).
Finscher, L.: Zum Parodieproblem bei Bach. In: Bach-Interpretationen. W. Blankenburg zum 65. Geburtstag. Hrsg. von M. Geck. Göttingen 1969. (Kleine Vandenhoeck-Reihe. Nr. 291.)
Fischer, K. v.: Weltlich und geistlich bei J. S. Bach. In: Festschrift für E. H. Meyer zum 60. Geburtstag. Hrsg. von G. Knepler. Leipzig 1973.
Fischer, W.: Zur Chronologie der Klavier-Suiten J. S. Bachs. In: Kongreß-Bericht Basel 1924. Leipzig 1925.
Florand, F.: Das Orgelwerk Bachs. Lindau 1949.

Fock, G.: Der junge Bach in Lüneburg. Hamburg 1950.
Forkel, J. N.: Allgemeine Geschichte der Musik. 2. Bde. Leipzig 1788–1801.
– Über Johann Sebastian Bachs Leben, Kunst und Kunstwerke. Leipzig 1802. Nach der Orig.-Ausg. neu hrsg. von J. Müller-Blattau. Augsburg 1925.
Franck, H.: Johann Sebastian Bach und die deutsche Dichtung. In: Musa – Mens – Musici. Im Gedenken an W. Vetter. Hrsg. vom Institut für Musikwissenschaft der Humboldt-Universität zu Berlin. Schriftl. H. Wegener. Leipzig 1969.
– Tokkata und Fuge. Das Leben des Johann Sebastian Bach. Roman. Wien 1980.
Franke, E.: Das Bachschrifttum 1958–62. In: Bach-Jahrbuch 1967. Berlin 1967.
Freyse, C.: Eisenacher Dokumente [...]. Leipzig 1932. (Veröffentlichungen der Neuen Bachgesellschaft. Jg. 33. H. 2.)
– Bachs Antlitz. Betrachtungen und Erkenntnisse zur Bach-Ikonographie. Eisenach 1964.
Fuller-Maitland, J. A.: Bach's »Brandenburg Concertos«. London 1929. ²1945.
Fux, J. J.: Gradus ad Parnassum. Wien 1725. Vorgel. von A. Mann. Graz 1967. (J. J. F.: Sämtliche Werke. Hrsg. von der J.-J.-Fux-Gesellschaft, Graz. Bd. 7,1.)
Geck, M.: Bachs künstlerischer Endzweck. In: Festschrift für W. Wiora zum 30. Dezember 1966. Hrsg. von L. Finscher und Chr.-H. Mahling. Kassel [usw.] 1966.
– Die Wiederentdeckung der Matthäuspassion im 19. Jahrhundert. Regensburg 1967. (Studien zur Musikgeschichte des 19. Jahrhunderts. Bd. 9.)
Geiringer, K.: The Lost Portrait of Bach. New York 1950.
– Symbolism in the Music of Bach. Washington D. C. 1956.
– Die Musikerfamilie Bach. Musiktradition in sieben Generationen. München 1958. 2., verb. Aufl. ebd. 1977.
– (mit I. Geiringer): Johann Sebastian Bach. München 1971. 2., überarb. Aufl. ebd. 1978.
Gerber, Chr.: Historie der Kirchen-Ceremonien in Sachsen. Dresden/Leipzig 1732.
Gerber, E. L.: Historisch-Biographisches Lexicon der Tonkünstler. Bd. 1. Leipzig 1790.
Gerber, R.: Bachs Brandenburgische Konzerte. Kassel 1951. ²1965.
Gérold, Th.: Johann Sebastian Bach. Paris 1925.
Gerstenberg, W.: Zur Erkenntnis der Bachschen Musik. Berlin 1950.
– Die Zeitmaße und ihre Ordnungen in Bachs Musik. Einbeck 1951.
Göllner, Th.: Johann Sebastian Bach and the Tradition of Keyboard Transcriptions. In: Studies in 18th-Century Music. A tribute to K. Geiringer on his 70th birthday. Hrsg. von H. C. Robbins Landon in Zsarb. mit R. E. Chapman. London 1970.
Grützbach, E.: Stil- und Spielprobleme bei der Interpretation der 6 Suiten für Violoncello solo senza Basso von Johann Sebastian Bach. BWV 1007–1012. Hamburg 1980.
Gurlitt, W.: Die Hamburger Grünrolle vom Jahre 1691. In: Sammelbände der Internationalen Musikgesellschaft. Jg. 14. 1912/13. Leipzig [o. J.].
– Johann Sebastian Bach. Der Meister und sein Werk. Berlin 1936. Kassel ⁴1959.
Hahn, H.: Die musikalische Symbolik im Instrumentalwerk J. S. Bachs. Basel 1966.
– Symbol und Glaube im I. Teil des Wohltemperierten Klaviers von Johann Sebastian Bach. Beitrag zu einer Bedeutungskunde. Wiesbaden 1973.
Hamel, F.: Johann Sebastian Bach. Geistige Welt. Göttingen 1951. ⁴1968.
Hammerstein, R.: Die Musik der Engel. Untersuchungen der Musikanschauung des Mittelalters. Bern/München 1962.
– Diabolus in Musica. Studien zur Ikonographie der Musik im Mittelalter. Bern/München 1974. (Neue Heidelberger Studien zur Musikwissenschaft. Bd. 6.)
Hanslick, E.: Vom Musikalisch-Schönen. Ein Beitrag zur Revision der Ästhetik der Tonkunst. Leipzig 1854. Wiesbaden ¹⁶1966.
Hauptmann, M.: Ueber die Recitative in J. S. Bach's Matthäus-Passion. In: M. H.: Opuscula. Vermischte Aufsätze. Leipzig 1874.
[–] Briefe von Moritz Hauptmann an Franz Hauser. Hrsg. von A. Schöne. Bd. 2. Leipzig 1871.

Heimann, W.: Der Generalbaß-Satz und seine Rolle in Bachs Choral-Satz. München 1973. (Freiburger Schriften zur Musikwissenschaft. Bd. 5.)
Heinichen, J. D.: Der Generalbaß in der Composition. Dresden 1728. Reprogr. Nachdr. Hildesheim / New York 1969.
Hellmann, D. (Hrsg.): Johann Sebastian Bach. Ende und Anfang. Gedenkschrift zum 75. Geburtstag des Thomaskantors G. Ramin. Wiesbaden 1973.
Herbst, J. A.: Musica poetica. Nürnberg 1643.
Herbst, W.: Johann Sebastian Bach und die lutherische Mystik. Diss. Erlangen 1958.
Herz, G.: J. S. Bach im Zeitalter des Rationalismus und der Frühromantik. Zur Geschichte der Bach-Bewegung von ihren Anfängen bis zur Wiederaufführung der Matthäuspassion im Jahre 1829. Kassel 1935.
– BWV 131. Bachs First Cantata. London 1970.
Hindemith, P.: J. S. Bach. Ein verpflichtendes Erbe. Wiesbaden 1953. (Insel-Bücherei. Nr. 575.)
Hindermann, W. F.: Wiedergewonnene Schwesterwerke der Brandenburgischen Konzerte Johann Sebastian Bachs. Hofheim a. T. 1970.
– Die nachösterlichen Kantaten des Bachschen Choralkantaten-Jahrgangs. Hofheim a. T. 1975.
Holmes, R. W.: The Use of »contrafacta« in the Large Choral Works of J. S. Bach. Diss. Boston University 1960.
Huber, A. G.: Bach-Studien. Zürich 1964.
Jacobi, E. R.: »Vortrag und Besetzung Bach'scher Cantaten- und Oratorienmusik«. Ein unbekannter Brief von Moritz Hauptmann an Johannes Brahms (15. Februar 1895). In: Bach-Jahrbuch 1969. Berlin 1969.
Jerger, W.: Ein unbekannter Brief Johann Gottfried Walthers an Heinrich Bokemeyer. In: Die Musikforschung 7 (1954).
Jöde, F.: Die Kunst Bachs. Dargestellt an seinen Inventionen. Wolfenbüttel 1926. ^{2}1957.
Kaegi, W.: Die simultane Denkweise in J. S. Bachs Inventionen, Sinfonien und Fugen. Basel 1951.
Kalendarium zur Lebensgeschichte Johann Sebastian Bachs. Zsgest. und hrsg. vom Bach-Archiv Leipzig. Leipzig 1971.
Kast, P.: Die Bach-Handschriften der Berliner Staatsbibliothek. Trossingen 1958. (Tübinger Bach-Studien. Bd. 2/3.)
Keller, H.: Die Orgelwerke Bachs. Leipzig 1948.
– Die Klavierwerke Bachs. Leipzig 1950.
– Das Wohltemperierte Klavier von Johann Sebastian Bach. Kassel [usw.] 1965.
Kelletat, H.: Zur musikalischen Temperatur insbesondere bei J. S. Bach. Kassel [usw.] 1960.
Kinsky, G.: Die Originalausgaben der Werke J. S. Bachs. Wien 1937. Reprogr. Nachdr. Hilversum 1968.
Kirnberger, J. Ph.: Die Kunst des reinen Satzes in der Musik. 2 Tle. Berlin 1771–76. Reprogr. Nachdr. [in 1 Bd.] Hildesheim / New York 1968.
– Gedanken über die verschiedenen Lehrarten in der Komposition, als Vorbereitung zur Fugenkenntniß. Berlin 1782. Reprogr. Nachdr. [zus. mit: J. Ph. K.: Grundsätze des Generalbasses ⟨...⟩] Hildesheim 1974.
Klein, H.-G.: Der Einfluß der Vivaldischen Konzertform im Instrumentalwerk Johann Sebastian Bachs. Diss. Hamburg 1969.
Kloppers, J.: Die Interpretation und Wiedergabe der Orgelwerke Bachs. Diss. Frankfurt a. M. 1966.
Koch, J. Chr.: Musikalisches Lexikon. Frankfurt a. M. 1802.
Kolneder, W.: Die Kunst der Fuge. Mythen des 20. Jahrhunderts. 2 Bde. Wilhelmshaven 1977. (Taschenbücher zur Musikwissenschaft. Nr. 42/43.)
Kraft, G.: Bach in Eisenach. Jena 1967. (Schriften des Bach-Museums Eisenach.)
Krause, P.: Handschriften der Werke J. S. Bachs in der Musikbibliothek der Stadt Leipzig. Leipzig 1964. (Bibliographische Veröffentlichungen der Musikbibliothek der Stadt Leipzig.)

Krause, P.: J. S. Bach. Originalausgaben und ältere Drucke in der Musikbibliothek der Stadt Leipzig. Leipzig 1970.

Kreft, R.: Johann Sebastian Bach. Die Kunst der Fuge und ihre B–A–C–H-Elemente. Tutzing 1977.

Krey, J.: Bachs Orgelmusik in der Weimarer Periode. Diss. Jena 1956.

Krickeberg, D.: Das protestantische Kantorat im 17. Jahrhundert. Studien zum Amt des deutschen Kantors. Berlin 1965. (Berliner Studien zur Musikwissenschaft. Bd. 6.)

Krüger, E.: Stilistische Untersuchungen zu ausgewählten frühen Klavierfugen Johann Sebastian Bachs. Hamburg 1970. (Hamburger Beiträge zur Musikwissenschaft. Bd. 2.)

Krummacher, F.: Die Choralbearbeitung in der protestantischen Figuralmusik zwischen Praetorius und Bach. Kassel [usw.] 1978. (Kieler Schriften zur Musikwissenschaft. Bd. 22.)

Kunze, St.: Gattungen der Fuge in Bachs Wohltemperiertem Klavier. Göttingen 1968.

Kurtzgefaßtes Musicalisches Lexicon, Worinnen Eine nützliche Anleitung und gründlicher Begriff von der Music enthalten [...]. Chemnitz 1737. Neuaufl. ebd. 1749. Reprogr. Nachdr. Leipzig 1975.

Leaver, R. A.: Bach und die Lutherschriften seiner Bibliothek. In: Bach-Jahrbuch 1975. Berlin 1975.

Lenz, Chr.: Studien zur Satztechnik Bachs. Diss. Heidelberg 1970.

Lissa, Z.: Neue Aufsätze zur Musikästhetik. Wilhelmshaven 1975.

Mahrenholz, Chr.: Johann Sebastian Bach und der Gottesdienst seiner Zeit. Kassel 1950.

Malipiero, R.: Sebastian Bach. Brescia 1948.

Marcel, J.-A.: J. S. Bach in Selbstzeugnissen und Bilddokumenten. Reinbek bei Hamburg 1963. ^{12}1977. (rowohlts monographien. Bd. 83.)

Marshall, R. L.: The Compositional Process of J. S. Bach. A Study of the Autograph Scores of the Vocal Works. 2 Bde. New York 1972. (Princeton Studies in Music. Bd. 4.)

Mattheson, J.: Das Beschützte Orchestre, oder desselben Zweyte Eröffnung. Hamburg 1717.

– Critica Musica [...]. Bd. 2. Hamburg 1725. Faks.-Nachdr. Amsterdam 1964.

– Grosse General-Baß-Schule. Oder: Der exemplarischen Organisten-Probe Zweite, verbesserte und vermehrte Auflage [...]. Hamburg 1731. Faks.-Nachdr. Hildesheim / New York 1968.

– Kern Melodischer Wißenschafft [...]. Hamburg 1737. Reprogr. Nachdr. Hildesheim / New York 1976.

– Der Vollkommene Capellmeister [...]. Hamburg 1739. Faks.-Nachdr. Hrsg. von M. Reimann. Kassel [usw.] ^{2}1969. (Documenta Musicologica. R. 1. Bd. 5.)

– Grundlage einer Ehren-Pforte, woran der Tüchtigsten Capellmeister, Componisten, Musikgelehrten, Tonkünstler etc. Leben, Wercke, Verdienste etc. erscheinen sollen. Hamburg 1740. Vollständiger, originalgetreuer Neudr. mit gelegentlichen bibliogr. Hinweisen und Matthesons Nachträgen. Hrsg. von M. Schneider. Berlin 1910.

Melchert, H.: Das Rezitativ der Kirchenkantaten Johann Sebastian Bachs. Diss. Frankfurt a. M. 1958.

Meyer, U.: J. S. Bachs Musik als theonome Kunst. Wiesbaden 1979.

Mezger, M.: Botschaft und Glaube in Johann Sebastian Bachs Kirchenmusik. Wolfenbüttel/Zürich 1964. (Jahresgabe der Internationalen Bach-Gesellschaft. 1963.)

Mies, P.: Die geistlichen Kantaten Johann Sebastian Bachs und der Hörer von heute. 3 Tle. Wiesbaden 1959–64. (Jahresgabe der Internationalen Bach-Gesellschaft. 1958. 1959. 1963.)

– Die weltlichen Kantaten Johann Sebastian Bachs und der Hörer von heute. Wiesbaden 1967. (Jahresgabe der Internationalen Bach-Gesellschaft. 1966.)

Mizler, L. Chr.: Neu eröffnete Musikalische Bibliothek oder gründliche Nachricht nebst unpartheyischem Urtheil von musikalischen Schriften und Büchern. Bd. 1. Leipzig 1739. Reprogr. Nachdr. Hilversum 1966.

Moser, H. J.: Johann Sebastian Bach. Berlin 1935. ^{2}1950.

– Bachs Werke. Kassel [usw.] 1964.

Müller, K. F.: Der Kantor. Sein Amt und seine Dienste. Gütersloh 1964.
Müller-Buscher, H.: Georg Böhms Choralbearbeitungen für Tasteninstrumente. Ein Beitrag zur Vorgeschichte der Choralbearbeitungen J. S. Bachs. Laaber 1979.
Müller-Schwefe, H. R.: Bachs Kantaten als Auslegung des Wortes Gottes. Nürnberg 1960.
Musica Enchiriadis. Scholien. In: Scriptores ecclesiastici de musica sacra potissimum. Hrsg. von M. Gerbert. Bd. 1. St. Blasien 1784.
Neumann, W.: Johann Sebastian Bachs Chorfuge. Leipzig 1938. (Schriftenreihe des Staatlichen Instituts für Deutsche Musikforschung. Bd. 4.)
– Handbuch der Kantaten Johann Sebastian Bachs. Leipzig 1947. (Veröffentlichungen der Neuen Bachgesellschaft. Jg. 41–46.) 3., rev. Aufl. ebd. 1967. Wiesbaden ^{4}1971.
– Auf den Lebenswegen Johann Sebastian Bachs. Berlin 1953. 4., verb. Aufl. ebd. 1962.
– Bach. Eine Bildbiographie. München 1960. ^{2}1961.
– Das »Bachische Collegium Musicum«. In: Bach-Jahrbuch 1960. Berlin 1960.
– Das kleine Bachbuch. Salzburg 1971.
– Aufgaben und Probleme der heutigen Bachforschung. Berlin 1979. (Sitzungsberichte der Sächsischen Akademie der Wissenschaften zu Leipzig. Philologisch-historische Klasse. Bd. 120. H. 6.)
Nieder, H. J.: Bachrezeption um die Jahrhundertwende. München 1976.
Paumgartner, B.: Johann Sebastian Bach. Leben und Werk. Bd. 1. Zürich 1950.
Petzold, R.: Johann Sebastian Bach. Leipzig 1970.
Pirner, R. G.: The Bach Evangelical Church Cantata as a Liturgical Form. Diss. Heidelberg 1963.
Pirro, A.: L'orgue de J. S. Bach. Paris 1895.
– J. S. Bach. Paris 1906. Dt. Ausg. übers. von B. Engelke. Berlin 1910. Stuttgart $^{14/15}$1924.
– L'esthétique de J. S. Bach. Paris 1907.
Pitrou, R.: J.-S. Bach. Paris 1941. ^{2}1949.
Platen, E.: Untersuchungen zur Struktur der chorischen Choralbearbeitung J. S. Bachs. Diss. Bonn 1959.
Plath, W.: Das Klavierbüchlein für Wilhelm Friedemann Bach. Diss. Tübingen 1958.
Praetorius, M.: Polyhymnia Caduceatrix et Panegyrica (1619). In: Gesamtausgabe der Musicalischen Werke von Michael Praetorius. Bd. 17. Bearb. von W. Gurlitt. Wolfenbüttel/Berlin 1930.
– Syntagma musicum. T. 3: Termini musici. Wolfenbüttel 1619. Faks.-Nachdr. Hrsg. von W. Gurlitt. Kassel [usw.] ^{2}1967. (Documenta Musicologica. R. 1. Bd. 15.)
Prautzsch, L.: Vor deinen Thron tret ich hiermit. Figuren und Symbole in den letzten Werken Johann Sebastian Bachs. Neuhausen bei Stuttgart 1979.
Printz, W. C.: Compendium Musicae Signatoriae et Modulatoriae Vocalis. Dresden 1689. Reprogr. Nachdr. Hildesheim / New York 1974.
– Historische Beschreibung der edelen Sing- und Klingkunst. Dresden 1690. Faks.-Nachdr. Hrsg. von O. Wesseley. Graz 1964. (Die großen Darstellungen der Musikgeschichte in Barock und Aufklärung. Bd. 1.)
Prinz, U.: Studien zum Instrumentarium Johann Sebastian Bachs mit besonderer Berücksichtigung der Kantaten. Tübingen 1979.
Quantz, J. J.: Versuch einer Anweisung, die flûte traversière zu spielen; mit verschiedenen, zur Beförderung des guten Geschmackes in der praktischen Musik dienlichen Anmerkungen begleitet, und mit Exempeln erläutert. Berlin 1752. Faks.-Nachdr. der 3. Aufl. Berlin 1789. Hrsg. von H. P. Schmitz. Kassel [usw.] ^{3}1968. (Documenta Musicologica. R. 1. Bd. 2.)
Rameau, J.-Ph.: Avis pour la viole. In: J.-Ph. R.: Pièces de clavecin en concerts. Paris 1741. Abgedr. in: J.-Ph. R.: Œuvres complètes. Hrsg. unter der Ltg. von C. Saint-Saëns. Bd. 2. Paris 1896.
Ratz, E.: Einführung in die musikalische Formenlehre. Über Formprinzipien in den Inventionen und Fugen J. S. Bachs und ihre Bedeutung für die Kompositionstechnik Beethovens. Wien 1951. ^{3}1973.

Ratz, E.: Über die Bedeutung der funktionellen Formenlehre für die Erkenntnis des Wohltemperierten Klaviers. In: Die Musikforschung 21 (1968).

Raupach, H.: Das wahre Bildnis Johann Sebastian Bachs. Wolfenbüttel 1950.

Reimer, E.: Bachs Jagdkantate als profanes Ritual. Zur politischen Funktion absolutistischer Hofmusik. In: Musik und Bildung 71 (1980).

Riemenschneider, A.: Bach Biographies. In: Hinrichsens Music Year Book 7 (1952).

Rilling, H.: Johann Sebastian Bachs h-Moll-Messe. Neuhausen bei Stuttgart 1979.

Robertson, A.: The Church Cantatas of J. S. Bach. London 1972.

Rose, G.: Father and Son. Some Attributions to Johann Sebastian Bach by Carl Philipp Emanuel Bach. In: Studies in 18th-Century Music. A tribute to K. Geiringer on his 70th birthday. Hrsg. von H. C. Robbins Landon in Zsarb. mit R. E. Chapman. London 1970.

Sachs, K.-J.: Die »Anleitung..., auff allerhand Arth einen Choral durchzuführen«, als Paradigma der Lehre und der Satzkunst Johann Sebastian Bachs. In: Archiv für Musikwissenschaft 37 (1980).

Scherchen, H.: Das Geheimnis des künstlerischen Schaffens J. S. Bachs. In: H. Sch.: Vom Wesen der Musik. Zürich [1946]. Winterthur [²1947].

Schering, A.: Geschichte des Instrumentalkonzertes. Leipzig 1905.

– Handbuch der Musikgeschichte bis zum Anfang des 18. Jahrhunderts. Leipzig 1914. Reprogr. Nachdr. Hildesheim/Wiesbaden 1976.

– Über Bachs Parodieverfahren. In: Bach-Jahrbuch 1921. Leipzig 1921.

– Johann Sebastian Bachs Leipziger Kirchenmusik. Leipzig 1936. ²1954. Nachdr. der 2. Aufl. Wiesbaden 1968.

– Bach und das Musikleben Leipzigs im 18. Jahrhundert. Leipzig 1941. (Musikgeschichte Leipzigs. Bd. 3.)

– Das Symbol in der Musik. Hrsg. von W. Gurlitt. Leipzig 1941.

– Über Kantaten Johann Sebastian Bachs. Hrsg. von F. Blume. Leipzig 1942. ²1950.

Schlötterer-Traimer, R.: Johann Sebastian Bach. Die Kunst der Fuge. München 1966. (Meisterwerke der Musik. Bd. 4.)

Schloezer, B. de: Entwurf einer Musikästhetik. Zum Verständnis von Johann Sebastian Bach. Hamburg/München 1975.

Schmieder, W.: Thematisch-systematisches Verzeichnis der musikalischen Werke von Johann Sebastian Bach. Bach-Werke-Verzeichnis (BWV). Leipzig 1950. Wiesbaden ⁵1973.

– Das Bachschrifttum 1945–52. In: Bach-Jahrbuch 1953. Berlin 1953.

– Das Bachschrifttum 1953–57. In: Bach-Jahrbuch 1958. Berlin 1958.

Schmitz, A.: Die Bildlichkeit der wortgebundenen Musik Johann Sebastian Bachs. Mainz 1950.

Schrade, L.: The Conflict Between the Sacred and Secular. New York 1954. Nachdr. ebd. 1973.

Schulze, H.-J.: Beitrag zur Bach-Quellenforschung. Kongreß-Bericht. Leipzig 1966.

– Johann Sebastian Bachs Konzertbearbeitungen nach Vivaldi und anderen – Studien- oder Auftragswerke? In: Deutsches Jahrbuch der Musikwissenschaft für 1973–1977. Hrsg. von R. Eller. Jg. 18. Leipzig 1978.

Schwebsch, E.: Johann Sebastian Bach und die Kunst der Fuge. Stuttgart 1931. Kassel ²1955.

Schweitzer, A.: Johann Sebastian Bach, le musicien poète. Paris/Leipzig 1905. Erw. dt. Ausg. Leipzig 1908. Wiesbaden ⁹1976.

– L'esthétique de J. S. Bach. Paris 1907.

Seiffert, M.: Seb. Bachs Bewerbung um die Organistenstelle an St. Jakobi in Hamburg 1720. In: Archiv für Musikwissenschaft 3 (1921).

Siedentopf, H.: Beobachtungen zur Spieltechnik in der Klaviermusik Johann Sebastian Bachs. Diss. Tübingen 1967.

Siegele, U.: Kompositionsweise und Bearbeitungstechnik in der Instrumentalmusik Johann Sebastian Bachs. Neuhausen bei Stuttgart 1975. (Tübinger Beiträge zur Musikwissenschaft. Bd. 3.)

Siegele, U.: Bachs theologischer Formbegriff und das Duett F-Dur. Neuhausen bei Stuttgart 1978.
Siegmund-Schultze, W.: Johann Sebastian Bach. Genie über den Zeiten. München 1978. (Heyne Biographien.)
Smend, F.: Johann Sebastian Bachs Kirchen-Kantaten. 6 Hefte. Berlin 1947–49. ^{3}1966 [6 Hefte in 1 Bd.].
– Luther und Bach. Berlin 1947.
– Johann Sebastian Bach bei seinem Namen gerufen. Kassel 1950.
– Bach in Köthen. Berlin 1951.
– Bach-Studien. Gesammelte Reden und Aufsätze. Hrsg. von Chr. Wolff. Kassel [usw.] 1969.
Speer, D.: Grund-richtiger kurtz leicht und nöthiger Unterricht der Musicalischen Kunst. 2., stark umgearb. und erw. Aufl. Ulm 1697.
Spiess, M.: Tractatus musicus. Augsburg 1745/46.
Spitta, Ph.: Johann Sebastian Bach. 2 Bde. Leipzig 1873–80. Wiesbaden/Darmstadt ^{6}1964.
Steglich, R.: Johann Sebastian Bach. Potsdam 1935.
– Wege zu Bach. Regensburg 1949.
– Über die »kantable Art« der Musik Johann Sebastian Bachs. Zürich 1957. (Jahresgabe der Internationalen Bach-Gesellschaft. 1957.)
– Tanzrhythmen in der Musik Johann Sebastian Bachs. Wolfenbüttel 1962. (Jahresgabe der Internationalen Bach-Gesellschaft. 1960.)
Stiehl, H. (Hrsg.): St. Thomas zu Leipzig. Berlin 1962. ^{2}1971.
Stiller, G.: Johann Sebastian Bach und das Leipziger gottesdienstliche Leben seiner Zeit. Kassel/Berlin 1970.
Streck, H.: Die Verskunst in den poetischen Texten zu den Kantaten Johann Sebastian Bachs. Hamburg 1971.
Summer, W. L.: Bach's Organ-Registration. London / New York 1961.
Terry, Ch. S.: Bach's Chorals. 3 Bde. Oxford 1915–21.
– Bach. A Biography. London 1928. ^{2}1933. Dt. Ausg. übers. von A. Klengel. Leipzig 1929. Neuausg. ebd. 1934.
– Bachs Orchestra. London 1932. ^{2}1958.
– The Music of Bach. An Introduction. London 1933. Nachdr. New York 1963.
Theill, G. A.: Die Markuspassion von Joh. Seb. Bach (BWV 247). Entstehung – Vergessen – Wiederentdeckung – Rekonstruktion. Steinfeld 1978. (Beiträge zur Musikreflexion. Bd. 6.)
Thiele, E.: Die Chorfugen Johann Sebastian Bachs. Bern/Leipzig 1936.
[Thomas, St.:] St. Thomas zu Leipzig. Schule und Chor. Stätte des Wirkens von Johann Sebastian Bach. Bilder und Dokumente zur Geschichte der Thomasschule und des Thomanerchores mit ihren zeitgeschichtlichen Beziehungen. Hrsg. von B. Knick mit einer Einf. von M. Mezger. Wiesbaden 1963.
Tiersot, J.: Johann Sebastian Bach. Paris 1912. ^{2}1934.
Tusler, R. L.: The Style of Johann Sebastian Bach's Chorale Preludes. Berkeley 1956. (University of California. Publications in Music. Bd. I,2.) Nachdr. New York 1968.
Ulsamer, J. / Stahmer, K.: Musikalisches Tafelkonfekt. Würzburg 1973.
Vetter, W.: Johann Sebastian Bach. Leipzig 1938. ^{2}1943.
– Der Kapellmeister Bach. Versuch einer Deutung. Potsdam 1950.
Vockerrod, G.: Mißbrauch der freyen Künste insonderheit der Music [...]. Frankfurt 1697.
– Wiederholetes Zeugnüß der Wahrheit, Gegen die verderbte Music [...]. Frankfurt/Leipzig 1698.
Vogt, H.: Johann Sebastian Bachs Kammermusik. Voraussetzungen, Analysen, Einzelwerke. Stuttgart 1981.
Waegner, G.: Die sechs Suiten für das Violoncello allein von Johann Sebastian Bach. Diss. Berlin (FU) 1957.

Walther, J. G.: Praecepta der Musicalischen Composition (1708). Hrsg. von P. Benary. Leipzig 1955. (Jenaer Beiträge zur Musikforschung. Bd. 2.)
– Musicalisches Lexicon oder Musicalische Bibliothec. Leipzig 1732. Faks.-Nachdr. Hrsg. von R. Schaal. Kassel [usw.] ³1967. (Documenta Musicologica. R. 1. Bd. 3.)
Wege zu Bach. 3 Abhandlungen von F. Rochlitz. Hrsg. von J. Müller-Blattau. Augsburg 1926.
Werckmeister, A.: Musicae mathematicae hodegus curiosus oder Richtiger Musicalischer Weg-Weiser. Frankfurt/Leipzig 1687. Reprogr. Nachdr. Hildesheim / New York 1972.
– Musicalische Paradoxal-Discourse [...]. Quedlinburg 1707. Reprogr. Nachdr. in: A. W.: Hypomnemata Musica und andere Schriften. Hildesheim / New York 1970.
Werker, W.: Studien über die Symmetrie im Bau der Fugen [...] des »Wohltemperierten Klavier« [...]. Leipzig 1922. Nachdr. Wiesbaden 1969.
Werthemann, H.: Die Bedeutung der alttestamentlichen Historien in Johann Sebastian Bachs Kantaten. Tübingen 1960. (Beiträge zur Geschichte der biblischen Hermeneutik. Bd. 3.)
Westrup, J. A.: Bach Cantatas. London 1966.
Whittacker, W. G.: The Cantatas of J. S. Bach. 2 Bde. London 1959.
Wiegand, F.: J. S. Bach und seine Verwandten in Arnstadt. Arnstadt 1950.
Wolff, Chr.: Zur musikalischen Vorgeschichte des Kyrie aus Johann Sebastian Bachs Messe in h-moll. In: Festschrift B. Stäblein zum 70. Geburtstag. Hrsg. von M. Ruhnke. Kassel [usw.] 1967.
– Der Stile Antico in der Musik Johann Sebastian Bachs. Studien zu Bachs Spätwerk. Wiesbaden 1968. (Beihefte zum Archiv für Musikwissenschaft. Bd. 6.)
– Die Architektur von Bachs Passacaglia. In: Acta organologica 3 (1969).
Wolfrum, Ph.: Johann Sebastian Bach. 2 Bde. Leipzig 1910.
Wustmann, R.: Sächsische Musikantenartikel (1653). In: Neues Archiv für Sächsische Geschichte und Altertumskunde 29 (1908) H. 1/2.
– J. S. Bachs Kantatentexte. Leipzig 1913.
Young, P. M.: The Bachs 1500–1850. New York 1970. Dt. Ausg. übers. von G. Becher. Leipzig 1978.
Zander, F.: Die Dichter der Kantatentexte Johann Sebastian Bachs. Untersuchungen zu ihrer Bestimmung. In: Bach-Jahrbuch 1968. Berlin 1968.
Zenck, H.: Grundformen deutscher Musikanschauung. In: Jahrbuch der Akademie der Wissenschaften in Göttingen. Göttingen 1940/41.
– J. S. Bachs Wohltemperiertes Klavier (1950). In: Numerus und Affectus. Studien zur Musikgeschichte. Hrsg. von H. Z. Kassel 1959.
Ziebler, K.: Das Symbol in der Kirchenmusik Johann Sebastian Bachs. Kassel 1930.
Zulauf, M.: Die Harmonik Johann Sebastian Bachs. Bern 1924. ²1937.

Abbildungsnachweis

Frontispiz: Sammlung Dr. Erich Fiala, Wien. (Die Identifizierung als Bach-Porträt ist jüngeren Datums und nicht unumstritten.)

24 Kreisarchiv Mühlhausen Thomas-Müntzer-Stadt 1–10/* 1 und 2, 2a, Bl. 34^{v} (Auszug).
29 DDR-Staatsarchiv Weimar A 8995, Bl. 78′.
30 Württembergische Landesbibliothek Stuttgart.
35 Germanisches Nationalmuseum Nürnberg HB 26068.
42 Bach-Archiv Leipzig.
49 Ehem. Sammlung Fritz Volbach, Mainz.
57 Aus: Gedichte des Barock. Hrsg. von Ulrich Maché und Volker Meid. Stuttgart 1980. (Reclams Universal-Bibliothek. 9975.)
64 Staatsbibliothek Preußischer Kulturbesitz Berlin, Musikabteilung, Mus. ms. 40644, fol. 63^{v}.
70 Württembergische Landesbibliothek Stuttgart.
76 Musikbibliothek der Stadt Leipzig.
81 Württembergische Landesbibliothek Stuttgart.
83 Deutsche Staatsbibliothek Berlin, DDR, Musikabteilung, Mus. ms. Bach P. 610.
85 Deutsche Staatsbibliothek Berlin, DDR, Musikabteilung, Mus. ms. Bach P. 610, S. 2.
87 Deutsche Staatsbibliothek Berlin, DDR, Musikabteilung, Mus. ms. Bach P. 415.
91 Deutsche Staatsbibliothek Berlin, DDR, Musikabteilung, Mus. ms. Bach P. 42.
96 Deutsche Staatsbibliothek Berlin, DDR, Musikabteilung, Mus. ms. Bach P. 42, Bl. 1^{r}.
97 Deutsche Staatsbibliothek Berlin, DDR, Musikabteilung, Mus. ms. Bach P. 74, Bl. 1^{r}.
103 Aus: Ferruccio Busoni: Von der Einheit der Musik. Verstreute Aufzeichnungen. Berlin 1922 (S. 341–343: Zum Entwurfe einer szenischen Aufführung von J. S. Bachs Matthäuspassion).
115 Württembergische Landesbibliothek Stuttgart.
133 Deutsche Staatsbibliothek Berlin, DDR, Musikabteilung, DMS 224676(3), S. 1.
151 Staatsbibliothek Preußischer Kulturbesitz Berlin, Musikabteilung, Mus. ms. Bach 967, fol. 8^{r}.

Die Vorlagen für die Abbildungen des Frontispiz und auf den Seiten 24, 29, 42, 49, 64, 76, 83, 87, 91, 151 stellte das Bildarchiv des VEB Deutscher Verlag für Musik, Leipzig, freundlicherweise zur Verfügung. Die Abbildungen auf den Seiten 81, 85, 96, 97, 133 und Notenbeispiele auf den Seiten 63, 110, 111, 131, 134, 135, 156, 157, 158, 159, 164, 188 sind mit Zustimmung des Bärenreiter-Verlags, Kassel, den einschlägigen Bänden der Neuen Bach-Ausgabe entnommen.

Register der besprochenen Werke

(in der Reihenfolge des Bach-Werke-Verzeichnisses, BWV)

Kantaten

Motetten

Messen und Magnificat

Passionen und Oratorien

Vierstimmige Choräle

Lieder und Arien

Werke für Orgel

Werke für Clavier

Kammermusik

Konzerte

Ouvertüren (Suiten)

Musikalisches Opfer, Kunst der Fuge

Anhang

Personen- und Sachregister